Me salvé para formarme

Me salvé para formarme

Ruben Zamora

www.librosenred.com

Dirección General: Marcelo Perazolo
Diseño de cubierta: Federico Achler
Diagramación de interiores: Victoria Villalba
Dibujo de cubierta: Ruben Daniel Zamora-Vargas

Está prohibida la reproducción total o parcial de este libro, su tratamiento informático, la transmisión de cualquier forma o de cualquier medio, ya sea electrónico, mecánico, por fotocopia, registro u otros métodos, sin el permiso previo escrito de los titulares del Copyright.

Primera edición en español - Impresión bajo demanda

© LibrosEnRed, 2015
Una marca registrada de Amertown International S.A.

ISBN: 978-1-62915-232-5

Para encargar más copias de este libro o conocer otros libros de esta colección visite www.librosenred.com

Una larga conversación en blanco y negro con y para ustedes, mis tesoros **Evelyn**, **Ruben Daniel** *e* **Ylena**, *con la esperanza de que todo lo hagan siempre mejor.*

Agradecimientos

Gracias, infinitas, a Salvador, Luis, Miriam, Ralph, Elke, Martin, Monika, Lászlo, Javier, Arnold, Carlos, las Magdis, Csaba, Rodolfo, Tante Mia, Jose, la hermana Miriam y Françoise. Sin ellos, esta historia no pasaría de ser una pura ficción. Gracias a Fernando y a David por el aliento inicial y la linda amistad que todavía nos une. Inicialmente, quise narrarles la vida de mi padre, pero, desgraciadamente, se marchó demasiado pronto de este mundo y no pudo terminar de contarme sus historias, probablemente, y en lo político seguramente, mucho más trascendentales que las mías. Gracias a él, a mi madre y a mi hermano, una familia con muchos kilómetros y hasta un mar de por medio, pero siempre unida. Por último, gracias a Ylena por tener a una dulce joven como amiga, Chabeli, y a esta por abrirme las puertas de un cubano grande, en conocimiento y espíritu, quien generosamente accedió a leer el manuscrito e incluso encontró un lamentable error histórico que pude corregir a tiempo. En uno de sus correos, y sin buscarlo, Carlos Alberto Montaner me regaló el título para estas memorias: *"A ti, la vocación académica te salvó como persona. Te formaste para salvarte y te salvaste para formarte"*. Así fue, yo me formé para salvarme, y, siempre buscándolo, **me salvé para formarme.**

Pittsburgh, 30 de noviembre de 2007

Un día de octubre de 1991 comenzaron los *diez años* que estremecieron —y cambiaron— mi mundo. Y casi un año más tarde, el 11 de septiembre, hoy una jornada cargada de profundas emociones por el monstruoso crimen de las Torres Gemelas de Nueva York en 2001, me encontraba preparando la maleta para hacer un largo viaje.

Al día siguiente, me encontraría en la terminal del Aeropuerto Internacional "José Martí", en La Habana, listo para emprender el *vuelo de la libertad*, y al que esto le suene exagerado mejor que le pregunte a cualquiera que lo haya tomado alguna vez; esos me entenderán bien.

Apenas si recuerdo cómo transcurrió la noche previa a mi partida; solamente sé que estaba nervioso y deseoso por subirme a aquel avión. Todo lo demás se esfumó de mi mente.

Verifiqué una y otra vez que estuvieran bien guardadas las pocas cosas de valor que llevaría conmigo; entre ellas, parte de mi colección de monedas, las más valiosas; imposible cargar con tanto metal: el peso y el temor a que me detuvieran en la aduana así me lo aconsejaban. El miedo no era infundado. Muchos años más tarde, me agarraron, y esa vez, aunque por diferentes motivos, sí *disfruté* de las *bondades* de los controles aduaneros de la isla de Cuba.

Para mis padres, que se despedían con cierta angustia e intentaban en vano impedir que aquella aeronave de la compañía alemana LTU partiera a su destino, este era solamente el primero de los dos vuelos que seguirían con especial atención. El otro, esta vez de Cubana de Aviación, sería el que me devolvería a la isla al terminar mi año de entrenamiento en Alemania.

Me duele reconocerlo, pero eso era todo lo que ellos conocían; más no podían ni debían saber. Tampoco recuerdo cómo estaba la temperatura ese día; probablemente, un bochornoso calor tropical, aunque yo sudaba, y no era precisamente por mi vestimenta.

Iba con traje y corbata, el único que tenía y que mi cuerpo había amoldado solamente dos veces: cuando lo compré para probármelo y para casarme cuatro años antes. Lo volví a usar una vez más, en una cena de gala durante la Conferencia Internacional de Óxido Nítrico celebrada en Colonia-Bonn en octubre de 1993, y no tengo idea dónde terminó.

Mi boleto de avión únicamente tenía fecha de salida; estaba abierto y así se quedó hasta su vencimiento, un año después. Como no podía saberse exactamente la fecha de mi regreso, tendría que utilizarlo antes de que se venciera, pero llovería mucho antes de pensar en ello.

Así comenzó todo.

CUBA (1966-1975).
EL SOCIALISMO Y MI INOCENCIA

Al parecer, estaba muy a gusto, sin querer abandonar el nido cuando me tocó nacer, en la ciudad de La Habana, un lunes 12 de diciembre, a las 4 a.m. Quizá por ello, tener que levantarme temprano los lunes, antes para ir a la escuela y ahora al trabajo, sigue siendo todavía hoy una gran odisea.

Era el día de la Virgen de Guadalupe. A mi madre se le había olvidado que tenía que dar a luz y la llevaron al hospital porque tenía fiebre, pero en lugar de un antipirético la pusieron a parir. Nunca mejor dicho. Y así vine al mundo, completamente *morado* debido al retraso y a la falta de oxígeno, por lo que no pude escapar de la incubadora. También nunca mejor dicho, el oxígeno me salvó la vida.

Dicen que cuando mi padre me vio por primera vez se impresionó tanto que terminó por atribuirlo —aquello no podía ser una broma— a un error humano: su hijo no podía ser *el negrito*; a su hijo se lo habían cambiado.

Mi madre, aunque providencialmente bien dotada de pechos, no pudo amamantarme como hubiese querido; no tenía casi leche ni yo fuerzas para extraerla. Con mucho esfuerzo, se exprimía las mamas y lo poco que salía me llegaba por el biberón; de mamar, nada.

No sé si esto se acostumbra hacer en otros países, pero la primera gran mamada se la hice a una buena samaritana que, según mi madre, era una *vaca*; tenía suficiente leche para su bebé y para otros necesitados como yo. No lo sé, quizá contribuyó también a mi particular gusto por los productos lácteos.

Luego de cinco días pasando por la incubadora, por suerte, el preciado gas cumplió su función y los tejidos ya oxigenados aclararon mi piel, pero algunos notaron unos ojos achinados bajo un pelo bien negro y extremadamente lacio, y así pasé de *negrito* a ser *el chinito*. No sé si eso decepcionó a alguien, lo que sí imagino es que tranquilizó a mi padre; ya parecía más un hijo de su sangre y el susto inicial se evaporó. De esos días, nada más puedo decir. Si pasó algo importante, obviamente no me acuerdo.

Como curiosidad, nací un 12 del mes 12 a las 4 a.m., y mi hermano, el único que tengo, un 4 del mes 4, y 4 años más tarde, pero por mucho que me esfuerce, no logro recordar el momento. Si yo hubiese nacido un 12 de diciembre, pero algo más temprano, digamos que en 1821, podría presumir de haber venido al mundo el mismo día que Gustave Flaubert, autor de *Madame Bovary*, aunque no sé si se habrá registrado en algún lugar la hora.

Por cierto que los tremendos celos que sentí cuando nació mi hermanito, y que según mi mami no hice nada por ocultar, me hicieron reaccionar como cualquier niño al *perder* la atención exclusiva y dejar de ser el más joven de la familia. Mis cuerdas vocales se fortalecieron de tanto llamar la atención y de más está decir que no he sido ni el primero ni seré el último con esa actuación.

Pienso que, por ser el primer hijo, y deseado, me mimaron muchísimo, pero de eso no puedo escribir, porque tampoco me acuerdo. También me contaron que Nina, una querida vecina, tuvo la intención de bautizarme en secreto, pero al final todo quedó en un deseo, por lo que la única agua sagrada que me ha caído con fuerza, e independientemente de mi voluntad, es la de los aguaceros. La de la ducha es completamente voluntaria.

Tuve una infancia feliz, y si me hubieran alertado sobre lo que se avecinaba con la adultez, la habría disfrutado aún más. Me dijeron y repitieron hasta el cansancio que éramos un producto de la Revolución, pero en ese período tan efímero yo solo era —no se me podía pedir más— un *pichón* de comunista. También fui un chico bastante curioso, estudioso e *hiperkinético*,[1] esta última, una condición médica que todos me diagnosticaban pero que nadie trataba. Quizá ni lo intentaron, y parece que no hizo falta. Nada de lo anterior, exceptuando lo de chico, ha cambiado.

---

1   En una ocasión, para ilustrarle a mi abuela el motivo por el que siempre estaba moviéndome, consecuencia según todos de mi condición *hiperkinética*, se me ocurrió mostrarle lo que pudiera considerarse la firma más conocida del *Che*: ✓. Ante su atónita mirada, le dije que mi constante movimiento era muy bueno, que hasta el mismísimo comandante Guevara estaba corriendo siempre y era también *hiperkinético*; incluso al firmar se le olvidaba la tilde encima de la *e* y por eso la ponía donde primero encontraba lugar. Mi pobre abuela no creo que haya creído la improvisada explicación, pero probablemente buscó consuelo en mi inaudita historia. Era mejor tener un nieto *hiperkinético* que uno medio loco. Desde entonces, aunque no sea correcto, acentúo el sobrenombre de Ernesto Guevara, pues para mí siempre fue el *Ché*. Nada, cosas de chicos traviesos e *hiperkinéticos*.

Panamá-Colombia (1975-1978).
El capitalismo y su tercer mundo

Muchas personas, afortunadamente para ellas, dicen recordar episodios completos de la infancia temprana, pero yo recuerdo muy poco y mis memorias son tan puntuales que sobran dedos para contarlas. Uno de esos pocos recuerdos lejanos fue cuando murió mi abuelo paterno, del que solo me quedan algunos *flashes* en la memoria. Lo recuerdo muy bien porque creo que fue la primera vez que vi reunidos en una misma pieza a mis seres queridos. Mi madre y mi tía Juanita flanqueaban a mi abuela, que, de riguroso luto, lloraba la pérdida de un Zamora en toda regla, al menos el primero de los que conocí.

Corría el año 1975, y mi recuerdo sigue marcado por aquellos años regidos por la consigna de que *dentro de la Revolución, todo; contra la Revolución, nada*,[2] palabras que, sin lugar a dudas, influyeron en todo lo relacionado con la vida de millones de cubanos. Y en ese contexto tan político, mi tía —testigo de Jehová anticomunista— era diferente, y mi padre —comu-

---

[2] Palabras del presidente Fidel Castro en un sonado Congreso Nacional de Educación y Cultura (La Habana, abril de 1971), que arremetían contra toda persona desafecta a la Revolución: homosexuales, religiosos e intelectuales que se saliesen del esquemático molde del *hombre nuevo*, y que en la práctica se tradujeron en que cualquier crítica distante de los enunciados del partido comunista —reinante y único— no cabía en la nueva sociedad y, por ende, no podía ser tolerada. En otras palabras, autoritarismo puro y duro. Dicen que hubo muchas otras intervenciones, pero, al parecer, las transcripciones o no se hicieron, o nunca salieron a la luz. ¿Sabremos algún día todo lo que allí se dijo? Eso espero.

nista en las nubes— era diferente, y mi otra tía —católica no comunista exiliada en los Estados Unidos— era diferente, y mi madre —comunista en la tierra— era parecida a mi padre, pero diferente, y mis abuelos paternos —mi abuelita era pura bondad; nunca conocí sus creencias, mientras que mi abuelo era un comunista ortodoxo que creía en los espíritus— eran también diferentes, así que los únicos políticamente iguales éramos mi hermanito y yo, porque a esa edad tan temprana, obviamente, no podíamos ni sabíamos ser diferentes.

El 21 de abril de 1975, día de la muerte de Manuel Eustaquio Zamora Domínguez, fue una jornada trágica en mi hogar, porque se lloró con dolor la partida de un ser querido: mi abuelo.

Por suerte, aunque muy efímeramente, con la reunión de todos en casa se olvidó una de las aberraciones del socialismo, esa que tanto sufrimiento produjo en nosotros y ha producido durante ya más de medio siglo en la sociedad cubana: la separación familiar.

Afortunadamente, no hay política ni ideología que se resista al poder de la sangre. Tuvieron que pasar más de veinte años para que se rompiera el silencio entre todos nosotros y más de treinta para que triunfara el amor.

Fue un día de 1995 desde el cual no dejo de pensar en lo felices que hubiesen estado mis abuelos paternos de haber vivido el momento. Pero faltaría mucho todavía para que ese reencuentro llegara.

Hasta 1975, vi y hablé un sinnúmero de veces con mi tía Juana, pero, claro está, siempre fuera de la vista de mis padres; a veces con mi abuela cuando iba a visitarla; o exclusivamente cuando podía escaparme para ir a *jugar* con mis amiguitos del barrio. Y la excusa era perfecta: la escuela. Sí, porque su casa colindaba con el patio trasero de mi escuela, y era habitual que después del horario escolar nos coláramos para jugar, sobre todo a los escondidos, ya que la escuela ofrecía los mejores y más seguros rincones del barrio —los otros estaban a cien metros, donde corría un pequeño y nada profundo afluente del río Ceiba, que todos llamábamos simplemente "el río"—.

A través de aquella cerca que separaba la casa de mi tía de uno de los patios de la escuela, yo podía verla y hablarle, y casi siempre disfrutar de alguna fruta o algún dulce que me regalaba.

Su parecido con mi padre fue siempre notable, sobre todo por esa nariz larga y afilada, motivo por el que amigos y colegas a veces se referían a él como *el Narizón*. No sé si cuando era niño se molestó alguna vez porque lo llamaran así, pero de adulto nunca lo vi preocuparse; diría incluso que estaba orgulloso de ella.

No soy un estudioso de la materia; solamente he leído que la nariz de una determinada raza es un reflejo de la adaptación al medio. Y la de los nórdicos es grande para calentar el frío aire glacial en las fosas nasales antes de meterlo en los pulmones, así como la de los arménidos, que necesitan de más oxígeno en el entorno enrarecido de las montañas, y a diferencia de la nariz chata de las razas *negroides*, que no tienen necesidad de calentar ni humedecer el aire antes de introducirlo en los pulmones, porque en la selva ya está caliente y húmedo.

No estoy seguro de si mi padre conocía esta teoría de la selección natural, aparentemente responsable de su prominente nariz.

A comienzos de 1975, no recuerdo exactamente cuándo, mis padres anunciaron que ese año nos iríamos a un largo de viaje y enseguida pensé que se trataba de las acostumbradas vacaciones de verano en Santa Clara, situada a 266 kilómetros de La Habana y donde vivían mis abuelos maternos. Para mi agradable sorpresa ese viaje ni iba a ser de vacaciones, ni sería tan corto.

Mi padre de pronto había dejado de usar su uniforme militar verde olivo del Ministerio del Interior (MININT), pero yo no asocié ese cambio con nada especial; pensé que quizá se habría cansado de ser soldado.

Para ese entonces, ya estaban trabajando en el Departamento América del CC-PCC[3] y habían sido destinados a trabajar en la Embajada de Cuba en Colombia, país que había restablecido las relaciones diplomáticas con Cuba en 1975, durante el nuevo gobierno de López Michelsen.[4]

Desgraciadamente, la felicidad, como ocurre muchas veces, no era completa. Mi abuelita paterna, a la que siempre me sentí muy unido y adoraré siempre, no vendría con nosotros. Bogotá, la tercera capital más alta en América del Sur después de La Paz y Quito, a un promedio de más de 2600 metros sobre el nivel del mar, tiene un clima templado de altura, y mis padres pensaron que el asma crónica de mi abuela no lo

---

3   **Comité Central del Partido Comunista de Cuba (CC-PCC).** Constituido en 1965 según el molde de su *hermano mayor*, el Comité Central del Partido Comunista de la Unión Soviética (PCUS). Es el órgano superior del partido entre cada Congreso y el encargado de aplicar las resoluciones, políticas y programas aprobados por este. Decide el número de integrantes del Buró Político, el cual, a su vez, selecciona al primer y segundo secretarios. Así funciona al menos en teoría; en la práctica, son unos pocos privilegiados los hombres fuertes del régimen que, encabezados por su primer secretario, lo controlan y llevan las riendas del país. De hecho, la Constitución de la República de 1976 establece en su artículo 5 que "El Partido Comunista de Cuba, vanguardia organizada marxista-leninista de la clase obrera, es la *fuerza dirigente* de la sociedad y del Estado".

4   **Alfonso Antonio Lázaro López Michelsen** (Bogotá, 1913-2007). Político liberal, abogado, catedrático y columnista colombiano, hijo del dos veces presidente de la República, Alfonso López Pumarejo. Fue presidente de Colombia entre 1974 y 1978, un período marcado en lo económico por una bonanza cafetera y altos niveles de inflación, y en lo político-social, por el ingreso voluntario de las mujeres en la carrera militar, la adopción de la mayoría de edad a los 18 años, el restablecimiento de las relaciones diplomáticas con Cuba y la participación internacional en la firma del Tratado Torrijos-Carter, que garantizaba la futura devolución del Canal de Panamá por parte de los Estados Unidos a Panamá.

soportaría. De más está decir que ya antes de viajar la estaba extrañando, y ese sentimiento estuvo presente los tres largos años que duró la aventura.

Llegó el día de la partida y, obviamente, mi excitación crecía por minuto. Volaría sobre el Caribe y descubriría un mundo nuevo. No recuerdo mucho sobre los últimos días en la isla ni tampoco si mis padres nos prepararon, o al menos a mí, pues mi hermano era todavía más joven, para el contraste entre la Cuba insular y la continental Colombia, aunque, conociendo a mi padre, no es extraño que algún que otro sermón nos echara.

La primera sorpresa fue cuando llegó la hora del viaje y el avión ruso de motor turbo propulsado despegó, pero no con destino a Colombia, sino a Panamá.

El restablecimiento de las relaciones con Cuba era muy reciente y todavía no operaban vuelos directos entre los dos países, por lo que teníamos que hacer una obligatoria escala en Panamá. También para mi sorpresa, la escala no fue técnica y se prolongó como una semana. Nos alojamos en un hotel muy céntrico, el *Roma*; quizá todavía siga en pie, no lo sé. Saliendo de este hotel, tuve mi primer encuentro desagradable con el tercer mundo. Me impresionaron tanto la cara triste y sucia, las ropas en un estado deplorable y los pies descalzos de un chico limpiabotas —podría decir que casi de mi misma edad—, que todavía guardo la imagen, una de las que nunca se olvidan y que, aún hoy, cierro los ojos y puedo ver claramente. Mi reacción de asombro y dolor se hicieron ciertamente visibles. Nunca olvidaré las palabras de mi padre al darse cuenta: "Lo siento muchísimo, pero tendrás que acostumbrarte. No será el único que veas". Derramé unas lágrimas por aquel niño desconocido. Es difícil entender una cosa así, y mucho menos con ocho años. Y también con ocho años me enamoré de aquel pequeño país, y soñé que algún día yo haría algo por él.

Todavía hoy me pregunto cómo no hemos podido librar a este mundo del hambre y la malnutrición. Comida hay en abundancia, simplemente faltan voluntades. Muchos años más tarde, en 2002, cuando visité la lejana Karachi, en Pakistán, volví a experimentar esa amarga sensación de impotencia ante el hambre ajena. Quizá por ese idealismo romántico que todo joven lleva dentro, no encuentro una explicación más lógica. También años más tarde, me equivoqué defendiendo a quien no debía, y asumí que cualquier acto contra Panamá y su gente, viniese de donde viniese, encontraría en mí un fuerte opositor. Pero para ese impulso faltarían muchos años.

Desgraciadamente, mi padre tuvo razón. En los años posteriores, vi a muchos niños en iguales e incluso peores condiciones, y aprendí que Panamá era meramente uno de los tantos lugares de este mundo donde escenas como esa son el pan de cada día.

El tiempo pasó volando y, finalmente, a mediados de 1975, partimos para Colombia.

Por cierto, en 2007, cuando regresé a Bogotá, casi treinta años después de haber dejado esa ciudad, me quedé perplejo nada más aterrizar. Las instalaciones del Aeropuerto Internacional "El Dorado" se veían igualitas a como las había dejado en 1978, y a excepción de las pizarras electrónicas donde se anuncian los vuelos, todo estaba igual, o casi igual, como si el tiempo se hubiera detenido. Es lo que tiene vivir en los Estados Unidos, donde a los aeropuertos, entre otras cosas, les *lavan la cara* más a menudo, y donde el promedio de vida de muchas construcciones debe ser de los más bajos del mundo.

La estancia en Colombia fue una experiencia indescriptible de la que todavía hoy guardo muy buenas memorias, aunque también algunas menos agradables. Tres años puede ser poco para alguien, pero es mucho en la vida de un niño, y residir por tanto tiempo fuera del país natal representa una fuente adicional de conocimientos. Si a esto le sumamos unas condiciones materiales y financieras envidiables para medio mundo, las ventajas están servidas.

La escuela primaria "José Rogelio Castillo"[5] estaba ubicada en la residencia del embajador, lo que brindaba un adecuado nivel de seguridad, imprescindible para nuestra protección. Carlos y Delio, los dos maestros que tuve, fueron un bastión importante en mi formación y se encargaron de enriquecerla con lecciones extracurriculares de educación cívica, historia y geografía, tenis de mesa y natación —fáciles de practicar dentro del recinto, que contaba con una piscina excelente—, y alguna que otra lección de artes escénicas —actuación y declamación—. Creo que faltaron las clases de música, o de algún instrumento musical, para tener un currículum casi perfecto. No sé la causa, quizá los maestros tampoco sabían mucho de eso. Uno de ellos ha llegado recientemente a Miami, así que tendré la oportunidad de preguntarle.

Hasta aquí, todo positivo. Mi realidad esos años no fue la misma que vivía la mayoría de los jóvenes cubanos, pero desarrollarme en condiciones muy por encima de la media de la población, por cierto nada inusual en los estándares de vida de los círculos diplomáticos en cualquier país del mundo, tenía también sus lados negativos. Y el primero fue constatar la pobreza del tercer mundo, más duro todavía cuando se vive de primera mano, y de primera mano pude, si no vivirla, al menos escucharla.

Al segundo año de estar en Colombia, llegó la nueva chica que nos cuidaba y ayudaba a mi madre en las tareas domés-

---

5   **José Rogelio Castillo y Zúñiga** (Popayán, 1845). Capitán del ejército colombiano que, a bordo del vapor "Hornet", salió de su país para ir a luchar por la independencia de Cuba. Ascendido a comandante en 1877, participó en la Protesta de Baraguá (1878) y, posteriormente, en la Guerra Chiquita (1879), donde cayó prisionero de los españoles. En 1895, se reincorporó al Ejército Libertador, comandado por Gómez y Maceo, alcanzando el grado de general de División en 1898. Falleció en La Habana, en 1925.

ticas, Irnelia, una señora de provincia que tenía dos niñas pequeñas, las cuales había tenido que dejar atrás para irse a la capital en busca de trabajo. Y nada de pensar en visitarlas con la frecuencia natural que una buena madre desearía. Sus historias de cómo eran tratadas algunas de sus coterráneas, muchas, despectivamente, como *criadas*; de las necesidades que pasaba su gente para sobrevivir en un estado de pobreza inimaginable para el primero de los mundos y generalizado en el tercero; del trato que recibían de algunos *señoritos* y *señorones* de sociedad, y así un largo etcétera, eran para partirle el alma a cualquiera.

No puedo olvidar el dolor en sus palabras cuando nos recordaba la *suerte* que nos había tocado en la vida. Y también por esa *suerte*, en mi casa no vio nada de eso. Desde el primer momento, se nos prohibió tratarla con ningún tipo de desprecio ni humillación; era sencillamente una empleada cuyo trabajo era atendernos. Se la consideraba como una más de la familia. Comía lo mismo que comíamos todos, se sentaba a la mesa con nosotros, en la sala nos arropaba mientras veíamos la tele y recuerdo que en la cocina se movía a la par que mi madre, siempre con respeto, pero nada de frialdad; al contrario, siempre con mucho cariño.

Claro que todo esto tomó tiempo, y aun así ella siempre mantenía una barrera en alto. Por mucho que se lo dijéramos, para ella mi madre era *la señora* y mi padre, *el señor*, como si no supiese lidiar con nuestro trato de iguales. De más está decir que cuando regresamos a Cuba la extrañamos muchísimo. Durante un tiempo, me pregunté qué había sido de su existencia. Desgraciadamente, en esa época no existía Internet y los servicios de mensajería, o de correos, entre los dos países, eran algo así como un sueño imposible. Nunca más supe de ella.

En Bogotá, vivíamos muy bien, es cierto, pero aquello era una *jaula de oro*. Entre los problemas reales de seguridad en el país y la *paranoia* de los cubanos, que veían la mano del imperialismo por todos lados, no podíamos llevar la vida a la que estábamos acostumbrados en Cuba. Nada de salir a la calle a jugar o montar bicicleta, y los únicos amigos eran los pocos compañeros de la escuela, hijos de los funcionarios de la Embajada, por lo que estábamos obligados a entendernos.

También es cierto que durante esos años mi padre fue objeto de un par de atentados. Tuvimos que mudarnos un par de veces, una de ellas porque se encontró un aparato explosivo en su auto aparcado en el garaje del complejo residencial donde vivíamos.

De este asunto, ni cuando ocurrió, ni posteriormente, se habló mucho en casa. La norma fue que mis padres trataron siempre de mantenernos al margen de su vida laboral y sus complicaciones, y solamente cuando algún incidente salía a la luz o era *vox populi*, o cuando preguntábamos, era cuando se nos daba una respuesta más o menos clara, de acuerdo con la gravedad del asunto. Por suerte, recientemente, pude recuperar varias copias de algunas *autobiografías* de mi padre —en la Cuba de entonces, hacían falta para todo, y más cuando se trataba de los militantes del Partido—, y, entre ellas, lo que parece ser una lista de sus *méritos*. Están, naturalmente, mecanografiadas con una de esas máquinas de escribir que ya hoy forman parte de la prehistoria. En uno de los borradores aparece una referencia a un atentado. El documento tiene fecha 2 de diciembre de 1983 y comienza así:

> Yo, Manuel Piñeiro Losada,[6] avalo que el compañero Manuel Zamora Correa participó durante

---

6 **Manuel Piñeiro Losada** (Matanzas, 1933-La Habana, 1998). Una de las principales, aunque de las menos conocidas, figuras de la Revolución Cubana. Desde joven, se incorporó a la lucha insurreccional contra Batista y, en septiembre de 1953, su padre lo envió a estudiar a la Universidad de Columbia, en Nueva York, dicen que para alejarlo de la

6.1.71 al 4/71 / 1975-1978 en Guinea Conakry / América del Sur bajo el mando de **Coronel Raúl Govea / Fernando Ravelo** en las siguientes actividades:
Responsable del traslado de un grupo de asesores militares del MININT a Guinea Conakry, para apoyar al PAIGC en Guinea Bissau. Permanecí por espacio de cuatro meses en apoyo logístico de los combatientes revolucionarios de ese hermano país.

política. Fue fundador del Movimiento 26 de Julio y seleccionado por Fidel para participar en la creación del Segundo Frente Oriental "Frank País" en la Sierra Maestra, bajo el mando de Raúl Castro. Comandante de la Revolución Cubana y primer jefe de la Plaza Militar de Santiago de Cuba después de la caída de Batista. Posteriormente, ya en La Habana, se dedica activamente a la creación de los órganos de Inteligencia y Seguridad del régimen. Fue viceministro del Ministerio del Interior (MININT) y jefe del denominado viceministerio técnico —crucial en el trabajo de inteligencia—, colaborador cercano de Ramiro Valdés Menéndez —jefe del G-2, la Seguridad del Estado cubana—. Miembro del CC-PCC desde su fundación, en 1965, hasta 1997. En 1970, Piñeiro fue designado viceministro primero del Ministerio del Interior y jefe de la Dirección General de Liberación Nacional (DGLN) del MININT. Desde comienzos de 1975, pasó a dirigir el Departamento América del CC-PCC, desde donde, y siempre bajo las órdenes de Fidel, coordinó y dirigió las principales operaciones secretas de apoyo a la izquierda latinoamericana y a los radicales cambios producidos en Granada, Nicaragua y El Salvador, entre otros. Desde 1997, estaba retirado de todos sus cargos, y la noche del 11 de marzo de 1998, luego de recibir un homenaje por el 40° aniversario del II Frente Oriental "Frank País", sufrió un accidente automovilístico —dicen que debido a un paro cardiaco— que le costó la vida. Mis padres asistieron al sepelio y homenaje en el cementerio de Colón, en La Habana. Según ellos, era un tipo muy inteligente y con un gran sentido del humor. Las veces que lo vi, casi siempre en la sede del CC, fue muy cariñoso conmigo, y en una ocasión me presentó a Jesús Montané, otro dirigente histórico de la Revolución, diciéndole que yo era "su nieto". En mi juventud, fue simplemente el jefe de mis padres; únicamente después de haber salido definitivamente de Cuba conocí más de su verdadera —y a veces *oscura*— historia.

> Estuve durante tres años en un país de Suramérica, donde participé en reuniones con dirigentes clandestinos del movimiento revolucionario, realicé traslados de valijas conteniendo materiales muy secretos en varias ocasiones estando la ciudad ocupada militarmente, en una oportunidad pusieron una bomba en el garaje del Apartamento en el cual vivía, en otra ocasión fui objeto de un intento de atentado.
>
> 1965 a 1972 trabajé en Escuelas Especiales en el aseguramiento y preparación de grupos latinoamericanos, así como de destacados dirigentes revolucionarios del continente.

Imagino que el documento original estaría firmado por ambos, Piñeiro y mi padre. Desafortunadamente, no aparecen ni la fecha, ni los detalles, ni siquiera el lugar exacto o condiciones del intento de atentado, y mi padre nunca me contó los detalles. Es posible que tenga que ver con el incidente automovilístico al que me referiré más adelante, pero no puedo estar seguro.

En los últimos años, le pedí incesantemente a papi que se sentara a escribir sus memorias; quizá no eran excepcionalmente valiosas, pero estaba seguro de que algún que otro elemento de interés tendrían, y, además, yo quería conocerlo más. Haberme liberado del control y secretismo que impera en la isla me ha permitido volver a hablar de todo y con todos, y desde hace tiempo quería poner en orden mis recuerdos de la niñez, aclarar todo aquello a lo que nunca obtuve respuesta, porque era muy joven para buscarla o porque sencillamente nunca me la dieron.

Gracias a Internet, cada vez encontramos más información, pero nada como obtenerla de primera mano. Mi padre me repetía una y otra vez que a él no se le daba bien eso de la palabra escrita; le preocupaban la gramática, los errores de ortografía, los fallos naturales de la memoria que podían resultar en incoherencias, etcétera, etcétera. Una y otra vez le dije que no se preocupara, que solamente lo pusiera en blanco y negro, que ya me ocuparía yo de estructurarlo todo; incluso le propuse, medio en broma medio en serio, que estaba dispuesto a pagarle por cada folio manuscrito que me entregara. Lo intenté una y otra vez, pero nada, no hubo forma de convencerlo.

Terminé comprando una minigrabadora que me llevé a Canadá en 2007 y, la primera vez que lo volví a ver después de 1992, que por desgracia también fue la última, nos sentamos a conversar frente a frente y atendiendo fijamente al aparato. Logré grabar varias horas de conversación, pero el tiempo se fue muy rápido. Mi padre se marchó de este mundo y no pude concluir la tan deseada entrevista. Tampoco pude preguntarle sobre un lamentable accidente automovilístico y las circunstancias en que ocurrió. Yo solamente recuerdo que a nosotros, quiero decir, a mi hermano y a mí, no nos dieron ninguna información al respecto; probablemente, y era lógico, para no preocuparnos. La gravedad de la tragedia y el hecho de que estaba envuelto un funcionario de la Embajada de Cuba resultaron en que la noticia apareció en los periódicos de tirada nacional. Desgraciadamente, tampoco puedo sacar mucho del recorte de uno que recuperé y que recoge lo siguiente:

Chocó diplomático cubano

Dos personas resultaron heridas de consideración al estrellarse anoche un pequeño auto con un vehículo de un funcionario de la Embajada cubana.

El vehículo de Tránsito Libre No 82174, conducido por Manuel Zamora, funcionario administrativo de la Embajada de Cuba, se estrelló a las diez de la noche con el auto de placas LD 1358, conducido por Martha Gómez de Mercado y en el cual viajaba en compañía de su esposo, Ángel Mercado Bonilla.

Los dos autos se encontraron en la carrera séptima con la calle 88 y chocaron de frente, quedando parcialmente destruidos.

Como resultado del fuerte choque, los esposos Gómez resultaron seriamente lesionados, él con 30 días de incapacidad, y ella con una incapacidad indeterminada, ya que esta mañana aún se encontraba en la sala de cirugía de la Clínica Marly, adonde fueron trasladados los esposos después del accidente.

Al parecer, un camión repartidor de gaseosa le cerró el paso al vehículo LD 1358 y la dama tuvo que abrirse, encontrándose con el vehículo manejado por el diplomático, quien salió ileso.

Es de anotar que el vehículo, una camioneta último modelo, no es propiedad de la Embajada de Cuba, ya que Manuel Zamora lo había rentado a una agencia de la ciudad.

Desgraciadamente, los accidentes automovilísticos no son nada inusual, ocurren a diario en todo el mundo. No nos detenemos a pensar si hablar de ello o no; cuando nos pasan, contamos los detalles, cómo lo vivimos, sus consecuencias; incluso nos aventuramos a dar nuestra opinión *especializada* por el mero hecho de haberlos sobrevivido. Sigo sin entender el porqué de tanto secretismo sobre este accidente, y sin caer en el dramatismo, me atrevo a concluir que había algo que no debía hacerse público.

En lo que a nosotros, mi hermano y yo, se refiere, ahora que soy padre, lo entiendo mejor. Es natural que los padres se esfuercen por proteger a sus retoños del mundo exterior. Pero también es natural que muchas de esas cosas queden en el recuerdo y nos marquen, de una forma u otra, con mayor o menor grado, y muchas veces, y por mucho que lo mayores se esfuercen en borrar las huellas, estas perduran. Y yo recuerdo la tensión reflejada en el rostro de mi padre cuando, al enterarme de lo sucedido, le pregunté. Papi se limitó a responder vagamente algo como esto: "No fue nada, solo un accidente, y estoy bien". Sin embargo, estaba conmocionado por el grave estado en que quedaron los conductores del otro vehículo, y a mí siempre me quedó la idea de que en la Embajada estaban convencidos de que ese *accidente* —"Al parecer, un camión repartidor de gaseosa le cerró el paso al vehículo"— fue provocado, y no precisamente contra los desafortunados esposos Mercado, sino contra el "diplomático cubano".

En aquellos tiempos, y debido a las condiciones en que se desenvolvían sus vidas, mis padres no llevaban una vida nocturna agitada, más bien era solamente mi padre el que se ausentaba por las noches, en general llevando o recogiendo gente del aeropuerto. Las noches de fin de semana, incluso muchas veces entre semana, las salidas consistían casi exclusivamente a casa de algún compañero de trabajo, habitualmente Gonzalo Bassols, a jugar al dominó. Así, mientras los adultos disfrutaban del juego y el buen *scotch*, a nosotros nos tocaba oír hablar de lo mismo, intentar disfrutar de lo mismo, contemplar las caras de los mismos y jugar a lo mismo, o, lo que es lo mismo, la rutina perfecta.

Los fines de semana, por suerte, solían ser más entretenidos, sobre todo cuando se trataba de las salidas a los pueblos aledaños a Bogotá u otros municipios cercanos. Recuerdo en especial a Chía y Zipaquirá, con su impresionante Catedral de Sal, situada a 180 metros bajo la montaña de igual nombre, en el mismo departamento de Cundinamarca, y a Melgar, en el departamento de Tolima, donde, además de la lindísima naturaleza, disfrutábamos de los populares y gustosos platos de la cocina colombiana. Sinceramente, eran todo un placer aquellas excursiones lejos de la capital. Y como toda regla tiene su excepción, esta también la tuvo.

Sucedió en uno de esos picnics en las afueras de Bogotá cuando, y contra la advertencia de mi madre, me deshice de mis zapatos para seguir jugando con mis amigos en la verde pradera. No sé en qué momento ni cómo ocurrió, pero, al dejar de correr, sentí una molestia en la planta del pie; era como algo que me quemaba, y en un determinado momento, salí cojeando en busca de mi madre. Cuando dejé de moverme completamente, y a medida que mi cuerpo se enfriaba, el dolor comenzó a ser insoportable. La herida era profunda y sangraba sin parar. Obviamente, aquello requería costura. Tampoco supimos exactamente qué fue. Especulamos que podía tratarse de un afilado pedazo de vidrio, algún resto de una botella de gaseosa, pero daba igual; yo solamente recuerdo que me dolió con ganas. Rápidamente, me llevaron a un hospital, y hasta el día de hoy recuerdo que el dolor producido por la inyección con la anestesia local fue peor que la herida en sí. Mi maestro y mi padre tuvieron que inmovilizarme para que el doctor hiciera su trabajo y cerrara aquel maldito y doloroso hueco. Creo que aprendí la lección: desde aquel momento, me cuido mucho de rozar la naturaleza verde con los pies desnudos. La cicatriz quedó en buen lugar; casi nunca se ve y siempre, o casi siempre, pegada al suelo. Todo lo contrario de otra que tengo en la cabeza, en mal lugar, que casi siempre se ve y nunca está pegada al suelo. Sucedió durante unas vacaciones, mientras visitaba a mis abuelos maternos en Santa Clara.

Junto a otros chicos del barrio, solíamos escaparnos de la vista de nuestras familias y nos íbamos a jugar a unos terrenos que pertenecían a una unidad militar cerca de la casa de mis abuelos. Nos gustaba, sobre todo, subirnos a la parte trasera de aquellos camiones militares rusos, que eran enormes y donde podíamos escondernos fácilmente. Una de esas veces, estábamos todos encima de uno de aquellos gigantes verde olivo cuando a uno de los chicos —por cierto, también llamado Rubén—, repentinamente se le ocurrió una idea y gritó que el último que se lanzara del camión sería una *puta*. A esas edades, la competencia es muy intensa, brutal a menudo, y yo, que era uno de los más pequeños —en edad y complexión física—, no podía permitirme el lujo de ser catalogado de esa forma; prefería caerme que sufrir la *humillación* de que me llamaran ramera. Y así sucedió. Me encontraba detrás de Rubén e inmediatamente después de su salto, hice yo lo mismo. Pero no caí de pie como él, sino que me fui hacia delante y mi cabeza chocó con el borde de un bloque de concreto —hormigón— de aquellos que para mí pesaban una tonelada. Se me hizo un feo hueco en la frente, y la sangre, que brotaba a raudales, me nubló la visión; no veía nada. No lloré, no había espacio para lágrimas; solamente sangre en abundancia que hacía ver el accidente mucho más aparatoso. Si yo estaba asustado, creo que mis amigos no se quedaron atrás. Pienso que deben de haber saltado todos a la vez, pues, en un santiamén, se unieron al otro Rubén, me levantaron y salieron corriendo conmigo. Todo fue muy rápido. Me montaron en uno de aquellos camiones y uno de los militares de la unidad me llevó para el hospital. Primero, paramos rápidamente para avisar a mi familia. En casa, solo se encontraban mi abuela y mi tía Nilda. A esta última por poco le da un infarto cuando me vio. En el hospital, no se cansaba de decirle al doctor que me atendió que por favor hiciera todo lo posible para que mis padres no me vieran así. La pobre, creo que se sintió algo culpable, pues me habían dejado a su cargo. Cuando le pregunté: "¿Verdad que no soy una puta?", mi tía se quedó muda, como si no entendiera mi idioma; seguramente pensó que estaba delirando por el golpe. Pobrecita, creo que ella lo pasó peor que yo.

Tengo otro par de cicatrices por accidentes, pero han sido menos dolorosos. La última me la causé en 1999, y sobre esta sí me da vergüenza hablar, sencillamente porque fue una meridiana y completa irresponsabilidad. Ocurrió una tarde, mientras esperaba los resultados de unos experimentos en mi antiguo laboratorio en el *Scaife Hall* de la Universidad de Pittsburgh. Me llamó la atención el sistema de duchas contra incendios y, sin pensarlo dos veces, activé una de ellas en uno de los corredores junto al laboratorio. Por suerte, pudimos parar aquel derroche de agua. Todavía hoy doy las gracias a mis colegas que no reportaron mi acto impulsivo y desatinado, aunque admito que la curiosidad pudo conmigo, y, en consecuencia, la pagué bien cara. Cuando salté para tirar de la cadena que activa el sistema, me hice una buena cortada entre el índice y el pulgar que también sangró mucho y que, para recordarme siempre mi irresponsabilidad, dejó una cicatriz en mi mano izquierda. Creo que Binnie, la técnica que trabajaba conmigo, pensó que me había vuelto loco; su risita nerviosa me lo dijo todo. Juro que no pienso hacerlo nunca más, aunque, eso sí, comprobé con mis ojos —y mi mano— que las duchas cortafuegos de la Universidad de Pittsburgh funcionan de maravilla.

Volviendo a la Bogotá de finales de los 70, a un típico cubano no podía faltarle —lo mismo en Cuba que fuera de ella— un buen juego de pelota —béisbol—, y eso también era de lo más esperado durante nuestros fines de semana en Colombia, especialmente cuando se jugaba contra los *yankees*. De más está que decir que yo a esa edad no entendía —aunque tampoco me lo preguntaba— cómo era que si los americanos eran nuestros enemigos declarados y si teníamos que protegernos de todo lo que viniera del Norte despiadado y brutal, aquellos fuesen los juegos de pelota que más disfrutaba el personal diplomático y de servicio de la Embajada cubana. Nunca supe ni por quién, ni cómo se organizaron aquellos encuentros, aunque era lógico que estaban autorizados por el gobierno en La Habana; tenían que estarlo. Era imposible que los diplomáticos cubanos jugaran béisbol con sus homólogos norteamericanos sin el consentimiento de La Habana y, concretamente, del mismísimo Fidel. De hecho, cuando los cubanos ganaban, recuerdo los comentarios de que el *Uno* estaba contento. Y esa es otra cosa que se aprende cuando se vive entre *conspiradores*: todos los peces grandes tienen un sobrenombre. El jefe de la misión era Fernando Ravelo Renedo, y aunque era el *uno* en la Embajada, su alias no era ese. Tampoco era el del jefe de todos ellos en La Habana, Manuel Piñeiro, conocido gracias al color de su barba como *Barbarroja*, así que el *Uno* solamente podía ser *Él*, el Comandante en Jefe de las Fuerzas Armadas Revolucionarias, el primer secretario del Partido Comunista de Cuba, el presidente de los Consejos de Estado y de Ministros, el *Jefe*, el *Fifo*, el *Caballo*, el *Grande*, el no sé qué más se le habrá inventado por ahí. En particular, a mí siempre me hizo gracia cuando mi padre se refería a él como "El que más mea", y que obviamente no era ni por el tamaño de su vejiga, ni por el volumen de su orina, ni por la frecuencia con la que iba al baño. Era porque para los cubanos, y sobre todo para los seguidores del régimen, *Él* era el omnipresente y omnipotente *máximo líder*. En esos tres años, oía con frecuencia algunas cosas que me parecían raras porque sencillamente no las comprendía; a veces preguntaba, pero en general me decían que eran *cosas de trabajo*, o lo que más odiaba, *cosas de adultos* que no yo podría entender ni debía preocuparme por ellas. También es verdad que con ocho, nueve y diez años me interesaban más los aviones, la historia antigua de Grecia y Roma con sus emperadores todopoderosos, la *Ilíada* y la *Odisea*, y, sobre todo, ser un buen pionero[7] y sacar las mejores notas para cumplir la

---

7 Así se llamaban los niños y adolescentes miembros de la UPC (Unión de Pioneros de Cuba). La UPC fue creada el 4 de abril de 1961, siguiendo la tradición de la Unión de Pioneros Rebeldes (UPR) surgida

máxima aspiración de todo revolucionario: ser un verdadero comunista. Y esto lo escribo sin ironías, es totalmente cierto; para eso me estaban educando y yo así lo sentía.

Imagino lo complicado que debía ser para mis padres y maestros buscar respuestas *apropiadas y convincentes* a todas las inquietudes que a veces les planteaba. Yo era —soy— muy preguntón, y eso de hurgar en la verdad de las cosas, y sobre todo las políticas, no siempre resulta cómodo.

Un buen ejemplo fue lo que pasó años más tarde, en 1982, cuando el gobierno de los Estados Unidos inició un juicio contra un grupo de personas supuestamente relacionadas con actividades de narcotráfico ligado a la guerrilla colombiana. Entre los acusados se encontraban cuatro importantes funcionarios cubanos, que resultaron condenados en ausencia: René Rodríguez Cruz —miembro del Comité Central del Partido Comunista y presidente del Instituto Cubano de Amistad con los Pueblos—, Aldo Santamaría Cuadrado —vicealmirante de la Marina de Guerra Revolucionaria y miembro del Comité Central del PCC, acusado por la protección y reabastecimiento de combustible de barcos que navegaron por aguas territoriales cubanas, transportando drogas desde Colombia a los Estados Unidos—, Fernando Ravelo Renedo —embajador de Cuba en Colombia— y Gonzalo Bassols Suárez —ministro consejero de la Embajada de Cuba en Colombia—. Este asunto se conoció como el caso Guillot-Lara —uno de los implicados— y tuvo lugar cuando ya nosotros estábamos en Cuba.

---

después del triunfo de la Revolución en 1959. Reclutados prácticamente desde que comienzan la escuela, los niños comienzan así el camino para el posterior ingreso en la Unión de Jóvenes Comunistas (UJC), eslabón casi obligado para llegar a militar en el PCC. En el Tercer Congreso de la UJC, en 1977, se introdujeron importantes cambios en la estructura y funcionamiento de la UPC, entre ellos su conversión en la Organización de Pioneros "José Martí". El lema de la misma lo dice todo: ***Pioneros por el comunismo, seremos como el Che".***

Yo solamente oí de refilón lo ocurrido durante una conversación —en la que usaban seudónimos, como siempre— entre mi padre y un amigo común de Ravelo y *Gari* —sobrenombre de Gonzalo Bassols—. Cuando pregunté sobre el asunto, lo único que me dijeron en casa fue que eso era una más de las campañas del imperialismo contra nuestro país y que no había que darle mayor importancia. Mis padres nunca trataron el tema en mi presencia y yo no me atreví a indagar más de lo necesario. Fue otro de esos asuntos que se me quedaron en el tintero y sobre los que ya no podré consultar a mi padre, si es que sabía algo al respecto. A mi madre no me tomo ni el trabajo de preguntarle; aunque recordara algo, no me lo diría. Nunca involucró el trabajo con el hogar y sus hijos, y para estas cosas siempre fue una tumba. En tres palabras: una secretaria perfecta.

Colombia dejó muchos otros recuerdos, específicamente uno de mis dos grandes traumas y que aún hoy sigue siendo una pesadilla: el dentista.

No sé ahora si por recomendación de los maestros, por simple preocupación de mis padres o por haberme quejado de alguna molestia, me llevaron a una clínica privada para un trabajo dental que culminó en cinco o seis empastes, la mayoría de los cuales sigue en su lugar. No me canso de explicar la razón de mi fobia; quizás es terapéutico hablarlo, porque más que miedo, es terror.

Al ser Colombia un país capitalista donde mis padres estaban permanentemente *en guardia*, imagino que, aunque a regañadientes, por recomendación del dentista accedieron a la anestesia general. Gracias a ella, no sentí ni recuerdo lo que pasó allá dentro. Hasta aquí no hay nada del otro mundo, pero mi drama comenzó un rato después, cuando todo había terminado.

Recuerdo bien que, cuando desperté de la anestesia general, me encontraba aún en la consulta, acostado en un sofá. Junto a mí se hallaban mi mamá y mi papá; este último, empuñando el arma que llevaba a menudo consigo. Sabía que mi padre tenía una pistola, pero siempre se cuidó de que no la viéramos en sus manos, y menos aún en posición defensiva, pero aquella vez fue la primera —y creo que la única— que lo vi así. Por un instante, olvidé qué hacía yo acostado allí, y apenas atiné a preguntar:

—¿Y para qué la pistola?

La respuesta de mi padre lo dijo todo:

—Por si no te levantabas.

¡Qué suerte la del dentista, la mía, la de mis padres y la de mi familia! Si al tipo se le hubiese ido la mano con la anestesia y no me hubiese levantado, no quiero ni imaginar cómo habría terminado la fiesta.

A partir de ese momento, tener que ir a un dentista es una odisea para mí; desde que entro, comienzo a sudar y todo me tiembla por dentro. Por muchos años, lo oculté y —lo mismo que el terror a los perros— lo mantuve en silencio, disimulando para que los que me rodeaban, bien en la familia, en la escuela o los amigos, no se dieran cuenta, porque, como siempre me decían, no era de *hombre* reconocer esos miedos, como si los hombres no fueran de carne y hueso, incluyendo a los que lo dicen.

Pero ya hace años no me importa; todo lo contrario, lo confieso alto y claro, que les temo a los perros y al dentista, y que a este último únicamente acudo porque es mejor el remedio que la enfermedad, y que me cuido y limpio los dientes no para lucir una dentadura hollywoodense, que no está nada mal, sino para evitar las visitas de urgencia a los profesionales del sector.

En honor a la verdad, si bien aquel primer trabajo dental disparó una fobia incómoda, la ejecución fue excelente. Después de más de treinta años, casi todos esos empastes seguían en su lugar. Recientemente, me sustituyeron uno y todavía me arrepiento; quizás estaba *envejeciendo*, pero a mí ni me dolía. En fin, ¿quién soy yo para decirlo? No soy dentista, y lo principal, nunca he soñado con serlo.

Otros incidentes de la niñez en Bogotá me acompañaron mucho tiempo. El primero tiene que ver con Dios, y el otro, con su *antítesis*, el *Che* Guevara.

Un día, durante un examen, no recuerdo de qué, mi maestro Delio, un tipo extraordinario, pero muy exigente, me sorprendió cuando ayudaba a una compañera a responder una de las preguntas. Yo había terminado con el mío y, siguiendo una de las triquiñuelas que hacen los muchachos para evitar que los pillen, cometí el gran error. Aquello significó el fin del mundo para mí. Luego de la amonestación verbal, me retiró la pañoleta, porque, claro, aquello no era propio de un buen estudiante y revolucionario digno de la estirpe del *Che*.

Yo quería morirme. De nada valía que hubiera hecho un buen examen; la falta era la misma tanto para el que recibía como para el que daba, o como me enseñó Delio: *tanta culpa tiene el que mata a la vaca como el que la agarra*. La que me esperaría en casa cuando llegara sin la famosa pañoleta. Ese atributo no podía faltar como complemento al uniforme de pionero. Era parte del ritual y de la disciplina escolar. No ponérsela, e incluso anudarla mal o arbitrariamente, podía resultar en desagradables amonestaciones verbales de cualquier autoridad en la escuela.

Esa noche, el maestro vino a la casa a ver a mis padres. Ignoro de qué hablaron, pero, obviamente, la retirada de mi pañoleta estaría en el candelero. Únicamente recuerdo que me fui a la cama con dos lecciones bien aprendidas: el significado de la palabra *fraude* y la verdaderamente dolorosa: ya nunca podría ser como el *Che*. Por suerte, el dolor se esfumó con el tiempo, pero en aquellos años, yo, como casi todos los pioneros cubanos, quería y tenía que ser como *Él*.

Otra gran lección fue la decepción que sufrí con Dios, o más bien, su ausencia. En esto también mi maestro tuvo algo que ver, y si no fuera porque a mí me contrarió bastante, diría que fue hasta cómico.

En Bogotá, eso de estar encerrado tanto tiempo en casa resultaba en que, junto a la lectura, también pasara mucho tiempo frente a la tele, lo que en estos tiempos sería el equivalente a navegar por la Internet. Y así, a través de las misas y homilías televisadas en un país mayormente católico como Colombia, me encontré con el mundo de Dios. Y como a mí nunca me hablaban de Dios, yo decidí buscarlo por mi cuenta.

Lo primero que se me ocurrió fue imitar lo que hacía la gente en las iglesias, y comencé a rezar en silencio, a pedir que en algún lugar —obviamente solo ante y para mí— se apareciera el supuestamente Todopoderoso. Claro que yo, al rezar, estaba hablando con Dios, y como en esa época no sabía lo que era la esquizofrenia,[8] si él me hubiese hablado a mí, creo que habría salido corriendo.

Un buen día, escogí mal el momento y lo hice en la escuela. Cerré los ojos y me puse a esperar el milagro. El maestro me pescó con actitudes algo *raras* y nuevamente terminó hablando con mis padres. Estos se me acercaron y tuve que someterme al interrogatorio de rigor: si me pasaba algo, que dónde había visto esas cosas, etcétera, etcétera. Ahí terminó mi búsqueda consciente de Dios. No lo hice más, y hasta el día de hoy no he aprendido siquiera el Padrenuestro. Claro que el ser humano es el único animal que tropieza con la misma piedra.

---

8 Me refiero a *"Si hablas con Dios, estás rezando; si Dios te habla a ti, tienes esquizofrenia"*, palabras de **Thomas István Szasz** (1920-2012), Profesor Emérito de Psiquiatría de la *Syracuse University* en Nueva York y uno de los más importantes críticos de los fundamentos morales y científicos de la psiquiatría.

De vacaciones en Cuba, volvió a ocurrir algo parecido, pero esta vez la reprimenda fue mayor. Luego de visitar a una vecina y observar detenidamente una gran imagen de Jesucristo que colgaba en su sala, llegué a casa y dije que había visto a Papá Dios. La que me cayó esta vez fue más grande. Además de la reprimenda, me prohibieron las visitas, no solamente a aquella casa, sino a todas las demás en el barrio que pudieran influir tan *negativamente* en mí.

De esto no volví a hablar hasta muchos años después, en 1998, cuando conté esa historia mientras defendía mi tesis de doctorado en la Universidad de Amberes. Al yo ser extranjero, el programa exigía que, después de la defensa de la tesis, tuviera que exponer otro tema ajeno a las ciencias, creo que con el objetivo de demostrar cierta habilidad para defender en público, nada, cosas del programa de *PhD*. A ello también me referiré más adelante.

Lógicamente, a aquel que castigan en una edad tan temprana porque solamente dice que ha visto a Papá Dios se le acaban todos los deseos de encontrarse con ese señor, ¿o no? De hecho, confieso que hace unos años comencé a leer la Biblia, regalo de mi hermano, al que hice dedicármela para asegurarme de que así la conservaría siempre —es sacrilegio desprenderse de los libros dedicados—, pero después de los primeros *sinsentidos*, la cerré. Ha permanecido así todo este tiempo y, decididamente, la retomaré una vez que me mentalice y ponga en segundo plano el lado terrenal de la vida.

Si bien el irremediable paso del tiempo me ha cambiado en muchas cosas, algo sigue intacto: mi aceptación de ciertas inmortales definiciones de Dios y de la religión: "El hombre, en su orgullo, creó a Dios a su imagen y semejanza",[9] pero no uno solo; a lo largo de toda su historia creó a varios, y una vez creados, "los dioses son cosas frágiles; pueden ser asesinados

---

9 **Friedrich Wilhelm Nietzsche** (1844-1900). Filósofo alemán y uno de los pensadores modernos más influyentes del siglo XIX.

con un atisbo de ciencia o una dosis de sentido común",[10] y la bien conocida y que refleja su naturaleza adictiva, porque, en esencia, "la religión es el opio de los pueblos",[11] o, según Spinoza,[12] "el asilo de la ignorancia" —porque ser libre es regirse por la razón frente a la sumisión, por ejemplo, de la religión—.

Y para catalogarme, hasta ahora la definición que más me gusta fue la que se dio a sí mismo el famoso psicoterapeuta norteamericano Albert Ellis (1913-2007), y que me suena mejor en inglés: *probabilistic atheist*. Si bien el doctor Ellis no podía estar completamente seguro de la no existencia de Dios, pensaba o creía que la probabilidad de que existiese era tan pequeña que no merecía ni su atención, ni la de los demás. Por tanto, yo pertenezco al equipo del doctor Ellis.

Si por no creer en los dioses, en ninguno, al final de mis días me tocará el infierno por destino. Allí también podré ser feliz. Pero bueno, ese viaje todavía no está en mis planes.

---

10   **Chapman Cohen** (1868-1954). Profesor y escritor inglés, uno de los principales militantes ateos británicos y tercer presidente de la Sociedad Nacional Laica.

11   **Karl Heinrich Marx** (1818-1883). Filósofo alemán de origen judío, considerado, junto a Federico Engels, como padres del socialismo o comunismo científico. Sus obras, entre las más famosas, el *Manifiesto Comunista* y *El Capital*, revolucionaron el pensamiento político e ideológico de la época, y ejercieron una gran influencia sobre los movimientos revolucionarios y socialistas del siglo XX. Conceptos marxistas como *dictadura del proletariado* sirvieron posteriormente a Lenin, el primer teórico-práctico que intentó hacer realidad el pensamiento de Marx y que vio coronado luego del triunfo de la Revolución de Octubre en 1917 con el surgimiento de la Unión Soviética, primer estado con ideología comunista de la historia.

12   **Baruch Spinoza** (1632-1677). Filósofo neerlandés de origen sefardí portugués, considerado uno de los tres grandes racionalistas de la filosofía del siglo XVII, junto con el francés René Descartes y el alemán Gottfried Leibniz.

En el verano de 1978, luego de tres inolvidables años en Colombia, regresamos, y nuevamente a través de Panamá, definitivamente a la isla. Concluía así mi primer encuentro con el capitalismo y su tercer mundo.

Cuba (1978-1984).
El socialismo y mi adoctrinamiento

El regreso a Cuba no fue tan agradable como imaginé. La alegría por volver a ver y pasar tiempo con mis abuelos, y por comenzar los estudios secundarios en la Escuela Vocacional "Vladimir I. Lenin" —*la Lenin*—, sueño de miles de jóvenes cubanos, pronto se vería empañada por la cruel realidad del *Caimán*, como llamaba mi padre con regularidad a la isla.

Del período en esa escuela, y a pesar del tiempo transcurrido, lo más valioso que conservo son dos amigos: José y Julián Daniel. Ambos, como yo, abandonaron definitivamente la isla y viven en el primer mundo, el primero también en los Estados Unidos —Chicago— y el segundo, en Europa —Alemania—.

Gracias a la fama que le precedía, la Lenin era considerada de lo mejor y orgullo del modelo de educación cubano, centro de visita obligada para invitados extranjeros de alto rango, incluidos Jefes de Estado y/o Gobierno, y todo aquel al que querían mostrar la excelencia del sistema educacional de la Cuba nueva. Es cierto que tenía un buen claustro de profesores y condiciones materiales que estaban por encima de la media nacional; sin embargo, adolecía de los mismos problemas de diseño y ejecución del socialismo cubano, y en particular de uno: la asunción de que todos somos iguales. Y no lo somos. Claro que en aquel momento eso yo no lo sabía, y pasaron muchos otros antes de aprenderlo.

Ese primer gran desencuentro con una realidad que de pronto se me hizo ajena —lo mismo que el desastre en que terminó— marcó mis años de adolescencia y, únicamente, luego de muchos años, pasó al olvido.

Dijo el filósofo alemán Schopenhauer (1788-1860) que "toda verdad pasa por tres etapas. Primero, es ridiculizada. Segundo, es combatida. Tercero, es aceptada como evidente". Ya yo acepté la mía.

En el verano de 1978 se celebró en Cuba el XI Festival Mundial de la Juventud y los Estudiantes. La juventud cubana recibió un baño de aguas internacionales y se le permitió un poco de aire fresco. Típica decisión de los líderes en cualquier país con problemas: aprovechan todo tipo de eventos de carácter internacional para volcar los medios de difusión masiva en defensa de su gestión, y a sus pueblos, para que olviden sus penas diarias. Nada nuevo.

El año 1979 sí daría mucho aire fresco al gobierno cubano, y no precisamente como resultado de ningún Festival de la Juventud.

Un día del caluroso mes de julio, iba con mi padre en el auto cuando sorpresivamente escuchamos la noticia de la caída del régimen de Somoza en Nicaragua. Ya sabíamos que era solamente una cuestión de tiempo, pero nunca olvidaré el comentario de mi padre:

—Increíble que Nicaragua haya caído primero.

Cuando le pregunté a qué se refería, contestó:

—Nosotros esperábamos que El Salvador cayese primero.

Dichas así, esas palabras no tenían mayor relevancia. Yo no hice más preguntas, que, por lo demás, sabría que no tendrían respuesta; al menos a mí no me las daría, pero me llamó la atención aquella observación.

En los días precederos, ya había escuchado varias discusiones en casa, donde, en un ambiente más informal, mi padre y algunos de sus compañeros de trabajo se despachaban por lo grande, cosa que por lo demás no era nada inusual; desde pequeño, estaba acostumbrado. Sin embargo, esta vez algo despertó mi curiosidad. Si *nosotros* —entiéndase *ellos*, la dirección política de la isla— esperábamos que El Salvador —su gobierno— cayese primero, eso confirmaba que allí, en la sede del poder político de la isla, no solamente se estaba al tanto de todo, sino que hasta *se esperaba* algo.

Por un lado, se negaba y se criticaba todo el tiempo al imperialismo norteamericano por sus infundadas acusaciones a Cuba, pero, por otro, se sabía, y si se sabía era probablemente porque de algún modo se participaba.

Ya por aquel entonces, yo quería ser diplomático, sin entender plenamente el significado del término e identificando erróneamente a todos los políticos como tales. Por eso, aquel juego de afirmaciones, desmentidos y malabarismo político me confundía mucho. De nada servía que se negara, por activa y por pasiva, la participación de Cuba en las revueltas que movían al continente.

Fuera de la isla, donde no existían los apagones informativos que aún hoy la cubren, la percepción era diferente. Mi padre tenía acceso a los cables de prensa internacionales, y, como todo chico curioso, yo me encargaba de aprovechar cada momento que su portafolio quedaba sin custodia para husmear y leerlos con avidez.

También es verdad que en algunas ocasiones él mismo me enseñaba alguna que otra noticia, eso sí, siempre advirtiéndome que no podía comentarlo con nadie, y si en público salía a relucir el asunto, yo tendría que referirme a lo que publicara ese órgano *prehistórico* y *desinformativo* que aún hoy circula como *Granma*.[13] Obviamente, también tendría que cuidarme de no abrir demasiado la boca en la escuela y en la calle.

---

13   *Granma*. Órgano oficial del partido comunista de Cuba, nombrado por el yate que, en 1956, zarpó del puerto mexicano de Tuxpan, llevando a 82 expedicionarios bajo el mando de Fidel Castro a las costas cubanas, y que marcó el inicio del período insurreccional que culminó con la derrota de Batista en 1959.

En general, cumplí con nuestro acuerdo; violarlo hubiera significado volver a la oscuridad informativa del *Granma* y eso no me hacía ninguna gracia.

También es cierto que a veces lo sorprendía con algún comentario o pregunta embarazosa. Él, al no saber que yo había hurgado en sus papeles, me daba la primera explicación que le venía a la mente con tal de que olvidara "esas cosas que se te ocurren", como terminaba diciendo. Oficialmente, yo nada más podía conocer y repetir la *verdad*, entiéndase, la publicada por el *Granma*.

No recuerdo la fecha exacta, pero creo que fue por esa época cuando se produjo algo insólito, o que al menos a mí me confundió muchísimo. Celia y Pancho formaban un matrimonio conocido de toda la vida en el barrio. Sobre todo con Celia, yo me llevaba muy bien, y ella era siempre muy cariñosa conmigo. De sus hijos, no sabía mucho. Dos hijas vivían exiliadas en Miami y dos hijos —que en realidad eran hijastros de Celia— cumplían años de cárcel por motivos políticos, o como siempre se nos decía, por ser *contrarrevolucionarios*. A uno de ellos, Mario,[14] solamente lo

---

14 **Mario Chanes de Armas** (1927-2007). Difícilmente alguien aspire a romper su récord de 30 años como preso político más viejo del mundo. Participó en el asalto al Cuartel Moncada contra la dictadura de Fulgencio Batista en 1953, por lo que fue condenado y enviado a prisión. Liberado tras el indulto de Batista en 1955 viajó a Miami y luego a México, de donde partió después en la expedición del yate Granma que desembarcó en Cuba el 2 de diciembre de 1956. Luego del triunfo del 1 de enero de 1959 su desacuerdo con el nuevo régimen lo lleva a manifestarse en contra, es encarcelado nuevamente en 1960 por el delito de conspiración y de atentar contra la vida de Fidel, cargos de los que siempre se declaró inocente y de los que, al menos hasta donde yo sé, no son públicos los detalles. Estando en prisión nació y murió su único hijo y se le comunicó el fallecimiento de sus padres y su hermano Paco, que también estuvo preso y fue liberado antes que él. Excarcelado en 1991 obtuvo el permiso para abandonar la Isla. Murió en Miami y hasta el final mantuvo su inocencia y la defensa de sus ideales políticos.

había visto en una foto donde aparecía, entre otros, junto a los hermanos Castro y Juan Almeida, mientras abandonaban la prisión de Isla de Pinos —también conocida como Presidio Modelo—, antes de la Revolución. Curiosamente, ese mismo día, el 15 de mayo de 1955, en un hospital de La Habana nacía un buen amigo, Tavi, pero a él me referiré más tarde.

La foto se hizo aún más famosa luego del enjuiciamiento de Mario Chanes, en 1960, pues el régimen cubano, al mejor estilo estalinista en la Unión Soviética, lo hizo *desaparecer* de la foto y sin él la siguió difundiendo a lo largo de los años. El objetivo estaba claro: los *opositores* no existen, ni siquiera en fotos. Hoy, desaparecerlos es mucho más fácil con el uso del Photoshop, pero en la era *pre-Internet* todo era más artesanal y burdo. Tampoco es nada inusual en este mundo que alguien decida eliminar de una foto a un amigo/a que ya no lo es, a un cónyuge que ha dejado de serlo, a un conocido que lo defrauda, etcétera, etcétera.

Pero no, el problema aquí es que, además de que manipularon la historia, intentaron *borrar* el hecho de que el señor Chanes también arriesgó su vida y ofreció los mejores años de esta persiguiendo un ideal más grande que todos ellos. Eso no hay Photoshop ni *Castroshop* que pueda borrarlo. He aquí la historia:

Un día, estaba en la calle jugando cuando veo la llegada inesperada de unos oficiales de verde olivo, bien armados, detalle que presagiaba algo inusual para aquel barrio habitualmente tranquilo. Salí corriendo a casa y le avisé a mi abuela, quien salió enseguida a ver qué pasaba.

Obviamente, la visita no podía pasar desapercibida en un barrio donde todos nos conocíamos y teníamos una relación muy cercana y familiar. Cuando, acto seguido, apareció el Alfa Romeo color burdeos, famoso porque eran los que utilizaban los cuerpos de la seguridad del Estado, nos quedamos todos petrificados. Su destino estaba a pocos metros de mi casa y el auto necesariamente tenía que reducir la velocidad, ya de por sí baja. En el asiento trasero, y bien custodiado, venía también un señor vestido de civil, al que yo no conocía, pero que, a juzgar por la seguridad, debía de ser alguien *importante* o *peligroso*, o ambas a la vez; al menos, eso fue lo primero que pensé.

Mi confusión surgió cuando, al pasar frente a nosotros, mi abuela levantó el brazo y, tímida, pero cariñosamente, saludó al custodiado, el cual respondió con una ligera sonrisa y levantando también el brazo. Yo me quedé paralizado. Todavía no sabía quién era el susodicho, pero, a juzgar por las circunstancias, no podía ser alguien relacionado de ninguna forma con mi familia.

Inmediatamente, pregunté de quién se trataba, y mi abuela me dijo:

—Es Mario Chanes.

El nombre sonó en mis oídos como una bomba y, ni corto, ni perezoso, busqué el libro donde estaba la foto sin retocar de 1955. Se la enseñé.

—El mismo —dijo mi abuela, sin añadir nada más.

Yo ya conocía la versión oficial del arresto de los Chanes, así que lo primero que me vino a la mente fue una pregunta lógica: ¿cómo era posible que mi abuela saludara a uno de los enemigos declarados de la Revolución? No entendía nada. Cuando volví a la carga y le pregunté por qué lo había saludado, me respondió, sin inmutarse:

—Porque lo conozco desde hace muchos años y fue un buen hombre.

Me confundió todavía más; sencillamente, yo no salía de mi asombro.

Naturalmente, cuando mis padres llegaron del trabajo se enteraron de lo acontecido ese día en el barrio. Lo que no sé es si mi abuela les comentó lo del saludo aquel que a mí me había dejado boquiabierto. Con seguridad, yo no les iba a contar nada, porque imaginaba que eso pondría en aprietos a mi querida abuela. Ahora lamento no haber preguntado más a mi padre sobre el caso Chanes de Armas, pero no lo hice. En aquellos años, esos temas eran tabú. Tampoco me atreví a hacerlo con Celia, su madre, ni con sus hermanas, a quienes conocí durante su visita a Cuba, mientras pasaban a saludar a Nina, la mamá de Tavi y una madre más para mí esos años.

Nunca hablé más del asunto, aunque siempre me quedó la curiosidad.

Decididamente, si mi abuela, que era un ser pacífico y bondadoso, decía eso del señor Chanes, este no podía ser tan malo; *contrarrevolucionario*, probablemente; anticastrista, seguro; pero mala persona, decididamente no era, así que preferí creerle a mi abuela.

Las dos hermanas de mi padre también habían emigrado a los Estados Unidos, tía Mirta, en 1968, y tía Juana, con el Mariel, en 1980. Ninguna de las dos regresó, ni siquiera de visita. Tía Juana me decía a veces que "algún día cuando, aquello cambie", lo haría. No pudo ser. Luego de una breve estancia en Miami, se fue a vivir a Ohio y, a pesar de sus problemas de salud, que encabezaba una diabetes horrorosa y despiadada, nunca perdió el buen sentido del humor que la caracterizaba. El 1 de marzo de 2013, me despedí de ella, y días más tarde, ella lo hizo de este mundo, pero para mí sigue viva. Se nos quedaron pendientes muchos temas de conversación.

Quien sí regresó a Cuba por aquellos años fue alguien cercano a ella, alguien que en la actualidad reside en Miami. Con la llegada al poder del nuevo presidente Carter se destensaron algo las relaciones entre los Estados Unidos y Cuba, y se reanudaron los vuelos directos entre los dos países, más conocidos en esa época como los vuelos de *la Comunidad*.[15]

---

15 Con el gobierno del presidente Carter, las normalmente tensas relaciones entre los Estados Unidos y Cuba comenzaron a relajarse. En enero de 1977, se ratificó la decisión tomada por la anterior administra-

En uno de esos vuelos, y alimentando mi confusión, regresó el que había sido el primer esposo de tía Juana, bien conocido en el barrio por haber nacido y crecido allí. Para mi gran sorpresa, mi papá lo recibió en nuestra propia casa; de hecho, se sentaron en la amplia terraza al aire libre del segundo piso. Simplemente, cualquiera que pasó por el barrio en ese momento pudo verlos. ¿Cómo era posible que aquel señor que se había ido de Cuba, un *gusano*, como se les llamaba a todos los desertores o desafectos al régimen, entrara a mi casa y se sentara a hablar con mi padre como si fuera lo más natural del mundo? Obviamente, enseguida le pregunté a mi abuela quién era aquel señor de *la Comunidad*, y ella me contó.

Se había casado con tía Juana y había abandonado la isla luego del triunfo revolucionario de 1959. Mi padre solamente me lo presentó como un viejo amigo de la familia. Como se suponía, se esperaba y se exigía de los verdaderos revolucionarios, teníamos que evitar el contacto, de cualquier naturaleza, con aquellos que habían traicionado a la Patria, dejándola para siempre, por lo que yo no entendía nada de lo que estaba sucediendo a mi alrededor.

---

ción de Gerard Ford de suspender los vuelos de reconocimiento sobre territorio cubano y se autorizó a las aeronaves civiles y comerciales cubanas a sobrevolar territorio estadunidense en sus rutas a otros países; en marzo, se anunció la eliminación de restricciones para que los estadunidenses pudieran viajar a Cuba; en abril, se suscribió un acuerdo sobre derechos de pesca y límites marítimos; luego, como resultado de serias y secretas negociaciones, se liberaron presos extranjeros en la isla; y, en septiembre, se produjo lo que pudiera considerarse el mayor logro desde la ruptura de las relaciones diplomáticas: la apertura de las Oficinas de Intereses en Washington y en La Habana. Para finales de ese año, se produjeron importantes contactos entre el gobierno cubano y dirigentes del exilio en los Estados Unidos, que fructificaron con el permiso de Cuba para las visitas de *la Comunidad* de cubanos residentes en este país. Muchas de estas medidas fueron anuladas o drásticamente modificadas por las sucesoras administraciones norteamericanas.

De hecho, en un apéndice a una de sus autobiografías escrita en 1978, mi padre se refería así a sus hermanas:

> Hermanos: no viven conmigo. Juana Zamora Correa, desafecta a la Revolución, tiene presentado para irse del país desde hace mucho tiempo. Mirta Zamora Rodríguez salió del país hace diez años por no simpatizar con la Revolución. Con ambas no tengo ningún tipo de relación.

Y era verdad: mi padre no tenía ningún tipo de relación con ellas y del tema nunca se hablaba en casa. Por eso, aquellos gestos que tanto me confundían, como el de recibir en casa a un *traidor*, también se me presentaban como una muestra más de que los fuertes y sinceros lazos familiares y de amistad pueden más que cualquier política o ideología.

Cuando, años más tarde, tomé la vía del exilio, toda aquella confusión se había desvanecido y de ella solamente quedaron estos recuerdos.

El año 1980 también fue uno de esos que me marcaron profundamente. Vivir a los trece años lo desmedido e irracional de la ira de un pueblo inflamado por la locura de sus líderes marca a cualquiera, porque no es vivir, es malvivir. Buscando una analogía, si toda familia tiene en su seno una o varias ovejas negras, lo sucedido ese año está entre las *ovejas* más negras de la Revolución Cubana. Ese fue el año de los lamentables sucesos de la Embajada del Perú[16] y de lo que

---

16   En enero de 1980, un grupo de personas ingresó violentamente a **la Embajada del Perú** en La Habana, con el objetivo final de abandonar la isla. A petición del embajador peruano, fuerzas especiales cubanas ingresaron en la misión, una acción no autorizada por el gobierno del recién elegido presidente Fernando Belaúnde Terry. En abril, un incidente similar resultó en la muerte de un militar cubano que custodiaba la Embajada. Perú se negó a entregar a los ciudadanos cubanos refugiados en su sede diplomática de La Habana y el gobierno cubano decidió reti-

después se convertiría en quizás el éxodo marítimo más grande de la historia moderna de un país en tiempos de paz: el éxodo del puerto del Mariel.[17]

En las escuelas, en las empresas, en los comercios, en las calles de la isla se sucedían los tristemente célebres mítines de repudio, o como eufemísticamente los llamaban, la respuesta del pueblo revolucionario a los *gusanos*, los apátridas, los *vendepatria*.

Surgieron tantos lemas, consignas y cánticos que aún hoy me da vergüenza recordar muchos de ellos.

A veces, era todo una *pachanga*, la muchedumbre enardecida contra el *traidor*, en muchas ocasiones hasta sin conocerlo personalmente. Oír sobre alguien que quería abandonar el país era suficiente para lanzarse y lanzarle desde los mayores improperios hasta golpes y los más variados objetos.

Recuerdo que en la escuela muchas veces era la oportunidad para no tener que asistir a una clase o postergar alguna que otra tarea académica, porque todo se paralizaba, todo tenía que ponerse en función de la *gran causa*, todos teníamos que

---

rar al personal de seguridad de esta. La noticia corrió como reguero de pólvora por la capital y en cuestión de días más de diez mil personas se refugiaron en la sede diplomática, en busca de asilo. La crisis se solucionó poco después, cuando, en junio, Perú y varios países, incluyendo España, Canadá y Costa Rica, otorgaron visas humanitarias a los refugiados.

17   Los sucesos de la Embajada del Perú iniciaron un período de *apertura migratoria*, durante el cual el gobierno de la isla aceptó otorgar permisos de salida a todo aquel que tuviera un familiar en los Estados Unidos dispuesto a reclamarlo y llevárselo. Así, nacieron *los Marielitos*, más de 125 mil cubanos que, entre abril y octubre de 1980, salieron de Cuba por el **puerto del Mariel**, al noroeste de la isla. Añadiendo más desvergüenza, el gobierno aprovechó la ocasión para deshacerse de delincuentes y criminales convictos, a los que abrió las puertas para emigrar, a pesar de sus condenas. Incluso hubo casos de personas *desafectas* al régimen a las que se les presionó para que presentaran su salida y abandonaran el país. Una triste historia que daría para miles de páginas y otro número de desvergüenzas.

repudiar a aquella *escoria* que, *a pesar de todo lo recibido por la Revolución*, ahora decía basta y corría en busca del exilio.

Muchos, de una forma u otra, nos vimos involucrados y sufrimos, también de una forma u otra, las consecuencias de lo que ya se conoce como *el Mariel*. La mayor de las consecuencias fue, sin duda, la separación —sin retorno— de los seres queridos. En mi caso, fueron mis tíos con mi primo recién nacido y otros amigos del barrio y la familia. Para otros, fueron padres, hijos, hermanos y el largo etcétera que compone una familia.

Las penas de tantos miles de cubanos parieron otros tantos miles de historias, y la visión desgarradora de un país que *sangraba* gente, como si sangrar personas fuera lo más natural del mundo, quedó grabada para siempre en la memoria histórica del pueblo cubano.

Aquellos días, el *Granma* publicaba, sin el menor de los pudores, el número de personas que salían de la isla.

Yo era un mocoso entonces, tenía trece años, y todavía hoy me pregunto cómo tantos miles de cubanos pudimos ser arrastrados por aquella ola de odio desmedido. ¿Por qué no la detuvimos? Siento aún vergüenza por todos los adultos que presenciaron inamovibles aquella desgracia y no alzaron su voz contra ella, incluyendo a mis padres, sin que esto minimice todo el amor que por ellos siento. Tampoco lo justifica el que fueran *otros tiempos*.

Desgraciadamente, fueron muchos, o para ser exactos, demasiados, los que nada hicieron por evitar aquella humillación al por mayor. No podía ser tan paradisíaco un país al que sus ciudadanos abandonaban en masa, por mucho que el gobierno se esforzara en disfrazar los motivos de la espantada.

Mi abuela vio la partida de su segunda hija junto al nieto que conoció apenas siendo un bebé. La primera hija lo había hecho en 1968, algo que obviamente no puedo recordar, pues era muy pequeño.

Sobre estos sucesos, hay decenas de miles de cubanos que pueden hablar más y mejor que yo, entre ellos Tavi, un amigo de la familia y alguien a quien aprecio y admiro, entre otras cosas, por haber vivido el amargo trago del Mariel.

Yo solo recuerdo que un día lo vimos salir y fue para siempre. Me enteré por mi abuela, quien, después de apuntar que "al parecer, Tavito se ha metido en la Embajada del Perú", me pidió que no hablara del asunto con nadie. No sé quién se lo dijo a ella.

Recientemente, le mencioné a Tavi que estaba escribiendo mis memorias y le pedí autorización para ilustrar parte de ese agridulce trago que significó su salida de Cuba por el Mariel.

Su vida pudo haber sido la de cualquiera de su edad y su época. Tenía las aspiraciones de cualquier joven: quería estudiar, desarrollarse como especialista en Comercio Exterior, para lo cual se esforzó de manera especial, sin contar con la ayuda de nadie, solamente su entrega. Hasta aquí, nada extraordinario.

La pesadilla de Tavi comenzó cuando, faltando poco para terminar el último curso escolar, lo llamaron de la dirección de su escuela y le dijeron que no era seguro que pudiera graduarse —a pesar de tener buenos resultados académicos—, ni siquiera formar parte del colectivo de empleados de Comercio Exterior, y, por ende, nunca podría representar al país en el extranjero.

Aquella noticia —no era para menos— devastó al joven y a todos en su casa, en especial a su madre. No le dijeron claramente el motivo de aquella decisión, pero él quedó muy preocupado y, como era perfectamente comprensible, no paró hasta averiguarlo. Y lo supo gracias a una maestra de la escuela que había formado parte del proceso y que él consultó, en privado y lejos del recinto escolar, sobre la nefasta decisión de la dirección del centro.

La respuesta sobre lo sucedido lo dejó estupefacto, no tanto por el mensaje, sino por la mensajera. Durante el proceso de verificación sobre su *integridad* revolucionaria, en el CDR (el Comité)[18] de la cuadra donde vivíamos —porque sí, en esa época todo estaba sujeto a la verificación de idoneidad revolucionaria—, la persona a la que pidieron referencias sobre Tavi, y que en esos momentos era la responsable de vigilancia, dijo que él era un antisocial y que no simpatizaba con el régimen. Opiniones como esas eran más que suficientes para que a alguien se le impidiese ingresar a cualquier centro de estudios superiores y, por consiguiente, labrarse un buen futuro profesional en la isla.

Al oír aquello, y entre lágrimas, regresó frustrado a su casa. Su madre quedó devastada con la noticia, sobre todo por la *injustificada traición* de aquella vecina que todos considerábamos parte de la gran familia del barrio, y, desesperada, acudió a mi papá en busca de ayuda. Mi padre por encima de todo era comunista y nadie podía decir que él aceptaba conductas antisociales. En este caso, no le fue difícil darse cuenta de que todo se trataba de una injusta y desproporcionada decisión. Fue una acción loable de mi padre, quien, con un marcado sentido de justicia, e imagino que mostrando su autoridad partidista, se presentó en la escuela y logró que al menos permitieran graduarse al joven, porque

---

18   Los **CDR** (Comités de Defensa de la Revolución) se crearon el 28 de septiembre de 1960, en La Habana, con el objeto de *"desempeñar tareas de vigilancia colectiva frente a la injerencia externa y los actos de desestabilización de la Revolución"*. El acto fundacional tuvo lugar en una masiva concentración presidida por Fidel frente al Palacio Presidencial (hoy, Museo de la Revolución). Es la más poderosa de las organizaciones cubanas *no gubernamentales* —aunque, ¿qué no pertenece al gobierno en Cuba?—, que moviliza a la gente para las grandes misiones encomendadas por la dirección del país: tareas de salud, de apoyo a la economía y de participación en las elecciones de los diputados a la Asamblea Nacional, entre otras.

A partir de 1963, ese día siempre fue de especial importancia en mi casa, y no precisamente por los CDR, sino porque celebrábamos el aniversario de bodas de mis padres.

—y esto es importante— hay que señalar que solamente tenía veintitrés años de edad.

Si bien Tavi no simpatizaba completamente con la Revolución, nunca se involucró en actos contra esta e hizo todo lo necesario para salir adelante en sus estudios y poder graduarse.

Pero ya nada fue igual: lo sucedido no hizo más que profundizar su desafección por el régimen y, para su suerte, en medio de aquel descontento, llegó abril de 1980 y los sucesos de la Embajada del Perú.

Él se encontraba en la playa y, cuando llegó a casa, en medio de los rumores generales, preguntó qué pasaba, pero su madre no quiso decirle. Tavi no quedó conforme. A través de algunos amigos, se enteró de lo que sucedía, y, raudo y veloz, salió para la sede diplomática, ubicada en el barrio habanero de Miramar.

Lo que encontró al llegar no fue para nada un agradable recibimiento: la Embajada ocupaba una residencia grande, pero no para albergar a miles de personas, y a ella entró cuando ya no había espacio para nadie más. Se dice que hasta diez mil personas ocuparon el recinto aquellos días. La atmósfera era asfixiante y, luego de pasar una noche infernal, con apenas libertad de movimiento por la cantidad de gente hacinada, no soportó la presión, abandonó el lugar y regresó a su casa. Por esa vía no podría salir del país.

En aquellos días, *Radio Bemba*, que es como los cubanos coloquialmente nos referimos a la propagación de rumores de boca en boca para suplir la opacidad informativa de los medios oficiales, no paraba de trabajar. De esta forma, no tardó mucho en correr la noticia de que el gobierno de Cuba estaba autorizando la salida a todo el que la pidiese, y que en las estaciones locales de policía estaban aceptando las solicitudes de todo el que quería abandonar el país.

Ya era de madrugada cuando se presentó en una de ellas, en la zona de Marianao. Por suerte, a esas horas no había tantas personas en la cola, pero sí había todo tipo de personajes, con todo tipo de motivos, aunque con un solo fin: abandonar la isla.

El flujo e intercambio de groserías entre los peticionarios y las autoridades era lo más natural del mundo; nada de usar palabras *finas*, y enseguida se dio cuenta de que para ser convincente tendría que usar palabrotas; de lo contrario, se corría el riesgo de que no le creyeran a uno y lo mandaran a la cárcel. Y así, sin el menor de los pudores, cuando llegó su turno y le preguntaron por qué quería abandonar el país, no le dijo a la oficial que era homosexual, sino *maricón*, así mismo, con toda la seguridad y convencimiento que requería el momento. Obviamente, no fue el único. Mientras esperaba, oyó que algunas mujeres se presentaron como *putas*, las lesbianas como *tortilleras*, y así sucesivamente proliferaron los delincuentes comunes que momentáneamente dejaron de serlo y se convirtieron en *maricones*. Sencillamente, era casi imposible distinguir el verdadero delincuente del ficticio, pero todos coincidían seriamente en algo: abandonar la isla.

La oficial, sin ningún tipo de modales, presionó más: ¿qué se pensaba él, con aquel bigote tan grande?, y el chico replicó, y lo dijo en voz alta, que no se avergonzaba: era homosexual; mejor dicho, *maricón*.

Convencida o no, la oficial le retiró el carné de identidad y le dio un salvoconducto para que se presentara en otro lugar, de donde saldrían para el punto de embarque.

Por suerte, a esas horas pudo evitar los mítines de repudio y la sarta de insultos que se sucedían a lo largo y ancho de la isla en rechazo de la actitud contrarrevolucionaria de los que solicitaban la salida del país.

Una vez en su casa, le advirtió a su madre que se mantuviera tranquila. No había marcha atrás; ya le habían retirado el carné de identidad y estaba *marcado*. El único camino era el exilio.

Unos amigos fueron a recogerlo y partió en silencio. No quería que se enterase su querida abuela, a quien se sentía muy unido. Por suerte, en esa época, mi padre era el presidente del Comité del barrio, y en su favor tengo que resaltar que ni alentó, ni participó en ningún acto violento o lanzadera de huevos o tomates podridos contra nadie, lo que a mí me enseñó que ni todos los que abandonaban el país eran *escoria* humana, ni todos los que se quedaban eran *buitres* con carné rojo.

Al parecer, se acercaba el final de aquella pesadilla, pero pronto la ilusión de una despedida *normal* de la isla se vino abajo.

Cuando llegó al punto señalado de recogida, los montaron en unas guaguas y partieron directamente al campamento "El Mosquito", que más que un campamento era una especie de *campo de concentración* sin cámaras de gas, el lugar de tránsito obligado para salir por el puerto del Mariel.

En ese lugar, además de la confusión y el miedo, Tavi solamente vio y experimentó una temporal y caótica existencia, determinada por la clasificación y agrupación de los concentrados en grupos de personas que incluían los *homosexuales*, los *delincuentes*, las *familias* y quizás otros que no recuerda.

Desgraciadamente, él cayó en uno de los peores grupos. Para ellos no había carpas ni literas; dormían al descampado, a la intemperie, y la comida, lo mismo en calidad que cantidad, distaba de ser catalogada como eso. Y a todo esto se sumaba la tortura psicológica de la incertidumbre, de los altoparlantes vomitando día y noche los nombres de los concentrados para que se presentaran ante las autoridades, la presencia de oficiales uniformados con bayonetas, los violentos perros —pastores alemanes—, las pocas pilas de agua potable para cientos y cientos de personas, y ni pensar en ducharse o en el aseo completo; eso era sencillamente imposible. Las necesidades se hacían casi a la orilla del mar. Mejor no seguir enumerando tanto desatino.

Él se comportó como una mansa paloma. Por culpa de algunos pagaban todos, y él solamente quería abandonar aquel lugar, así que no protestó por nada. Pero una noche, comenzó a llorar por la desesperación y el frío. Entonces, una señora de raza negra se le acercó, lo abrazó para protegerlo y firmemente le dijo que ahí no se podía llorar; que no se preocupara, que ella era ahora su mamá y ahí estaban por una causa. Eso era los que les había tocado y tenía que resistir.

Al cabo de los dos o tres días con sus noches en aquel infierno, a Tavi por fin le tocó subirse a la guagüita que lo llevaría al puerto del Mariel.

Cuando llegaron, solamente vio decenas de embarcaciones. No tenía idea de cuál sería la suya. Ni siquiera hoy sabe el criterio que seguían para llenarlas.

Le tocó un camaronero con capacidad para veinte o treinta personas, pero en el que se agolparon más de doscientas, la gran mayoría expresidiarios, y él se acomodó en un rincón de la proa. Por el mal tiempo, o quién sabe por qué, todavía demoraron un par de horas en zarpar.

Si "El Mosquito" había sido un infierno, la travesía por el estrecho de la Florida no fue mejor. A causa del impertinente zarandeo y los mareos, el joven estuvo vomitando por varias horas y, en medio de aquel mar oscuro y por momentos agresivo, quedó casi sin fuerzas. Pero, tuvo suerte, un señor, familiar del dueño del barco, se dio cuenta de que aquel muchacho la estaba pasando muy mal, se le acercó y le regaló un mango. Según me contó, hay que vivirlo para apreciar en su justa medida lo que puede significar una simple y jugosa fruta tropical: ese mango fue para él un regalo del cielo.

Cuando ya llevaban muchas horas en altamar, se escucharon gritos. Algo pasaba. La pequeña embarcación, sobrecargada de pasaje, comenzó a flaquear, y la gente, a temer que se hundiera.

No había que ser adivino para darse cuenta de que el sobrepeso podía pasarles factura.

En medio de aquel caos, divisó a lo lejos unas luces. Pensó que estaba alucinando, pero no, no lo estaba: se trataba de un gran guardacostas americano, que en aquellos días patrullaban con mayor frecuencia las aguas del estrecho de la Florida.

Cuando la mole de acero se les acercó, únicamente dio gracias de que pudieron ser rescatados. En efecto, tenía que estar muy agradecido: no todas las embarcaciones que zarparon del Mariel tuvieron la misma suerte.

Al guardacostas, primero subieron las pocas mujeres y niños que venían en el camaronero, y, una vez que le tocó a él, lo primero que hizo fue tumbarse en una larga silla. La estabilidad de aquella mejor y mayor embarcación le evitó nuevos vómitos y mareos. Le dieron de beber y de comer, y estoy seguro de que aquella primera *Coca-Cola* en *suelo* americano fue la mejor de todas las que ha bebido en su vida.

El guardacostas prosiguió en su búsqueda de otras embarcaciones menores necesitadas de auxilio y finalmente desembarcaron en Cayo Hueso.

Luego de varias horas y de las entrevistas de rigor, una de las monjitas que voluntariamente asistían a los refugiados le preguntó si quería que lo enviaran a Nueva York, pero él no sabía ni dónde estaba; no podía pensar claramente, y prefirió esperar. Tuvo la intuición de que si los montaban en avión no sería para enviarlos a Miami, y acertó.

Finalmente, los que decidieron no volar fueron enviados en autobús a Miami. Terminaron en el *Miami Orange Bowl*, el estadio deportivo que se habilitó para la acogida temporal y por el que esos días pasaron miles de refugiados cubanos. Con gran suerte, y también como caída del cielo, una tarde vio pasar por allí a Tota, la hermana de Mario Chanes, quien día tras día se acercaba al lugar en busca de familiares y amigos. Ella lo sacó de aquel lugar y lo hospedó en su casa.

Para colmo, esos días de mayo de 1980, las autoridades se vieron obligadas a decretar el toque de queda en Miami. La ciudad vivió una de las mayores explosiones de violencia racial en su historia reciente, que terminó con casi dos decenas de muertos, entre trescientos y cuatrocientos heridos y más de mil detenidos, multitud de comercios fueron saqueados e incendiados, un gran número de autos, destruidos por el fuego, y más de cien millones de dólares en pérdidas materiales.

Han pasado más de treinta años. Tavi sigue viviendo en Miami y, a pesar de todo lo vivido, no ha dejado de ser la persona optimista y emprendedora que siempre conocí. Probablemente, no le gustará leer esto, pero su debilidad por la nicotina me preocupa. Espero tenerlo toda una vida como amigo.

Entre muchos otros, Tavi dejó Cuba, pero su familia siguió siendo como la mía, y ni a sus padres o hermana se les trató por ese hecho de forma diferente en mi casa. Todavía creo que no se ha escrito ni divulgado lo suficiente sobre aquel episodio denigrante —más bien incalificable— que significó la historia del éxodo del Mariel. Ni siquiera sé si se sabe con exactitud cuánta gente pereció en el intento.

En diciembre de 1980 se celebró en Cuba el muy esperado Segundo Congreso del PCC, la copia tropical de similares eventos en los entonces países hermanos del campo socialista —el primero se había celebrado cinco años antes, en 1975—. Lógicamente, a mis padres les tocó trabajar algo extra, como a casi todo el país, pues los asuntos del Partido Comunista siempre tienen prioridad en la Cuba socialista.

A mi padre le gustaba llevarme con él siempre que podía, lo mismo al aeropuerto a recoger o despedir a algún invitado extranjero, que a uno de los hoteles que los albergaba, principalmente al Hotel Riviera o al Habana Libre. Yo no perdía ocasión de irme con él, no solamente por el interés que despertaban en mí muchas de las cosas que se decían en aquellas conversaciones informales de las que era testigo involuntario —los adultos asumen muchas veces que los jóvenes adolescentes no prestan atención a sus cosas—, sino también porque tenía la oportunidad de conocer en persona a algunos de los ilustres invitados. Claro que nunca entenderé por qué en aquellos encuentros, todos —o casi todos— se esmeraban en exhibir algo que constantemente yo reprochaba a mi padre: el tabaco. Así, mientras muchos de los presentes, nacionales y extranjeros por igual, apreciaban un buen Cohíba, yo odiaba su humo con todas mis fuerzas. De hecho, cuando era más pequeño, mi padre accidentalmente me quemó mientras fumaba. El pobre la pasó tan mal que después de eso tuvo más cuidado.

Una tarde de ese diciembre, estábamos en el Riviera y tuve que esperar largo rato a que mi padre y un general de brigada de las FAR terminaran con aquellos insoportables habanos que olían bien mientras no ardían. Intenté salir fuera del hotel, pero mi padre no me dejó. En aquellos tiempos no se luchaba contra la nicotina como se hace en la actualidad.

El militar, de quien recuerdo su cara, pero no su nombre, y que, si aún vive, debe estar muy entrado en años, a pesar de mi desespero y sin nada de diplomacia, me dijo que todavía era muy joven, que no sabía de lo que hablaba, y que algún día, cuando lo probara, lo entendería mejor. Había cumplido ya los catorce años. Han pasado más de treinta y aún hoy sigue ahogándome y sin gustarme el humo del tabaco. Se equivocó el militar, a pesar de sus estrellas de general.

En otra de esas andadas, tuve un fugaz encuentro con un personaje mítico dentro del movimiento revolucionario latinoamericano: Salvador Cayetano Carpio, también conocido como el *Comandante Marcial*. Estábamos en el *lobby* del hotel, ya dispuestos a salir, cuando mi padre se detuvo súbitamente.

—Mira quién está ahí. Espérate aquí un minuto —dijo, y comenzó a alejarse de mí.

Acto seguido, yo, sin hacerle caso ni esperar ni un segundo, lo seguí. Mi padre saludó a un par de personas que acompañaban al señor centro de la atención y, luego de las presentaciones de rigor, le estiró la mano.

Ya yo me encontraba a su lado, y con la mirada fija en mi padre, e intuyendo que se trataba de alguien importante, ni corto ni perezoso, hice lo mismo y pude saludar brevemente al personaje. Lo cómico es que en aquel momento yo no tenía ni la más remota idea de quién podía ser aquella persona que mi papá se había apresurado a saludar con tanta emoción.

Cuando nos fuimos, lógicamente, le pregunté a mi padre y le pedí que me contara más de él, pero sin entrar en detalles, solo dijo que era el *Comandante Marcial*, un destacado dirigente revolucionario latinoamericano.

Al finalizar el Congreso, mi papá me regaló una foto del famoso guerrillero mientras pronunciaba un discurso, imagino que en algún lugar de La Habana. En aquel momento, sentí pena, porque no pude verlo más y me quedé con las ganas de pedirle su autógrafo. ¿Quién podía haber imaginado en aquel instante que su vida terminaría tan trágicamente?[19]

---

19   **Salvador Cayetano Carpio** (1918-1983). Dirigente del partido comunista de El Salvador en los años 60, al que renuncia por discrepancias en la forma de lucha por la toma del poder: rebelión armada o elecciones en las urnas, una polémica que causó gran división en muchas organizaciones revolucionarias de la época. En abril de 1970, con el seudónimo de *Comandante Marcial*, pasa a encabezar las Fuerzas Populares de Liberación Farabundo Martí (FPL), que, junto a otras cuatro organizaciones, formaron años más tarde el Frente Farabundo Martí para la Liberación Nacional, el famoso FMLN. En 1983, aparentemente, se quitó la vida, y los verdaderos motivos del suicidio son todavía un misterio. Injustamente acusado por algunos de sus antiguos camaradas como autor intelectual del espantoso asesinato ese mismo año, en Managua, de Mélida Anaya Montes, la *Comandante Ana María*, escribió la víspera de morir: "Y no puedo soportar el escarnio que se hace de mi persona, la infamia de querer involucrar mi nombre aunque sea indirectamente, la torva insinuación en esa dirección, en el doloroso caso de la terrible pérdida de nuestra

Vivíamos en la zona de Puentes Grandes, específicamente en el barrio de Cantarrana —municipio de Marianao, luego convertido en Playa—, aunque nunca supe por qué lo llamaron así.

Era una barriada industrial, obviamente obrera, para nada glamorosa y, al estar *entre ríos*, daba la sensación de que se salía de la ciudad y adquiría un aspecto algo misterioso y desolador. De noche, era una verdadera *boca de lobo*.

En su autobiografía, escribía mi papá:

> Nací el 30 de enero de 1941, en Marianao, Provincia de La Habana. Mi madre se ha dedicado a las labores de la casa y a coser ropa para la calle, mi padre era obrero agrícola y después pequeño propietario de la barbería donde trabajaba. Me crié, formé y desarrollé en Ave. 63 N° 4415 e/n 44 y 46, Municipio Playa. Mi niñez se desenvolvió con muchas privaciones, producto de la estrechez económica que tenía mi padre, el cual ganaba poco y tenía mucha carga familiar, ya que éramos tres hijos y otras familias agregadas.

Nuestra casa fue construida en 1940, e imagino que mis abuelos tienen que haberla inaugurado, porque mi padre nació un año más tarde y ya vivían ahí cuando él nació. Era una casa

---

compañera Ana María. Rechazo esta injusta calumnia, aunque de ella se hagan eco los hermanos. Pero es más dolorosa la injusticia cuando viene de hermanos que de enemigos. La verdad, que un día inevitablemente resplandecerá contra la calumnia y la infamia, se impondrá inevitablemente. Y por de pronto, toda responsabilidad sobre mi decisión personal tomada en este momento recae sobre quienes, aún siendo hermanos, así han procedido tratando de poner injustamente manchas a mi trayectoria revolucionaria". Finalmente, un juez nicaragüense declaró inocente al *Comandante Marcial* y el responsable directo del horrendo crimen fue condenado.

pequeña y modesta que, al nacer yo, en 1966, se hizo aún más pequeña. Había que hacer algo al respecto, y lo más lógico y fácil en la Cuba de esos años era *construir arriba*, o, lo que es lo mismo, hacer una segunda planta.

Sigo pensando que el valor a la casa se lo daba la monumental ceiba que había en el patio, y que no tengo idea de a cuál de las casi cincuenta especies pertenecientes a la familia *Malvaceae* pertenecía, pero era tan gruesa que se necesitaban varios hombres, con sus brazos abiertos, para poder rodear su gigantesco tronco.

Pero si el árbol era imponente de cara al cielo, sus raíces no se quedaban atrás; sencillamente, no paraban de crecer y *engordar*, y, con el paso de los años, el concreto del piso del patio donde mi padre había construido otro comedor adjunto a la cocina se fue agrietando tanto que deformó todo el centro de la estancia.

Me pregunto cómo estará ahora, si es que todavía existe. Esa ceiba también era un dolor de cabeza por otro motivo. Si bien proporcionaba una sombra envidiable frente al ardiente sol del Caribe, era una fuente interminable de hojas. No se acababa nunca con la limpieza en casa; era todo el año, y quizá lo más grave: un detonador del asma de mi abuela, y quién sabe si de mi hermano también. De hecho, cuando nos mudamos, los ataques de asma de mi abuela disminuyeron considerablemente.

Eso sí, no había como aquella terraza y la sombra de la ceiba para sentarse a disfrutar de una cerveza fría, o un buen trago de ron, algo que mi padre hacía con regularidad.

Precisamente, durante la construcción del segundo piso de la casa, y jugando en la terraza que todavía estaba desprovista del muro, cometí una imprudencia que pudo haber terminado en una desgracia. A pesar de las llamadas de atención de los adultos que nos repetían, una y otra vez, que no subiéramos a jugar a la terraza todavía en construcción, nosotros no perdíamos ninguna oportunidad para hacer exactamente lo contrario y lanzar cosas al callejón de al lado.

En una de esas andadas, y mientras mi amiguita del barrio, la negrita Ileana, como la llamábamos cariñosamente, se asomaba a mirar, yo, sin medir la altura y menos aún las consecuencias, simplemente la empujé. Todo ocurrió muy rápido, pero instantáneamente me di cuenta de lo que había hecho y, sin siquiera asomarme a ver cómo había *aterrizado* la nena, salí desesperado a esconderme.

Los constructores que estaban abajo, y que en ese momento preparaban la mezcla de cemento, no dieron crédito a lo que vieron. Uno le dijo a mi padre —el cual naturalmente se asomó rápido al verme salir disparado y presintiendo que algo había pasado— que había visto caer *algo* de la terraza, y que de pronto se dio cuenta de que era Ileana la que había caído, y como si de un muñeco de goma se tratase, se levantó y salió corriendo disparada a la calle.

Imagino que a mi padre se le enfrió el alma. Salió corriendo para casa de Ileana, que estaba muy cerca a la nuestra, al otro lado de la calle. Llegó desesperado y preguntando a gritos por la chica, y la madre de esta, sorprendida por tanto alboroto, le dijo:

—No sé, estaba jugando en la calle y acabo de verla entrar corriendo. ¿Qué es lo que pasa?

En efecto, la negrita se había asustado tanto que salió disparada para su casa y se escondió en el cuarto. Ya éramos dos los asustados y escondidos. No demoraron en encontrarla y la sacaron de debajo de la cama, revisándola para ver si estaba *entera*. Mi padre se la llevó enseguida, pero antes de salir para el hospital, paró por casa para avisarle a mi madre y decirle que buscaran a Ruben, dondequiera que se hubiese escondido "el cabrón ese". En voz alta, eso mismo dijo, como bien pude escuchar desde mi escondite.

Según el Diccionario de la Real Academia de la Lengua Española, *cabrón* significa, entre otras cosas, "una persona que hace malas pasadas o resulta molesto" y, específicamente en Cuba, "dicho de un hombre: experimentado y astuto" o "disgustado, de mal humor". No es difícil adivinar a qué significado se refería mi padre. Para los cubanos, también significa ser un *hijo de puta*, pero no creo que hasta ahí llegase su enfado; además, porque mi madre tampoco tenía la culpa.

Por suerte, la negrita efectivamente resultó ser de goma. No le encontraron nada y regresó a casa como si todo hubiera sido un jueguito. Desde 1988, que vino a mi boda, no la he vuelto a ver. Alguien me dijo que se casó con un italiano y emigró a Italia hace unos años.

También resultaron ser de goma mis masas glúteas, y lo que para nada fue un jueguito resultó la merecida tanda de chancletazos que recibieron cuando mi padre llegó a casa y me sacaron del escondite. Aprendí la lección, aunque solamente a medias.

Mientras vivíamos en Bogotá, en un par de ocasiones, aunque en distintas fechas, empujé a mis padres a la piscina de la residencia del embajador, y no precisamente en la parte donde daban pie. En uno de los casos, si mal no recuerdo, creo que hasta el mismo embajador se lanzó al agua para el rescate. No me siento para nada orgulloso de los incidentes. De veras que no pensé que pudiera ser tan grave eso de tirar a alguien al agua; únicamente que sí lo es, y mucho, cuando no se sabe nadar. Nada, maldades de chico.

Luego de eso, seguí siendo bien travieso, pero me atrevo a jurar por quien sea que nunca más jugué con la vida de nadie, y nadie más ha salido *volando* por mi culpa.

De hecho, hace unos años estaba en Miami Beach con mis dos hijos pequeños, Evelyn y Ruben Daniel, y como ambos ya sabían nadar, nos alejamos bastante de la orilla. El mar no estaba muy tranquilo que digamos y las olas tomaron un poco de fuerza. Enseguida me di cuenta de que tendríamos que dar marcha atrás. Evelyn se asustó muchísimo, dejó de nadar y se agarró a mí. A Ruben Daniel le grité que nadara de vuelta a la orilla mientras yo trataba de tranquilizar a la pequeña para que también se pusiera a la tarea. No lo logré; estaba tan asustada que, llegado un momento, se agarraba tan fuerte de mí que entonces fui yo el que de pronto sentí que me ahogaba. Con el dolor del alma, tuve que separarla de mí un instante para poder tomar aire y luego volver a agarrarla y seguir nadando. No le pasaría nada porque la separara de mí un segundo para respirar, pero el susto que pasé, al ver el horror y desespero que destellaron los ojos de mi princesa, no se me olvida nunca.

Desde ese día, y a pesar de que ya están grandes, cuando estoy con ellos en la playa no me alejo de la orilla a más de una distancia prudencial. Realmente, no hace falta.

Por suerte, en 1982, vino un cambio de casa y, aunque me dolió dejar Puentes Grandes por todos aquellos vecinos que ya eran como la familia extendida, el cambio de aire nos vino bien a todos.

Para ese entonces, ya había comenzado la enseñanza preuniversitaria en el Instituto del Vedad, que ahora se llamaba "Saúl Delgado". Fueron tiempos muy lindos, de los cuales conservo aún buenos amigos, hoy casi todos en el exilio —nada sorprendente— y con seguridad repletos de anécdotas que darían para varios tomos.

No puedo dejar de mencionar aquí a Genoveva, mi querida maestra de Literatura y Español, y un ser para nunca olvidar. A muchos de esos amigos me unían no solamente el afecto y el cariño, sino también la afiliación política. Estando en el Saúl, ya me habían otorgado la militancia en la UJC y desde el comienzo me involucré en la vida política de la institución.

Quién sabe cuántas horas invertimos en reuniones, guardias y actividades para construir el comunismo. Las primeras, interminables; las segundas y las terceras, quiméricas, por no decir absurdas. Un par de anécdotas —una bien graciosa y la otra bien ingenua— me sirven para ilustrar aquella burbuja en la que vivíamos, eso sí, unos más felices que otros. La primera, la protagonizó Raisa, cuando, en un encuentro informal, mientras algunos decían que les gustaría ir a trabajar y esforzarse como buenos internacionalistas en Nicaragua, Angola o Mozambique, dijo sin inmutarse que ella prefería irse a estudiar a La Sorbona[20] de París. Las risas debido al despiste no se hicieron esperar: era impensable que una cosa así viniera de un joven revolucionario, aunque fuese un deseo sincero, pero teníamos que cuidar nuestros sueños, y más aún, nuestras palabras. Por suerte, en ese momento nadie pensó en el fantasma del *diversionismo ideológico*, porque, claro, todo lo que se alejara de las posiciones oficiales del Partido Comunista cabía en esa definición.

El episodio cargado de ingenuidad me ocurrió a mí mientras ejercía de orientador político[21] del Comité de la UJC del Pre, durante una de las maratónicas asambleas que se celebraban anualmente. Por cierto que en años posteriores volvería a ser orientador político de un Comité de Base y, humano al fin, volví a tropezar con la misma piedra, claro que esa vez sí tuvo consecuencias nada agradables, pero bueno, eso fue una década más tarde.

---

20 El término **Sorbona** (*La Sorbonne*, en francés) se asocia con regularidad a la histórica universidad de París. El nombre proviene del Collège de Sorbonne, fundado hace más de setecientos años por Robert de Sorbon y dedicado inicialmente a la enseñanza de la teología.

21 El **orientador político** era el encargado de preparar y dirigir los círculos de estudio donde los militantes de la UJC analizaban y discutían todo aquello que el organismo superior —o bien la dirección de la UJC, o bien la del partido— determinaba que era importante para la deseada —y obligada— formación político-ideológica de los jóvenes. En la práctica, eran sesiones para leer y *discutir* los discursos del Comandante en Jefe acerca de los más variados temas, o de cualquier otra cosa que viniera *de arriba*.

A aquella asamblea del Pre asistieron, entre otros dirigentes, Carlos Lage Dávila y Roberto —*Robertico*— Robaina González, a la sazón primeros secretarios del Comité Nacional de la UJC y del Comité Municipal de la UJC en Plaza de la Revolución, respectivamente. A mí se me había ocurrido hacer algunos sondeos de opinión entre los jóvenes sobre diversos temas de actualidad. Los resultados fueron, para el gusto y expectativas de nuestros dirigentes, nefastos.

En mi intervención en la asamblea, expuse aquello y fui muy crítico con ciertas cosas que pasaban, y dije que no era culpa de los jóvenes, sino de los *mayores* que nos dirigían. Claro que todo lo hice desde una óptica revolucionaria, y aunque las miradas de algunos parecían decir lo opuesto, no se me podía acusar de lo contrario, o al menos así lo sentía yo.

Recuerdo en especial un momento en que, cuando muchos, visiblemente lo mismo a mi favor que en contra, parecían decirme que parara, que me estaba pasando y que lo *aconsejable* era que me callara, Lage tomó la palabra y me animó a lo contrario, a que no me quedara con nada guardado. Luego, al finalizar el evento, tanto Lage como Robertico se me acercaron y celebraron mi actitud combativa y revolucionaria, dándome ánimos para continuar, y yo quedé como un tonto ilusionado, orgulloso de mis actos, con más deseos aún de ser mejor revolucionario, como si de verdad de nosotros dependiera el curso de aquella revolución.

En aquellos tiempos, yo todavía era un ingenuo. Pensé que mi intervención iba a servir para algo, pero, visto lo visto, más ingenuos resultaron ser Lage y Robaina; difícilmente pudieron imaginar lo que les esperaba. Años más tarde, salieron de los círculos del poder, y no precisamente por la puerta ancha. Primero, Robaina, quien sustituyó a Lage al frente del Buró Nacional de la UJC (1986-1993), fue diputado a la Asamblea Nacional del Poder Popular —Parlamento—, miembro del Buró Político desde 1991 y ministro de Relaciones Exteriores desde 1993 hasta 1999. Tres años después, terminaría siendo también expulsado deshonrosamente del Partido Comunista, acusado de corrupción y hasta de conspiración. No solamente se le acusó de *auto promocionarse* como candidato para liderar una futura transición política en Cuba, como trasluce de una conversación suya con el entonces canciller español, Abel Matutes, sino que hasta se le vinculó con el entonces gobernador del estado mexicano de Quintana Roo, Mario Villanueva, el cual terminó acusado y extraditado a los Estados Unidos por cargos de narcotráfico y lavado de dinero.

Como la oscuridad informativa que sigue imperando en la isla ha hecho siempre muy difícil discernir lo real de lo ficticio en los escándalos mediáticos, sean políticos o no, yo prefiero no especular mucho más. Lo poco que sé fue lo hecho público y lo que me contó un amigo cuando vio despotricar contra Robaina a Raúl Castro, entonces ministro de las FAR, en un video destinado únicamente para los ojos de un selecto grupo de militantes del Partido.

El análisis de la filtración, intencionada o no, de la grabación de Raúl haciendo de fiscal y representante de su hermano no tiene desperdicio; daría para muchas páginas.

A Lage, por su parte, la felicidad tampoco le duraría eternamente. Médico de profesión, su carrera política había sido todo un éxito. Desde muy joven, fue diputado a la Asamblea Nacional del Poder Popular y miembro del Comité Central del Partido; fue primer secretario de la UJC (1982-1986) y luego llegó al mismísimo gobierno de la nación, primero como secretario ejecutivo del Consejo de Ministros —a partir de 1986—, y luego como vicepresidente del Consejo de Estado —a partir de 1993—. Era considerado por muchos el *delfín* de Fidel Castro y todo apuntaba a que tendría un papel importante —si lo dejaba Raúl Castro, claro está— en el futuro político de la isla.

Fue destituido en 2009 por su *papel indigno* y, de nuevo, solamente unos pocos privilegiados supieron a ciencia cierta los motivos. Un dicho popular dice que "mientras más alto sube el mono en el árbol, más se le ve el culo", y yo le agrego lo que sugiere la física y demuestra la biología: más le duele la caída.

Volviendo al cambio de domicilio, nos mudamos a un nuevo apartamento en el primero de uno de los dos edificios de veinte pisos que se construyeron en la calle San Rafael e/n Espada y Hospital, muy cerca de la Universidad de La Habana y a un costado del mismísimo parque Trillo, en el barrio de Cayo Hueso, famoso no siempre por motivos halagadores.

El Raquel Pérez está una zona muy céntrica y bien ubicada, pero nada glamorosa. Se decía entonces que *no muy segura*, aunque si se compara con algunos barrios de las grandes ciudades de los Estados Unidos, aquello era segurísimo, o al menos así me parece a mí.

Se había terminado de construir prácticamente el edificio, otro similar estaba en camino y a mi padre le habían dado un apartamento; bueno, rectifico, le habían dado el *derecho* a comprarlo, para lo cual tuvo que entregar su casa, mucho más grande y cómoda, aunque peor ubicada, donde había vivido toda su vida. Asimismo, entregada sin compensación, algo impensable en Occidente, pero nada anormal en la Cuba posrevolucionaria, donde no se podía tener dos casas, ni dos carros, ni dos trabajos, ni dos *cojones* para quejarse —recuerden, niños: las malas palabras solamente hay que usarlas cuando lo requiera la situación; no hay necesidad de abusar de ellas, lección que en aquellos años me dio Sara Reina, una excelente actriz de teatro cuando conversamos al final de su actuación en la obra "Rosalba y sus llaveros", en la sala de teatro "Rita Montaner" del Vedado, y me oyó decir *coño* un par de veces—.

Aunque el Raquel Pérez no está junto al malecón habanero, sí ofrece una vista muy linda de la ciudad, y sobre todo desde mi apartamento, ubicado precisamente en el piso veinte, se podía disfrutar del azuloso mar. Según me había dicho mi padre, los pisos superiores, y sobre todo desde los que se divisaba la Plaza de la Revolución, donde está la sede del poder político, económico y militar del país, no se los *daban* a cualquiera, solamente a la gente de confianza del régimen. Cualquiera pensaría que el edificio estaba a un tiro de piedra del Palacio de la Revolución, pero el que conoce La Habana sabe que no es así. Sin comentarios.

Mis vecinos del piso veinte incluían un teniente coronel de la DGSP —Dirección General de Seguridad Personal, y que si mal no recuerdo, durante un tiempo estuvo al frente de la seguridad del Palacio— y Alina, su encantadora esposa; Verónica, Manuelita y Osvaldo, todos oficiales también de la DGSE; un líder sindical con el que no tuve mucho contacto; y Martica y Robert, los únicos que no estaban vinculados a las estructuras partidistas o militares del país. Más abajo vivían otros funcionarios del CC-PCC y otros ministerios; el señor García Valls, a la sazón ministro de Finanzas —exactamente ministro-presidente del Comité Estatal de Finanzas, según la nomenclatura y estructura de gobierno cubanos—; y quizás la más conocida: Yadira García Vera, ingeniera química y en aquel entonces integrante del equipo de apoyo y coordinación del Comandante en Jefe, algo así como el gobierno en la sombra.

Yadira era miembro del CC-PCC desde 1986, diputada a la Asamblea Nacional del Poder Popular desde 1993. Fue integrante del antes mencionado equipo entre 1986 y 1993, luego pasó a miembro del Buró Político del PCC, fue primera secretaria del Comité Provincial del PCC en la provincia de Matanzas (1993-2000) y finalmente ejerció como ministra de la Industria Básica. Muchos años después, me enteré de que cayó en desgracia, según la televisión oficial, por "deficiencias en la dirección del organismo", y en 2010 fue apartada de sus importantes cargos.

Al margen de todo esto, para mí sería injusto no reconocer que ella y Arturo, su esposo, fueron siempre muy apreciados y queridos en mi casa, y en lo personal, a ella le agradezco infinitamente el cariño y amistad hacia mis padres, y su gestión, años más tarde, a principios de los 90, para que mi esposa pudiera conseguir un trabajo en la industria farmacéutica. Algo sobre Yadira se me queda en el tintero, pero ya lo leerán más adelante.

Y si de lectura se trata, no puedo dejar de mencionar a un vecino periodista ni sus largas tertulias y conversaciones con mi padre, en las que siempre me gustaba meterme, polemizar, aprender de todo aquello que no me enseñaban en la escuela.

Ángel Guerra, más conocido como *Guerrita*, es un revolucionario de la vieja guardia que había sido director del diario *Juventud Rebelde* (1968-1971) y, posteriormente, de la famosa revista *Bohemia* (1971-1980). Precisamente, estando al frente de *Bohemia*, cayó víctima de la todopoderosa censura comunista.

Mi padre me contó hace muchos años lo sucedido, pero no puedo recordarlo ahora con exactitud. Si la memoria no me traiciona, el alboroto en la cima del poder tuvo que ver con unos artículos sobre el papel de la prensa y el trabajo periodístico en la isla, y en los que también estuvo involucrada Marta Harnecker, segunda esposa de Piñeiro, el jefe de mis padres en el departamento América del Partido. Inmediatamente después de la publicación del primero de aquellos artículos, cayeron varias cabezas, entre ellas, la de *Guerrita*, quien fue destituido de su puesto como director de la revista. Probablemente, aunque realmente no lo recuerdo, terminó señalado de caer en el *diversionismo ideológico*, un cargo muy extendido en la Cuba socialista, y en él cabe todo aquello que se desvíe de la línea oficial, en un esperpéntico juicio de todos los ámbitos, comenzando por el político-económico y sociocultural hasta tocar la esfera privada del ciudadano. Sin distinciones. *Gue-*

rrita hoy reside en México, donde, entre otros medios, trabaja como columnista y analista político para el diario *La Jornada*.

Siguiendo con mis vecinos, ¿cómo olvidar a Peter y Lucrecia? Ambos eran traductores e intérpretes en las máximas instancias del poder: él, traductor de inglés del que fuera ministro de Relaciones Exteriores; y ella, la *Cuquita*, traductora de portugués del Comandante en Jefe. Excelentes personas y amigos, con quienes el tiempo, cada vez que nos encontramos, es algo así como una ilusión; sencillamente, se nos va como agua entre las manos. Hoy, residen algo lejos de La Habana, en Holanda, pero eso no ha impedido nuestros largos e intensos debates en y desde *Den Haag*.

También residían en el edificio personajes conocidos, pero no por su actividad política, si es que eso podía, o puede, desligarse de algo en Cuba. Recuerdo especialmente a la presentadora de televisión y exiliada chilena Mirella Latorre, a quien siempre que podía interrogaba sobre sus vivencias personales en los sucesos que llevaron a la caída del gobierno de Allende.[22]

---

22   **Salvador Allende Gossens** (1908-1973). Médico de profesión y político socialista que ejerció la Presidencia de la República de Chile desde noviembre de 1970 hasta el 11 de septiembre de 1973, en que fue derrocado. En su carrera política, fue diputado, ministro, senador y candidato a la Presidencia de la República en cuatro oportunidades: 1952, 1958, 1964 y, finalmente, en 1970, cuando triunfó con una mayoría relativa en unas reñidas elecciones no exentas de polémica. Su gobierno de Unidad Popular contó con el apoyo de un variopinto grupo de partidos de izquierda que perseguían el establecimiento de un Estado de carácter socialista por la vía pacífica, es decir, mediante elecciones generales. Medidas populares y nacionalistas, como la nacionalización del cobre, mayor intervención del Estado en la economía y reforma agraria, entre otras, no pudieron con la grave crisis económica y financiera, y el gobierno de Allende fue derrocado mediante un golpe de Estado en el que participaron las tres ramas de las Fuerzas Armadas y el cuerpo de Carabineros. Fiel a sus principios, Allende se quitó la vida el mismo día del ataque masivo al Palacio de la Moneda. La revuelta terminó con la llegada al poder del general Augusto Pinochet, quien llevó las riendas de Chile bajo un dictadura militar por

Mirella era una actriz de radio y televisión, hija de un escritor chileno que había recibido el Premio Nacional de Literatura de su país. Luego del golpe militar, abandonó Chile con destino a Francia. Posteriormente, se fue a Cuba, donde por más de diez años presentó un programa de televisión en uno de los dos canales de TV que existían en aquel momento, si mal no recuerdo, el Tele Rebelde.

Mirella estuvo casada dos veces, pero de su primer matrimonio —también con un periodista—, nunca hablamos, porque tampoco me interesaba. Todo lo contrario del segundo. El suicidio de Allende era conocido por todos y mi padre me había contado que, tras el golpe de Estado del 11 de septiembre, Allende no fue el único que se quitó la vida durante la toma del Palacio. Junto al Presidente se encontraba uno de sus asesores, el periodista Augusto Olivares, que aquel trágico día también se inmoló, disparándose un tiro.

Yo solamente conocía a Mirella por su programa de televisión, pero tras decirme mi padre que ella era la viuda del periodista que se había suicidado junto a Allende, mi curiosidad se multiplicó y dejé de interesarme por su faceta como artista para interesarme por su vida política, y, sobre todo, la de su valiente esposo.

Mirella me habló del pasado de su esposo como militante del Partido Socialista antes de ser asesor personal del Presidente, de cómo el *Perro* Olivares —como lo llamaban sus allegados— había participado activamente en la última campaña electoral que llevó a Allende a la Presidencia del país, de su labor como jefe de Prensa de la Televisión Nacional y firme defensor del gobierno de la Unidad Popular, y de otras historias que ya no recuerdo.

Creo que fue también mi padre quien me dijo que Olivares había sido el primero en suicidarse durante la defensa de la

---

más de quince años.

Moneda, pero eso tampoco lo recuerdo con exactitud. Lo que sí no olvido es que cuando le pregunté a Mirella detalles sobre el incidente, que cómo supo ella que la acción de su esposo, que fue el primero en quitarse la vida, le había afectado al presidente Allende cuando se enteró, que cómo habían sido aquellas últimas horas dentro del Palacio, etcétera, etcétera, ella, que era siempre muy correcta y amable conmigo, me dijo que habían cosas de las que prefería no hablar, que yo era un chico demasiado curioso y que todo no se podía ni decir, ni saber. No olvidé el asunto y, aunque no le di mayor importancia, por mucho tiempo me pregunté por qué aquello no lo podía saber.

En todo caso, y creo que justamente porque quitarse la vida no lo hace cualquiera en su sano juicio, el suicidio de Olivares quedó grabado como un gesto digno y patriótico, y el fiel revolucionario fue premiado póstumamente por organizaciones internacionales de periodistas.

Años después, me enteré de que Mirella había regresado a su Chile natal, donde padeció de demencia senil y falleció de un infarto en Santiago, en el 2010. Qué lástima no haber tenido más edad en aquella época para haberle sacado más provecho a tan preciados momentos junto a Mirella. Cuánto me hubiese gustado haber grabado o tomado nota de esas conversaciones en la sala de su apartamento, de aquellos relatos que yo solamente escuchaba con marcado interés, sin interiorizar que eran historia pura y que ya no podré recuperar. Ni mi cerebro lo recuerda todo, ni Mirella vive para repetírmelo.

Regresando a los inquilinos del edificio, en el Raquel Pérez residían la cantante Sara González, miembro del movimiento de la Nueva Trova, y un par de músicos, entre ellos, un integrante de la orquesta Ritmo Oriental.

Mención especial merece una linda familia formada por un par de pediatras, Iris y Raúl, quienes fueron como una familia más.

Como millones de cubanos, yo ya era, desde los catorce años, miembro de los CDR, y al paso de la medianoche, durante las obligadas guardias del Comité, o cuando regresaba tarde de ir a bailar, no pocas veces me tropecé con ciertos personajes famosos en la política nacional y el mundo del espectáculo, incluso algún que otro alto dirigente del Partido y del gobierno, que a horas inusuales visitaba el edificio, o digamos más bien que andaba *pegando tarros*, que es como coloquialmente llamamos los cubanos a la infidelidad en las relaciones de pareja, principalmente las sexuales. Obviamente, aquí no voy a mencionar nombres ni hablar de episodios concretos; no sería serio ni respetuoso de mi parte. Eso es algo de la esfera privada de otros y yo simplemente estaría especulando, aunque me atrevería a afirmar que no todo son especulaciones. Lo menciono solamente porque, como dice el dicho, *ocurre en las mejores familias*. Y en casi todas las familias, los temas relacionados con el sexo siguen siendo algo complicados de discutir, e independientemente de las especificidades, constituyen muchas veces causa de desencuentros.

A propósito de sexo, cuando echo una mirada atrás me doy cuenta de que, si lo comparamos con los tiempos que corren, éramos adolescentes envueltos en una inusual inocencia. Escuchando a los jóvenes de hoy, todo lo que hacen o dejan de hacer, desearía mil veces que sus travesuras fueran como las nuestras. Al menos en La Habana de mi juventud, el consumo de drogas era limitadísimo; el de otras cosas *raras*, prácticamente desconocido; el de alcohol, aún sin moderación, no resultaba en la violencia de hoy; y el de sexo, no conocía el VIH, y, por ende, los preservativos eran algo así como *cosa de viejos*. De hecho, los que vendían en las farmacias eran los *chinos* —venían de la República Popular de China— y eran de tan mala calidad y tan pequeños que las quejas surgieron desde que se bajaron del barco, o del avión, como quiera que hayan entrado a la isla. Repito lo que oía decir, porque, en honor a la verdad, nunca los he probado —aquellos preservativos chinos, quiero decir—, y lo de su medida, en aquellos años ni me preocupaba, ni siquiera pasaba por mi mente. Años más tarde, la primera vez que usé uno estaba, por suerte, hecho en Occidente.

Imagino que la globalización de hoy haya llevado a los chinos a extender la oferta en variedad y tamaño; ahora mismo no estoy seguro, pero ya eso no tiene nada que ver con esta historia.

Esa fue también una linda etapa, cuando disfruté muchísimo con la vida cultural y artística de mi querida Habana. Gracias infinitas tengo que dar a mi padre, quien, gracias a su trabajo y a sus contactos, me conseguía entradas para muchas actividades culturales, conciertos musicales, estrenos de películas en los festivales de cine, etcétera, etcétera.

Enamorado estaba de la cantante Farah María, aunque admito que no por su voz, sino por la sensualidad que aquella mujer desprendía al moverse y bailar.

Mi amiga Gilda vivía en su edificio, en el Vedado, y una vez me llevó a su casa a conocerla. Con la adorable Juané, me reencontré años más tarde, en la Madre Patria, adonde se fue en busca de la felicidad y donde vive hoy con su entrañable Irinita.

Como Juané hay pocos seres humanos; es especial, loca, única. La verdad que con mis amigos del Pre pasé innumerables y buenos momentos que siempre quedarán conmigo, desde las travesuras en la Escuela al Campo hasta las divertidas fiestas del Vedado. Últimamente, cada vez que pregunto por alguno, casi siempre me dicen que está en Miami o en cualquier otro lugar del mundo lejos de nuestra querida Habana. Qué raro, ¿verdad?

En aquella época, todavía era muy joven y muy tímido en todo lo concerniente a las relaciones sexuales. Ni tenía gran experiencia enamorando a nadie, ni era capaz de orquestar un discurso para hacerlo. Lo único que sabía era lo que me contaban los amigos más experimentados. Pensaba que llegado el momento ya algo saldría, pero una vez que quise aprender, lo que salió fue otra cosa.

Fue una noche, en una de aquellas fiestas de *alguien* en La Habana, porque, claro, no sé ahora, pero en esa época bastaba que uno de nosotros se enterase de una fiesta y allá nos íbamos todos, conociésemos o no al dueño de la casa. En fin, que aquella noche me pasó algo bien cómico, bueno, para no llamarlo de otra forma.

Bailábamos y bebíamos. No estaba borracho, pero sí había llegado al punto en que una gota más de alcohol me hubiera declarado oficialmente en ese bando.

Salí un momento a coger algo de aire fresco por una puerta de la cocina que daba a un pequeño patio cercado. Al regresar, sin quererlo ni buscarlo, me encontré que la entrada a la casa la había bloqueado una pareja; estaba oscuro y no me vieron, y yo me quedé petrificado, sin saber qué hacer.

El patio estaba cercado por un muro y del otro lado se oían los ladridos intermitentes de un perro, o sea que ni aunque mi vida hubiese corrido peligro yo hubiese saltado ese muro. La única opción era interrumpirlos y entrar, pero me aterró la idea de que pensaran que los estaba espiando o algo por el estilo.

Era de noche y no se veía bien, y con mucho cuidado recorrí en silencio el patio para ver si había otra salida. Nada. Y el muro con perro incluido no lo saltaría ni por un millón de pesos. Así que decidí quedarme escondido. Iba a poder escuchar lo que se dijeran aquellos potenciales amantes y así aprendería cómo se enamoraba a las chicas. Pensé que aquello tomaría cierto tiempo y comenzaría como el abecedario, de la A a la Z, pero cuando terminé de explorar el lugar y me dispuse a prestar atención y escuchar lo que se decían los tortolitos, ya el discurso había terminado y de las palabras habían pasado a la acción.

De pronto, se hizo el silencio del amor: aquellos dos gozando, en el paraíso, y yo como un perfecto imbécil, inmóvil, por momentos aguantando la respiración para que no me descubrieran y maldiciendo haberme perdido las declaraciones de amor que nunca llegaron, o que sí llegaron y yo no pude escuchar.

Lo que sí llegó fue el desesperado llamado de mi vejiga anunciando que a ella no le interesaba mi deseo de aprender y, menos aún, mi morbosa curiosidad. Así que, contra mi voluntad, tuve que dejarle protestar, y mi vejiga seriamente protestó. Y en ese mismo instante, la humedad en mis pantalones puso fin a la fiesta para mí. Los enamorados regresaron sequitos a su idilio. Yo, sin embargo, tuve que irme mojado a mi casa. Sin comentarios.

El interés de mi padre porque estudiáramos una carrera universitaria era prioritario en sus deseos y objetivos. Según cuenta en su autobiografía:

> Desde muy pequeña edad, comencé mis estudios en la Escuela Pública N° 21 del barrio Ceiba, donde alcancé el 6to grado, teniéndola que abandonar para dedicarme a trabajar con mi padre en la pequeña barbería que poseía, a los trece años de edad, siendo el único vínculo laboral antes del triunfo de la Revolución.

Casi desde que tengo uso de razón recuerdo a mi papá repitiendo una y otra vez su historia, sus deseos de estudiar cuando era joven y no poder hacerlo por la situación económica de la familia, y que para nosotros el dinero no sería un problema, y, por lo tanto, tampoco una excusa para dejar de estudiar. Creo incluso que en el fondo le daba igual lo que estudiáramos siempre y cuando llegáramos hasta el final. Siempre me decía que mientras más viejo se ponía uno, más difícil se hacía estudiar. Claro que en aquellos momentos nada de eso tenía que ver conmigo; era para que no nos pasara lo mismo que a él, que tuvo que estudiar *de viejo*, como siempre decía, y únicamente cuando la efervescencia revolucionaria le dio un respiro fue que pudo volver a las aulas:

> Durante el período insurreccional, mi actividad consistió en leer y distribuir propaganda revolucionaria del M-26-7.[23] Participé en la huelga del 9 de abril, no abrí el comercio en que trabajaba, regué tachuelas en Puentes Grandes con los compañeros Humberto Novo, Manuel Madruga y Orlando Graupera. Después del triunfo revolucionario, me uní a la huelga general y a la efervescencia revolucionaria del pueblo, participando desde los primeros momentos en la lucha sindical contra los mujalistas[24] en el Sindicato de Barberos de Marianao, siendo nombrado

---

23   El Movimiento 26 de Julio (**M-26-7**) fue la organización político-militar creada en 1953 por Fidel Castro y otros líderes del grupo que participaron en el ataque a los cuarteles militares de Santiago de Cuba y Bayamo el 26 de julio de 1953. Fue la organización más importante entre las que se opusieron al régimen de Fulgencio Batista y que desde la Sierra Maestra lanzó la ofensiva final que terminó con la dictadura, el 1 de enero de 1959. A partir de 1961, formó, junto al Partido Socialista Popular y al Directorio Revolucionario 13 de Marzo, las Organizaciones Revolucionarias Integradas (ORI), que, más tarde, en 1962, formaron el Partido Unido de la Revolución Socialista de Cuba (PURSC), precursor del futuro Partido Comunista de Cuba (PCC). En uno de los papeles de mi padre encontré que ingresó "al PURSC en 1964 y posteriormente al PCC". Sin embargo, una de sus autobiografías dice que ingresó "al Partido en julio de 1966, con el carné número 108812". Dada su afiliación a la Revolución desde los inicios, es muy probable que ambas fechas sean correctas y se refieran al PURSC y PCC por separado. Los otros documentos que pudieran aclarar esta duda me fueron *incautados* en mi último viaje a Cuba en el año 2010.

24   Se refiere a los afiliados a la mayor organización sindical obrera de la Cuba de principios de los 50, la Confederación de Trabajadores de Cuba (CTC), cuyo secretario general, **Eusebio Mujal**, se volvió un leal colaborador del régimen de Batista después del golpe de 1952.

responsable de propaganda del sindicato durante el año 1959. En este mismo año, ingreso en el M-26-7, en la Casa Base N° 1 de la Ceiba, donde ocupé el cargo de responsable de propaganda. Ingreso a la milicia del Sindicato de Barberos de Marianao desde su fundación, donde realizaba marchas y prácticas de arme y desarme de distintos armamentos en el hipódromo de Marianao; aquí fui designado a pasar dos cursos de capacitación cívica a principios del año 60, de cuarenta y cinco días de duración cada uno; después, pasé al 5to distrito, donde también realizaba marchas, práctica de armas, guardias, así como también actividades propias de la milicia. En una ocasión, fuimos de recorrido cinco días por el Escambray; esto fue a mediados del 60. Por octubre del mismo año, pasé la primera Escuela de Infantería en Managua, durante diecisiete días, donde formé parte del Primer Batallón de Combate 111 en la 4ta compañía. Terminando dicha escuela, soy enviado para Isla de Pinos, donde estuve atrincherado todo el mes de diciembre del año 60, en el campamento La Cunagua, y, posteriormente, en enero del 61, en la finca La Coronela durante todo el mes. Acto seguido, me envían para la Limpia del Escambray,[25]

---

25   La **Lucha Contra Bandidos** (1960-1966) fue el nombre que le dio el gobierno de Fidel Castro a la *guerra* interna que, según nos enseñaron en la escuela, se llevó contra los movimientos contrarrevolucionarios que surgieron poco tiempo después del triunfo de 1959 y que cobraron más fuerza en la sierra del Escambray. Aprendí desde joven que este movimiento insurgente formaba parte del plan de la CIA como el elemento interno que serviría de apoyo a la venidera invasión de exiliados que ya se estaba gestando. Al tener conocimiento de esto, Castro ordenó que se *limpiara* de elementos contrarrevolucionarios la zona montañosa del Escambray, operación conocida como **La Limpia del Escambray**. Eso fue prácticamente todo lo que escuchamos en la escuela y que siempre

donde me sitúan en la zona de Nuevo Mundo y permanezco por espacio de tres meses. Regresando para La Habana, me sorprende el ataque a Playa Girón partiendo con mi batallón para el escenario del combate y participando con la 4ta compañía del Bon 111 en la toma de Cayo Romana, que se encontraba en poder de los mercenarios, así como también participé en un cordón que ordenó hacer el Comandante en Jefe alrededor de la ciénaga, donde se capturaron numerosos mercenarios, estando después en persecución y captura de estos por espacio de diez días. Después, regreso para La Habana y continúo atrincherado en La Coronela hasta finales de abril del mismo año 1961, en que soy seleccionado para pasar el curso de Instructor Político en la Escuela "Osvaldo Sánchez" —significando que en ese entonces fungía como activista político de mi compañía—. En el curso, estuve cuatro meses y medio. Al finalizar, me brindo como voluntario para ir al Escambray, siendo seleccionado dentro de un grupo de sesenta para ir de operaciones a ese lugar, así como desarrollar trabajo político dentro de los campesinos, cuestiones estas que después teníamos que informar al Primer Ministro en reuniones periódicas. En el Escambray,

---

difundió la prensa oficial. No he leído mucho al respecto, pero, al parecer, no todo fue como nos lo enseñaron. Los alzados en el Escambray no se fueron al monte por un plan de la CIA, sino como una continuación de la lucha contra Batista. Casi todos habían estado alzados contra el viejo dictador y, cuando Castro se movió hacia el comunismo, hicieron lo que sabían hacer. Volvieron a la pelea. Hubo alzados antes de que la CIA comenzara a operar contra el nuevo régimen y siguió habiéndolos cuando ya habían cancelado esos planes. Esa aventura se inició en 1960, y los últimos fueron apresados o muertos, en 1966. En fin, otro de los tantos acontecimientos de aquella época que la historia tendrá que poner bien en su lugar.

estoy más de dos años de operaciones, primero como instructor político de una compañía en las zonas de Guayabo, Gelechar y Sierra Alta. Como a los ocho meses, pasé como instructor político de la Compañía 47 del Bon B, en Candado, donde operamos por todas las zonas del Escambray y capturamos numerosas bandas contrarrevolucionarias. Después, como a los ocho o nueve meses, pasé como instructor político del Subsector 2, sector "G"; aquí me encontraba de operaciones cuando la Crisis de Octubre del año 1962, donde permanecí ocho meses. Después, pasé de instructor político del Bon móvil del sector "G" durante un mes aproximadamente, en que soy seleccionado para las Comisiones del PCC, siendo mandado a pasar un cursillo de quince días en la Escuela "Osvaldo Sánchez", mandándome a recibir experiencias de trabajo partidista en la vida civil en la zona de Sancti Spíritus, Cabaiguán, donde estuve por espacio de tres meses. En ese ínterin, contraigo matrimonio con la compañera Eneida Pino Valdés, con la cual me encuentro casado en la actualidad. En setiembre de 1963, soy mandado a buscar por el comandante Cause, quien me designa como instructor político en la Unidad de Paracaidistas[26] de Ciudad Libertad, donde estuve hasta principios de enero del 1965 —en ese entonces, hago los estudios

---

26   En casa había una pequeña libreta donde estaban registradas las fechas exactas y las alturas de los saltos que realizó mi padre, pero creo que también terminó *incautada* en mi viaje de 2010. Solamente encontré uno de los logotipos de tela que representaba un paracaídas que se llevaba cosido al uniforme militar y que estaba entre sus cosas cuando las revisé. Mi madre siempre le reprochó no haberla dejado entrar a la misma Unidad de Paracaidistas. O bien la quería mucho y temía por su seguridad, o bien el machismo le impedía aceptar que diera el paso. Creo sinceramente que fueron las dos cosas.

secundarios, en que soy designado nuevamente por el comandante Cause para integrar las Comisiones del PCC, comenzando en la DAAFAR,[27] pasando después a la MGR,[28] Unidades Blindadas, Ejército de Occidente, hasta concluir en el Estado Mayor General y las direcciones de este. En las Comisiones, comencé como integrante; después, pasé a documentador, jefe de Comisión y terminé como jefe de Subgrupo. Estando en las Comisiones, soy procesado para el Partido y quedo como militante. Por esta época, soy ascendido de soldado a teniente de las FAR. En diciembre de 1966, soy trasladado por el entonces primer capitán Antonio Pérez Herrero, jefe de la Dirección Política de las FAR, para trabajar con el comandante Piñeiro en el Viceministerio Técnico del MININT. El comandante Piñeiro me sitúa en las Comisiones del PCC, que procesaría al Viceministerio. En esa actividad, estoy durante varios meses, en que soy solicitado por el compañero Aldo Álvarez, jefe de la Dirección Política del MININT, donde estoy por espacio de dos años como jefe de la Secretaría de Propaganda de la Dirección Política del MININT, en que paso como jefe de la Sección Política de la División Cañera del MININT, que realizó la Zafra del 68, en el Central Venezuela, Camagüey. Al regresar de la zafra, le planteé al compañero Aldo Álvarez regresar para el Viceministerio Técnico, con el interés de cumplir misiones internacionalistas y soy situado en la sección del R-2. Aquí estoy unos meses, adiestrándome en el trabajo y paso a ocupar el cargo de jefe del Buró de Retaguardia. Aquí permanezco por espacio de dos años, en que paso a cumplir una

---

27 Defensa Anti-Aérea y Fuerza Aérea Revolucionaria.
28 Marina de Guerra Revolucionaria.

misión internacionalista en Guinea, en la que estoy por espacio de cuatro meses. Al regresar, soy situado en la Sección de Cuadros de la DGLN.

No me extraña que con tanto ajetreo político mi papá no tuviese tiempo para estudiar. Esos años, como recordaba mi madre mucho tiempo después, él no paraba en casa. Sus estudios se limitaban a cursos políticos e ideológicos, a empaparse y empapar a los que lo rodeaban de la nueva ideología marxista-leninista que poco a poco iba extendiéndose por la isla. Dominaba muy bien el arte de la oratoria y sabía bien cómo hacer para que una vez que arrancaba a hablar la gente le siguiera, ya fuese por el contenido o por la gracia con la que era capaz de expresarse. También podía apasionarse tanto al hablar que a veces daba la impresión de que estuviese poseído por algo. La oratoria nunca fue un problema para él, pero todo era diferente cuando tenía que expresarse en blanco y negro, porque, a pesar de ser un ávido lector, la palabra escrita era su talón de Aquiles. Cuando ya estando en el preuniversitario yo le señalaba su desordenado uso de la gramática, e incluso faltas de ortografía, solía decirme: "Es verdad, tengo que superarlo, pero no olvides que mi generación tenía que hacer la Revolución y no había tiempo ni para la gramática, ni para el estilo. Yo lo intentaré, pero prefiero asegurarme de que me superen las nuevas generaciones, la de ustedes".

Pero volviendo a lo de la instrucción regular que fue sustituida por la instrucción revolucionaria, él no le quitó nunca el plug, como le gustaba decir, y así lo hizo cuando encontró la ocasión y se calmó su ir y venir en el quehacer revolucionario del momento:

> En esta situación me encuentro hasta que se produce el paso de la DGLN al CC. Estando en Liberación Nacional, soy ascendido a primer

teniente, recibo la Orden 10 Años de Servicio del MININT en 1971, efectúo mis estudios de Facultad Obrera,[29] donde llego hasta el 4to semestre —sistema antiguo—, así como recibo la Orden 20 Aniversario. En este cambio de estructura, soy propuesto para trabajar como funcionario de la Embajada de Cuba en Colombia, donde trabajé en la Oficina de Prensa y Cultura, y en la atención del Aeropuerto. Aquí, ocupé el cargo de secretario de Educación del núcleo del Partido, responsable de Emulación, y fui seleccionado vanguardia en dos ocasiones. En la Embajada, permanecí durante tres años. Al regresar, soy propuesto como funcionario del departamento América del CC-PCC y enviado a la Escuela Superior del PCC "Ñico López", al Curso Superior Político del Partido de dieciocho meses, así como estudio en el curso dirigido de la FOC del PCC, graduándome en febrero de 1981. Al terminar el curso en la "Ñico López", me reincorporo al departamento América. En la actualidad, me encuentro estudiando el 1er año de Ciencias Sociales en la Escuela Superior del PCC "Ñico López".

MZC

---

29 Como parte de la nueva política en educación del gobierno revolucionario, que comenzó con la Campaña Nacional de Alfabetización, el sistema educativo incluyó también la educación para adultos, con el objetivo de mejorar el nivel educativo de adultos subescolarizados. Tenía tres niveles: Educación Obrero-Campesina —nivel primario—, Secundaria Obrero-Campesina —nivel secundario— y **Facultad Obrero-Campesina** —FOC, nivel preuniversitario—, que, además de las clases regulares —principalmente nocturnas—, impartían distintos cursos de capacitación profesional.

Aquí termina su autobiografía, a principios de los 80, o digamos más bien una de las copias incompletas que encontré y que pude traer luego de mi viaje a Cuba, a raíz de su muerte, en el año 2010. Cómo recuperé esa autobiografía y otros tantos documentos —entre ellos, las fotos que aquí reproduzco— es parte de mi historia reciente y del desencanto final, pero a ello me referiré más tarde.

Mi papi se marchó precipitadamente del mundo y me dejó con el deseo de saber; se marchó involuntariamente sin despedirse voluntariamente. Me gustaría creer que, donde esté, si está, me recuerda como yo lo recuerdo a él, porque, aunque no me guste decirlo, me dejó involuntariamente huérfano de padre.

De sus últimos años en el Partido, poco puedo decir, tengo varias horas de conversación grabadas y mi idea era contarlo en un libro sobre sus vivencias, pero lo necesitaba a él para hacerlo.

Estuvo varios años atendiendo los asuntos de Paraguay en el departamento América/Relaciones Internacionales del CC-PCC, pero, luego de la partida de mi hermano a Canadá, ambos se quedaron solos en La Habana y mi madre tomó la decisión de irse a vivir cerca de su familia, en Santa Clara.

Por cierto, que entre los documentos que pude recuperar hay una copia de la carta de Balaguer[30] a Díaz Canel[31] sobre

---

30   **José Ramón Balaguer.** Miembro del Consejo de Estado, del Comité Central del partido —desde 1975— y diputado a la Asamblea Nacional del Poder Popular —desde 1976—. Su hoja de servicios hasta 2010 incluye: jefe de los Servicios Médicos y jefe de Construcciones Militares en las Fuerzas Armadas Revolucionarias; primer secretario del Comité Provincial del Partido en Santiago de Cuba y miembro del Secretariado del Comité Central; embajador de Cuba en la antigua URSS y luego en Rusia; jefe de la Esfera Ideológica y de Relaciones Internacionales del Comité Central del Partido; y ministro de Salud Pública.

31   **Miguel Díaz-Canel Bermúdez.** Desde comienzos de los 90, primer secretario del partido en la provincia de Villa Clara, hasta 2003,

la futura transferencia de mi padre del Comité Central del Partido en La Habana al Comité Provincial del Partido en Villa Clara:

> Ciudad de La Habana, 15 de abril del 2002,
> "Año de los Héroes Prisioneros del Imperio"
> Díaz Canel:
>
> El compañero Manuel Zamora, funcionario que atiende las relaciones políticas con Paraguay, en el área de América del departamento de Relaciones Internacionales del CC-PCC, nos solicitó su traslado para el Partido Provincial de Villa Clara.
>
> [...]
>
> He interpretado conjuntamente con Arbesú[32] comprensible la solicitud, y Zamora está en condiciones de seguir dando sus modestos aportes al Partido.
>
> [...]
>
> En síntesis, te podemos decir del compañero que el próximo año cumple 35 años de ser cuadro del Partido, tiene experiencia en el trabajo político e internacional; todas sus evaluaciones, tanto políticas

---

cuando pasa a ocupar el mismo puesto en la provincia de Holguín. Ese año, también es elegido miembro del Buró Político del partido comunista de Cuba. Fue ministro de Educación Superior (2009-2012), cargo que deja para pasar a vicepresidente del Consejo de Ministros. El 24 de febrero de 2013, durante la VIII Legislatura de la Asamblea Nacional del Poder Popular, fue designado primer vicepresidente de los Consejos de Estado y de Ministros, algo así como primer vicepresidente de la República.

32   **José Antonio Arbesú Fraga**. Político y diplomático cubano. Fue jefe de la Oficina de Intereses de Cuba en Washington DC entre 1989 y 1992; luego, jefe de Sección para Asuntos de Norteamérica en el departamento América del CC-PCC; más tarde, vicejefe; y al final, con la salida de Piñeiro, ocupó la jefatura de este.

como administrativas, son positivas y posee un rico historial revolucionario.

[...]

Si estás de acuerdo con su incorporación al Comité Provincial de Villa Clara, u otra tarea vinculada al Partido, se podría efectuar su traslado en junio o julio de este año, fecha en que Zamora estaría en condiciones personales y laborales de realizarlo.

Fraternalmente,

José R. Balaguer Cabrera

Según me contó mi mamá, en los últimos años, la resistencia física de mi padre había mermado considerablemente, pero, a pesar de la hipertensión arterial y de su ya débil corazón, todavía acudía a largas reuniones del Partido e incluso hacía guardias.

En su nuevo puesto de trabajo, lo querían y respetaban por su historial de servicios a la Revolución, pero ya ni se le exigía ni se le daban tareas de responsabilidad. Le costó muchas horas de meditación —e imagino que infinidad de discusiones con mi madre—, hasta que al fin tomó la decisión de retirarse. Para él, un revolucionario no se retiraba nunca, pero, además, él no sabía hacer otra cosa. Desde que era un adolescente, lo suyo había sido el trabajo político e ideológico.

Lo que nunca perdió fue el don de la conversación, su capacidad embrujadora de soñar cuando todo parecía estar en contra, su espíritu optimista. En ese sentido, yo quiero parecérmele, y mucho, porque el perenne optimismo es para mí el más hermoso y preciado de sus legados.

Papi siempre nos habló de estudiar y recuerdo que cuando terminó su Licenciatura en Ciencias Sociales, y más tarde un curso del Partido en una escuela afiliada al PCUS en Moscú, me dijo que, de haber tenido la oportunidad cuando joven, hubiera estudiado no una, sino dos carreras universitarias. Siempre nos decía que nosotros debíamos llegar más lejos de lo que él pudo.

Le fascinaba el estudio de las lenguas extranjeras, pero, por mucho que lo intentó, nunca logró hablar inglés; voluntad y deseos le sobraban, facilidad para los idiomas, ninguna. Con la licenciatura, al fin pudo cumplir su sueño de ser universitario. Estaba muy orgulloso de ello y me atrevo a afirmar que más lo estaba de nosotros. Cualquiera fuese el camino que escogiéramos, mientras no dejáramos de estudiar y terminar una carrera universitaria, todo estaría bien. Eso mismo me gustaría extenderlo a mis hijos; mientras sea posible, que no dejen de estudiar nunca.

Mi decisión de escoger Química Nuclear fue algo sorpresiva, difícil no solamente de tomar, sino de explicar en casa. Como la historia y la política eran mis aficiones desde niño, dar un salto a la ciencia era, además de todo un reto personal, un acto de rendición de cuentas. No sabía justificarlo, y no porque tuviera que hacerlo, sino para convencerme a mí mismo de que era la decisión correcta. Obviamente, en aquel año terminal del Pre —el bachillerato de los cubanos—, la primera pregunta de todo el que te conocía, muchas veces antes del mismísimo cómo estás, era: "¿Y qué vas a estudiar después?", en clara referencia a la carrera universitaria a escoger y dando por hecho que la persona iría a la universidad. Muchos hasta quedaban en *shock* cuando alguien respondía que no iba a cursar estudios superiores. Obviamente, esto era también la lógica consecuencia de que la falta de medios monetarios no era, en sentido general, una buena excusa para no perseguir una carrera universitaria.

Ir a la universidad todavía es *gratis* en la Cuba de hoy, y las comillas son necesarias porque, al menos en mi época, era gratis hasta cierto punto. Al terminar, había que pagar trabajando dos años dondequiera que la Revolución lo *necesitase* a uno. Pero ya me referiré a ello más tarde.

Volviendo a mi carrera universitaria, yo pensaba que lo tenía claro, pero no era así. Mis padres habían vivido de cerca el mundo de la diplomacia y yo quería ser diplomático. Claro que la posibilidad de convertirme en diplomático por la vía regular era remota. El número de plazas disponibles para todo el país era limitadísimo; si mal no recuerdo, solamente asignaban una por provincia o algo por el estilo, y bien se necesitaba o una suerte infinita, o un buen *contacto* —en buen cubano, una *palanca*— para poder entrar al ISRI (Instituto Superior de Relaciones Internacionales), que era el centro donde se cursaban esas especialidades. Así que tuve que recurrir yo también a la *palanca* para lograr mi objetivo.

Casi al mismo tiempo salieron las ofertas para las diferentes especialidades, tanto en Cuba como el extranjero, y entiéndase por *extranjero* solamente la antigua URSS (Unión de Repúblicas Socialistas Soviéticas) y algunos países socialistas de Europa oriental, que ese año incluían la RDA (República Democrática Alemana), Checoslovaquia, Hungría, Bulgaria y Rumania.

Admito que las ciencias exactas no fueron nunca mi gran pasión, pero entre las matemáticas, la física y la química, esta última era la que mejor se me daba y la que más me gustó siempre. Ese amor también se lo debo a la excelencia pedagógica de Luis González, un maestro del Pre que a lo largo de su vida como educador estoy seguro de que dejó bien sembrada en muchos jóvenes esa semilla llena de fórmulas, colores y reacciones.

Así que mientras la *palanca* se movía, y cumpliendo fielmente con eso de que *es mejor pájaro en mano que cientos volando*, yo solicité las tres carreras reglamentarias en tres países diferentes, comenzando por Química Nuclear en Hungría, y seguido de otras dos parecidas en Checoslovaquia y la RDA, respectivamente. Para las carreras en el extranjero, además de excelentes notas, se requerirían pruebas adicionales de ingreso; un buen expediente académico no era garantía de nada. Admito que lo que más me atraía era la posibilidad de salir de la isla y estudiar *afuera*, y de mi primera elección lo que más gustaba era el nombre —Química—; lo del apellido —Nuclear— no tenía muy claro lo que podía ser, pero como sonaba bien y se trataba de un país algo *raro* —Hungría—, todo resultaba ser carne fresca para mi carnívora curiosidad.

El programa en su totalidad estaba coordinado por la Secretaría Ejecutiva de Asuntos Nucleares (SEAN), y entre los requisitos adicionales se requerían diversas pruebas psicométricas y de aptitud, pasar satisfactoriamente unas entrevistas, y, obviamente, una conducta revolucionaria intachable. No hace falta repetir a qué se refería esto último. Creo que, al final, todas las pruebas me salieron bien y estaba optimista, pero no estaba muy seguro de que fuese suficiente. Ya veríamos.

Mientras esperaba la respuesta a la carrera técnica, comenzaban a dar frutos las gestiones de mi padre para poder optar por la diametralmente opuesta carrera de Relaciones Internacionales. Nunca supe exactamente cómo lo hizo ni con quién habló, solamente me dijo que, en caso de ser aceptado, ingresaría al ISRI por la vía del Ministerio del Interior, y, antes que nada, tendría que aprobar los exámenes escritos y las entrevistas orales. Los primeros me resultaron realmente muy fáciles, pues versaron sobre política internacional, que me gustaba y se me daba bien, y que, además, era un plato diario en casa. La entrevista oral tampoco fue difícil, pero me contrarió un poco la forma en que se llevó a cabo. Primero, me llamaron para concretar una cita en el Hotel Nacional, en el Vedado, y ya esto me pareció algo raro. Desconozco si a todos los reclutados los pasaban por el mismo lugar, pero admito que no me hizo mucha gracia. Yo iba a una entrevista para optar por una carrera universitaria, por lo que aquello de que me citaran en un hotel, por famoso y lujoso que fuese, no me parecía adecuado; agradable, sí, pero poco *serio*. Llegué puntualmente y, siguiendo las instrucciones recibidas, me senté en el *lobby* a esperar que vinieran por mí. Por suerte, la espera no fue larga y me ahorré el tener que dar explicaciones. Sí, en ese entonces no se podía pulular como si nada en las recepciones de los hoteles, porque alguien siempre terminaba cuestionando tu presencia. Los hoteles eran, si uno no estaba hospedado, únicamente *para extranjeros*. Por fin, un hombre vestido de civil y con cierto aire misterioso se me acercó, y aunque no recuerdo si dijo su nombre, por todo lo que ocurrió después imagino que si mencionó alguno no fue sido el verdadero; sí dijo el mío y, sin demora, me condujo a una de las *suites* en las que, al parecer, no se hospedaba nadie; más bien tenía la apariencia de un lugar de trabajo.

El tipo fue serio y cordial. Como era de esperar, habló poco y escuchó mucho. El turno para explayarse era mío; obviamente, el examinado era yo y no él. Sus preguntas fueron muy generales y versaron sobre la actualidad política del momento, principalmente la internacional. No sé exactamente qué estaba buscando, solo sé que lo único que pudo aprender de mí era que leía los periódicos, sobre todo el *Granma*; que estaba bastante bien informado de la actualidad; y que, cuando me tocaban un tema del que me consideraba medianamente informado, era difícil pararme la lengua. Además, para impresionarlo, le mencioné un par de noticias internacionales que no habían salido en la prensa cubana, pero que yo conocía por mi padre, algo de lo que después me arrepentí, pero bueno, tampoco se acabaría el mundo por ello.

La entrevista —casi monólogo— duró como una hora, quizás un poco más, y cuando terminamos me quedé con las ganas de preguntar: "¿Y ahora qué?", pero me di cuenta de que de su boca no saldría nada, así que me despedí estrechándole la mano. Me dio la ligera impresión de que el tipo se hacía un poco el importante. Al estrecharme la mano, solamente dijo, de poca gana:

—Ya te informarán de los resultados.

No recuerdo cuánto tiempo pasó hasta que llegó la decisión; mejor dicho, las decisiones. Primero, en la escuela me comunicaron que me habían dado la primera opción para estudiar Química Nuclear en Hungría, lo que, naturalmente, me llenó de mucha alegría, y ni hablar de cómo se pusieron mis padres. Poco después, llegó la otra nueva: también me habían aceptado para estudiar Relaciones Internacionales en el ISRI, por lo que ser diplomático podría por fin dejar de ser un sueño para volverse realidad. El sueño, por desgracia, se quedó solamente en eso: un sueño.

Cuando pasó la euforia, me encontré en la difícil e irremediable posición de tener que escoger. Si hubiese sido posible, y me hubieran dejado, yo habría sido diplomático, químico y hasta piloto de aviones comerciales, todo al mismo tiempo. En la adolescencia no existen los límites para soñar, todo es posible.

Cuando todavía vivíamos en Puentes Grandes, la amiga de una vecina que visitaba con frecuencia el barrio y me caía muy bien me prestaba mucha atención cuando le comentaba esta disyuntiva entre dedicarme a la política o a la química. Recuerdo también el agradable tono musical de su voz. Era todo un placer hablar con ella.

Así, un día, volviendo al tema de mi carrera, me dio la justificación que estaba esperando y sus palabras se me quedaron bien grabadas:

—Un buen científico puede llegar a ser un buen político; un político, por el contrario, nunca será un buen científico.

Enseguida capté su mensaje; tenía lógica. En ese orden funcionaba. Pasa a menudo; en el inverso es raro. Al menos, yo no conozco a ningún político que sea buen hombre de ciencias.

Ella trabajaba como traductora e intérprete en el Consejo de Estado, trataba todo el tiempo con políticos, sabía de lo que hablaba. La recuerdo como si fuese ayer. No recuerdo, sin embargo, su nombre real; todos la conocíamos por uno de pila que no tenía nada de político, pero constituía un excelente piropo para una dama: *Muñeca*.

Les di toda la razón a aquellas sabias palabras de *Muñeca* y las hice mías por todos estos años. En efecto, ejemplos de químicos, ingenieros de todo tipo, etcétera, etcétera, convertidos en políticos sobran; a la inversa, todavía no conozco ningún caso. Naturalmente, y como era de esperar, fueron muchísimas las conversaciones y discusiones con mi padre al respecto.

Se suponía que yo estudiara Relaciones Internacionales; siempre había mostrado interés y ya estaba a un paso de ello al haber superado las pruebas de fuego, ambas, la escrita y la oral, si es que aquella famosa entrevista puede considerarse un examen oral. Sin embargo, la necesidad y curiosidad por salir de la isla, y de lanzarme a una aventura lejos de mi país y los míos, le ganó a la verdadera vocación. Claro que fue una victoria temporal; yo todavía albergaba la esperanza de algún día hacer algo de política también, pero por el momento eso estaba descartado.

Llegado el momento, y no sin cierto pesar, les comuniqué a mis padres que no estudiaría Relaciones Internacionales en La Habana, sino que me iría a Europa a estudiar Química Nuclear. Todavía no tenía muy claro qué significaba aquello, pero el título sonaba bien e incluía la palabra química, así que probablemente me gustaría. Luego, aprendí el valor de nombrar adecuadamente las cosas, y nada fue lo que imaginé. En todo caso, con aquella decisión terminaba mi pertenencia a un tipo de socialismo y, en consecuencia, mi adoctrinamiento.

Hungría (1984-1990).
El gulyáskommunizmus
y mi despertar político

Luego de recibir el título de Bachiller, el 12 de julio de 1984, comenzó realmente el verano para mí, y con él, los preparativos, las despedidas y, al fin, el momento de embarcarnos para Hungría.

Increíblemente, mis padres se habían tomado mi decisión con el espíritu más deportivo del mundo. No hicieron nada por hacerme cambiar de opinión, y aunque yo sabía que mi madre hubiese preferido mantenerme más cerca, no mostró el más mínimo signo de desagrado; por el contrario, me apoyó sin reparos. Y ni hablar de mi padre: anunciar que su hijo sería científico lo llenaba de orgullo y no perdía oportunidad para decírselo a todo el que le preguntaba por nosotros.

Si la memoria no me engaña, partimos para Hungría el 26 de agosto, pero de ese día no recuerdo mucho. Viajamos en un IL-62 ruso de Cubana de Aviación, y como no había vuelos directos entre La Habana y Budapest, cambiamos de aeronave en el aeropuerto de Schönefeld, en lo que todavía era Berlín oriental. A Hungría, probablemente volamos con la línea alemana oriental Interflug, pero tampoco lo recuerdo con exactitud. Lo que sí recuerdo es que yo tenía diecisiete años, y mi felicidad una vez aterrizamos en el Aeropuerto Internacional "Ferihegy", de Budapest, rebautizado en 2011 como Aeropuerto Internacional "Liszt Ferenc" —Franz Liszt en alemán—, en honor al virtuoso pianista y compositor húngaro. En aquel momento, todavía no estaba en operaciones la Terminal 2, más moderna y eficiente. Budapest se me presentó como una ciudad extraordinariamente bella, atravesada por su famoso Danubio, que, para mi decepción, no era azul,[33] y llena de curiosidades históricas y culturales de todo tipo. Pero no puedo escribir sobre mi paso por la tierra *magyar* sin antes resaltar lo mucho que significó esta experiencia desde el punto de vista político; sencillamente, uno de los capítulos más importantes de mi vida.

La estancia en Panamá y Colombia me había dado una idea de lo que era el mundo fuera de las playas del Caribe, pero fue el encuentro con el *gulyáskommunizmus*[34] el que me enseñó que una alternativa al *comunismo puro y duro* existía, el que me hizo despertar ideológicamente hablando y, con ese despertar, el que en lo político marcó mi vida para siempre. De no haber pasado por Hungría, probablemente, aunque casi me atrevería a decir que con toda seguridad, no estaría hoy escribiendo estas letras.

Después de la revolución frustrada de 1956,[35] el llamado *comunismo del gulasch* representó una cierta desviación del

---

33   El **Danubio** (*Duna* en húngaro), con sus 2888 kilómetros de extensión, es el río más grande que atraviesa el centro de Europa y el segundo más largo del continente europeo después del Volga. Nace en la selva Negra de Alemania y desemboca en el mar Negro, en Rumania. El delta del Danubio es una región pantanosa de gran valor ecológico y fue declarado por la UNESCO como Reserva de la Biosfera en 1990. Antes de llegar a Hungría, yo siempre asociaba su nombre al famoso vals de Johann Strauss II, "Danubio azul". Una vez que lo vi de cerca, todo cambió. Quizás en la época de Strauss (1825-1899), sí era azul.

34   **Gulyás** es un plato originario y muy popular en la cocina de Hungría. El nombre en húngaro significa boyero —pastor de bueyes—, posiblemente asociado a esa actividad de origen humilde y rural. Se prepara con carne de cerdo bien condimentada con cebolla, pimiento y pimentón, y suele acompañarse de ensalada de papas y perejil, y comerse con pan.

35   La revuelta revolucionaria de **1956** comenzó el 23 de octubre y tuvo sus orígenes en el descontento de los húngaros con el régimen

ortodoxo comunismo ruso y, en su desarrollo, tiene mucho que ver la figura de Kádár János, quien asumió las riendas del poder al frente del Partido Socialista Obrero Húngaro (*Magyar Szocialista Munkáspárt, MSZMP*).

El *comunismo del gulasch* tenía dos claras vertientes que difícilmente podrían convivir mucho tiempo, como efectivamente demostró la historia casi veinte años después, pero en esa época estábamos muy lejos de saber —o siquiera imaginar— cómo se produciría el rompimiento.

---

de corte estalinista —y sus políticas impuestas desde la Unión Soviética— que se estableció en varios países de Europa oriental, incluyendo la República Popular de Hungría, al finalizar la Segunda Guerra Mundial, en 1945. El descontento popular derivó en una revuelta, en forma de protesta estudiantil, a la que se sumaron miles de personas en una multitudinaria marcha por el centro de Budapest. Al mismo tiempo, un grupo de estudiantes fue detenido cuando entraba al edificio de la radio estatal con la intención de trasmitir sus demandas. La ola de acciones y respuesta del gobierno se sucedieron rápidamente, e involucraron, además de a los manifestantes, a la policía política húngara (*Államvédelmi Hatóság*, ÁVH) e, incluso, a soldados soviéticos. La noticia corrió como reguero de pólvora y llevó al estallido de desórdenes y violencia en la capital, y, acto seguido, al resto del país. El gobierno de turno fue derrocado. Se organizaron milicias para combatir a la ÁVH y a las tropas soviéticas. Hubo encarcelamientos y ejecuciones de comunistas prosoviéticos y miembros de la ÁVH, y se liberaron antiguos prisioneros políticos. Nagy Imre pasó a encabezar el nuevo gobierno que formalmente disolvió la ÁVH, declaró su intención de retirarse del Pacto de Varsovia y prometió elecciones libres. Pero la calma duró poco y los comunistas, con el apoyo de más de treinta mil soldados soviéticos que invadieron Budapest el 4 de noviembre, terminaron por aplastar la revolución seis días más tarde. El conflicto se saldó con la vida de más de dos mil húngaros y cientos de soldados soviéticos, la partida al exilio de doscientas mil personas y una ola de arrestos masivos. El nuevo gobierno, instalado por los soviéticos y liderado por Kádár János, terminó con los restos de oposición pública y Hungría inició su camino del *gulyáskommunizmus*, que duró más de tres décadas. En 1989, con el inicio del cambio de régimen, se declaró el 23 de octubre como Fiesta Nacional.

En la esfera internacional, la sintonía con los soviéticos, sobre todo en lo político-militar, era casi absoluta, lo que se asociaba en Occidente con ser *satélite de Moscú*, y el territorio húngaro daba cobijo a tropas soviéticas que, por cierto, no eran nada populares entre la población húngara.

Todo lo contrario pasaba con la política doméstica, donde, en visible antagonismo con la realidad de su aliado del Este, la satisfacción de las necesidades de la población constituían la tónica principal. Y en este aspecto, no solamente las políticas de prestaciones y asistencia social recibían especial atención, sino también la economía orientada al consumo, prestando especial atención a aquellos productos y servicios que excedían los de la canasta básica. Esta política resultó en un nivel de vida y servicios sociales que acercaron a Hungría al primer mundo, alcanzó su esplendor en los años 70 y era todavía visible a mediados de los 80, cuando llegué a Budapest.

El sistema no estaba exento de dificultades, y, obviamente, al no contar su tejido productivo y empresarial con la fuerza que demandaba el sostenimiento del elevado nivel de vida y de los servicios sociales, se produjo una dependencia extrema de capital foráneo, tanto del proveniente de la URSS como de otros países occidentales. Y en medio de toda esa situación llegó la gran crisis que cambió el destino de Europa.

Todavía hay quienes recuerdan con nostalgia esos años de *prosperidad y bienestar*, sobre todo cuando los comparan con los problemas existentes desde la llegada del capitalismo. En lo particular, a nosotros nos impactó muchísimo la convivencia en aquel país de la retórica parti-comunista con la propiedad privada —si bien limitada— y con otros elementos de la economía de mercado, inmediatamente visibles en el comercio minorista, con sus anuncios publicitarios y el *marketing*, un fenómeno que había sido eliminado en Cuba desde 1959 y que, aunque ya yo lo había visto en Panamá y en Colombia, era desconocido para el resto de mis compañeros.

Volviendo a los estudios, en Cuba, las carreras universitarias duraban por lo general cinco años, pero en nuestro caso se convertirían en seis, porque el primero tendría que ser para aprender húngaro y para prepararnos para entrar a la universidad propiamente dicha. ¡Ay, el húngaro!, ese idioma endemoniado que, según nos dijo la profesora, había sido "inventado por el diablo, de noche, y, además, estando borracho". En efecto, el húngaro no pertenece a la familia de las lenguas indoeuropeas, y no es de extrañar que, lo mismo por su vocabulario, por su fonética y por su gramática, nos resulte bastante singular. Porque lo es. Cuando pregunté a qué se parecía, me dijeron que al finés, pero esa similitud no es ni remotamente cercana a la que tienen entre sí, por ejemplo, las lenguas romances. El húngaro pertenece al grupo de las lenguas fino-ugrias y, junto con el estonio y con el finés, está entre las lenguas de Europa que no son de la familia de las lenguas indoeuropeas, y con las que comparte también el rasgo tipológico de ser una lengua aglutinante. Este carácter aglutinante, donde la tendencia a formar palabras con morfemas concatenados en las cuales cada morfema tiene una sola función, es algo encantador y una de las primeras cosas de este idioma que llamó poderosamente mi atención. También fue la causa de miles de dolores de cabeza, lo mismo en los estudios que en los días de asueto, mientras conocía la ciudad y a los húngaros. A eso tenemos que sumarle el amplio uso de prefijos —también en los verbos— y sufijos, la ausencia de género, el plural que se forma añadiendo una *-k* pero solamente cuando la palabra termina en consonante y se intercala una vocal —figura idiomática conocida como epéntesis: *gyerek* ▨ *gyerek**ek***—, pero que se omite cuando la pluralidad queda clara de otra forma —por ejemplo, *12 gyerek*—, los adjetivos que no concuerdan con el nombre al que preceden ni en número ni en caso, la doble conjugación —indefinida *vs.* definida—, y la carencia del verbo *tener*, entre otras delicias lingüísticas. Quizás la tapa al pomo se la pone la riqueza en fonemas, que pueden ser cortos o largos, y lo mismo se acentúan vocales para alargarlas —**a, e, i, o, ö, u, ü** — **á, é, í, ó, ő, ű**—, que se alargan consonantes para acentuarlas —**sz** — **ssz**—. En resumen, todo un placer para nuestras lenguas y oídos afrolatinos.

Obviamente, toda esta dificultad es relativa cuando, por ejemplo, la comparamos con la de algunas lenguas habladas por los indios de Norteamérica, pero viendo este resumen parcial de las características del húngaro, no tengo que explicar por qué en el Ministerio de Educación se dieron cuenta de que, si querían tener graduados universitarios en Hungría, tendrían que enviar a los estudiantes a aprender el idioma *in situ*, es decir, en la propia Hungría. Yo eso lo tuve más que claro una vez que puse un pie en la capital *magyar*; hubiera sido muy complicado aprender húngaro bajo el sol del Caribe, pero, por suerte, para ello estaba el NEI.

El Instituto Internacional Preparatorio, o NEI, por sus siglas en húngaro (*Nemzetközi Élőkészítő Intézet*), estaba en un edificio de calle Nándofehérvári, que servía al mismo tiempo de residencia de estudiantes y de escuela. Ahí nos mezclamos con estudiantes de los más variopintos países y culturas, la mayoría proveniente de los antiguos miembros del clan socialista o afines —URSS, Polonia, Checoslovaquia, RDA, Bulgaria, Yugoslavia, Rumania, República Popular China, República Popular Democrática de Corea, Angola, Nicaragua, República Democrática Popular de Yemen—, otros de África y también de una minoría de naciones de América latina — México, Perú, Panamá, Bolivia—. Seguro que se me olvida alguno, pero con la excepción de Chipre, y sus dos Afroditas,[36] que eran el deseo no tan secreto de todos, no recuerdo otra

---

36 En la mitología griega, la diosa **Afrodita** representaba el amor y la belleza, aunque vaya usted a saber exactamente cuántas cosas más le atribuyeron los antiguos griegos. Su equivalente en la antigua Roma era la diosa Venus.

representación de Occidente. Y no es de extrañar. El Occidente industrializado y avanzado no necesitaba del Este, y menos cuando aún soplaban aires de Guerra Fría en el mundo.

En general, la integración fue bastante buena y, en lo que se refiere a la convivencia en aquel ambiente tan multicultural, no recuerdo realmente ningún conflicto digno de mencionar. Lo que peor llevábamos, al menos yo, era la visita a los baños, porque no era infrecuente encontrar las paredes de las letrinas *adornadas* —léase esto con un tono sarcástico—, cómo lo digo, exponiendo una especie de *arte rupestre* —de nuevo con tono sarcástico— trazado con heces. No entendí aquello, aunque tenía toda la pinta de ser una costumbre para algunos, y, a pesar de que teníamos sospechas, nunca supimos exactamente de qué país —o países— venía el *pintor* o los *pintores*. En fin, extraños hábitos, y extraño este mundo donde cabemos todos.

Por lo demás, ese curso escolar 1984-1985 lo dedicamos a dos cosas: la primera y fundamental, a aprender a hablar y entender el húngaro; y la segunda, no menos importante, a prepararnos para la verdadera prueba de fuego que sería la universidad. Al principio, solamente teníamos una clase: *Magyar nyelv*; luego, tres más: Matemáticas, Química y Física. Con el húngaro me fue bien; lo peor lo tuve con la Física: si en español me era difícil, en húngaro fue una verdadera tortura que me persiguió todavía varios años más. Nagy Ilona fue nuestra maestra de húngaro, encantadora e imbatible con su *magyar*, pero desconocedora de la lengua cervantina. A veces era realmente muy difícil que entendiéramos algo; ella hacía todo lo posible, y cuando lo intentaba haciendo uso del francés, a nosotros la lengua gala nos sabía a gloria.

Por suerte, vivir en el país nos hizo las cosas más fáciles y, al menos a mí, luego de unos meses, me resultaban más difíciles la Física y las Matemáticas, y no necesariamente por estudiarlas en húngaro. De hecho, años más tarde, y casi a punto de graduarme, el 31 de enero de 1990, obtuve el Nivel Superior en el Examen Estatal de Lingüística de Húngaro-Español. Me convertí así, oficialmente, en húngaroparlante, seguramente con acento latino, pero ya eso el certificado no lo dice.

Creo que si el año preparatorio fue crítico para nuestra posterior estancia en ese país, y una escuela en muchos otros sentidos, para casi todos representó un cambio profundo en algo más personal; yo diría que para nuestros diecisiete y dieciocho años, fue el período de una verdadera revolución sexual. Obviamente, no puedo hacer referencia ni creo que los detalles de los episodios relacionados con nuestras noches —y madrugadas— budapestinas tengan relevancia, pero al menos a mí me enseñaron un par de lecciones.

A modo de preámbulo, tengo que mencionar el hecho de que, como resultado de acuerdos de los países del CAME[37] y la llamada división internacional del trabajo socialista, Cuba envió a miles de jóvenes —principalmente mujeres— a trabajar en la industria textil húngara. No conozco bien los detalles de cómo se producía este *trueque*, pero lo que sí recuerdo bien es a muchas de aquellas chicas quejarse por injusticias en la forma y cuantía de su remuneración. Ellas trabajaban muchas horas y recibían solo una parte del salario en florines;[38] la

---

37   El **Consejo de Ayuda Mutua Económica** (CAME) fue un bloque comercial y económico fundado en 1949 y formado por los países socialistas para fomentar las relaciones comerciales y de intercambio entre sus miembros. Liderado por la Unión Soviética, tuvo como principio la división del trabajo entre los distintos países, que comercializaban e intercambiaban determinados productos o servicios de acuerdo con sus particulares economías. El azúcar, el tabaco y el níquel estaban entre las principales aportaciones de los cubanos. Con la desaparición de la URSS, y la debacle del antiguo campo socialista, dejó de existir el CAME en 1991.

38   El **florín** —*forint* en húngaro, o *forinto*, como lo llaman coloquialmente muchos hispanoparlantes— es la moneda oficial de la República de Hungría. A parecer, el nombre proviene de Florencia, ciudad italiana donde, en el siglo XIII, se acuñaron unas monedas de oro llamadas *fiorinos*, aunque un siglo más tarde apareció en Hungría una moneda

otra parte, nada despreciable por cierto, era retenida por el gobierno cubano, que les pagaba el *equivalente* en pesos cubanos, moneda que, desafortunadamente, solo podían usar en Cuba. Negocio completo y redondo, claro, pero solo para el gobierno de la isla. Por desgracia, la mayoría de estas chicas jóvenes no aprendieron a hablar bien el húngaro, y esto, lógicamente, fue un impedimento para su integración plena a aquella sociedad. Realmente, trabajaban mucho y duro, y, al igual que nosotros, esperaban el fin de semana para ir a escuchar música y bailar en las distintas discotecas (*diszkó*) latinas que había en la ciudad. No sabría decir con exactitud la proporción entre mujeres y hombres, pero no exagero si digo que a veces sobrepasaba el diez a uno, por lo que muchas veces bailábamos con varias a la vez. Esto también era visto con malos ojos por alguno(a)s, pero a nosotros eso no nos importaba mucho. Verse rodeado de chicas jóvenes y guapas, y la relativa facilidad con la que uno podía enrollarse con ellas —y esto lo digo sin ningún tipo de desprecio o trasfondo machista— era todo un lujo para cualquier joven con nuestra edad. Sobre todo porque el batallón femenino era tan variopinto en edad, color de pelo, ojos, piel, que era difícil no encontrar una armoniosa compatibilidad. Muchas veces, nos referíamos a aquellas chicas como *tambochas*,[39] y realmente no tengo la menor idea de dónde salió o a quién se le ocurrió el término. Cierto que

---

de oro llamada en latín *florentinus*. Siglos más tarde, y con la desaparición del Imperio Austro-Húngaro a principios del siglo XX, la *korona* pasó a ser la moneda oficial, seguida por una nueva, el *pengő*. Si la inflación acabó con la primera, la segunda fue víctima de la hiperinflación más grande que se haya registrado nunca y que terminó con la introducción del nuevo *forint* el 1 de agosto de 1946 —1 forint = 100 *fillér*—. Al nacer, un *forint* equivalía a 4×10^{29} *pengő*. Increíble, incontable e innombrable.

39   Según el Diccionario de la Real Academia de la Lengua, el término **tambocha** proviene de Colombia y denota una hormiga de cabeza roja, muy venenosa. Son, además, hormigas carnívoras que atacan en grupos de gran número.

suena despectivo, pero me atrevo a afirmar que muchas veces lo utilizábamos sin ánimo de ofender y olvidándonos de su connotación negativa.

Prácticamente acabados de llegar a Hungría, en uno de nuestros primeros recorridos por Budapest, y mientras caminábamos junto a un edificio que hospedaba a un grupo de trabajadoras cubanas, desde una de las ventanas oímos gritar: "¡Carne frescaaa!". Enseguida, asumimos que se referían a nosotros, los recién llegados, y, efectivamente, los estudiantes cubanos de años anteriores tradujeron lo que *nos esperaba*. De más está decir que mostramos sorpresa, pero malestar, ninguno. Y precisamente sobre la noción de que todas aquellas mujeres eran *fáciles*, la segunda de las dos historias siguientes me sirve para ilustrar lo contrario.

Una noche de juerga, alcohol y sexo, me levanté en la cama de una chica con la que supuestamente había pasado la noche. Y lo digo así pues yo solo recuerdo haber bailado muchísimo y, posiblemente, bebido también. La chica me llamó la atención y, digamos que al estar muy arreglada y maquillada, no se veía mal en medio de la poco iluminada *diszkó* y sus bombillas de colores. Mi sorpresa fue mayúscula cuando, a la mañana siguiente, me despertó la resaca y volví a la realidad. Todavía me pregunto cómo pudo ocurrir. Me sentí tan mal. Ni siquiera sé si tuvimos sexo; estaba demasiado borracho para recordar nada. Imagino que algo hicimos, pero nunca sabré lo que fue ni cómo fue.

Sentí pena. Estando sobrio, nunca hubiera pasado, porque, sencillamente, no era el tipo de chica que me atraía. Intenté portarme como un caballero. Además, tampoco me la debí haber pasado tan mal. No es un secreto que el alcohol es nuestro aliado mientras no llega al cerebro; luego se vuelve un extraño. Fui objeto de bromas entre mis amigos, quienes —y sobre todo Carlos— me fastidiaron mucho con aquello; no entendían cómo me había ido a la cama con aquella chica. Creo que se llamaba Omaida. No lo recuerdo.

La segunda historia fue todo lo contrario, un sueño que no pudo ser realidad.

En otra de esas locas noches de baile y diversión, volví a ver una bella joven con unos ojos de color indefinido, entre el azul y el verde, o una mezcla de ambos, una combinación irresistible. Nada, que, independientemente del color de sus ojos, estaba buenísima.

Como tantas otras noches, había muchas chicas para bailar. Por suerte, la proporción de géneros y el quórum estaban a mi favor, pero así son las cosas de la vida; desde que la volví a ver, únicamente tenía ojos para ella. Y esta vez no eran ni el maquillaje, ni la falta de luz. Dicho en cubano varonil, estaba buena *con cojones*. Ya yo la había visto en otras ocasiones e incluso habíamos bailado un par de veces, pero ella siempre mantenía las distancias. Era impenetrable aquella muchacha, diría incluso que algo tímida.

Esa noche, entre baile y baile, no paré de perseguirla. La seguí por toda la discoteca, le hablé, le dije todos los piropos del mundo, pero nada, no reaccionaba. Como decíamos entonces, *se hacía la difícil*. Eso sí, siempre correcta; no traslucía ni hacía un gesto que delatase incomodidad, y yo percibía que le halagaba sentirse halagada, pero daba la impresión de no inmutarse con mi desespero. Por suerte, la noche era joven, la música en aquellos lugares no se apagaba hasta que se fuera el último, y no fueron pocas las veces que me fui a la cama con la salida del sol.

Pero volviendo a mi persecución, como a la una o dos de la madrugada, no puedo recordarlo con exactitud, la nena comenzó a dar alguna señal de ablandamiento, por fortuna para mí, porque esa noche ya había renunciado a otras posibilidades —entiéndase, otras chicas—. Sencillamente, mi cabeza solo estaba para aquel encanto de la naturaleza humana. Sin embargo, me sorprendió cuando la invité de nuevo a bailar y me dijo que no, que ya estaba cansada y que se iría a dormir.

No me esperaba eso y, sin perder un segundo, le dije que no importaba, que la acompañaría, que bajo ningún concepto la dejaría irse sola. Sin mucha determinación, me dijo que no hacía falta, que mejor siguiera bailando, que ya ella encontraría alguna amiga que la acompañara. ¿Quééé?… Ni pensarlo. La niña estaba loca. En mi cabeza, tenía bien claro que me la llevaría a la cama esa noche y por nada del mundo la dejaría irse sin mí.

Rápidamente, me fui al baño, me lavé la cara y me enjuagué varias veces la boca, pensando que eso amortiguaría algo el aliento etílico. De haber sido mujer, me hubiese maquillado, pero, por suerte, los hombres lo tenemos más fácil. Le dije a mi amigo Carlos que me iba, y cuando vio con quién, su expresión lo dijo todo: algo así como un "lo dudo". Otros ya lo habían intentado con anterioridad y no les había funcionado. Por cierto que el mismo Carlos, un verdadero Don Juan en aquellos tiempos, también lo había intentado con la que luego llegó a ser mi novia y esposa, y tampoco lo logró, pero esa es otra historia.

No hay que ser muy inteligente para adivinar lo que yo quería y la hermosura no era tonta. Me dijo que estaba bien, pero que vivía lejos y que yo tendría que regresar solo y eso me tomaría una eternidad. Le dije que no importaba. Lo que no le dije fue que esa noche yo me hubiera ido al fin del mundo con tal de estar a su lado, o encima, o abajo, me daba igual, mientras la tuviera cerca. Salimos. Quiso dirigirse hacia una de las avenidas principales para buscar un taxi, pero le pedí que camináramos un poco. Cualquier salida era válida para estirar aquel momento. La noche era hermosa; la temperatura, perfecta; y al cielo le faltaba una estrella: la tenía yo caminando a mi lado. Le hubiese cantado algo romántico, pero ni sé hacerlo, ni conozco de memoria ninguna canción completa. Así que me lancé a algo que nunca más he vuelto a hacer, precisamente, porque tengo una memoria pésima para los poemas. Agradecí para mis adentros al maestro Martí y le recité a la preciosa —aunque solamente una parte— el único de los poemas que me sabía en aquel momento:

> Quiero a la sombra de un ala
> contar este cuento en flor,
> la niña de Guatemala,
> la que se murió de amor.
>
> Eran de lirios los ramos
> y las orlas de reseda,
> y de jazmín la enterramos
> en una caja de seda.
>
> Ella dio al desmemoriado
> una almohadilla de olor;
> él volvió, volvió casado,
> ella se murió de amor.
>
> Iban cargándola en andas
> obispos y embajadores,
> detrás iba el pueblo en tandas,
> todo cargado de flores.
> Ella, por volverlo a ver,
> salió a verlo al mirador,
> él volvió con su mujer,
> ella se murió de amor.
>
> Como de bronce candente,
> al beso de despedida,
> era su frente, ¡la frente
> que más he amado en mi vida!

> Se entró de tarde en el río,
> la sacó muerta el doctor,
> dicen que murió de frío,
> yo sé que murió de amor.
>
> Allí, en la bóveda helada,
> la pusieron en dos bancos:
> besé su mano afilada,
> besé sus zapatos blancos.
>
> Callado, al oscurecer,
> me llamó el enterrador;
> nunca más he vuelto a ver
> a la que murió de amor.

Yo creo que aquello me quedó algo ridículo, pero, contras, "La niña de Guatemala" eran los únicos versos que me sabía, y, para colmo, ni siquiera los recité al completo. Luego de aquella experiencia, me dije que nunca más le recitaría nada a nadie, y lo he cumplido. Madre mía, las cosas que uno dice y hace cuando quiere acostarse con alguien.

Por mucho que le repetí que yo también me moriría de amor, no me creyó. Probablemente, era ella la que por dentro se moría de la risa, pero era tan dulce y educada en sus formas que no me hizo sentir incómodo en ningún momento. Ni la invitación a bailar, ni la caminata, ni todos los roces de mano, casuales o buscados, ni el poema truncado, nada parecía surtir efecto. Realmente, no sé cómo pasó. Por unos minutos imperó una larga pausa y, mientras entre nosotros únicamente se escuchaba el silencio, de repente se rindió la perseguida. Mi niña de Guatemala dejó que la besara, y entonces, el que se convirtió en niño de Guatemala, y de toda Centroamérica, fui yo. La lengua castellana no tiene palabras para describirlo. Quise ir a por más, pero no hubo forma. Ni aunque le hubiese recitado todo el poemario de Martí lo hubiese conseguido. Con desilusión, y cierto desespero, hice un último intento. Ella no cedió, y con voz apenada, pero firme, dijo algo como esto:

—De aquí no vamos a pasar. Me gustaría creerte, pero no puedo. Estoy segura de que todas esas cosas lindas se las dices a todo el mundo y solamente quieres acostarte conmigo. Lo siento, no pasará...

Y así fue, no pasó, ni esa noche, ni las posteriores en que la vi, e incluso repetidamente aceptó bailar conmigo. No me dio otra oportunidad para intentarlo. Se negaba con la profundidad de su mirada, nunca con palabras. Aunque parezca increíble y suene exagerado, sobre todo en estos tiempos, creo seriamente que estaba determinada a acostarse con alguien por amor, e imagino que algún día lo hizo. Nunca más supe de ella, y solamente yo sé cuánto me gustaba y cuánto la busqué, pero en aquella época no existían ni los teléfonos móviles, ni la Internet. Unos meses más tarde, antes de marcharme de Budapest, me enteré por una de sus amigas que, en efecto, ella no había resistido la lejanía de su familia y el estilo de vida que llevaba. Lloraba mucho, su productividad en el trabajo disminuyó y terminó pidiendo regresar a Cuba. Nunca más la vi. De ella, sí recuerdo el nombre. Ese nunca se me olvida.

En verdad, no era fácil lidiar con la distancia entre el Caribe y el Danubio. Creo que a nosotros, los estudiantes, se nos hacía algo más fácil, porque nos movíamos en otro ambiente, teníamos otras condiciones de vida. Aunque menos favorecidos material y monetariamente, no estábamos bajo las órdenes de un capataz ni teníamos que pasar largas, larguísimas horas, junto a calurosas máquinas en unas fábricas nada glamorosas. Quizás lo más insoportable de sobrellevar fueron las dificultades y el tiempo de espera con las comunicaciones. ¿Por qué se demoraron tanto en inventar la Internet y el correo electrónico?

En aquellos años, las llamadas internacionales costaban demasiado para nuestros bolsillos de estudiantes, y lo de las cartas, bueno, aquello era una caja de sorpresas. El servicio de correo postal entre Cuba y Hungría era una ruleta rusa. A veces, una carta cruzaba el Atlántico en una semana o diez días, la mayoría de las veces en un mes, y no era infrecuente que nos llegaran cartas con dos, tres y hasta más meses de retraso. Vaya usted a saber cuántas desaparecieron en el Triángulo de las Bermudas.[40] Claro que yo no podía quejarme; es más, podía considerarme un privilegiado, pues, como siempre decía mi papá, *en el país de los ciegos, el tuerto es rey*. Gracias a que mis padres trabajaban en el área de Relaciones Internacionales del Comité Central, rápidamente aprovecharon la vía del correo diplomático para hacerme llegar la correspondencia; una vía rápida y, sobre todo, segura. Del mismo modo, muy solidariamente mis padres crearon todo un sistema de aviso-recogida-envío que funcionó excelentemente y del que se beneficiaron mis compañeros, quienes, al no tener esos contactos, dependían únicamente del pésimo servicio regular de correos.

Una vez que llegaba el correo, María Elena, la esposa del ministro consejero de la Embajada, me llamaba y yo iba a recogerlo, o bien a la Embajada o a su casa, donde casi siempre me esperaba una buena cena. Así sucedió regularmente

---

[40] El **Triángulo de las Bermudas** es un área del océano Atlántico situado entre las islas Bermudas, Puerto Rico y el sur de la Florida. En los 80, todavía era conocido por su *peligrosidad*, debido a las numerosas historias de desapariciones y fenómenos sobrenaturales asociados al lugar. Sin embargo, la invención de los sistemas de navegación actuales y las recientes estadísticas de los Servicios de Guardacostas de los Estados Unidos no apoyan la teoría de que en esa zona de gran tráfico aéreo y naval haya más desapariciones de aviones y barcos que en otras zonas similares en la incidencia de huracanes y tormentas. Si bien es cierto que a algunos de los accidentes ocurridos no se les ha encontrado aún ninguna explicación clara, también es verdad que en los últimos veinte años no se han registrado casos de aeronaves desaparecidas.

durante el primer año que estuve en Budapest y con menos frecuencia después, al irme para Veszprém.

Durante aquel primer año en la capital *magyar*, me tocó visitar por primera vez a un oftalmólogo. Un día, noté, en la clase de Química, que desde mi asiento no veía nítidamente los elementos químicos ordenados en una enorme tabla periódica que colgaba en la pared. ¿El resultado? Desde 1985, uso espejuelos. Quizá fue también el llamado de la naturaleza para que mis ojos no perdieran de vista lo que se estaba cocinando cerca de Hungría, específicamente tras su frontera oriental. Así que, antes de seguir con aquel primer año en el Instituto, tengo que hacer un paréntesis político, porque en 1985 comenzaron también —aunque yo aún no lo sabía— los cambios que cuatro años más tarde condujeron a mi despertar político-ideológico.

Vista la sucesión de fallecimientos en la cúpula del PCUS (Partido Comunista de la Unión Soviética), cualquiera diría que fue un llamado de la naturaleza el que también aceleró el comienzo del fin del comunismo en la URSS.

En noviembre de 1982, luego de casi dos décadas en el poder, se despidió de este mundo el máximo líder soviético, Leonid Ilich Brézhnev. Lo sucedió al frente del Partido Yuri Andrópov, pero a este también lo llamaron pronto desde el más allá, pues murió en 1984, a tan solo quince meses de haber asumido el poder. A continuación, tomó las riendas Konstantin Chernenko, y este ya venía con las maletas preparadas, pues se marchó al otro mundo aún más rápido, a los trece meses. Y entonces, en 1985, le tocó el turno a Gorbachov,[41] un líder

---

41 **Mijaíl Sergéyevich Gorbachov** nació en 1931, en el seno de una familia campesina, en Privólnoe (Krai de Stávropol), una zona cerca del Cáucaso ruso. Graduado en Derecho en la Universidad de Moscú, fue escalando posiciones en la vida política, primero en el *Komsomol* y luego en los órganos de dirección del PCUS, hasta finalmente convertirse en su secretario general. Su programa de cambios comenzó casi inmediata-

mente después de ser ascendido a la más alta posición partidista, e incluyó, entre otros, la sustitución de altos dirigentes como Andréi Gromyko en el Ministerio de Asuntos Exteriores, y las nuevas medidas de 1985 contra el alcoholismo, que abarcaron la regulación de precios y la limitación en la venta de alcohol. El XXVII Congreso del partido, a principios de 1986, le sirvió para enunciar las reformas más radicales, conocidas por todo el mundo como la *perestroika*, y que, como era de esperar, despertaron recelos y oposición en el sector más ortodoxo del partido. Un signo claro de esta resistencia fue la defectuosa política informativa en lo referente al desastre de Chernóbil, en 1986. En 1987, un incidente inimaginable provocó nuevos cambios, esta vez en las autoridades militares del país, cuando un joven piloto de la antigua RFA (República Federal Alemana) atravesó las fronteras de la Unión Soviética y, sin ser interceptado, y para sorpresa de todos, aterrizó por su cuenta cerca de la mismísima Plaza Roja de Moscú. En 1988, con la introducción de la *glasnost*, se relajó la censura a la prensa y una gran cantidad de presos políticos fueron excarcelados, y en lo económico, lo más trascendental fue la reforma que reintrodujo la propiedad privada en la vida económica del país. En la primavera de 1989 se celebraron elecciones para el recién creado Congreso de Diputados del Pueblo. Al año siguiente, Gorbachov fue elegido como el primer presidente Ejecutivo de la Unión Soviética. Desgraciadamente, sus reformas no trajeron los resultados inmediatos que se esperaban. La economía soviética siguió su caótico rumbo, se agravaron las tensiones sociales y el descontento de la población, y resurgieron los movimientos nacionalistas e independentistas en las diferentes repúblicas que formaban la Unión. En agosto de 1991 se produjo un intento de golpe de Estado por parte de un sector conservador del partido y el gobierno, neutralizado por el movimiento encabezado por Boris Yeltsin, quien había regresado a la palestra política luego de haber sido sustituido como primer secretario del partido de Moscú por sus críticas a Gorbachov. Yeltsin, quien fungía como presidente de la Federación Rusa, decidió entonces ilegalizar el PCUS y decretó la suspensión de la anexión de las repúblicas del Báltico —Lituania, Estonia y Letonia—. La convulsa situación y su debilitamiento político llevaron a Gorbachov a dimitir de su cargo de secretario general del partido y disolver el Comité Central. El 8 de diciembre de 1991, los presidentes de Rusia, Ucrania y Bielorrusia —Boris Yeltsin, Leonid Kravchuk y Stanislav Shushkévich— firmaron el Tratado de Belovesh, un acuerdo internacional que declaraba la disolución oficial de la URSS y el establecimiento de la Comunidad de Estados Independientes (CEI). Los líderes de los nuevos Estados se negaron a reconocer el poder del gobierno más joven, que prometía aire fresco para el Kremlin[42] y que, sin duda alguna, se convertiría en uno de los políticos prominentes del siglo XX.

En 1985, Gorbachov reconoció que la economía soviética estaba estancada; hacían falta cambios sustanciales, no a la vieja usanza. Sus reformas empezaron a conocerse primero como *uskoréniye* (aceleración), y luego como *glásnost* (apertura, transparencia) y *perestroika* (reestructuración). La *glásnost*, nada novedosa en las democracias occidentales, era completamente extraordinaria en los países de la Europa oriental y se ocupaba con la liberalización del sistema político y del ejercicio de más libertades, sobre todo en lo relacionado a criticar al

---

central. Para finales de diciembre, Gorbachov dimitió como presidente de la Unión Soviética y entregó el control del Kremlin al presidente de Rusia, Boris Yeltsin. Tras su renuncia, e incluso un fallido intento para retornar a la Presidencia en 1996, Gorbachov ha seguido su actividad política fuera del gobierno y en diversas organizaciones no gubernamentales a nivel internacional. Me atrevo a afirmar que, de no haber existido un Gorbachov, yo todavía estaría en Cuba, construyendo, por un mal consejo, una casa en medio de la nada, y, probablemente, viviendo como si nada y dejando escapar mi vida junto a la nada. Especular es fácil y acertar más difícil, pero creo que no me equivoco en mi afirmación.

42   Las ciudades medievales rusas no estaban custodiadas por murallas, solamente las ciudadelas, donde se encontraban la residencia del soberano, grandes palacios, la catedral y otros edificios importantes del gobierno. La palabra rusa **Kremlin** se usaba para designar esas zonas céntricas, generalmente ubicadas en puntos estratégicos, y que sí estaban rodeadas por estas defensas. Ciudades como Moscú, Nóvgorod, Smolensk y Rostov se construyeron alrededor de estos *kremlins*, siendo el de Moscú la residencia principal de los zares de Rusia desde el siglo XII hasta que, en 1712, la capital fue trasladada a San Petersburgo. Posteriormente, en 1918, tras la Revolución de Octubre de 1917, Moscú se convirtió en la capital de la República Socialista Federativa Soviética de Rusia y, cinco años más tarde, de la Unión Soviética. Tras el desmembramiento de la URSS en 1991, Moscú siguió albergando la residencia del Presidente y del Poder Ejecutivo central del gobierno de Rusia; en otras palabras, el equivalente ruso a la Casa Blanca de los Estados Unidos.

gobierno, lo que representaba un cambio radical en la política informativa y de comunicación.

Por otro lado, la *perestroika* se refería a la reestructuración de la economía interna de la Unión Soviética y que comenzó poco después de la llegada de Gorbachov al poder. Nadie podía estar seguro de cómo sería, pero al menos se vislumbraba un remedio para la enfermedad crónica —y anacrónica— que representaron los regímenes totalitarios comunistas, primero en Europa y luego en el resto del mundo. Y hablando de enfermedades, cierro aquí el paréntesis con una que no tuvo nada de político.

En 1985, contraje la rubeola, pero tuve la suerte de no estar solo. Marcial, otro de mis compañeros de clase, también se enfermó y terminamos ingresados por varios días en un hospital de Budapest. No recuerdo cuántos, pero no fueron muchos.

A pesar de la enfermedad, la pasamos muy bien; nos reímos muchísimo y las visitas de los demás compañeros hicieron más llevadera la estancia en aquel hospital. Tampoco creo que nuestra ausencia temporal hubiese mermado las discusiones casi diarias que teníamos en la residencia para estudiantes. Temas para hablar y discutir, nunca nos faltaban, y cuando de música se trataba, la gritería alcanzaba decibelios imposibles para cualquier sistema auditivo normal. Pero gracias a mis compañeros, y a aquellas escandalosas discusiones, conocí el mundo del rock, aunque admito que no sin cierta resistencia, e hice las paces con la música de Led Zeppelin, Pink Floyd, los Rolling Stones y sobre todo con la de Queen y su estelar Freddy Mercury.

En ese ámbito musical anglosajón, mi desconocimiento era casi absoluto. Conocía malamente a los Beatles, y solo me gustaban la música *disco* y las estrellas del momento: Donna Summer, Michael Jackson, Barbra Streisand, etcétera, etcétera. También la distancia hizo que me reencontrara con la poesía musical de la Nueva Trova: Silvio Rodríguez, Pablo Milanés,

Noel Nicola, los hermanos Santiago y Vicente Feliú, Alejandro García *Virulo* y Pedro Luis Ferrer, por ejemplo.

Desde que había aprendido a bailar —más o menos decentemente—, lo mío era la música popular bailable, principalmente el *casino*, o lo que en el resto del mundo ya todos hoy conocen como *salsa*. Ciertamente, el comienzo de los años universitarios resultó también en la ampliación de mi mundo musical. Y aquí menciono mi amor por la música clásica, y no me refiero a la música del clasicismo, entre 1750 y 1820, que es lo que entiende la historia de la música y la musicología como música clásica. Es verdad que esa atracción tuvo que esperar muchos años, pero, por suerte, llegó para quedarse.

En las vacaciones de primavera, en mayo de 1985, el Instituto nos organizó una excursión por algunos de los lugares más turísticos y emblemáticos del país, un hermoso regalo por el que no tuvimos que desembolsar ni un *fillér*, o quizás solamente una simbólica contribución, no lo recuerdo bien. Además de conocer Budapest y sus alrededores, un fin de semana ya nos habían llevado a Vác y Szentendre. Durante el receso de primavera, la excursión fue más larga. No recuerdo el orden exacto, pero el trayecto incluyó varias ciudades y pueblos con las atracciones más emblemáticas: Tata, con su castillo junto al lago y el palacio Esterházy; Sopron —*Civitas Fidelissima*[43] y

---

43   Luego de la Primera Guerra Mundial, Hungría perdió muchos de sus territorios históricos donde, junto al húngaro, convivían varios pueblos, incluyendo eslovacos, rumanos, serbios, etcétera, etcétera. Las nuevas fronteras debían haber respetado la composición demográfica de los territorios, y allí donde existiese una población mixta se decidiría por referéndum. En realidad, se impuso la superioridad militar de las potencias vencedoras y, según el Tratado de Trianón, Sopron pasó a manos de Austria. El referéndum se realizó de todos modos y la población local, que era alemana y húngara, votó. Las autoridades checoslovacas, rumanas o serbias no lo permitieron en otros lugares. Según cuenta una de las historias al respecto, la mayoría de la población de la región votó por la pertenencia a Hungría, y por eso Sopron recibió el título de *ciudad más fiel* (**Civitas Fidelissima**).

joya europea del arte barroco, con su Tűztorony y la columna de la Santísima Trinidad en la Plaza Mayor, sin duda uno de los mejores ejemplos del barroco húngaro—; Kőszeg y su iglesia del Sagrado Corazón; Pécs y su plaza principal, rodeada de joyas históricas y arquitectónicas; Keszthely —la ciudad más grande junto al lago Balatón—; Sümeg y su castillo-fortaleza del siglo XIII; Fertőd y su imponente palacio Eszterháza, también conocido como el Versalles húngaro; Győr, con sus edificios barrocos; y Püspökvár —la residencia de los obispos de Győr, fácilmente reconocida por su torre incompleta—; Kecskemét; Szombathely —*Colonia Claudia Savariensum*, la ciudad más antigua de Hungría—; Balatonfüred; y, por último, Esztergom, sede del Primado de la Iglesia Católica en Hungría —su catedral, la basílica de Esztergom, es la más grande del país—.

En ese viaje, nos acompañaron los profesores de Húngaro y Química, Nagy Ilona y Ferenc Pavel, e indiscutiblemente, fue una experiencia muy linda que contribuyó a enamorarme más de ese país centroeuropeo.

Al finalizar el curso escolar, con la llegada del verano y las vacaciones, tendríamos un poco más de dos meses libres, y parte del tiempo había que emplearlo en algo más que pasear y descansar. De acuerdo con la tradición seguida por los grupos de estudiantes cubanos que ya habían pasado por allí, y obviamente con la autorización del representante del Ministerio de Educación Superior (MES) y de la Embajada de Cuba, nos organizaron una estancia en un campamento laboral en Kalocsa, uno de los pueblos más antiguos de Hungría, conocido por su industria del cultivo y envase de *paprika*, y situado a 100 kilómetros al sur de Budapest. Otra interesante experiencia que nos permitió un contacto más directo con el pueblo húngaro y su clase trabajadora, y, sobre todo, la posibilidad de practicar, lejos de un aula, nuestros conocimientos de *magyar*. Después de esto, tuvimos que hacer nuevamente las maletas.

Me dolió dejar Budapest. Esa ciudad me había marcado y me enamoré de su Danubio, sin importarme que no fuese azul; me bastaba con su maravilloso Puente de las Cadenas (*Széchenyi Lánchíd*) y su imponente sede del Parlamento.

A finales de agosto, llegamos a Veszprém, una pequeña ciudad situada a poco más de 100 kilómetros al oeste de la capital, a medio camino entre Budapest y la vecina Austria. Conocida como la *Ciudad de las Reinas*, primero por ser la favorita de Gisela, la esposa del rey Esteban,[44] y luego porque su obispo coronó a muchas reinas durante siglos, Veszprém fue también la primera ciudad húngara que tuvo una universidad completa al estilo de las que conocemos en la actualidad. En 1985, cuando nosotros llegamos, todavía la universidad tenía por nombre *Veszprémi Vegyipari Egyetem* (VVE), algo así como Universidad de Ingeniería Química de Veszprém, por su perfil tecnológico y porque sus programas de formación tenían esa ciencia como denominador común. Años más tarde, precisamente luego de nosotros graduarnos, en 1990, la universidad amplió su *currículum* de estudios a otras especialidades y, consecuentemente, cambió su nombre a Universidad de Veszprém. Posteriormente, en el año 2006, pasó a llamarse Universidad de Pannonia.

Si la preparatoria nos resultó difícil, la universidad fue a veces una auténtica tortura, al menos para mí. Nuestro húngaro era aún tan básico y elemental que muchas veces nos quedábamos *botaos* después de las clases. Solo el estudio individual y la interacción continua con los compañeros del

---

44 **San Esteban I** (*Szent István* en húngaro) gobernó Hungría primero como Gran Príncipe (997-1000) y luego como Rey (1000-1038). Su gran legado incluye haber convertido al catolicismo al Reino de Hungría. Se casó con Gisela de Baviera, hermana del futuro emperador germano San Enrique II. Su mano derecha se conserva como una de las reliquias más sagradas de Hungría, en la basílica de San Esteban, levantada en su honor en Budapest.

colegio nos mantenían a flote. Con el paso de los años, la situación fue mejorando, pero, en ese sentido, aquel primer año fue terrorífico. A las dificultades del idioma, para mí se sumó el hecho de que en Cuba nunca nos dijeron que lo que estudiaríamos era una carrera de ingeniería. Cuando hice la selección en el Pre, yo escogí Química Nuclear; la palabra ingeniería no figuró por ningún lado. A mí me gustaba la química como ciencia pura, no aplicada a los procesos tecnológicos e industriales, y con ese apellido tan *fancy* de *Nuclear* todo sonaba perfecto. Sin embargo, ya en el primer año de la universidad comprendí que terminaría siendo un ingeniero y me arrepentí, obviamente no por haber salido de Cuba, sino por haber escogido mal mi carrera. También en un final lo peor no fue arrepentirme, sino que, para haber podido cambiar de especialidad, lo hice demasiado tarde.

Recuerdo haberle comentado la posibilidad a nuestro jefe, el representante del MES en la Embajada, pero recibí el "imposible" al que tan acostumbrados estábamos —y siguen estando— los cubanos. La única forma de hacer un cambio era regresar a Cuba y matricular en Licenciatura en Química en la Universidad de La Habana. Ni pensarlo. Si ya había renunciado a mi verdadera vocación para comenzar una aventura lejos de la isla, no renunciaría por segunda vez a lo que me gustaba. Solamente regresaría con un diploma en la mano, aunque fuera de ingeniero.

Con dieciocho años, todavía me daba el lujo de soñar que mi destino sería el de un científico que terminaba dedicándose a la política. Nunca pasó, y a estas alturas creo que nunca pasará, aunque nunca se debe decir nunca.

Desde antes de partir a estudiar al extranjero, ya sabíamos que, *debido a la situación económica del país*, únicamente podríamos regresar de visita a Cuba cada dos años, o sea que nuestro primer viaje de vacaciones a la isla se produjo en el verano de 1986.

Esas vacaciones fueron muy interesantes, las primeras después de haber salido para Hungría, y de probar de primera mano las *bondades* del comunismo rosa. Regresé a Cuba, pero a los pocos días de llegar volví a hacer las maletas. Para mis padres, las vacaciones de verano no se concebían sin pasar unos días bajo el sol de la playa, alejados del ruido y la rutina de la ciudad, y, sobre todo, sin el mar. Disfrutar de una cerveza fría —generalmente más de una— y de un buen juego de dominó con amigos y la familia era la forma ideal de las vacaciones para mi padre. Eso sí, ni aun estando de vacaciones dejaba mi papá de leer la prensa; estar al tanto de lo que pasaba en el mundo era su pasión, y es —todavía hoy— la mía. No sé si es coincidencia o simplemente algo más que heredé de él.

La playa, la disfruto dentro del agua; la arena es para descansar, conversar o hacer castillos; para leer un buen libro, nunca he encontrado mejor escenario que la soledad de mi cama y, claro está, una buena almohada.

Pero volviendo a aquellas vacaciones de 1986, desde el primer momento hubo algo que me llamó la atención. No podíamos irnos a Varadero, en la vecina provincia de Matanzas, para disfrutar de su fina arena y sus cálidas y trasparentes aguas. Teníamos —mejor dicho, mis padres— que mantenernos lo más cerca posible de La Habana, y así terminamos en las playas de Santa María del Mar, a unos 20 kilómetros de la capital. La razón exclusiva era que ellos tenían que asistir a unas candentes —y aparentemente muy importantes— reuniones del Partido. Obviamente, los detalles de estas nunca me fueron revelados, y ni mi padre, ni mi madre abrieron la boca al respecto. Lo que ellos no terminaban de comprender era que a mí me interesaba todo aquello, y que ya buscaría la forma de enterarme de algo. Y lo hice. La causa de tantas e interminables reuniones fue una especie de lucha por el poder en el área de las Relaciones Internacionales del CC-PCC.

Al parecer, Jorge Risquet Valdés, miembro del Buró Político y uno de los nuevos dirigentes al frente de este sector, la *emprendió* contra el departamento América que dirigía Piñeiro. No supe exactamente los motivos del enfrentamiento ni me quedó muy clara la poca información que conseguí, pero los debates fueron muy encendidos y acalorados. Eran palpables la tensión y la pasión que levantaban en mis padres y sus compañeros de trabajo, quienes nos visitaban, y, naturalmente, sacaban a relucir el asunto, hablando en clave, como hacían siempre que nosotros estábamos presentes.

La opinión generalizada sobre el origen de tanto alboroto fue, al parecer, la *envidia* que despertaba el trabajo del departamento América, causada por la cercanía y apoyo que recibía Piñeiro del Comandante en Jefe. Finalmente, el susodicho Risquet *perdió* la pelea, pero, con el pasar de los años, América fue *absorbido* por el departamento de Relaciones Internacionales y, años más tarde, con la salida de su histórico dirigente Piñeiro, ya nunca fue lo mismo. Por lo demás, aparte de ese incidente, fueron unas vacaciones muy agradables y una alegría infinita el reencuentro con mis abuelos, tíos y primos, y muchos de los amigos del Pre. También quizás por ser las primeras fueron las más *tranquilas* en casa. Lo digo desde el punto de vista de las discusiones sobre la actualidad del país y nuestras experiencias en la lejana Hungría.

Una de esas discusiones, por ejemplo, surgió cuando le pregunté a mi padre por la poca difusión que la Declaración Universal de los Derechos Humanos tenía en la isla, algo que yo pude leer al completo por primera vez en húngaro: *"Minden emberi lény szabadon születik és egyenlő méltósága és joga van. Az emberek, ésszel és lelkiismerettel bírván, egymással szemben testvéri szellemben kell hogy viseltessenek"*.[45] Su explicación,

---

45 «Todos los seres humanos nacen libres e iguales en dignidad y derechos. Dotados como están de razón y conciencia, deben comportarse fraternalmente los unos con los otros.»

aunque algo vaga, me calmó en aquel momento, pero en mis posteriores viajes a la isla, durante los veranos de 1988, 1989 y 1990, las discusiones sobre el tema tuvieron casi siempre un carácter más explosivo, y al final, como buenos cubanos, las terminamos a gritos. Pero digamos que, en 1986, mi padre todavía lograba convencerme.

Al final de las vacaciones de verano, llegó el regreso a Hungría para comenzar en septiembre el segundo año de la carrera. Y luego, en un abrir y cerrar de ojos, recibimos el 1987, año que también pasó volando y durante el cual noté cómo mejoraba mi húngaro. Durante unos días de receso en marzo, volvimos a hacer un recorrido por algunas ciudades y pueblos del occidente húngaro, algunos ya visitados anteriormente: Kőszeg, Fertőd, Nagycenk, Pannonhalma, Ják y Sopron. La pasamos muy bien, y aprovecho para recordar y agradecer a Karcsi, un húngaro que, además de buen compañero de clase, resultó ser un excelente amigo. Se encargó de responder a muchas de mis preguntas, corregir mis errores idiomáticos y, sobre todo, enseñarme un montón de cosas de la historia y forma de ser del pueblo *magyar*. Una vez que tuvimos confianza, para él dejé de ser Ruben y me convertí en *Zami*, como cariñosamente comenzó a llamarme.

Durante las vacaciones estivales, lo más memorable fue, mientras trabajé como camarero en un complejo turístico del Balatón, conocer a una extraordinaria familia austríaca y a Csabi, un húngaro amable y jovial, quien años más tarde me dio una de las mejores muestras de amistad que puedan existir.

La otra alegría de ese verano fue la llegada, a finales de agosto, de mi hermano pequeño, que había sido seleccionado, en un programa similar al mío, para estudiar Física Nuclear en la ciudad de Debrecen, al este del país. Yo ya había dejado Budapest y estaba estudiando en Veszprém, pero al menos ya no estaba el mar de por medio y lo tendría más cerca. Por suerte, él sí lo tenía todo muy claro en cuanto a los estudios:

le apasionaba la física, algo que no ha cambiado hasta el día de hoy.

Cuando no viajábamos a Cuba, el verano en Hungría, al menos a mí, se me hacía largo y tenía demasiado tiempo libre; había que emplearlo en algo más que pasear, así que nada mejor que trabajar y ganar algunos florines extra, que nunca venían mal.

Una de esas oportunidades se presentó en una fábrica de productos lácteos, específicamente en la unidad de producción de helados. El jefe que me tocó era un húngaro simpático y dicharachero, Imre, y enseguida simpatizó conmigo. Nunca se cansó de mencionarles a todos lo primero que le dije una vez que me dio el obligado paseo por la enorme cámara frigorífica donde, antes de salir al comercio minorista, se almacenaba el helado:

—Sí, jefe, yo trabajaré con mucho gusto, pero, por favor, no me mande nunca a entrar al congelador gigante.

Aunque he mejorado considerablemente, nunca he podido con el frío; a mis genes tropicales no les gusta. La amistad con Imre comenzó rápidamente a profundizarse, y su esposa, Ványa Magdi, quien también trabajaba como jefa de turno, pero en el área de producción de quesos, terminó por ser otra de esas amigas que lo serán para toda la vida. Una mujer incansable, energética, ágil y con un carácter que ya quisieran tener muchos hombres. Había sido dirigente sindical, y su perenne interés por mantenerse al corriente del acontecer político, algo que yo compartía, nos acercó aún más e hicieron interminables nuestras discusiones sobre política nacional e internacional. Magdi también fue una de las pocas personas con las que podía analizar con profundidad la realidad del socialismo húngaro, sus aciertos y fracasos, y una de las primeras que me abrió los ojos sobre por qué el sistema tampoco funcionaría en la isla de Cuba. Retirada oficialmente de su trabajo, todavía hoy sigue siendo esa mujer fuerte, incansable y llena de una contagiosa vitalidad. Imre, por desgracia, ya no está entre nosotros; el alcohol terminó primero con su hígado y luego con su vida.

Indudablemente, el paso por Hungría me regaló amistades que más que amigos fueron una familia extendida, gente cuyos gestos de generosidad y humanidad sobrepasan lo imaginable, sobre todo en la actualidad, que la solidaridad parece ser, a veces, más virtual que real. Szilvi, con su carita angelical, me llevó hasta sus padres, Ibi *néni*, y su esposo, Zoli, y a su viejita y adorable abuela, quienes tanto cariño me dieron.

Fueron muchas horas las que, después de terminar su jornada laboral, Ibi *néni* se quedaba en su oficina mecanografiando mi tesis para el *Bachelor of Science*. En aquella época, no teníamos ni Internet, ni *laptops*, ni impresoras. Toda la tesis la escribí, primero a mano, y luego Ibi *néni*, con una máquina de escribir y usando papel de carbón para las copias.

Lo que hoy es una trivialidad, en aquellos tiempos era una odisea: yo, dictando y corrigiendo; la mami, tecleando sin parar. Realmente, la pasamos muy bien; son recuerdos que quedarán para siempre.

Y de nuevo ahí está Csabi, a quien conocí trabajando en el Balatón y me llevó a su casa a conocer a su familia, en especial a su mami, Boda Magdi, simplemente húngaros de oro, que, con el tiempo, se convertirían en parte de mi familia *magyar* y a los que siempre estaré agradecido.

Una mención especial merece uno de los porteros nocturnos de la residencia estudiantil, Laci Bácsi, un ser noble con el que pasé muchas horas de largos debates y quien me ayudó y estimuló con mi afición por la numismática y en el conocimiento de la milenaria historia del pueblo húngaro. A todos ellos: *szívből nagyon szépen köszönöm!*

En julio de 1987 se celebraron en Veszprém las XIX Olimpíadas Internacionales de Química.[46] A esos eventos

---

46   Las **Olimpíadas Internacionales de Química** nacieron en mayo de 1968, durante una reunión en Ostrava —parte de la antigua

asistían estudiantes de muchos países y los organizadores buscaron algunos voluntarios, entre los estudiantes extranjeros de nuestra universidad, para, al margen de la competición oficial, servir de traductores a las distintas delegaciones estudiantiles durante las actividades de ocio. Yo exclusivamente hablaba español y húngaro, idiomas ya cubiertos, así que, cuando me dijeron que necesitaban a alguien para atender a la delegación italiana, acepté con el mayor de los gustos. El único problema era que yo no hablaba ni papa de italiano, pero de atrevido me lancé a la empresa. Realmente, no fue tan difícil y nos la pasamos muy bien. A la fuerza, y con la ayuda de la *professoressa* napolitana que acompañaba a los estudiantes italianos, aprendí algunos términos y frases. Mi español y la mímica hicieron el resto. Desgraciadamente, contra mi voluntad y por motivos que no recuerdo, llegué tarde al aeropuerto de Budapest el día que se marchaban los italianos. Como consecuencia, perdí el contacto con aquella encantadora profesora, que era toda una dama y a quien me hubiese gustado visitar en su querido *Napoli*.

Como curiosidad, recuerdo también que en el grupo de los estudiantes cubanos se encontraba Tania Crombet, hija del que fue dirigente del Partido comunista y vicepresidente del Consejo de Ministros, Jaime Crombet. Años más tarde, se casó con Felipe Pérez Roque, joven ministro de Relaciones Exteriores desde 1999. Pérez Roque había comenzado su despuntar revolucionario como dirigente estudiantil, luego pasó a ser ayudante personal de Fidel, fue miembro del

Checoslovaquia y hoy República Checa— de representantes de tres países socialistas y donde se definieron algunas de las reglas básicas para una competencia internacional de conocimientos entre alumnos de educación preuniversitaria y organizada por el Ministerio de Educación del país sede. La primera edición se llevó a cabo en Praga, en junio de 1968, con la participación exclusiva de delegaciones del antiguo bloque de países socialistas del Este europeo. No fue hasta doce años más tarde que se celebró una olimpíada —la XII— en un país occidental —Austria, 1980—.

CC-PCC y se perfilaba —o lo perfilaban— como otros de los futuros líderes de la era posCastro. Pero, en 2009, también cayó en desgracia, irónicamente, y según Fidel, debido a *la miel del poder* que tanto ha saboreado el mismo Comandante, y a la par que Lage, pasó a formar parte de la larga lista de defenestrados que comenzó a escribirse en el mismo año 1959.

Con Tania, me crucé años más tarde, cuando Yadira y su esposo me invitaron a un concierto gigantesco en las afueras de La Habana, al que, por cierto, asistió el Comandante en Jefe y su plana mayor. Todavía estaba casada con el ministro y no me conoció, o hizo como si no me conociera, realmente no lo sé. Cosas de la vida.

El año 1988 no comenzó muy bien que digamos. En marzo, una llamada por teléfono de mi hermano me anunció lo que nunca queremos escuchar: mi abuelita paterna había fallecido. Mi padre lo había llamado para decirle que vendría a vernos a Hungría. Me sentí muy mal. Se había despedido de este mundo un ser muy especial en mi vida y yo no pude ni despedirme, ni despedirla. Cosas o ironías de la vida, mi abuela paterna de La Habana había ido a morir a Santa Clara y la materna de Santa Clara terminó sus días en La Habana, muchos años después y cuando ya me encontraba en Bélgica. Tampoco de esta última pude despedirme. ¿Qué se puede esperar que diga un nieto de una abuela especial? Eso y más, que era un ser extraordinario, una dama en toda regla, y aunque todos naturalmente tenemos nuestro lado negativo, el de mi abuela yo nunca lo vi. La conocí como Miguela, también como Miguelina y luego Rufina, pero nunca sabré cuál fue su verdadero nombre.

Durante los últimos años de su vida, ella, que siempre se había llamado Miguelina, conocida por todos como Miguela, soportó de mala gana que en su nuevo documento de identidad figurara como Rufina. Era imposible, pues ese era el nombre de una de sus hermanas mayores y le parecía inconcebible que su padre —o el que la inscribió en el registro de nacimientos— se hubiese equivocado al nombrarla igual que a su hermana mayor. Claro que, a decir verdad, en la Cuba rural de principios del siglo XX todo era posible. Me temo que ya nunca conoceremos lo que pasó en realidad. Solamente sé que nació un 5 de julio de 1908 y, ochenta años más tarde, el 14 de marzo de 1988, su pérdida fue un durísimo golpe para todos en casa. Mi hermano y yo, a tantos miles de kilómetros, no pudimos estar cerca para despedirnos.

Esa noche, me encontraba muy triste y, para intentar despejar mi mente y olvidar la impotencia de la distancia, fui al cine a ver "El padrino". Intenté, con la muerte de Sony y el atentado a don Corleone, justificar mis lágrimas en la oscura sala. Fue en vano.

A sabiendas de que el golpe sería duro para nosotros, mi padre pidió autorización en el trabajo —en esa época todavía no se podía salir libremente de la isla— para viajar a Hungría y compartir así unos días con sus hijos. Le autorizaron el viaje.

Los días que estuvo en Budapest nos quedamos con él en casa de Rojitas, el representante de la CTC (Central de Trabajadores de Cuba) en la misión diplomática de Cuba. Rojitas era hijo del veterano líder sindical cubano Ursinio Rojas, quien, desde su fundación, en 1965, y durante veinte años, fue miembro del CC-PCC. No recuerdo de dónde mi padre conocía a Rojitas, pero enseguida que se supo que yo iba para Hungría lo puso en contacto conmigo. Junto a su esposa, fueron siempre muy amables y me recibieron y hospedaron en su casa durante muchas de las visitas de fin de semana a Budapest. Dentro de la desgracia, fue muy reconfortante reencontrarnos con nuestro papi, compartir unos días con él, y si bien para nosotros fue algo especial, creo que para él fue todo un bálsamo contra su dolor.

Aprovechamos también para pasearlo por los lugares más emblemáticos de la capital *magyar*. Obviamente, no faltaron nuestras acostumbradas discusiones sobre política nacional e internacional, y, para mi satisfacción, él pudo comprobar de primera mano muchas de las cosas que le había contado durante mis primeras vacaciones en Cuba en el verano de 1986. Por suerte, también ese año 1988 nos tocaba ir de nuevo de vacaciones a Cuba, así que la espera no se haría tan larga. Y precisamente durante ese viaje de vacaciones contraje matrimonio en La Habana. Una boda rápida, medio improvisada y no exenta de decepciones. Una de ellas fue, mientras buscaba un anillo para mi futura esposa, recorrer con mi madre toda una tarde las tiendas de La Habana y regresar a casa con las manos vacías. La oferta, si es que se puede usar esa palabra, era para ponerse a gritar, hablar de escoger es un eufemismo y lo único que parecía más decente resultaba impagable, así que la ceremonia se celebró con anillos prestados. No se acabó el mundo por eso ni yo le di mayor importancia. Creo que lo peor fue la borrachera con la que llegué al Hotel Tritón esa noche, pero tampoco se acabó el mundo por ello; yo estaba en otro.

Volviendo al asunto de los anillos de matrimonio, lo curioso fue que a mi padre le había pasado algo parecido. El día de su boda, tampoco tenía anillo para regalarle a su futura esposa, mi madre; sin embargo, él tuvo más suerte que yo. En uno de sus primeros viajes a Canadá, creo que en 2005, mi mamá nos contó la historia.

En medio de la vorágine que se vivía en la Cuba de principios de la Revolución, y en particular la que vivía mi padre, luego de un corto noviazgo, este se decidió a desposar a mi madre y, para no romper con la tradición, le tendría que regalar un anillo. Corría el año 1963. Llegó el momento y, a pesar de tener el dinero, no encontró ninguno en las tiendas de La Habana. Jorge Luis Peraza, un gran amigo de crianza, casi un hermano, vino en su ayuda y le dio uno de oro blanco con cinco pequeños diamantes que había pertenecido a una antigua novia.

En 1978, en uno de los viajes a Panamá, a mi mamá se le partió el anillo mientras abría el maletero del carro, aunque lo siguió llevando hasta que, poco tiempo después, terminó partiéndose completamente. Lo guardó bien, pero, luego de nuestro regreso a Cuba, no lo mandó a arreglar, pues temía que en la isla no usaran oro blanco para soldarlo.

Al cabo de mucho tiempo, un día del año 2000, mi hermano lo encontró en el joyero de mi madre y mi papá, sin imaginar lo que se avecinaba, le contó la verdadera historia. Al oírla, mi mamá se decepcionó tanto que ya no quiso saber nunca más del anillo que había lucido tantos años, porque, claro, la joya no la habían comprado especialmente para ella; había sido inicialmente para otra. Mi hermano lo guardó, y en 2001, unos meses antes de emigrar para Canadá, lo mandó a arreglar en La Habana. El supuesto joyero usó plata en lugar de oro blanco y la soldadura no quedó bien. Un año más tarde, cuando ya vivían en Kitchener (Ontario, Canadá), lo llevaron a otro joyero, quien les confirmó que, en efecto, habían usado plata para la soldadura, y lo peor, los diamantes habían sido sustituidos por piedras falsas.

A finales de 2004, mi hermano y mi cuñada nuevamente lo llevaron a un joyero, y esta vez sustituyeron las piedras falsas por zirconia, y la soldadura de plata, por oro blanco.

En 2009, entraron, sin invitación ni previo aviso, a mi pequeña cueva en los *Aberdeen Apartments* de la calle Bayard y robaron mi *laptop*, el teléfono celular y mi pequeña maleta de mano con las cosas que usaba siempre para viajar. Aunque no guardo dinero en efectivo en casa, como preámbulo de otro viaje, esa vez tenía 300 dólares acabados de salir de un cajero automático, que, lógicamente, también desaparecieron. La policía no pudo hacer nada. A pesar de aplicar un producto químico que usan para esos casos, no encontraron huellas y, según me explicaron, sobre mi escritorio de vidrio templado era muy difícil ver algo. Por suerte, por mucha suerte, o quizá gracias a los dólares, el ladrón no vio el anillo, que estaba en una diminuta bolsa de terciopelo negro, precisamente detrás del dinero, y solo se llevó los billetes.

Los dólares, o el destino, quisieron que la pequeñita bolsa con el anillo continuara en mi poder, y ahí sigue guardado, esperando por alguna de mis hijas. Eso sí, esta vez no habrá secretos, pues ya conocen la verdadera historia del preciado anillo. Pero volvamos a Hungría.

Llegamos por fin al **1989**, año que irremediablemente marcó un punto de inflexión en mi posicionamiento y comportamiento político-ideológico, y dejó una profunda huella en mi forma de ver y analizar el mundo que, aún hoy, sigue fresca.

La vida política de Hungría, como la de sus vecinos ideológicos, entre ellos, Polonia, estaba ya muy agitada. En abril se legalizó el sindicato polaco Solidaridad de Lech Walesa y el primer ministro Mazowiecki daba los primeros pasos hacia una seria apertura del mercado que, irreversiblemente, llevaría a una apertura política en ese país. Asimismo, en Hungría, la oposición ganaba terreno y el sistema comunista, luego de que Gorbachov encendiese el monumental detonador de la *perestroika* y la *glásnost* en la Unión Soviética, llegaba al fin de sus días.

Siempre que el tiempo y mis compromisos académicos me lo permitían, comencé a asistir a conferencias o reuniones abiertas que ofrecían los miembros del movimiento opositor, principalmente del recién creado MDF (*Magyar Demokrata Fórum*) y la FIDESZ (*Fiatal Demokraták Szövetsége*, en español, Alianza de Jóvenes Demócratas), partidos que más tarde formarían gobierno en la Hungría poscomunista.

Aparté a un lado las novelas y literatura de ficción para concentrarme casi exclusivamente en la historia y la literatura política. En Hungría ya se publicaba de todo, o casi todo, y era fácil encontrar mucho de lo que en Cuba, por ejemplo, se consideraba lectura prohibida y *diversionista*.

Yo vivía en una lucha constante por discernir entre *información* y *desinformación*, entre la aceptación de que lo que dicen tus padres es siempre la verdad, aunque uno no lo vea así, y la *otra* realidad; entre la que dicen tus superiores, que tiene que ser verdad por definición, y la que ven tus ojos y rompe con tu mundo. En un final, todo contra todo. Esa lucha llegó a su punto más álgido en junio, y su batalla más memorable fueron los sucesos de Tiananmen.[47]

La cobertura de la revuelta de Pekín produjo todo tipo de análisis y conjeturas en la prensa internacional, pero a mí nada me impactó más que la presencia de los tanques del ejército chino en la que es, según dicen, la plaza más grande del mundo. La impactante imagen y el simbolismo de un joven bloqueando cuatro *armatostes* verde olivo fue mi primera gran sacudida. Lo vi por primera vez en el noticiero de la noche y lo volví a ver cada vez que lo repetían. No sabía qué decir, no podía creer que se sacaran tanques a la calle para reprimir manifestaciones populares, y más grave aún, estudiantiles. Algo no estaba bien. Quizá para los que vivieron los levantamientos del 56 en Hungría o la Primavera de Praga[48] en el 68, esto era una simple repetición de la historia,

---

47   La **Plaza de Tiananmen**, o Plaza de la Puerta de la Paz Celestial, en Pekín, es una plaza milenaria, centro político de la República Popular China, y se encuentra entre las más grandes del mundo. Ha sido escenario de los más importantes acontecimientos históricos del gigante asiático, entre ellos, la sonada protesta de 1989, liderada por un movimiento prodemocracia y que se saldó con miles de heridos y cientos de muertos, principalmente jóvenes estudiantes y manifestantes descontentos con el régimen, aunque el número real de muertos y heridos no ha sido aún desvelado por el régimen de Pekín. Las protestas, que comenzaron en abril, fueron finalmente aplastadas en junio con la intervención directa de tanques e infantería del Ejército. La foto de un joven frente a una columna de tanques el 5 de junio se convirtió rápidamente en símbolo de la violenta represión de las protestas democráticas.

48   La **Primavera de Praga** fue un período de turbulencia política en la antigua Checoslovaquia, que desde comienzos de 1968 vivió un

pero no para mí, que consideraba al Ejército como un instrumento garante de la soberanía nacional, empleado únicamente para enfrentar agresiones armadas de gran calibre, no protestas populares callejeras, y menos aún demostraciones estudiantiles.

Yo, que aspiraba a regresar a la isla y protestar contra todo lo mal hecho, protestar no para causar revuelo, sino para contribuir a perfeccionar el sistema, pensaba que lo ocurrido en Pekín era exclusivamente parte de los libros de historia, no de la realidad de fines del siglo XX. No paraba de preguntarme y preguntar: "¿Haría lo mismo el régimen cubano si los estudiantes de la Universidad de la Habana, o de cualquier otro centro de estudios del país, se lanzaban a la calle con demandas similares?". No podía ser, sencillamente no podía ser. Por desgracia, como estudiante universitario en aquel momento, con inquietudes y conflictos similares a los que tenían aquellos estudiantes chinos, terminé despertando del sueño. Sí podía ser; desgraciadamente, sí podía ser, y fue.

Entre el asombro, la rabia y la decepción, pensé que ojalá la Plaza de la Revolución de La Habana nunca tuviera que vivir lo que aquellos días vivió la Plaza de la Puerta de la Paz Celestial en Pekín, donde, por cierto, hubo de todo menos *paz celestial*.

---

movimiento de reformas políticas que buscaban acabar con el totalitarismo y democratizar el sistema de corte soviético existente. Un papel fundamental lo jugó el recién elegido secretario general del Partido Comunista, Alexander Dubček, quien lideró una serie de reformas que incluyeron la legalización de varios partidos políticos y sindicatos, el derecho a la huelga y mayor libertad de prensa y expresión. La respuesta de la ortodoxia comunista internacional no se hizo esperar y el 20 de agosto de 1968 las tropas y tanques del Pacto de Varsovia —con la excepción de Rumania— invadieron el país y acabaron con el proceso de apertura política. Otra sonora intervención del *Gran Hermano*, y no pienso aquí en el programa de TV, sino en las espectacularmente bien escritas obras de George Orwell, *Animal Farm* y *1984*.

No es extraño pensar que, como muchos otros, yo también caí preso del efecto mediático que provocó la famosa foto del *hombre del tanque*. No importa, esa imagen siguió pululando en mí y, si bien no sé bien cómo funciona el cerebro humano, estoy convencido de que mi hipocampo, donde se forman los primeros recuerdos de las situaciones cotidianas, le dijo al neocórtex, la lámina de neuronas en la superficie externa que alberga los recuerdos a largo plazo, que guardara bien la imagen de aquel rebelde desconocido y fotografiado frente a una línea de tanques, una imagen que le dio enseguida la vuelta al mundo.

Ese curso escolar 1988-89, mis resultados académicos fueron muy buenos y tuve la suerte de ser, junto a Marcial, uno de los dos estudiantes seleccionados como *Vanguardia* —todo un honor en el sistema educacional cubano— por la Representación del MES y que, siguiendo la tradición, eran premiados con un viaje a Cuba durante el período vacacional en el verano. Según el reglamento establecido, únicamente podíamos ir a Cuba cada dos años. Yo había ido primero en el verano de 1986 y luego en el de 1988, o sea que no me tocaría más, coincidiendo con el regreso definitivo después de la graduación, hasta 1990. Lógicamente, ese viaje recompensa fue muy bien recibido, y la noticia cobró especial importancia, pues coincidía con las primeras vacaciones de mi hermano en Cuba. No es difícil imaginar la alegría que le daría a mis padres, y en especial a la *gallina*, el tener a los dos *pollitos* juntos en casa. Pero ese año 1989 daría todavía mucho de qué hablar y, por encima de todo, continuaría impresionándome. Los sucesos de Tiananmen fueron solamente el comienzo de un año que todavía se tornaría más turbulento, decisivo; también el mundo temblaría, y con él, la isla de Cuba.

En los días previos a mi viaje, escuchamos las primeras noticias de lo que pasaba en La Habana. Se había destapado el Caso

Ochoa,⁴⁹ que se zanjó en la famosa Causa 1/89 y que precedió a la no menos importante Causa 2/89. Me enteré poco antes de salir de Hungría y, naturalmente, el Caso Ochoa multiplicó mis deseos por ese viaje a Cuba. Y en medio de ese entusiasmo llegó al fin la partida. Mi mamá siempre se preocupaba cuando viajábamos, y aquel año no era una excepción.

Sí, aquel verano de 1989 estaba particularmente nerviosa, porque, además de la emoción natural de volver a ver a sus dos retoños, existía un nuevo motivo. Probablemente, su intuición de madre le adelantó que aquella sería una visita complicada. Y lo fue. En mi primer viaje de vacaciones en 1986, según me contó una vez aterrizamos en La Habana, mientras esperaban en el aeropuerto, alguien les anunció que de un vuelo procedente de Moscú, que transportaba estudiantes cubanos y que hizo una rutinaria escala en Gander, uno de los estudiantes se había *quedado*, o lo que es lo mismo, había desertado en Canadá. Los aviones procedentes de la URSS con destino a

---

49   **Arnaldo Tomás Ochoa Sánchez** (1930-1989). Héroe de la República de Cuba y uno de los militares más condecorados de la Revolución. Ochoa se incorporó a la lucha revolucionaria siendo aún un adolescente y su trayectoria política y militar incluye honores de todo tipo: luchó contra el régimen de Batista nada más y nada menos que bajo las órdenes del aguerrido comandante del Ejército Rebelde Camilo Cienfuegos; fue testigo directo y activo de los sucesos de Bahía de Cochinos en 1961 y de la llamada Crisis de los Misiles en 1962; participó en el movimiento insurgente de Venezuela en los años 60 y en misiones internacionalistas en Nicaragua, Etiopía y Angola; fue nombrado en este último país jefe de la Misión Militar Cubana en los años 80; fue miembro del CC-PCC y diputado a la Asamblea Nacional del Poder Popular; y escaló posiciones militares de alto nivel, que culminaron en su nombramiento como jefe del Ejército Occidental de Cuba, el más poderoso del país. En junio de 1989, acusado de organizar operaciones vinculadas al narcotráfico y el Cartel de Medellín, es arrestado, enjuiciado por un tribunal militar especial, y finalmente sentenciado a la pena capital por cargos de alta traición. Fue fusilado en La Habana al amanecer del 13 de julio junto a los otros principales procesados en la Causa 1/89: el coronel del MININT, Antonio *Tony* de la Guardia, el capitán Jorge Martínez y el oficial Amado Padrón.

la isla frecuentemente hacían una escala técnica en el Aeropuerto Internacional de Gander, en la provincia canadiense de Newfoundland and Labrador. En esa época, Gander era el punto más *popular* entre los cubanos por la relativa facilidad para esconderse y no regresar al avión y quedarse, o sea, desertar. Quién sabe las veces que escuchamos aquello de que *fulanito se quedó en Gander*. Por suerte, mi madre pudo respirar tranquila una vez que nos vio aterrizar en La Habana, eso sí, luego de una interminable y desesperante escala en Moscú que se prolongó unos días adicionales, debido a un *overbooking*, nada nuevo en estos tiempos, pero creo que producto de la mala planificación en aquellos. Durante la escala en la capital moscovita, nos alojaron, a juzgar por las literas, en una residencia para estudiantes. Allí, pudimos ver un video sobre el Caso Ochoa, que ya comenzaba a convertirse en un verdadero escándalo.

Al fin, aterrizamos en el Aeropuerto Internacional "José Martí" de La Habana y, al vernos, puedo asegurar que mis padres —y más visiblemente mi madre— respiraron con tranquilidad. Pero la tranquilidad duró muy poco. Desde que abandonamos las instalaciones del aeropuerto rumbo a la casa, e inmediatamente después de los saludos y las primeras impresiones del viaje, comenzó nuestro *bombardeo* de preguntas sobre la nueva tormenta política en la isla y, con este, la intranquilidad de mi padre. No sé cómo estaba él antes de nuestro aterrizaje; lo que sí puedo afirmar es que mis numerosas interrogantes sobre el Caso Ochoa aumentaron visiblemente su nerviosismo.

Sus explicaciones iniciales, para mi desagrado, fueron únicamente una mera repetición de la posición oficial del Partido; lo único que lograron fue exasperarme y reclamarle más información, como si él supiera —y pudiera— darme los detalles de lo que parecía tener pinta de purga política. Incluso mi hermano, habitualmente el más callado, estaba muy inquieto, pero era mi mejor aliado en la verborrea política frente a mi padre, y yo, que por vivir fuera de Cuba me encontraba en obvia desventaja, no podía perder esa alianza.

Esos días, en mi casa se desayunaba *Ochoa*, se almorzaba *Ochoa* y se cenaba cualquier otra cosa, pero el postre era, para variar, *Ochoa*. Lógicamente, la intención de mi padre fue evitar la escalada; aquello había que pararlo y tenían que cerrarnos la boca, sobre todo a mí, que era el más insistente con el asunto. Contras que Ochoa no era cualquier militar, era nada más y nada menos que un general de división de las Fuerzas Armadas Revolucionarias de Cuba. El lío tenía que ser bien gordo. Así que, viendo que no podía con nosotros y nuestro interminable bombardeo de preguntas, mi padre creyó encontrar la solución definitiva. Apenas unos días después de llegar a Cuba, una tarde llegó a casa y nos dijo que iríamos a la mismísima sede del Comité Central del Partido, donde nos reuniríamos con dos funcionarios del DOR (Departamento de Orientación Revolucionaria). Desgraciadamente, no recuerdo sus nombres.

No sé qué les habrá dicho mi padre. Imagino que los compañeros deben haber sentido la necesidad revolucionaria de *limpiarles* la mente a aquellos dos jóvenes —nosotros—, que, provenientes de la antigua y aliada Europa oriental, llegaban a Cuba sumergidos en una total *confusión* y *desinformación*. No había problemas; ellos aclararían nuestras dudas. Aquel encuentro se celebró en una de las oficinas del DOR, a puertas cerradas y con la única presencia de los dos funcionarios, mi hermano y yo. Mi padre solamente estuvo un rato, pero luego salió. Cuando vino a recogernos, nos encontró más serios y tranquilos, pero la calma duró lo que *un merengue en la puerta de un colegio*, como le gustaba decir. Iluso mi padre, iluso mi hermano e iluso yo. La reunión con aquellos funcionarios partidistas no aportó ninguna nueva información. No dudé de las *buenas intenciones*, pero aquello únicamente sirvió para repetirnos la versión oficial; es decir, lo publicado por el diario *Granma*. Como novedad, solo aludieron a alguna que otra anécdota sobre los encausados, nada significativo, aunque no manejado por la prensa oficialista. No puedo hablar por mi hermano, pero a mí aquel encuentro lo que hizo fue todavía crearme más dudas.

    Alguien dijo una vez que *las preguntas que no podemos contestar son las que más nos enseñan*, y en este caso, nunca mejor dicho, el remedio fue peor que la enfermedad. A mí no me convenció ninguna de las explicaciones de aquellos funcionarios. Una vez que abandonamos la sede del Comité Central, y apenas nos montamos en el carro, comenzaron las discusiones con mi padre. Sobraban dedos de las manos para enumerar a los que integraban la lista de héroes de la República de Cuba, y Arnaldo Ochoa Sánchez era uno de ellos. Dicen que antes de morir se negó a que le ataran las manos. Seguramente, no fue un santo en vida, pero no debe olvidarse que luchó contra un dictador bajo las órdenes de otro en ciernes. Al primero, Batista, lo venció, con el segundo, Castro, no pudo o no quiso, o en realidad quién sabe si quiso y no pudo. La historia dirá.

    Como es bien sabido, a la Causa 1/89 siguió otro proceso durante el cual cayeron algunos importantes oficiales del MININT, entre ellos un par de peces bien gordos, los generales de división José Abrantes Fernández y Pascual Martínez Gil, condenados, el primero, a veinte, y el segundo, a doce años de privación de libertad.

    El general Abrantes tuvo a su cargo la seguridad personal del Comandante en Jefe desde principios de la Revolución, fue ministro del Interior a finales de los 80 y terminó encarcelado, en la llamada Causa 2/89, por diversos cargos, que incluían abuso de poder y uso indebido de recursos financieros.

    Sobre Abrantes, mi padre había quedado en revelarme un par de historias que no eran de conocimiento público, pero no pudo ser. Siempre que le preguntaba, me decía que algún día me las contaría, pero se las llevó a la tumba.

Una vez en mi casa, escuché una conversación entre él y un teniente coronel de la DGSP (Dirección General de Seguridad Personal), en la que decían que Abrantes, que era un espía profesional, guardaba expedientes confidenciales sobre todos y cada uno de los altos dirigentes del país, que mucha gente le temía, lo que no era de extrañar, teniendo en cuenta la alta y cercana posición que ocupó siempre junto al Comandante en Jefe. Abrantes falleció a comienzos de 1991 en su celda de la prisión de Guanajay, en La Habana, dicen que víctima de un infarto, mientras hacía ejercicios. Sobre esto también existen rumores. Se dice que *lo dejaron morir*. Ojalá algún día alguien revele más información sobre estos casos y sobre los entresijos del poder esos años. En ese sentido, los libros de Norberto Fuentes, *Dulces guerreros cubanos, Narcotráfico y tareas revolucionarias*, y los dos tomos de *La autobiografía de Fidel Castro*, no tienen desperdicio. Se rumorea que en una carta filtrada desde la cárcel, el general Patricio de la Guardia Font, hermano gemelo de Tony, que también fue arrestado y condenado, se reafirmó en sus acusaciones de que Fidel estaba al tanto de las operaciones ilegales por las que fueron encausados Ochoa y los demás. Su sobrina, Ileana de la Guardia, también se hizo eco de estas acusaciones en su libro *Le nom de mon père*, hasta donde sé, solamente publicado en francés y que no he leído aún. Confío en que algún día sepamos toda —o casi toda— la verdad.

Luego de casi dos meses de vacaciones en la isla, turbulentos en lo político, entrañables en lo familiar y calurosos en lo climático, llegó el ansiado momento de regresar a Hungría.

Si bien estar con la familia y disfrutar de las bondades de la geografía del Caribe tenían un valor inestimable, estábamos —al menos yo— en un punto de saturación y, como cualquier joven estudiante, extrañaba mi vida y rutina en la universidad.

Teníamos pasaje de regreso a Hungría, vía Moscú, para el domingo 3 de septiembre en la noche. Ese día, como era de esperar, salimos para el aeropuerto con varias horas de antelación. En aquella época, presentarse dos horas previas a la salida era lo normalmente requerido en cualquier aeropuerto del mundo, pero en el caso de Cuba, había siempre que contar con los imponderables, y estos podían ser de todo tipo, máxime porque desde 1959 la isla no se caracterizaba —lo que parece ser un mal crónico— por la eficiencia de sus servicios.

Recuerdo sobre todo a mi madre, que se sentía muy triste, siempre le afectaba nuestra partida, pero aquel año estaba particularmente nerviosa. Salimos de casa con suficiente antelación y, una vez que avanzamos un poco por la avenida de Rancho Boyeros, de pronto algo nos pareció inusual: una creciente congestión del tránsito nada frecuente en las tardenoches dominicales de La Habana. Algo pasaba; aquello tenía mala pinta. Vimos pasar un par de ambulancias con sus sonoras alarmas. Con toda seguridad, no llegaríamos temprano, como planeamos y nos hubiese gustado, al aeropuerto. Llegó un punto del trayecto donde ya no avanzábamos nada; estábamos literalmente parados o, mejor dicho, sentados en el carro, parado literalmente. Los minutos sí corrían, el cielo perdía su color y ya comenzábamos todos a desesperarnos. Nadie sabía lo que pasaba —recuerden, no existían los celulares en esa época—, pero algo estaba claro: la agitación de los carros de policía y las ambulancias anunciaban tragedia. Entonces, mi padre decidió averiguar qué estaba ocurriendo, se bajó del carro y se dirigió a uno de los policías apostados y que impedían el acceso a la ruta directa al aeropuerto. Regresó a los pocos instantes con cara de preocupación y nos dijo que la cosa estaba fea: un avión se había caído, pero nada más pudieron informarle. Mi madre, que ya de por sí estaba nerviosa, únicamente atinó a decir con autoridad:

—Ustedes no se montan en ningún avión hoy.

La pobre no se daba cuenta de que la probabilidad de que una aeronave se cayese inmediatamente después de otra es casi cero. A ella eso no le importaba; le dijo a mi padre que sus hijos no se iban ese día. Mi papá, más pragmático y acostumbrado a las situaciones de emergencia, no se dio por vencido y lo primero que hizo fue salir de aquel enjambre de autos. Nos alejamos de la vía principal de acceso. Dimos muchas vueltas, buscando una salida alternativa, pero todo parecía imposible aquella noche. No sé cómo mi padre lo hizo, pero encontró otro punto de control que estaba prácticamente vacío, nos pidió los pasajes y los pasaportes, y se dirigió al militar que lo custodiaba. Regresó con la buena noticia de que nos dejaban pasar. No podía saberse si esa noche volaríamos, pero al menos llegaríamos a la terminal del aeropuerto; allá veríamos qué hacer después. Mi mami seguía diciendo que nosotros no viajaríamos a ningún lado, protestaba por la tozudez de mi papá, y este, como muchas otras veces, pretendía no oír nada, como si con él no fuera, aún a sabiendas de que su actitud relajada enfadaba aún más a mi madre. Llegamos a la terminal de salidas internacionales del viejo aeropuerto.

Aquello era verdaderamente caótico: la terminal estaba semioscura, la iluminación era pésima, realmente deprimente. Nadie sabía nada con seguridad. Oímos rumores de un accidente, pero nada concreto. Creo que la única contenta era mi madre; en el fondo, albergaba la esperanza de que nuestro avión no saliese. De hecho, le pidió a papi que intentara ver cómo cambiar los boletos —en la Cuba de esos años, cualquiera no podía cambiar un boleto de avión cuando le pareciera— y, en más de una ocasión, propuso regresarnos a casa; nos prepararía una buena cena y ya después se vería.

Recuerdo que tuve necesidad de ir al baño y hasta las ganas se me fueron: los retretes de la terminal estaban semioscuros y el papel sanitario brillaba por su ausencia, así que tuve que forzar a mis intestinos a mantenerse quietos. Después de una larga y desesperante espera, comenzó a moverse algo. Habían llegado más pasajeros y se corrió el rumor de que el aeropuerto retomaría su actividad. Respiramos algo aliviados. La espera se prolongó todavía un poco más hasta que al fin llamaron a abordar nuestro avión con destino a Moscú.

Nunca me han gustado las despedidas, y mientras más cortas, mejor, y aquella no fue una excepción. Sentí particular pena por mi mami; realmente se veía afectada; mi papá lo disimuló mejor, y ahora que tengo hijos, comprendo mejor que los besos y abrazos, principalmente los de despedida, nunca son suficientes para unos padres.

El viaje de regreso a Hungría fue largo como siempre, pero lo peor fue la larga espera durante la escala en el Aeropuerto Internacional de Moscú, Sheremétievo. Nos condujeron a una sala de tránsito sin ninguna comodidad. Todavía recuerdo la sensación claustrofóbica que me produjo aquel insípido lugar. Han pasado muchos años y solo confío en que a estas alturas ese aeropuerto haya mejorado su estética y sus servicios. Para ponerle la tapa al tomo, cuando finalmente aterrizamos en Budapest, mi maleta no llegó. Apareció un mes más tarde, e inmediatamente después de recogerla terminó en la basura. Era insalvable: la traía cargada de frutas tropicales, sobre todo guayabas, y prácticamente todo su contenido se pudrió a la par de las frutas. Lo sentí porque era de buen cuero y había pertenecido a mi padre cuando vivíamos en Colombia. Claro que la pérdida de mi maleta fue una desgracia menor comparada con la magnitud del desastre que había precedido a nuestra partida y cuyos detalles solamente conocimos cuando llegamos a Hungría y escuchamos las noticias que difundió todo el mundo.

El Ilyushin (IL)-62M de Cubana de Aviación (CU-T1281, N° 3850453) se estrelló en una zona residencial, en las inmediaciones del Aeropuerto Internacional "José Martí" de Rancho Boyeros a las 19 horas. Hacía mal tiempo, llovía con fuerza y violentas rachas de viento hicieron perder altura al avión, que terminó cayendo poco después de levantar vuelo. Cubría la ruta Habana-Milán-Colonia y se llevó consigo la vida de sus once tripulantes y ciento quince pasajeros, la mayoría turistas italianos, y de una cuarentena de vecinos del lugar. Por la cifra de fallecidos, está en la lista de los cincuenta accidentes más graves en toda la historia de la aviación mundial. Sin duda, una dolorosa tragedia.

Luego de llegar a Budapest, nuestros caminos se separaron: mi hermano tomó rumbo este, a Debrecen, y yo al oeste, a Veszprém, donde comenzaría mi último año en la universidad y concluiría mi estancia en el país *magyar*. Mi cabeza hervía. Nunca he vuelto a vivir cuatro meses seguidos tan turbulentos como aquellos. Los cambios políticos se sucedían a pasos agigantados y la alegría, la ansiedad y la expectación se entremezclaban con tal agitación que por momentos era difícil —diría que casi imposible— determinar claramente qué sentimiento primaba en mí. No era de extrañar: el mundo giraba, y a qué velocidad:

Septiembre de 1989. Nada más llegar a Veszprém, me entero que, desde finales de agosto, el gobierno húngaro había relajado el control fronterizo con Austria, lo que provocó que miles de alemanes orientales viajaran a Hungría con la intención de escapar a Occidente. A pesar de las restricciones de movimiento que teníamos los estudiantes cubanos en el extranjero, a algunos se les autorizaba a visitar otros países amigos, es decir, del llamado campo socialista. Obviamente, no se podía desperdiciar aquella oportunidad, y yo, gracias a mi espíritu aventurero y a mi incansable sed de viajar —mi hermano me dijo hace un tiempo que mejor me fuera a vivir a un aeropuerto, así todo me resultaría más sencillo—, no pensaba dejarla pasar. Salir del país —de cualquiera en que se encontrasen— únicamente se les autorizaba a los estudiantes cubanos *buenos*, pero solamente a los que ya se encontraban en el extranjero; los de la isla, ni aun siendo excelentes podían soñar con esa posibilidad. A eso se le unía el mantener una actitud correcta como estudiante revolucionario, es decir, fiel a la Revolución y al Partido, requisito casi omnipresente en nuestras vidas tanto dentro como fuera de la isla. Al no tener obligaciones académicas pendientes, pensé que no me resultaría difícil obtener el permiso de José Martí, y no me refiero al más grande de los cubanos, sino al representante del MES en la Embajada que compartía nombre y primer apellido con el *apóstol* de nuestra independencia. Así fue, obtenido el permiso y listas las maletas, aproveché unos días de receso en la universidad y partí en tren para la antigua Checoslovaquia, donde inmediatamente quedé fascinado con su capital, Praga, hoy capital de la República Checa, y en menor medida con Pozsony, hoy capital de Eslovaquia, una ciudad que a muchos húngaros —aún hoy— no les gusta llamar por su nombre más internacional: Bratislava. A pesar de las noticias, no vi ningún tipo de manifestación ni signos visibles de protestas callejeras, pero la historia no se detenía.

Cuando regresé a Veszprém me pasó algo cuando menos curioso, aunque yo diría más bien que exagerado. Un día, el representante del MES nos avisó a Marcial —entonces jefe del grupo de estudiantes en Veszprém— y a mí que era el secretario del Comité de Base de la UJC, que haríamos un viaje a Checoslovaquia, concretamente a Bratislava. La idea no me entusiasmó sobremanera, pues recién había visitado la ciudad; además, aquello no parecía tratarse de un viaje de turismo. Martí únicamente nos dijo que iríamos a una reunión de trabajo a la que asistiría, nada más y nada menos, que Fidel Castro Díaz-Balart. Más conocido como Fidelito, el susodicho era el máximo responsable de la SEAN y, por añadidura, hijo mayor del Comandante en Jefe, fruto del matrimonio con su primera esposa, Mirta Díaz-Balart. Sin mayor dificultad, pues ya teníamos la autorización de la Embajada, conseguimos los permisos pertinentes de la universidad para dos días —30 de septiembre y 1 de octubre— y partimos para Bratislava. Nos recibieron en un local del Consulado de la Embajada de Cuba en esa ciudad que una vez fue húngara. En aquel lugar, coincidimos con otros líderes estudiantiles que, al igual que nosotros, habían sido convocados a tan importante evento. La *trascendental* reunión terminó siendo una larguísima espera coronada por unas huecas palabras de un funcionario de la Embajada. Aquel viaje y la mal llamada *importante* reunión fueron todo un aspaviento y una pérdida de tiempo para todos. Nunca nos quedó claro su verdadero objetivo. Ni Fidelito asomó la nariz por aquel lugar, ni nunca nos dijeron a qué se debió tanto alboroto. Como siempre, sorpresas y despropósitos del Socialismo tropical.

Octubre de 1989. Yo había llegado en agosto de 1984 a la República Popular de Hungría, y el 23 de octubre de 1989, en conmemoración por los sucesos de 1956, la República perdió su adjetivo de Popular y pasó a ser, a secas, la República de Hungría. Al mismo tiempo, el movimiento opositor interno iba ganando terreno. Yo seguía con atención las actividades de la FIDESZ y asistí a varios de sus mítines en Veszprém. Esta organización, fundada en 1988 por jóvenes descontentos con la situación existente y de tendencia anticomunista, vio pronto crecer sus alas y pasó, en apenas una década, de la clandestinidad a ocupar la máxima autoridad del país cuando Orbán Viktor, su joven y combativo líder, se convirtió, tras ganar las elecciones parlamentarias de 1998, en primer ministro de la República. En 1989, la FIDESZ no obtuvo la mayoría absoluta y necesitó formar una coalición de gobierno con otras dos fuerzas políticas, también opositoras al antiguo régimen, pero su rápido ascenso al poder fue otro de los nuevos aires que soplaban en Europa oriental.

Ese mismo octubre de 1989, un artículo publicado en la revista cubana *Bohemia* nuevamente destapó mi ira contra la desastrosa y oscura política informativa de la isla. Desgraciadamente, no conservo una copia de aquel. En él se hablaba de Budapest, de los húngaros, de la vida y la situación sociopolítica en la Hungría de 1989.

Yo no era —ni soy— nadie para cuestionar la libertad de un periodista cuando desea escribir lo que le viene en gana, pero estaba furioso por la burda manipulación de una realidad que yo vivía de primera mano. Aquello, obviamente, tenía que haber sido sancionado por los controladores oficiales del Partido, porque ni en la Cuba de entonces, ni en la de ahora, se publica nada sin la venia de las autoridades partidistas.

En una nueva manifestación de ingenuidad, escribí una larga carta de protesta dirigida a la autora del artículo, la periodista Zulima Naranjo. La envié certificada a la redacción de *Bohemia* en La Habana, pero nunca supe si llegó a su destino o si fue recibida y leída, aunque probablemente fue leída e ignorada. Iluso yo que pretendía una corrección y respuesta de la autora o de la redacción de *Bohemia* a tanto sinsentido. Todavía la estoy esperando.

Noviembre de 1989. De todo el llamado campo socialista, era la RDA el país que más atraía mi atención por su historia y por mi deseo, en aquellos momentos aún sin cumplir, de hablar su complicada y hermosa lengua. Ya sé, quizá menos melódica y agradable para nuestros oídos latinos, pero probablemente los míos son algo germánicos. Aprovechando que ya tenía conmigo el pasaporte, mi próximo destino fue la Alemania oriental. Los primeros días de noviembre, y cumplidos los trámites de rigor, de nuevo hice las maletas y partimos rumbo a Berlín.

El país estaba revuelto. El líder comunista Erich Honecker había renunciado en octubre de ese año y su sustituto, Egon Krenz, llevaba pocos días en el poder. Además del bulevar *Unter den Linden* y algunos de sus imponentes edificios que todavía recordaban el grandioso Berlín imperial, lo que más me impactó fue la masiva movilización de ciudadanos en algunos de sus puntos cardinales, como la Alexanderplatz. Estaba desesperado por ver el famoso Muro de Berlín (*Berliner Mauer*), que desde el 13 de agosto de 1961 separaba la zona de la ciudad berlinesa bajo control de la República Federal Alemana de la zona bajo control de la República Democrática Alemana y que en Occidente también apodaban Muro de la Vergüenza (*Schandmauer*).

Varios miles de alemanes habían tomado las calles y la policía vigilaba los puntos más neurálgicos de la ciudad, especialmente uno de los lugares de referencia y casi obligado para el turista: los alrededores de la famosa Puerta de Brandeburgo. Estaba cerrado todo acceso a ella. No pude acercarme casi nada; tuve que conformarme con verla desde muy lejos.

Años más tarde, en marzo de 2006, regresé a Berlín y, a propósito, la crucé varias veces para vengarme y cumplir el deseo que en aquel turbulento 1989 no pude satisfacer.

Desde la construcción del Muro de Berlín, muchas personas habían muerto en el intento de superar la dura vigilancia de los guardias fronterizos de la RDA para cruzar al sector occidental, pero esta vez todo era diferente. Por suerte, corrían nuevos tiempos en Europa.

En la noche del 9 de noviembre de 1989, los berlineses comenzaron a destruir uno de los símbolos más conocidos de la Guerra Fría y de la separación de Alemania. Por dos o tres días, no lo recuerdo exactamente, no pude vivir el momento *in situ*. Lo que sí pude hacer estando en Berlín fue visitar a los padres de Tania la Guerrillera,[50] a quienes años antes había conocido en Cuba, a través de mis padres.

---

50 **Tamara Haydée Bunke Bider** (1937-1967). Hija de un matrimonio comunista que escapó de la Alemania nazi rumbo a Buenos Aires, Argentina, y donde vino al mundo la que terminó siendo más conocida como Tania la Guerrillera. A principios de los 50, la familia regresa a la República Democrática Alemana, donde, desde muy joven, Tamara se

Nadia, la madre de Tania, era de origen polaco, y su padre, Erich, alemán. El encuentro en su modesto apartamento del antiguo Berlín oriental fue realmente muy agradable. Nadia me recordó con su amistosa sonrisa cómo me había conocido durante una de sus vacaciones en las playas de Varadero. Yo era apenas un chico e intentaba tranquilizarla, diciéndole que no había por qué preocuparse, que yo le enseñaría a nadar. Ella se reía mucho, y el sorprendido fui yo cuando descubrí que Nadia era muy buena nadadora y yo solamente un chiquillo con buenas intenciones.

Fue una velada agradable y la conversación giró más bien sobre nuestras vacaciones en Cuba, mis padres y sus compañeros de trabajo. Erich tenía cierta dificultad para oír; hablaba menos, pero era muy preciso. En él se notaba más el paso —y el peso— de los años. Yo ya no era un niño travieso y siento no haberles preguntado más acerca de Tania, de su relación con el *Che*, de los rumores que existían sobre sus relaciones, de su paso y aventuras en Bolivia, pero no pasó. Lamento profundamente haber perdido la oportunidad.

---

afilia al Partido Socialista Unificado de Alemania. Cursó estudios en la Facultad de Letras de la Universidad Humboldt, en Berlín oriental, y en 1960 conoce al *Che* Guevara durante su visita a la RDA, al frente de una delegación del gobierno cubano. Un año más tarde, viaja a Cuba, donde rápidamente se integra a la vida política de la isla. Por sus cualidades y determinación para la lucha revolucionaria, recibe entrenamiento militar y finalmente se incorpora al frente insurgente que lidera el *Che* en Bolivia. En medio de la lucha guerrillera, cae fusil en mano en una emboscada en Vado del Yeso, el 31 de agosto de 1967. Sus restos fueron identificados y trasladados a Cuba treinta años más tarde, donde reposan actualmente junto a los del *Che* Guevara, en Santa Clara. Sobre su vida privada —y no tan privada— se tejieron muchas historias, desde sus *affairs* románticos con el *Che* hasta sus labores como espía de la KGB o la Stasi, los servicios de inteligencia soviético y germano oriental, respectivamente. No tengo ni idea de cuáles serán ciertos o no. Como en tantos otros casos, la historia dirá.

En esos tiempos comenzaba el proceso que gestaría la reunificación de las dos Alemanias y pude ver en la mirada de aquellos dos viejos comunistas cierta tristeza por lo que se avecinaba. Años más tarde, cuando regresé al nuevo Berlín, pensé en volver a visitarlos, pero no tenía conmigo ni su dirección, ni su teléfono, y ni siquiera estaba seguro de que aún estuviesen vivos.

Abandoné Berlín rumbo a Dresde, y allí nos sorprendió la extraordinaria noticia de que el Muro comenzaba a caer. Uno de aquellos días en Berlín, el padre de una amiga nos dijo bromeando que algún día el muro caería y en su lugar construirían una larga autopista. No por posible parecía menos increíble. Ese fue solamente el primero de los muros indeseables; de ahí en adelante, por suerte, otros seguirían cayendo, pero no todos; por desgracia, algunos siguen hoy en pie.

Mientras Berlín temblaba, el colectivo de estudiantes cubanos en Dresde era todo un hervidero; las discusiones eran interminables y subían de tono; las voces de los estudiantes cubanos apoyando el proceso liberalizador alemán, y, a la par, pidiendo cambios en Cuba, se alzaban sin control y alcanzaron niveles inusitados. De esas discusiones salió el envío de una carta-reclamo que hicieron llegar a la isla. Días más tarde, cuando ya me encontraba de vuelta en Hungría, lo único que pude hacer fue defenderlos ante las autoridades de la Embajada cubana, porque, claro, el único *delito* de aquellos estudiantes había sido cuestionar pacíficamente el orden existente y pedir más libertad, y eso en democracia difícilmente puede considerarse un delito. Lo mismo queríamos nosotros en Hungría.

Días más tarde, nos llegaron rumores —luego confirmados— de que algunos de aquellos estudiantes tuvieron problemas, y un año más tarde, cuando regresé a Cuba, pude reencontrarme con un par de ellos y alarmarme de cómo tuvieron que pagar su osadía. Ojalá alguno se decida en un futuro a difundir los detalles de lo que les pasó.

Mirando al pasado, recuerdo con nostalgia cómo gritábamos recordando la caída del Muro, pero no hicimos suficiente hincapié en que el Muro no se cayó: lo derribaron, y mejor dicho en singular, lo derribó el pueblo alemán.

Mi sed por recorrer la Europa oriental no se saciaba; me hubiese gustado atreverme con una visita a Rumania, pero ahí la cosa se presentaba más complicada. Quizás hubiese sido una locura ese viaje, pero yo me arrepiento de no haberlo intentado.

Diciembre de 1989. Si los sucesos de Tiananmén en junio y la caída del Muro de Berlín en noviembre me habían impactado, los sucesos en Rumania sobrepasaron el impacto para convertirse en conmoción. Esos días de diciembre no me movía de enfrente de la tele. Momentáneamente dejaron de interesarme los estudios; lo único que me motivaba era seguir minuciosamente las noticias provenientes de la Transilvania que, por suerte, casi siempre seguíamos en directo.

Los rumanos también habían dicho basta y comenzaban a protestar en la calle. Para mediados de diciembre, los ánimos estaban tan caldeados que pronto correría la sangre en Rumania. Y efectivamente corrió, y no solamente rumana, sino también húngara. El 16 de diciembre, la ciudad de Timişoara, en el occidente del país, vio cómo la minoría húngara se levantaba en protesta a la decisión del gobierno de desahuciar a un pastor luterano húngaro, el cual se había atrevido a criticar públicamente al régimen de Ceauşescu.[51] Con el paso de las

---

51   **Nicolae Ceauşescu** (1918-1989) encabezó por más de veinte años los dos órganos principales del poder en la República Socialista de Rumania: la secretaría general del Partido Comunista Rumano desde 1965 y el gobierno de la nación desde 1967. Si bien en sus primeros años como líder se diferenció de sus socios del Pacto de Varsovia, acercándose a Occidente, en los últimos años su régimen se caracterizó por un exacerbado culto a la personalidad, el incremento de la represión interna y el enfriamiento de sus relaciones con las potencias occidentales. Un levantamiento popular y la ola de cambios que arrasó a Europa oriental en la

horas aumentó el número de manifestantes que gritaban consignas antigubernamentales y anticomunistas, y en respuesta, sin demorarse mucho, la acción represiva de la policía.

El 17 de diciembre, Ceaușescu dio órdenes al Ejército y a las fuerzas de seguridad del Estado —la temida y brutal *Securitate*— de disparar contra los manifestantes en Timişoara. Ahora sí había comenzado la revolución. Todavía hoy, los historiadores debaten acerca del número exacto de fallecidos en aquellas jornadas.

Por aquellos días todo era muy confuso, y lo mismo se hablaba de cientos que de miles de caídos en las calles del vecino país. Con independencia del número real, lo importante para mí era que la revolución había echado a andar. Ahora sí parecía imparable y pronto se extendió a la capital, a la misma Bucarest de Ceaușescu. Todavía recuerdo los abucheos de rechazo a este cuando intentaba dirigirse a la multitud desde un balcón. Para el 22 de diciembre, ya se peleaba abiertamente en las calles de la capital, e incluso miembros de las Fuerzas Armadas comenzaban a solidarizarse con los manifestantes. Oscuras quedan también las circunstancias de la muerte del ministro de Defensa. ¿Asesinado por traición? ¿Suicidio por lo mismo? No sé si hoy día se sabe la verdad, pero para el que posiblemente sí la supo, el tiempo apremiaba. Viendo que tanto la marea popular como la pérdida de las riendas del poder eran imparables, Ceaușescu y su esposa, la poderosa e impopular Elena, ese mismo día abandonaron la capital en helicóptero. No pudieron llegar muy lejos y, en cuestión de un par de jornadas, fueron capturados y arrestados por la policía, y finalmente puestos a disposición de las autoridades militares simpatizantes con la revuelta. En un juicio sumarísimo, y no exento de polémica, Ceaușescu y Elena fueron condenados a

---

segunda mitad de 1989 provocó su derrocamiento. Junto a su esposa, Elena Ceaușescu, fueron juzgados y ejecutados de forma sumaria el 25 de diciembre. *¡Feliz Navidad!*

la pena capital por diversos cargos, que incluían el genocidio y uso de la fuerza contra la población civil, daños a la economía nacional y enriquecimiento ilícito. En ningún momento, reconocieron la autoridad del tribunal designado para juzgarlos ni tampoco los cargos que se les imputaban. Culpables eran, no había duda, pero admito que en los minutos finales del juicio sentí cierta lástima, porque apenas si hubo defensa en aquel juicio. No dejaban de ser dos ancianos, locos y déspotas, pero ancianos al fin. Eran como la bestia al final, acosada y arrinconada, que pierde todo el ímpetu fiero y agresivo que la caracteriza, y, simplemente, lucha por su vida. Nada nuevo. En medio de las revoluciones populares no hay tiempo para pensar en edades, ni en penas, ni en lástimas; la necesidad de reivindicación del derecho del oprimido sobre el opresor es lo único que cuenta. Las masas enardecidas nunca se detienen a pensar en el sufrimiento personal de sus tiranos. Así ha sido y así será siempre. Ojalá todos los tiranos, los actuales y los que desgraciadamente están por venir, aprendieran esta máxima de la historia: si desatan las pasiones del pueblo, no esperen cordura o contención. Como magistralmente dijo el gran Thomas Jefferson: *"When governments fear the people, there is liberty. When the people fear the government, there is tyranny"*.

Y el pueblo rumano había dejado de temerle al gobierno y a sus cabezas; eran estas las que ahora rendían cuentas antes él. La libertad había llegado. Los Ceaușescu fueron ejecutados ante un paredón de fusilamiento y, días después, fotos de sus cadáveres fueron difundidas por la televisión rumana, principalmente para convencer a los escépticos y para calmar a la opinión pública, mientras, en las calles, todavía combatían sus partidarios y opositores.

Ese 25 de diciembre de 1989, amanecí bien alegre, y no precisamente por celebrar la Navidad, sino por la caída de Ceaușescu y su régimen en Rumania. Tampoco dejaba de pensar en Cuba y las lógicas similitudes.

Ese año 1989 había trastornado mi espíritu, mi visión sociopolítica del mundo y las bases ideológicas de mi credo y comportamiento. Reuní toda la información escrita posible y mi habitación se llenó de recortes de periódicos, fotocopias, revistas y libros que el próximo año me llevé a Cuba. Por dos cosas, por amor a la historia y para, con mis limitadas posibilidades, intentar burlar la censura informativa de la isla. Definitivamente, seguía siendo un iluso.

Pegado a la tele aquel diciembre, y siguiendo las noticias casi todo el tiempo, no podía obviar que al otro lado del Atlántico también se agitaban otras aguas.

Mi primer encuentro, en 1975, con lo peor del tercer mundo, en Panamá, había dejado una profunda marca. Cuando ese país se convirtió en el centro de atención de la actualidad mundial, en diciembre de 1989, esos recuerdos volvieron a mi mente.

El hombre fuerte y corresponsable del agravamiento de la crisis económica, política y social de Panamá, el general Manuel Antonio Noriega, había caído en el ojo del huracán. El gobierno de los Estados Unidos, bajo la presidencia de George H. W. Bush, decidió pasar a la acción y lanzó una invasión militar en territorio panameño, bautizada como *Just Cause*, el 19 de diciembre. Bush declaró, entre sus objetivos, la captura de Noriega por su vinculación con el narcotráfico y el Cartel de Medellín, además de proteger los "intereses norteamericanos" en el país centroamericano, obviamente muy ligados al estratégico Canal de Panamá. Por otro lado, yo le había oído comentar a mi padre, en una conversación con un compañero de trabajo, los rumores que apuntaban a Noriega como agente de la CIA, e incluso que esta lo había ayudado en su ascenso al poder. También me resultaba difícil entender la dicotomía en los actos de los Estados Unidos, por un lado, apoyando la liberación de Europa oriental y, por otro, invadiendo un minúsculo país. Todo aquello me confundía, y confieso que lo menos que me importaba era si Noriega era narcotraficante o no. Cuando venían a mi mente la cara triste y sucia, las ropas en estado deplorable y los pies descalzos del chico limpiabotas que había visto aquel verano de 1975 saliendo del hotel Roma, pensaba que una guerra podría acabar con Noriega, pero ¿y el precio para los panameños? Yo seguía con mi activismo político e ilusión por cambiar el mundo.

Al conocer que Noriega decide huir y se refugia en la Nunciatura de la Santa Sede, pensé que la mediación del Vaticano ayudaría a parar tanto sinsentido. El 26 de diciembre, escribí una carta de protesta dirigida a Su Santidad Juan Pablo II y al cardenal Agostino Casaroli, a la sazón secretario de Estado del Vaticano. Para mi sorpresa, menos de tres semanas después, recibí otra con timbre de la *Città del Vaticano*, acuñada el 15 de enero. Admito que la abrí con cierta ansiedad. Por un instante, pensé que me había buscado un problema. ¿Quién demonios me había mandado a meterme en aquel berenjenal? La misiva, con fecha 13 de enero de 1990, estaba, en efecto, dirigida a mí, firmada por el monseñor C. Sepe,[52] asesor en la Secretaría de Estado, y en ella agradecía mi preocupación por los acontecimientos de Panamá. Sinceramente, no creo que el Sumo Pontífice haya leído mi carta, ni siquiera que haya tenido conocimiento de ella. Luego de leerla su asesor, proba-

---

52 **Crescenzio Sepe** (Carinaro, 1943). Cardenal italiano y arzobispo de Nápoles desde 2006. Estudió teología y derecho canónico en la Pontificia Universidad Lateranense y filosofía en la Universidad de Roma, y fue ordenado sacerdote en 1967. Trabajó en los servicios diplomáticos de la Santa Sede y luego de varios años en la nunciatura en Brasil, regresó a Roma para trabajar en la Secretaría de Estado del Vaticano, donde ocupó el puesto de asesor para Asuntos Generales, en 1987. A principios de los 90, fue nombrado secretario de la Congregación para el Clero, luego consagrado arzobispo por el papa Juan Pablo II y, años más tarde, nombrado cardenal, en 2001. Forma parte del seno de la curia romana, es miembro de un par de congregaciones y consejos pontificios, y fue uno de los cardenales que eligió al papa Benedicto XVI en el cónclave del año 2005.

blemente terminó en algún cesto de basura o, en el mejor de los casos, en una de las miles de carpetas que, según se dice, guardan los archivos secretos del Vaticano. En un final, fue una carta dirigida a su jefe de Estado. Por ahí tengo guardado un borrador. Lo *cómico* del suceso fue que al final el mismísimo Nuncio en Panamá logró convencer a Noriega para que se entregara a las fuerzas estadounidenses que rodeaban la sede de la misión vaticana, y la historia terminó con el militar extraditado, juzgado y sentenciado en los Estados Unidos.

Llegó por fin **1990**. Luego de seis largos e inolvidables años, y de concluir los estudios universitarios en la tierra *magyar*, decidí regresar a Cuba, convencido de que los cambios en la Europa del Este de alguna forma cruzarían también el Atlántico y, si no todos, al menos los fundamentales llegarían para quedarse. Qué equivocado estaba, pero nada como la juventud para soñar, y mejor aún, soñar despierto.

Desde que llegué a Cuba, tropecé con una dura y decepcionante realidad. Formábamos parte de un grupo de jóvenes ilusos, llenos de ideas y esperanzas, a los que quizá se oía, pero no se escuchaba. Para muchos, éramos también solamente unos trasnochados idealistas. Yo tuve una suerte tremenda; otros no la tuvieron y pagaron muy caro la innata e imprescindible necesidad de soñar. Indiscutiblemente, la universidad nos abre los ojos para entender la vida, pero no nos enseña a vivirla. Regresé a Cuba pensando que lo sabía *todo*, pero pronto me di cuenta de que, aunque tenía los ojos abiertos, no veía ni sabía *nada*. El ya resentido cordón que me ataba a la utópica idea de que se podía construir un mundo mejor estaba por romperse. Ni mejor, ni peor, el ser humano, y, por ende, la sociedad, es como es, no como quisiéramos que fuese. Estremecido por los sucesos de la Plaza de Tiananmen, en Pekín, los casos Ochoa-Abrantes, en La Habana; la caída del Muro de Berlín; y las revueltas de Timişoara y Bucarest, llegó el momento de regresar a la querida isla en el verano de 1990. También con título universitario, plena juventud y hasta un bebé en camino, concluía mi excitante paso por la Europa oriental. ¿Qué más podía pedir? Comenzaba ahora una nueva etapa de mi vida, que llegaba profundamente marcada, en lo personal y en lo ideológico, por el *gulyáskommunizmu*s, y, sobre todo, por mi despertar político.

Cuba (1990-1992).
De la inconformidad a la renuncia

El 13 de junio de 1990, tuve la inmensa suerte de poder graduarme donde había comenzado a estudiar, pero no así mi hermano, quien tuvo que interrumpir sus estudios en el país *magyar*. El cambio de sistema en Hungría resultó también en la terminación de la mayoría de los convenios políticos, económicos y culturales que existían entre los países del bloque socialista. La orden de Cuba fue tajante: finalizado el curso escolar 1989-1990, los estudiantes cubanos tendrían que regresar definitivamente, todos, y los aún no graduados continuarían sus estudios en Cuba. Pero ya nada sería igual, ni el programa de estudios, ni la calidad, ni el grado de exigencia. Regresar a Cuba representaba un cambio de ciento ochenta grados.

Desde que escuchamos los primeros rumores sobre la decisión que se nos avecinaba, mi hermano expresó la posibilidad de renunciar al regreso; quería quedarse a terminar sus estudios en Hungría. Aquella idea, aunque lógica y justa, me pareció totalmente descabellada. Contravenir la decisión del gobierno cubano implicaba automáticamente pasar al bando de los parias, de los *quedados*, de los traidores a la Revolución. Discutimos el asunto e hice lo posible por convencerlo. Mi temor era el desencuentro con mis padres y que nuestras acciones —en este caso, las de mi hermano— terminaran en *represalias* contra ellos. Sí, ya existían precedentes de padres, hijos o hermanos caídos en desgracia sencillamente porque sus familiares habían tomado el camino del exilio, y nuestros padres no trabajaban en cualquier lado, sino en la mismísima sede del Comité Central del Partido. Creo que nunca supe exactamente el peso de mi argumento —si lo tuvo— en la decisión final de Ernesto, quien finalmente terminó regresando a Cuba. Tampoco imaginé cuánto llegaría yo a arrepentirme por haberle sugerido que, en contra de su primer instinto, no se quedara en Hungría y, por ende, abandonase su valiente consideración de no volver a su país. Pero en la vida todo llega, y mi arrepentimiento estaba a la vuelta de la esquina, más pronto de lo que hubiera imaginado, pero, por desgracia, demasiado tarde para poder ayudar a mi hermano. Por suerte, dicen también que *Dios aprieta, pero no ahoga*. Yo aún no podía verlo, pero ya llegaría el momento. Ahora todo era nuevo: el reencuentro con la isla recién comenzaba y pronto la ilusión y las expectativas por el futuro se transformaron en un baño de realidad insufrible.

A mediados de septiembre de 1990, no lo recuerdo con exactitud, recibí una de esas notificaciones que no me alegraban para nada: una citación del Comité Militar. Yo estaba en edad de cumplir el Servicio Militar Obligatorio (SMO) y ese no era un mandamiento que podía evadirse con facilidad. Tal como está reflejado en mi antiguo carné de identidad, el 7 de agosto de 1990, apenas recién llegado de Hungría, tuve que registrarme en el Comité Militar de Centro Habana, que era donde residía, en casa de mis padres. Nunca me ha interesado la vida militar ni me gustan las armas, y la única que ha pasado fugazmente por mis manos, sin balas y siempre con el dedo fuera del gatillo, fue una Browning belga que perteneció a mi padre.

En Cuba, al igual que en otros países, existía el Servicio Militar Obligatorio para los hombres mayores de dieciocho años, por un período de al menos dos años. En mi país, sin embargo, para todo el que iba a la universidad, y una vez finalizada la carrera, este período lo reducían a seis meses de entrenamiento militar. Por suerte, yo, que había ido a estudiar al extranjero, me había librado de todo contacto con esa vertiente del mundo militar. No tuve citas, ni reuniones, ni entrenamientos, todo lo contrario de los jóvenes de mi generación que estaban estudiando en Cuba. Sin embargo, no dejaba de preocuparme el hecho de que, al término de mi estancia en Hungría, todavía estaba en edad para el servicio militar; sencillamente, la posibilidad real de tener que pasar seis meses en el llamado *concentrado militar* no me hacía ninguna gracia. Simplemente, no me interesaba aprender a usar un arma de fuego, ni la disciplina militar con sus interrupciones frecuentes del sueño a horas excesivamente tempranas, ni la cadena de orden y mando sin posibilidad de réplica, ni nada que tuviera que ver con la vida de los uniformados, ni siquiera el color verde olivo que, por añadidura, hace mucho tiempo dejó de estar presente en los colores de mi indumentaria.

Por cierto que, una vez, mientras estábamos en la playa, llegó a la casa mi tío Berto, en ese entonces teniente coronel de las FAR, que estaba al frente de una unidad militar, si mal no recuerdo, en Matanzas. Solamente pasaba a saludarnos, pues, a pesar de ser el que con menos frecuencia veíamos, era un tipo muy cercano y dinámico. Llegó bien uniformado y acompañado de un joven recluta, también de verde olivo, que le servía de chofer. Obviamente, en medio de aquel calor insoportable, típico de los bochornosos veranos caribeños, nada apetecía más que una *fría*, como también se refieren los cubanos a la cerveza, y mi tío, como buen amigo del alcohol, ni corto, ni perezoso, buscó su botella. El problema fue que yo, también ni corto, ni perezoso, enseguida me di cuenta de que el joven chofer, un simple militar sin grado alguno, se había quedado sentado en el *jeep* militar, que no tenía aire acondicionado, mientras afuera el sol tropical rajaba las piedras. Inmediatamente, me le acerqué y, a través de la ventanilla, le ofrecí un vaso con cerveza fría, que el pobre hombre aceptó agradecido, eso sí, sin desviar su nerviosa mirada de mi tío, en este caso, su jefe, quien en ese momento se encontraba en el portal de la casa, a tan solo unos metros, de espaldas y, entre la algarabía de todos, disfrutando de su *fría*. La mala suerte quiso que en ese preciso momento mi tío se diera media vuelta y divisara cómo el joven bebía apresuradamente la cerveza que yo le había llevado. Y también en ese preciso momento se acabó momentáneamente la fiesta. Al mismo tiempo que le lanzaba una mirada de miedo al chofer, mi tío la emprendió contra mí: que quién carajo era yo para hacer eso, que qué me había creído, que quién me había mandado a hacer lo que hice, etcétera, etcétera. Pero lo que no se imaginó el uniformado militar, o al menos esa impresión me llevé, fue que yo no me iba a amedrentar con sus arranques y me le enfrentaría. Le dije que a mí no me importaba quién fuera él, ni sus grados de teniente coronel; que aquello no era justo, él bebiendo cerveza fría y aquel joven derritiéndose por el calor en aquel vehículo sin aire acondicionado, y de esta manera yo también terminé soltando mis etcéteras. Mis papis intervinieron, me mandaron a callar y mi tío, impotente, se despidió con celeridad y se marchó. Acto seguido, mis padres me llamaron la atención. Comprendían mi solidaridad, pero repitieron que yo no entendía que en el Ejército las reglas eran diferentes, que para los oficiales, cuando están de servicio, la solidaridad adquiere a veces raros matices, y que yo no era nadie para meterme en los asuntos de mi tío. Lo comprendí de mala gana, pero no lo acepté. Para mí seguía siendo una injusticia, aunque se tratase de mi tío y lo quisiese y respetase mucho. Lo que nunca supe fue cómo terminó el pobre chofer que tuvo que lidiar con su jefe, que, por cierto, no era su tío, sino el mío. Ni imaginarme quiero la que le habrá caído. A mí no me interesaban ni el ejército, ni los grados militares, y la citación del Comité Militar que había recibido irremediablemente me enfrentaría a uno de aquellos militares de verde olivo, o de civil con alma verde olivo. Para el caso daba igual.

El encuentro con el susodicho del Comité Militar —que, por cierto, no iba de verde olivo— se produjo en un pequeño salón de reuniones, situado en la primera planta de nuestro edificio y que se utilizaba generalmente para las reuniones del CDR o del Consejo de Vecinos. Llegué puntualmente a la cita y, esperándome con cara de pocos amigos, ahí estaba ya el personaje del Comité Militar. No creo, a decir verdad, que su malhumor fuera algo personal contra mí; probablemente, estaba agobiado y cansado de lidiar con novatos como yo, que no teníamos ni la más remota idea de cómo iba aquello. No me sorprendió para nada lo primero que dijo; es más, lo esperaba: tarde o temprano me tocaría el *concentrado militar* y ya el Comité Militar me tenía en su lista. Ahora, habría que ver cómo salir de aquello.

Luego de oír la estudiada perorata de la necesidad de nuestro país por tener a sus jóvenes universitarios preparados para defendernos de la eventual —y siempre probable— invasión norteamericana, bla, bla, bla, el tipo me pidió los detalles de mi vinculación laboral. De más está decir que si uno estaba desempleado se aceleraba el llamado de la Revolución, entiéndase, la entrada al Servicio Militar. Le expliqué que estaba recién llegado de Hungría, donde había cursado mis estudios superiores, y en ese preciso momento se me ocurrió la genial idea de explotar el apellido de mi título universitario. Sin pausa, pero con toda la seriedad que exigía el momento, le expliqué que yo pertenecía a la *esfera nuclear*. Por la forma en que lo dije, el tipo seguro pensó que yo era un nucleón o un electrón perdido en la órbita de un átomo, pues, como bien constaba en mi carné de identidad, era ingeniero Químico Nuclear, que estaba trabajando en un proyecto *ultrasecreto* del cual las máximas autoridades no me permitían decir nada, y, por consiguiente, no estaba autorizado para responder con toda claridad a sus preguntas. Además, según me habían dicho, mi participación *secreta* en ese proyecto se homologaría al SMO, y rematé diciendo que si él tenía dudas que llamara a la dirección de la OFISEN en el Consejo de Estado y se interesara por mi caso. El tipo estaba impresionado, al oír OFISEN me interrumpió preguntando qué era eso y le respondí que eran las *Oficinas de Seguridad Nuclear*. Aquello me lo inventé al vuelo; la verdad es que no tenía ni la más remota idea de que algo así existiese en el Consejo de Estado, pero todo tenía que sonar rimbombante. Además, el uso de esas siglas, su fácil pronunciación y todo lo que tenía detrás sonaba muy bien. Mi cuento funcionó. Incluso, hice un amago por buscar en mi maleta el número de teléfono de las *famosas* e *importantes* —aunque falsas— oficinas, pero rápidamente me di cuenta de que no haría falta y que, además, era mejor no seguir estirando la cuerda.

Mientras me escuchaba, aquel hombre se hinchaba de orgullo. Estaba recibiendo información *clasificada* y era receptor de una confesión que muy pocas personas podían saber. Admito que yo —por dentro— estaba muy nervioso por la magnitud de mi mentira y mi juego con algo tan serio, pero cuando vi que la cosa progresaba —también por dentro—, comencé a reírme de aquel mequetrefe que no tenía la menor idea de lo que yo decía; ni siquiera entendía mi vocabulario grandilocuente, por lo que el tono susurrante de mi voz y la expresión enigmática de mi rostro hicieron el resto. Creo que el tipo pensó que tenía enfrente a una variante tropical de Oppenheimer, Teller, Fermi, Feynman, Von Neumann o de algún otro científico del proyecto Manhattan,[53] y no dudo que por un ins-

---

53 **Proyecto Manhattan.** Nombre del proyecto secreto de los Estados Unidos para construir la primera bomba atómica durante la Segunda Guerra Mundial. El proyecto contó con la aprobación al más alto nivel y tenía como objetivo prioritario adelantarse a la Alemania nazi que, según informes de inteligencia, también trabajaba en ello. Su nombre derivó

tante me haya imaginado junto al mismísimo Comandante en Jefe, en sus oficinas secretas, desarrollando la bomba atómica que borraría a los yanquis de la faz de la Tierra. Obviamente, estoy exagerando. Ese tipo no tenía ni idea de quiénes fueron esos señores, ni yo de lo que escribió, con mucho misterio, en su cuaderno de notas, cuidándose de que yo no pudiera leerlo. Probablemente, él también quería hacerse el importante y dar a entender que manejaba información secreta.

En honor a la verdad, mientras registrara mi indisponibilidad para hacer, aun tratándose de su versión más corta, el Servicio Militar, a mí me tenían sin cuidado sus conclusiones. De toda mi perorata, lo único cierto fue que mi título universitario es de Químico Nuclear, el resto fue todo un invento, cómico, pero mentira al fin. Ni yo era tan importante, ni estaba trabajando para ningún organismo de alto nivel; de hecho, aún no tenía trabajo y únicamente estaba a la espera de mi primera entrevista laboral. Ni imaginarme quiero lo que habría ocurrido si aquel susodicho se hubiese dado a la tarea de verificar

---

del centro de investigación *Manhattan Engineer District*, convertido en el actual Laboratorio Nacional de Los Álamos, en Nuevo México. El grupo de trabajo estaba dirigido por el eminente físico Robert Oppenheimer, uno de los *padres* de la bomba atómica, y contó, entre muchos otros, con científicos de la talla de Niels Böhr —Premio Nobel de Física por sus trabajos sobre la estructura atómica y la radiación—, Enrico Fermi —Premio Nobel de Física y creador de la primera pila atómica—, Edward Teller —conocido como padre de la bomba H por su contribución a la fabricación de la bomba de hidrógeno—, Ernest Lawrence —Premio Nobel de Física e inventor del ciclotrón—, Richard Feynman —Premio Nobel de Física por sus trabajos de electrodinámica cuántica— y John von Neumann —experto en materia de explosivos y explosivos de contacto—. El 6 de agosto de 1945, desde el famoso bombardero B-29 *"Enola Gay"*, se lanzó sobre la ciudad japonesa de Hiroshima la primera bomba atómica de uranio, denominada *"Little Boy"*. A los tres días, una bomba de plutonio, la *"Fat Man"*, teñía de sangre la ciudad de Nagasaki, también en Japón. El mundo experimentó por primera vez cómo serían el horror y la destrucción de una guerra atómica.

mi cuento. De haberlo hecho, puedo asegurar que no estaría escribiendo esto ahora, pero bueno, el pobre hombre era tan energúmeno —palabra que en español significa *persona poseída del demonio o persona furiosa, alborotada*, pero que, por algún motivo que desconozco, los cubanos utilizamos para designar a un tonto, estúpido, o imbécil, según corresponda— y tan limitado en conocimientos que se tragó la *guayaba* —mentira, en buen cubano—, y con ello yo evité la pesadilla del Servicio Militar. Sin duda alguna, y según se mire, en ciertas ocasiones los imbéciles también pueden hacer bien su trabajo. Nunca más me volvieron a citar del Comité Militar.

 La segunda vez que dije una mentira así, claro que salvando muchas distancias, lo mismo en magnitud que en consecuencias, fue cuando llegué a la ciudad de Pittsburgh a mediados de octubre de 1998. Enseguida que recogí la pesada la maleta, llamé al hotel usando uno de los teléfonos de cortesía del Aeropuerto Internacional de Pittsburgh, pero no entendí ni jota de lo que me habló la recepcionista de turno del *Hampton Inn*, de Oakland. Tamika, la recepcionista de turno, me explicó que para llegar al hotel debía esperar al *shuttle*. Yo no entendí nada de lo que me dijo, ni siquiera su nombre cuando se presentó. Su acento era tan difícil de comprender para un extranjero como yo que, luego de tres veces de preguntarle lo mismo, me dio vergüenza insistir. Después de un largo rato esperando, viendo con desolación cómo todo el mundo resolvía algo tan elemental, me dirigí a una empleada del aeropuerto y le expliqué mi situación. La chica, muy amable, me dijo que no me preocupara, que ella llamaría al hotel por mí. En ese preciso instante, un señor, también muy amable y que había oído nuestra conversación, se nos acercó y me dijo que él también iba para Oakland, y que por 20 dólares me llevaría. Y sí, estábamos en 1998 y 20 dólares era una cantidad razonable para un recorrido en taxi del aeropuerto a Oakland. Acepté. El señor me ayudó con la maleta y, cuando ya estábamos listos para salir, me di cuenta de que aquello no era un taxi, sino un auto particular. *Mamma mia*, yo estaba tan influenciado por las películas de Hollywood que ya me veía en un maizal atado, desprovisto de mis pocas pertenencias, o peor aún, degollado. Y no era la época de los celulares por doquier, con los que fácilmente se puede llamar al 911. Sin embargo, como ya estaba montado en aquel vehículo, con mi maleta ya en el maletero y desesperado por llegar al hotel, de pronto se me activaron los mecanismos de defensa y lo primero que hice al partir fue decirle al señor que venía a trabajar a la Universidad de Pittsburgh en un proyecto para un departamento de la Policía Federal. Todavía recuerdo el momento y creo que lo volvería a hacer, así de nervioso estaba. Y, acto seguido, concluí mi presentación con lo más importante: en el hotel me esperaba un oficial de la policía. Estaba tan asustado que ni reparé en la expresión del improvisado taxista; no me atrevía a mirarle a los ojos. No sé si habrá creído mi historia o habrá pensado que estaba loco, solamente recuerdo que siguió hablando como si todo aquello no le importara y, con un pedazo de acento imposible de entender, me regaló las primeras impresiones de esta ciudad sudoccidental de Pensilvania. El señor hablaba sin parar; yo solo entendía el 25 por ciento de sus palabras. Mi secreción de adrenalina seguro sobrepasaba el 100 por ciento. Algo más de media hora después, llegamos al *Hampton Inn* de Oakland. El señor me bajó la maleta, le di los 20 dólares que habíamos convenido y 5 extra, más que de propina, por haber sobrevivido y poder respirar nuevamente con tranquilidad. A los pocos segundos, la sonrisa de Tamika, en el *lobby* del hotel, borró por completo aquel *miedo* generado por el efecto de la prensa y los filmes de Hollywood.

Decididamente, a finales de 1990, la realidad socioeconómica de Cuba resultaba más traumática de lo esperado. Con la debacle del campo socialista, muchos planes se fueron abajo, y los proyectos en la insipiente esfera de la energía nuclear no fueron la excepción. No había trabajo para todos los graduados universitarios de las ramas nucleares; obligatoriamente, tendríamos que reciclarnos. La SEAN, en coordinación con el Ministerio del Trabajo, comenzó la búsqueda de alternativas. La primera posibilidad que a mí me ofrecieron fue en el Centro de Química Farmacéutica (CQF), un centro de reciente creación que formaba parte del llamado Polo Científico y que ya había comenzado a funcionar en el viejo y emblemático edificio del Centro Nacional de Investigaciones Científicas (CNIC), en el oeste de La Habana. Claro que tampoco la cosa sería llegar y comenzar a trabajar inmediatamente, tendríamos que ir a una entrevista y pasar el proceso de selección. La entrevista fue en persona con el doctor Alberto Núñez, a la sazón, director del CQF. Por suerte, no tuve problemas y pronto llegó la buena noticia: había pasado el filtro. A mi esposa, por el contrario, no la aceptaron. Hablé con mi papá para que hiciera algo. Su ayuda en estos asuntos era siempre incondicional; no ponía ningún reparo y realmente se involucraba. Gracias a sus contactos, y sobre todo a la intervención de nuestra vecina Yadira, en aquel momento miembro del Equipo de Apoyo y Coordinación de Fidel, al final ella terminó obteniendo un trabajo en la industria farmacéutica.

El 2 de octubre de 1990, comencé oficialmente a trabajar en el Departamento de Síntesis Química, bajo las órdenes del doctor Pellón, específicamente en su grupo, que se dedicaba fundamentalmente a la Química Orgánica. Con él estuve muy poco tiempo, y prácticamente a las pocas semanas pasé a trabajar con el doctor Juan Castillo en su incipiente grupo de Química Inorgánica. Castillo, además de excelente mentor y jefe, era un tipo muy inteligente y trabajador, poseedor de una ética y unos valores humanos que ya quisieran muchos tener. No exagero cuando digo que, durante los dos años que estuve en el CQF, lo mejor que me pasó fue trabajar bajo sus órdenes.

Uno de los primeros días, mientras todavía trabajaba con el doctor Pellón, se abrió la puerta del laboratorio principal y vi una cara conocida. Era un buen amigo de los tiempos de Hungría, Luis Caveda, quien había estudiado Farmacología y se había graduado un año antes que yo en la ciudad húngara de Szeged. Con la simpatía de siempre, entró al laboratorio. Ambos nos quedamos boquiabiertos por la sorpresa. Luis había sido uno de los primeros en incorporarse al CQF y estaba trabajando con el grupo de Farmacología y Toxicología que dirigía la doctora Miriam Palacios, en aquellos momentos, de visita de trabajo en Londres. Enseguida se paralizó el trabajo y comenzamos a actualizarnos. Luis me habló de Miriam, la jefa del grupo, y me dijo que, una vez que regresara de Londres, me la presentaría y quedaríamos para hablar de los nuevos proyectos y la colaboración con Londres. Gracias a Caveda, conocí más tarde a la doctora Palacios, todo un amor de persona, inteligente, sensible y con un espíritu de consagración y dedicación al trabajo inigualables. Y gracias a Miriam, conocí mucho después al profesor Salvador Moncada,[54] en aquellos tiempos, director de investigaciones en una de las

---

54 **Salvador Enrique Moncada** (Tegucigalpa, 1944). Aunque nació en Honduras, su familia se mudó a la vecina El Salvador, donde el joven Moncada cursó sus estudios universitarios de Medicina. A comienzos de los 70, se traslada de San Salvador a Londres y obtiene el Doctorado en Farmacología en *el Institute of Basic Medical Sciences* del *Royal College of Surgeons*, bajo la tutoría del futuro Premio Nobel, Sir John Vane. Regresa a Honduras y, luego de un breve período en la Universidad de Honduras, regresa a Inglaterra en 1975 para trabajar en los *Wellcome Research Laboratories* (Beckenham, Kent), primero al frente del área de *Prostaglandins Research* y, a partir de 1986, como director de Investigaciones. En 1995, Salvador funda el *Wolfson Institute for Biomedical Research*, adscrito al *University College London*, donde ejerce como director por más de una década. A finales de 2013, es nombrado *Professor of Translational Medicine* y *Strategic Advisor* en el nuevo *Centre for Cellular Metabolism* del *Institute of Human Development* de la Universidad de Manchester, donde se encuentra actualmente.

compañías farmacéuticas más grandes del mundo: *Wellcome Research Laboratories.*

Salvador fue el ángel enviado para abrirme las puertas, no del paraíso, pero sí del apasionante mundo de la farmacología y de la investigación básica aplicada a la medicina, y mucho más, para abrirme las puertas de Occidente. Bueno, quizá las puertas de Occidente no son las del paraíso, pero sí las más parecidas. Estoy convencido de que la vida de uno se nutre de la de otros que nos rodean y le aportan —o restan— sentido a la nuestra, y hay personas que, sin pretenderlo —y a veces sin saberlo—, se convierten en pilares de ella. Salvador, además de excelente mentor, es uno de esos pilares en la mía. En serio lo digo, nunca he visto a un ángel ni he creído en ellos, pero Moncada fue uno que me mandó el cielo y yo todavía no lo sabía; no podía saberlo aún, ni creo que tampoco él. Sencillamente, era imposible siquiera imaginarlo en octubre de 1990, cuando yo solamente acababa de oír su nombre por primera vez.

Trabajar en un centro como el CQF nunca estuvo en mis planes ni en mis sueños, y enseguida me adapté a la idea de que lo de *nuclear* únicamente se quedaría acompañando mi título de Ingeniero Químico. Mi recién comenzada vida laboral no tendría nada que ver con centrales atómicas ni radiactividad. El CQF me gustó. El concepto de lo que pretendía llegar a convertirse era realmente tentador. Todavía era un centro en formación, relativamente pequeño, pero tenía potencial y un grupo de jóvenes con talento y aspiraciones, parte de la combinación perfecta para el éxito. Quedaba por ver si la dirección y su estructura político-administrativa estaba a la altura.

Si bien tener un empleo como joven investigador era ya una realidad, yo no olvidaba mis deseos de involucrarme seriamente en la política. Los tubos de ensayo y las reacciones químicas no me ayudarían, así que, sin armar mucho alboroto y darle publicidad al asunto, hice todas las gestiones. Solicité la requerida autorización del jefe de mi departamento, quien no pareció darle mayor importancia a mi pedido, y así ingresé en el Curso Dirigido en la Facultad de Derecho de la Universidad de La Habana. Compré todos los libros requeridos; la bibliografía extra no hizo falta comprarla: en mi casa, mi padre tenía de todo un poco, y con el programa en mi poder me puse manos a la obra en mi tiempo libre. No pude progresar mucho; solamente estudié como seis meses. Lo que vino después y la política del país acabó con mis ilusiones.

Y hablando de política, todo militante de la UJC —y yo lo era desde el Pre— tenía que registrarse —o como decían en Cuba, darse de alta— y entrar a formar parte del Comité de Base de la UJC en su centro de trabajo, algo que en mi caso ocurrió inmediatamente después de comenzar a trabajar. Enseguida me di cuenta de que como no éramos todavía un grupo muy grande, iba a resultar muy difícil escaparme de tener algún cargo o responsabilidad. Ni lo busqué, ni tenía el más mínimo interés, pero así fue. En una de las primeras reuniones del Comité de Base, y a solo un mes o mes y medio de haber comenzado en el CQF, me propusieron para ser orientador político. Básicamente, se trataba de aquel que organizaba y conducía los círculos de estudio que se celebraban generalmente una vez al mes. Acepté con cierta resignación, eso sí, siempre y cuando se cumplieran tres condiciones. Primero, que la asistencia sería completamente voluntaria; segundo, que la reunión no estaría limitada a los militantes de la UJC, sino a todo aquel joven que quisiera asistir; y tercero, que los temas a discutir los escogería yo, siempre basándome en los intereses e inquietudes de todos los jóvenes y con independencia de las orientaciones del organismo superior. Creo que tenía que estar medio loco o completamente loco. Aquello resultaba inconcebible en un país donde no se ponían condiciones, donde todo venía *de arriba*, donde era impensable actuar con autonomía y desviarse de la línea oficial. Evidentemente, mi actitud era demasiado atrevida para la época y las circunstancias particulares de la isla, pero tengo que reconocer —y no sería justo obviarlo— que mis jóvenes colegas aceptaron y apoyaron sin reparos mis condiciones. Hubiese bastado con la resistencia de uno de ellos, o que alguno hubiese decidido informar mi posición al órgano superior, para que yo fuera amonestado por mi actitud abiertamente contestataria como, por cierto, casi llegó a ocurrir meses más tarde. Pero, en honor a la verdad, en aquel momento no hubo objeciones y recibí todo el apoyo necesario, pudiendo —aún con las restricciones inevitables— dar riendas sueltas a mi espíritu crítico. Y así lo hice mientras fue posible.

Por suerte, y para mi sorpresa, la asistencia a los círculos de estudio fue tan considerable que tuvimos que buscar un local más espacioso donde celebrarlos, e incluso un par de veces lo hicimos al aire libre, en el patio interior del edificio principal del CNIC. Todos los meses se repetía lo mismo y la asistencia no disminuía. Creo que la gente se sentía cómoda. Era un marco bastante abierto, sin la formalidad acostumbrada a lo largo y ancho de la isla. Como era de esperar, la noticia llegó pronto a otros Comités de Base del CNIC; incluso, varios jóvenes de otros departamentos me preguntaron si ellos también podían asistir y, con satisfacción y el mayor de los agradecimientos, les dije que sí: todo el que quisiera sería bienvenido.

Eran buenos debates, a veces demasiado largos e intensos, pero no se podía esperar otra cosa en una sociedad ávida de discusiones polifacéticas, abiertas, sinceras y, sobre todo, de libertad informativa.

Por solo mencionar un ejemplo, en uno de aquellos círculos de estudio analizamos la caída del Socialismo en Europa, para lo que hice acopio de todos los periódicos e información que me había traído de Hungría, y que usé para aportar datos y detalles del proceso que mis compañeros desconocían. La curiosidad de todos —o casi todos— me ilusionó aún más y seguí sin pausa con mi empeño reformista. Definitivamente, seguía siendo un iluso. Para evitarme problemas con los superiores de la UJC, de vez en cuando entregaba las listas de asistencia a los círculos de estudio y, lo que peor me caía, las famosas *actas*, donde se suponía que se registraba todo lo que se discutía y hablaba en aquellas reuniones. Escribía cualquier cosa que se me ocurriese con tal de cumplir con la formalidad y evitar así que vinieran a controlarme. Tenía claro que lo mejor era mantener alejados a los dirigentes del Comité de la Juventud del CNIC, donde, con toda seguridad, habría alguno —o algunos— que por convencimiento, miedo o comodidad, o una mezcla de ellas, nunca aceptaría mi descarrilamiento de las líneas oficiales del Partido. Además, obviamente, nunca transcribí los tópicos y el contenido de todo lo que verdaderamente debatimos en aquellos encuentros, y menos aún lo informé a mis superiores de la UJC en el CNIC. Yo era algo atrevido, pero no estaba loco, hubiese sido un suicidio político abrir la boca de más. A pesar de mi silencio, la tranquilidad me duraría poco y, también dentro de muy poco, abriría sus puertas el nuevo año 1991.

En respuesta a la invasión de Irak a Kuwait en agosto de 1990,[55] el 16 de enero de 1991, una coalición de una treintena

---

55   Al amanecer del 2 de agosto de 1990, tropas iraquíes bien armadas lanzaron una ofensiva militar contra el vecino Kuwait y ocuparon objetivos estratégicos y puntos neurálgicos del pequeño país, incluyendo el Palacio del Emir. En una acción bien preparada y secretamente planeada, el ejército de Kuwait fue rápidamente derrotado. Hubo arrestos de todo tipo, incluyendo turistas occidentales que, al parecer, serían utilizados como moneda de cambio en futuras negociaciones. Lo que comenzó como una operación para *liberar* al país de un impopular Emir terminó poco después con la anexión de Kuwait. Desde el mismo comienzo de la invasión, tanto el Consejo de Seguridad de la ONU y la Liga Árabe como gobiernos de muchos países y organizaciones internacionales expresaron su condena. Luego de varias resoluciones condenatorias, una, finalmente, la Nº 678 del 29 de noviembre, autorizó el empleo de la fuerza si Saddam Hussein, el hombre fuerte de Irak, no se retiraba del vecino país antes del 15 de enero de 1991. Y no lo hizo.

países, liderada por los Estados Unidos, y con la aprobación de la ONU, lanzó una ofensiva militar conocida como Tormenta del Desierto. La noche que comenzó la también llamada Guerra del Golfo, teníamos una fiesta en el CNIC. No recuerdo el motivo, pero era una de esas ocasiones en que nos la pasábamos muy bien y, mientras la música sonara y la cerveza de *pipa*[56] *fluyera, nadie se quejaba. Yo, de hecho, mientras duró la pachanga, ni me quejé, ni abandoné mi perga* con cerveza de *pipa*. En un momento de la noche, interrumpieron la música y alguien anunció, muy solemnemente, que los Estados Unidos habían invadido Irak, y yo, como si lo más natural del mundo estuviese ocurriendo, comencé a aplaudir, celebrando la invasión. Anailién, mi buena amiga y colega, me lo contó después, pues yo no me acuerdo. Me dijo que tuvo que agarrarme del brazo y mandarme a callar. Se dio cuenta de que no era yo el que hablaba; era la irresponsable cerveza de *pipa* la culpable de mi reacción. Pero ahí no acabó la historia. El momento solemne pasó y la música y cerveza de *pipa* siguieron cumpliendo su cometido. De lo que vino después tampoco me acuerdo. Al siguiente día, y luego de levantarme con una monumental resaca, lo escuché todo de boca de mi madre. Dos de mis colegas se aparecieron en mi casa, y cuando mi mamá abrió la puerta, vio que me traían cargado en brazos: estaba borracho como una cuba. Le contaron que yo me la había pasado muy bien, bailando y bebiendo, pero que de pronto dejaron de verme y pensaron que quizás me había ido a casa. Cuál no sería su sorpresa cuando, al cabo de un rato,

---

56   Las **pipas** de cerveza, creo que son una especialidad de la isla, otro de los inventos del socialismo tropical cubano, usadas comúnmente en la distribución de cerveza a granel. Son camiones cisterna o remolques transformados que tienen en su centro un enorme tanque de acero inoxidable refrigerado. Las *pergas*, por su parte, son rústicos vasos parafinados que en muchas ocasiones ayudaron a los cubanos a transportar algo más que cerveza.

decidieron ir al baño. Ya saben, el efecto de la cerveza, y no solamente la de *pipa*. Nada más entrar se solucionó el misterio. Me encontraron tumbado en el piso, casi muerto, mejor dicho, completamente borracho y dormido. Decididamente, a juzgar por el efecto, la cerveza de *pipa* estaba buenísima. Fue la primera vez que me ocurrió algo así; la segunda y última, fue aquí, en Pittsburgh, hace unos años, en una fiesta en casa de unos amigos, pero ahí tuve la brillante idea de tumbarme en un sofá-cama que me encontré, o que me encontró a mí. De algo sí estoy seguro: esa segunda vez no fue la cerveza de *pipa*.

Por aquellos días de febrero, tuve las primeras crisis de *impotencia política*; de veras comencé a sentirme muy mal con la dirección política de la isla y su irremediable reflejo en el CQF. Sentía que nuestro tiempo —y energía— se dilapidaba en larguísimas e ineficientes reuniones, y me abrumaban los sinsentidos de nuestros dirigentes. Pensé hasta en renunciar a la UJC, al Sindicato, a todo lo que me alejaba del trabajo en el laboratorio. Por suerte, el sentido común de Castillo me ayudó a volver a la realidad. ¿Por qué no me concentraba mejor en aceptar el más preciado de los regalos de la vida? Así lo hice, al menos momentáneamente.

La segunda mitad de febrero fue particularmente especial: el 16 de febrero de 1991, vino al mundo mi primera hija; para los abuelos, la primera nieta; para los tíos, la primera sobrina; y casi seguro, la primera Ylena de nuestro árbol genealógico. Una bella nena que es, y será siempre, la mayor de mis princesas.

Estaba radiante y pletórico de felicidad por la llegada al mundo de mi princesita, pero había dos problemas en mi mundo que me alteraban el sueño. Para el primero, no tenía aún la solución; para el segundo, confiaba solamente en que el milagro se produjese e Ylena sí llegase a vivir en un mundo mejor. Dicen que parte o todo nuestro destino está predeterminado. No lo sé y no lo creo, o sé que lo dicen y no lo creo, da igual, pero en lo personal, y cumpliendo a cabalidad con el dicho de que lo que sucede conviene, tuve que dar las gracias por la debacle del Socialismo y por el descalabro de los planes de desarrollo de la esfera nuclear en Cuba. Gracias a ese descalabro, pude encontrarme en serio con la biología y con la farmacología, y no tenía idea de que fueran a gustarme y apasionarme tanto. La satisfacción que se siente en el laboratorio cuando un experimento produce el resultado esperado —o inesperado, pero sorprendente— es exclusivamente comparable al del orgasmo. Bueno, no, creo que exagero, es mentira; la biología no cuenta con nada parecido al goce y placer que se vive con un orgasmo. Pero mejor no entrar en ese tema tan complicado y subjetivo. Digamos que, para el que ama la ciencia, la alegría que produce un buen experimento es enorme y, a pesar de la desastrosa situación del país, yo estaba muy contento con el trabajo y los resultados que iban saliendo. Pronto veríamos el resultado.

Cuando se creó el CQF, una de las tareas que le había encomendado el presidente Castro a la dirección del Centro fue que, como el embargo norteamericano —o bloqueo, según sea quien lo cite— a Cuba impedía el acceso a muchos medicamentos, había que encontrar vías novedosas para obtener fármacos usando la *ingeniería inversa*. Este método se denomina así porque, en lugar de llegar a un producto partiendo de los datos y análisis técnico de sus componentes, utiliza el producto final como punto de partida para así determinar su composición y cómo fue fabricado. En la actualidad, los productos más comúnmente sometidos a la ingeniería inversa son los programas de computación y componentes electrónicos, aunque, en principio, cualquier producto puede ser objeto de un análisis de este tipo.

El objetivo inicial de nuestro minigrupo de tres —Castillo era químico de formación; Anailién, farmacéutica; y yo, un felizmente frustrado químico nuclear— fue el de encontrar y llevar a la práctica una síntesis alternativa para el subcitrato de bismuto coloidal, principio activo de un medicamento contra la úlcera péptica, producido y distribuido bajo el nombre comercial de De-Nol por una compañía farmacéutica europea —Gist-Brocades NV, Delft, The Netherlands—. Meses más tarde, nuestro minigrupo creció con la incorporación de Barbarita, una joven técnico-medio en Química, y, por último, Marquiza, que recientemente se había licenciado en Química por la Universidad de La Habana. Fue un buen grupo y trabajamos duro y de forma colegiada, con mucho respeto y sentido del deber y la responsabilidad, principios que Castillo velaba con precisión casi militar. El esfuerzo dio su resultado y, tras muchos meses de intenso trabajo, de pruebas y más pruebas químico-analíticas, farmacológicas, toxicológicas, y la no menos complicada tarea de lidiar con la demoníaca burocracia socialista, obtuvimos el producto buscado.

Anailién hizo un magnífico trabajo con la formulación farmacéutica y, finalmente, tuvimos en nuestras manos las primeras tabletas blancas del *De-Nol* cubano. Naturalmente, y por razones más que obvias, no podíamos denominarlo igual que el medicamento copiado, aun cuando el producto terminado fuese casi igual y por más que el principio activo, o sea, el compuesto químico que le confiere la actividad biológica al medicamento, fuera químicamente el mismo. Para la comercialización, teníamos que encontrarle un nombre. En una reunión en la oficina de Alberto Núñez, nos reunimos Castillo, Anailién, Caveda, no recuerdo si Marquiza estaba, el director y yo. Todos aportamos nombres, combinaciones de palabras, letras y sílabas, pero en lo único que coincidíamos era que el nombre incluyera la palabra *ulcer*. Al final, si mal no recuerdo, creo que fue Anailién la que dio en el clavo y propuso un nombre que incluía una de las letras de nuestro Centro. Sonaba bien, nos gustó a todos, y así nació lo que finalmente llegó a producirse y comercializarse en Cuba como *Q-Ulcer*. Lógicamente, después de esto vino un largo proceso para solicitar la patente de invención. Fueron muchas las horas que junto a Anailién —a quien yo cariñosamente llamaba mi *santita*, en alusión a un personaje de telenovela brasileña que en esos tiempos era la sensación en la isla— pasamos en la Universidad de la Habana repasando toda la información y literatura disponibles sobre el subcitrato de bismuto. Nuestra novedosa vía de síntesis fue patentada y registrada en la Oficina Nacional de Patentes, algo que también costó trabajo, pero lo logramos. La perseverancia y el carácter de nuestro jefe Castillo fueron determinantes, y realmente me sentí muy orgulloso cuando, ya estando en Alemania, en octubre de 1992, me llegó la noticia de la aceptación oficial.

Algo cómico —y ridículo— ocurrió también cuando ya yo estaba fuera de Cuba, pero al estar relacionado con esto del *Q-Ulcer*, no puedo dejar de mencionarlo aquí. Por haber recibido la patente, y como parte de los estímulos socialistas al trabajo, el Centro me premió con una de esas bicicleta rusas —o quizás era china, no lo sé, porque nunca la vi— que pululaban a lo largo y ancho de la isla, pero que, por cosas del socialismo tropical, no podían adquirirse libremente en las tiendas. Ese fue el premio mayor, pero había uno menor que me hizo mucha gracia: un juego de seis vasos de cristal, aunque no precisamente de Murano. Cuando meses más tarde me convertí —o me convirtieron— en paria, la bicicleta me la quitaron, y los vasos, bueno, esos no, probablemente porque eran de vidrio común y corriente. Sin comentarios.

Antes de seguir con asuntos más serios, y para terminar con lo cómico y ridículo, si es que con eso puede acabarse alguna vez, tengo una historia a la que desgraciadamente no puedo poner una fecha exacta, porque no me acuerdo, pero tampoco hace falta.

Un día, estaba en el laboratorio cuando Castillo me dice que debía presentarme en la oficina de Alberto Núñez, el director del CQF. Siempre que el jefe grande te llama a su oficina es por una de estas tres cosas: que has hecho algo muy, pero muy bien; porque te necesitan para algo muy, pero muy importante; o porque has metido la pata muy, pero muy profundamente. En estas cosas nunca —o casi nunca— hay término medio. Le pregunté, algo extrañado, a Castillo qué pasaba, pero no me supo decir. Tampoco Ana sabía nada. Yo, sinceramente, no recordaba haber hecho nada extraordinario esos días, ni bueno, ni malo, así que, intrigado, y algo ansioso, me dirigí a ver al director. Me necesitaba para hacer una búsqueda bibliográfica sobre un tema, pero debía mantener el asunto entre nosotros, nada de hacer comentarios con nadie. Me pasé unas horas en la biblioteca de la Universidad de La Habana y otro par en otro lugar que me fue recomendado por el propio Alberto: la biblioteca de un instituto relacionado con el Ministerio de la Agricultura o algo parecido; realmente no recuerdo con exactitud el lugar. Qué fácil, de haber existido, hubiese resultado la búsqueda con *Google*. Aquello me pareció todo un despropósito. Yo no le encontraba sentido alguno, primero, porque ¿qué teníamos que ver nosotros con aquel tema?; en segundo lugar, ¿a qué se debía tanta urgencia?, y tercero, y no menos importante, ¿por qué tanto misterio? De más está decir que yo no comenté nada con nadie; me habían pedido discreción y yo no iba a violar la confianza de nadie —menos aún la del jefe—, pero admito que mi cabeza no dejó de darle vueltas al asunto. Por suerte, y como aún decimos, sin comerla ni beberla, es decir, sin buscarlo ni hacer nada en concreto por averiguarlo, obtuve la respuesta en mi propia casa, sí, en mi propia casa y de mi propio padre. Resulta que Yadira se lo había comentado a mi papá, y este, con la mayor naturalidad del mundo, me preguntó que cómo me había ido con la búsqueda. Yo, sorprendido, le pregunté que a qué se refería, y he aquí su increíble respuesta. En una reunión con Fidel, donde vaya usted a saber cuánto gofio[57] deben haber hablado y debatido, el Comandante en Jefe le hizo una pregunta a Alberto sobre el contenido de vitamina C de la guayaba y otras frutas tropicales. Alberto, al parecer, no pudo responder con precisión e imagino que, avergonzado, al terminar la reunión, encargó a que alguien le encontrara la respuesta. La *importantísima* y *secretísima* tarea me tocó a mí. La anécdota me sirvió para dos cosas, primero, para comprobar lo irracional e hiperbólicamente desastrosos que eran —o son— muchos de los dirigentes del país. Lo segundo no fue tan malo: aprendí que entre nuestras frutas tropicales más comunes la guayaba es la que cuenta con mayor contenido de vitamina C. Alberto podía estar tranquilo. Cerrado el asunto, únicamente lo comenté en privado con Castillo y Ana, quienes, estoy seguro, me guardaron bien el secreto. Nuevamente, sin comentarios.

En aquellos meses, si bien me sentía contento con mi trabajo y cómodo con mis extraordinarios colegas del CQF, la inmovilidad de la isla realmente me quitaba el sueño. Esta intranquilidad la podía compartir con algunos, sobre todo con Góngora y Jose, ambos excelentes amigos que ahora, como yo, viven en el exilio. Durante un período muy corto de tiempo, me quedé en casa del primero. Su madre y su abuela ya habían abandonado la isla, y en su espaciosa casa del Vedado se estaba quedando Jose, pero había espacio para más. Con Jose me reencontré, por sorpresa, años después, en Bélgica, pero a ello volveré más tarde.

Como tantos miles de cubanos, Góngora, luego de cruzar el estrecho de la Florida en condiciones que mucha gente no es capaz de imaginar, vive hoy con su linda familia en Miami. Todavía hoy me estremezco cuando recuerdo sus memorias

---

[57] Hablar gofio, cascarita de guayaba o de piña, significa en buen cubano hablar por hablar sin decir nada trascendente o coherente según se mire, o para hacerlo más cubano aún, significa *hablar mierda*.

de la travesía. Durante nuestra convivencia en Cuba, tanto él como Jose estaban descontentos con la situación existente y, como muchos otros cubanos, lo expresaban sin ambigüedad en privado. Un día, y con bastante secretismo, se me acercaron para consultarme algo. Ellos sabían que yo era químico y les interesaba conocer mi opinión acerca de los posibles métodos para desalinizar el agua del mar, y específicamente, sobre la existencia y funcionamiento de tabletas desalinizadoras o algo por el estilo. No hacía falta un IQ muy elevado para saber lo que estaban tramando aquellos dos. Sin que mediara ninguna confesión, y con la más absoluta discreción y naturalidad, discutimos ampliamente el asunto y les dije lo que yo sabía al respecto. ¿Para qué querían dos jóvenes investigadores del CQF, ambos ingenieros especialistas en computación y programación, desalinizar agua del Caribe y hacerla potable? Menos mal que yo no sabía —ni sé— nada de construir balsas o embarcaciones; de lo contrario, hasta de eso hubiésemos hablado. Era obvio lo que tenían en mente, no hacían falta más preguntas. Con el paso de los años, nos reímos mucho cada vez que rememoramos la historia. Confiaron en mí y eso lo aprecié siempre. Era difícil en esos tiempos lograr tal grado de complicidad con alguien; todos conocíamos las consecuencias de la más mínima filtración. Por suerte, aunque sin saberlo con certeza, los tres estábamos en la misma longitud de onda y, al final, de tres formas diferentes, terminamos escapando de la isla.

En aquel período de muchas incertidumbres, y menos certezas, yo estaba en cierta medida satisfecho en el aspecto laboral, aunque las limitaciones en recursos le quitaban el ánimo a cualquiera. Todo lo contrario con el aspecto personal y político, donde mi descontento iba cada día *in crescendo*. De la ilusión inicial, lentamente fui pasando a una inconformidad que se acercaba a un punto de no retorno, irreversible, determinante. Recuerdo un día en especial, y mientras lo hago me pregunto cuántas veces recordamos el momento exacto en que nuestro cerebro registra una idea descabellada que, de una forma diferente a como la pensamos, al final se hace realidad.

Pasa, y a mí me ocurrió la noche del 28 de junio de 1991. Contras que yo quería dormirme y descansar, pero mi mente iba por otro lado: hacía exactamente quinientos años del nacimiento del rey Enrique VIII, era el cumpleaños de Pietro Pablo Rubens, el talentoso pintor flamenco cuya casa-museo visitaría años más tarde, pasaba volando la noche y yo sin conciliar el sueño. Era también el cumpleaños del gran Jean-Jacques Rousseau. Un día como ese, pero en 1914, mataron al archiduque Francisco Fernando y se armó la de San Quintín en el mundo. Nada, yo seguía en vela, pensando que, también por casualidades de la vida, ese día se firmó el Tratado de Versalles que dio por terminada la primera de las grandes guerras del siglo pasado, y yo contando ovejitas. Adoro las enciclopedias. Abrirlas y viajar al pasado son la misma cosa. Y yo seguía recordando fechas históricas. Coño, que no podía conciliar el sueño y me rompía los sesos pensando cómo irme, cómo salir de todo aquello. Y se me acabaron las ovejitas. Sí, esa noche yo pensé de todo, y menos mal que no era estábamos en el 2000, porque una noche parecida, el gobierno norteamericano, usando la fuerza, arrebató a sus familiares al niño Elián González y lo envió a su patria, y yo defendí el derecho que asistía al padre a tenerlo a su lado y decidir el futuro de su hijo, pero de la misma forma se me encogió el alma cuando, luego de aterrizar el pequeño avión en La Habana, vi bajar al chico convertido ya en banderín de la lucha ideológica del gobierno cubano. Toda una inquisitiva y loca noche para terminar haciéndome la pregunta crucial: "¿Y si yo también abandono Cuba?". No le di respuesta. Aquella noche no la encontré o no quise encontrarla. Una posible escapatoria, de producirse, no sería en una balsa. Por suerte, había aprendido a nadar desde niño y no temía al mar, pero sí a la incertidumbre de la aventura, incluso asumiendo que llegase con vida a las costas de la Florida. Yo no tenía intención de irme a los Estados Unidos y, menos que menos, verme presa de un tiburón, por muy caribeño que este fuera. Todo era producto del insomnio; yo no era tan valiente como para lanzarme al mar —o no estaba lo suficientemente desesperado— y mentiría ahora si dijera que alguna vez lo consideré seriamente. Lo que sí consideré seriamente, y aquel 28 de junio pasó por mi cabeza y *parió* la idea que ha posibilitado escribir todo esto, fue que me iría de Cuba y, en algún lugar del mundo libre, comenzaría una nueva vida.

Aquella noche del 28 de junio de 1991 fue el preámbulo de los *diez años que estremecieron mi mundo*, aunque, en honor a la verdad, no fue en aquel momento cuando tomé la decisión final. No, todavía pasarían unos meses de desengaños e insomnios para ello, pero ya me había cruzado por la mente. Mientras tanto, seguí trabajando como siempre, protestando mientras podía y asumiendo con impotencia una decepcionante realidad: la mía, la de los míos y la de tantos millones de cubanos.

Para septiembre de 1991, el país ya se preparaba para un acontecimiento especial. En octubre se iba a celebrar el IV Congreso del PCC, y no exagero cuando digo que, por la nueva coyuntura internacional creada tras la desaparición del campo socialista, este nuevo congreso era, después del primero, celebrado en 1975, el que más expectativas y sed de verdaderos cambios había despertado. El 28 de septiembre, aniversario de boda de mis padres, aparte de la lógica celebración, no pudo faltar la alusión al evento que, según mi padre, traería por fin los cambios radicales que el país necesitaba. Su optimismo y su confianza en la dirección de la Revolución eran contagiosos; el único problema era que yo ya no me subía tan fácilmente al tren de la esperanza revolucionaria.

Del 10 al 14 de octubre se celebró el magno evento y, tal como me temía, el tren llegó, paró y volvió a salir con la ausencia de muchos pasajeros, yo entre ellos. De nada sirvió el análisis de la aplicación de las medidas para la implantación del Período Especial en Tiempos de Paz, otro juego de palabras y consignas que enmascaraban la verdadera raíz de la debacle del sistema cubano. Hasta nos hicieron creer que la ausencia del Informe Central al Congreso era una gran reforma, sin importarles que su sustituta, la interminable intervención inaugural del *compañero Fidel*, significaba la misma tortura televisiva. En un final, *la actividad partidista continuaría guiándose por los criterios rectores desarrollados en el proceso de rectificación de errores y por las directivas para el período especial.* ¡Cuánta novedad! Y bueno, para terminar, llegaron los acuerdos que contaron con la aprobación unánime de los delegados del magno evento. Sin comentarios.

El Congreso del PCC fue más de lo mismo, pero no para mí; ahora tenía más argumentos para exteriorizar mi insatisfacción. Comencé por casa, pero ahí la batalla era más fácil, porque, por suerte, los padres, casi todos, en desacuerdo o no con sus hijos, al final siempre terminan por rendirse al amor que sienten por ellos, y estos, al verse arropados bajo el manto protector, terminan por moderar sus posturas, por muy agresivas que puedan parecer en un inicio. Con mi padre me di por vencido. Cuando le dejé caer que algo habría que hacer por el futuro de la patria, me preguntó que a qué me refería concretamente. Evité el conflicto y, con la mayor tranquilidad del mundo, le respondí:

—Nada, seguir trabajando por hacer cumplir las resoluciones y acuerdos del histórico Congreso del Partido.

No creo que siquiera haya entendido mi sarcasmo; obviamente, para él la nueva era de cambios ya había comenzado con el Congreso. Y terminó con su frase habitual:

—Así se hace, *ayatola*.

En los últimos años, había cogido el hábito de llamarnos a mi hermano y a mí los *ayatolas*. La palabra *ayatolá*, que en árabe significa literalmente *señal de Dios*, es el título de una de las más altas autoridades religiosas entre los chiitas islámicos. No tengo la menor idea de dónde sacó aquello; un día, comenzó a referirse a nosotros con la versión llana de esa palabra, o sea, moviendo a la izquierda la fuerza de pronunciación. Solamente puedo especular con la idea de que había estado leyendo sobre la vida del ayatolá Khomeini, líder político-espiritual de la revolución de 1979 que derrocó al shah Mohammad Reza Pahlevi, y fundador del moderno estado chií de Irán, que gobernó hasta su fallecimiento, en 1989. Imagino que a mi padre el nombrecito le hizo mucha gracia, porque, desde finales de los 80 hasta el último de sus días, nosotros pasamos a ser sus ayatolas. Y claro está que lo que menos me importaba a mí en ese momento era cómo me llamase mi padre. Mi atención estaba dirigida al gran evento partidista que se avecinaba.

La celebración del Congreso del Partido se había postergado por la *compleja situación* que vivía el país, aunque creo que verdaderamente fue por motivos que solo el Comandante conocía. Ya sé, suena exagerado, pero no se me ocurre otra cosa. La propaganda oficial decía que cuando *las condiciones lo propiciasen*. En octubre de 1991 se *propiciaron* esas condiciones y, con el desastroso resultado, también las mías para canalizar mi descontento. ¿Cómo lo hice? La vía más fácil, aunque no exenta de riesgos, fue uno de los sistemáticos círculos de estudio de la UJC que yo dirigía en el CQF. Fijé la fecha de la reunión y convoqué, como siempre, además de a los militantes, a todos jóvenes del Centro que quisiesen asistir. Para mi sorpresa, me dijeron que a la reunión también asistirían algunos militantes del núcleo del Partido, lo que me preocupó al oírlo, pero que inmediatamente convertí en la oportunidad de oro que estaba esperando. Los dirigentes del Partido pensaron, quizá, que lo tendrían muy fácil, y que con su presencia iban a garantizar el apoyo incondicional de la juventud a las directivas del Partido. Pero, por suerte, terminaron llevándose la sorpresa de la noche.

Arrancó la reunión con el único objetivo de discutir los resultados del Congreso y, a los pocos minutos de comenzado el debate, también comenzó a calentarse el ambiente. Con espíritu crítico, y por momentos subido de tono para lo que se acostumbraba en la isla, todos —quiero decir, los jóvenes— comenzamos a despotricar contra el inmovilismo y los decepcionantes resultados del Congreso del Partido, supuestamente encaminado a emprender el ansiado cambio. Encendí el debate, pero pronto aquello se convirtió en un hervidero que casi se me va de las manos. Muchos querían dar su opinión. Intenté, mientras pude, darle la palabra a todo el que la pedía y prolongar así el debate, dejar que todo el que quisiera hablar lo hiciese; cualquier opinión era bienvenida, a favor o en contra, me daba igual mientras fuese sincera y expresada libremente. Entre todas ellas, recuerdo con gratitud y admiración la valiente intervención de Nilsa, a quien había conocido en Dresde, cuando visité la antigua República Democrática Alemana, y con quien luego me reencontré cuando comenzó a trabajar en el CQF. La felicidad duraría muy poco y, precisamente cuando mejor me la estaba pasando, se acabó, o mejor dicho, la acabaron. Alberto Campos, administrador del Centro y, además, secretario del núcleo del Partido en el CQF, levantando la mano, había intentado intervenir varias veces, pero yo me hice el despistado y no le di la palabra; hacía como si no lo viese, a pesar de que estaba sentado a la derecha, en la primera fila del anfiteatro principal del CNIC. Y tuve razón en no hacerlo, pues, tal como me imaginé y con el pretexto de que el transporte de los trabajadores esperaba, Campos interrumpió abruptamente nuestro debate, diciendo que nos habíamos extendido mucho y que las guaguas no podían esperar más. Es cierto que nos habíamos extendido, pero aquella no era la forma que yo había anticipado —y planeado— para terminar el encuentro. Sencillamente, y por desgracia, el secretario del Partido no me dio tiempo a leer el largo resumen —algo incendiario, por cierto— que había escrito como colofón del debate. Campos tenía la molestia dibujada en el rostro, y no tengo idea de si era hipertenso, pero a juzgar por el rojo de su cara, diría que en aquel momento la presión arterial tuvo que haberle subido muchísimo. No pude leer el discurso que había preparado. Quizá debiera agradecerlo; de haberlo hecho, probablemente mi vida hubiese sido otra. Con todo, me sentía contento; más bien estaba eufórico: nos habíamos atrevido a decir cosas que en la Cuba de 1991 eran *pecado*, viniesen de donde viniesen, pero más aún de la boca de jóvenes revolucionarios, en la sede de un organismo revolucionario y en presencia de militantes revolucionarios del Partido. Esa tarde-noche, yo fui un alegre pecador, todavía revolucionario, pero pecador al fin.

Claro que debí haberlo imaginado, la alegría me duró *lo que un merengue en la puerta de un colegio*, como le gustaba decir a mi papá. No pasaron ni cuarenta y ocho horas cuando me avisaron que me presentara en la oficina del compañero Campos, quien tenía que hablar conmigo algo importante y urgente. Eso no sonaba muy bien, y mi presentimiento no me falló. No estaba en exceso preocupado, pero sí algo temeroso. Cualquier metedura de pata por mi parte podría arruinar los planes de irme a trabajar al extranjero; eso en el mejor de los casos; en el peor, significaría el ostracismo en alguna de sus versiones tropicales, pero ostracismo al fin. Una vez en su oficina, el secretario, quien no perdió el tiempo con preámbulos, fue enseguida al grano. Me dijo que aquello, entiéndase, una reunión donde se expresasen libremente opiniones de índole política que no concordasen con las del Partido, no se podía repetir más, que yo me había extralimitado en mi papel, no solo permitiendo, sino —y esto era lo más grave— alentando manifestaciones verbales contra la política de la dirección del

Partido y nuestra Revolución. Para eso no me habían contratado ellos en el CQF, y no lo dijo literalmente, pero me dejó caer que no habría segundas oportunidades. Su tono imperativo —y por momentos algo malhumorado— no me gustó para nada, pero no estaba loco para mostrar el menor de los malestares. Confieso que si hubiera sido un mosquito lo hubiese aplastado con el mayor de los deseos. ¿Cómo se podía ser tan desesperante? Pensé en que yo no era el primero entre los desgraciados que, en algún rincón de la isla, seguramente ya habían vivido lo mismo. Traté de justificarme un poco, siempre con respeto y evitando el enfrentamiento directo, pero al final terminé por aceptarlo todo; habérmele enfrentado hubiese significado mi final. ¿Acto de cobardía política? Seguramente. ¿De pragmatismo? También. Lo que sí disparó, con toda seguridad, fue mi instinto de autoprotección y algo de lo que realmente puedo sentirme orgulloso: asumí toda la responsabilidad de lo sucedido aquella noche y ni mencioné ni dejé que se mencionara otro nombre. A mis compañeros, que tan bien se habían portado, tenía que protegerlos, eso no tenía discusión, y así lo hice. Salí del despacho de Campos algo más tranquilo, y a pesar de que la sangre no llegó al río, eso sí, mi vida en el CQF ya no sería la misma.

Más rápido que la luz llegó la primera sorpresa. Imagino que por Campos, o el mismo director, lo sucedido llegó a los oídos de Susana, la miembro del grupo de apoyo y coordinación del Comandante en Jefe que atendía al CQF; de esta, a Yadira; y finalmente, a mis padres, quienes, cuando llegué a casa, me recibieron algo alarmados. Ya sabían lo sucedido. Les expliqué lo ocurrido y, como era de esperar, acto seguido me cayó el conocido sermón: debía tener cuidado con mi comportamiento en público y con lo que decía, etcétera, etcétera. Al final de todo lo sucedido, respiré aliviado, ya no harían falta más reflexiones adireccionales ni injustificadas noches de insomnio, ahora sí había llegado el momento con el que mi mente había trasnochado, mi corazón coqueteado y mi sentido común, bueno, de este no sé qué decir, todavía hoy no sé cómo funciona. No había nada más que pensar: tomaría el camino del exilio y me iría de Cuba.

Comenzaron a partir de ese instante *los diez años que estremecieron mi mundo* y a los que, y no por dejar de intentarlo, no puedo poner un día exacto, pero sí un mes y un año: octubre de 1991. Ahora tenía que encontrar la vía, pero algo estaba bien claro: el mar, con toda seguridad, no estaría entre mis limitadas opciones.

Ese período fue también de muchas discusiones políticas en casa, unas más acaloradas que otras, a veces solamente con mi padre, a veces todos en casa, pero discusiones que al final no llevaban a nada, pues no estaba en nuestras manos el destino de la isla. Tanta era la pasión con la que discutíamos que no era capaz de percatarme de que, en el fondo, mi madre, que no podía separarse del instinto natural de protección y que se convierte a veces en sobreprotección, sufría por nuestros enfrentamientos, si bien siempre con paciencia y amor lograba que se impusiera la cordura. Al final reinaba la paz, pero yo, en las caras y discursos de mis padres, advertía la preocupación por nosotros, sobre todo por mí.

También esa fue la época del *boom* del PPG, una mezcla de alcoholes primarios alifáticos superiores aislado de la caña de azúcar y que parecía convertirse en un fármaco *milagroso*, pues, una vez que de él tuvo conocimiento el Comandante en Jefe, se convirtió en su nueva obsesión y un símbolo de los logros de la medicina cubana. Recuerdo que se hablaba del PPG como si fuera un prodigio, con potencial de curarlo casi todo, que salvaría a media humanidad; en fin, un nuevo combustible para la megalomanía de Fidel. Y entonces se me ocurrió una interesante idea y decidí experimentar en casa con el efecto placebo, efecto debido a causas psicológicas del que yo oía hablar casi a diario en mi trabajo, pero, por suerte, no en mi casa. El placebo es una sustancia sin actividad farmacológica utilizada como control negativo en ensayos clínicos, pero que es capaz de causar un efecto positivo en algunos enfermos que lo usan sin saber su verdadera composición.

Hacía años, mi padre había tenido un accidente automovilístico muy grave del que, por suerte, salió con vida, pero lo había dejado con molestias y dolores de espalda que le costaron muchas noches de mal dormir. Pero ya teníamos un mágico medicamento para curarlo a él también. Hablé con mi colega Anailién, quien me preparó unas cuantas tabletas placebo y yo, actuando como si fueran el verdadero PPG, se las di a mi papá. Y el milagro del azúcar, ingrediente fundamental del placebo, hizo su milagroso efecto en mi papá, quien, milagrosamente, al cabo de un par de días, comenzó a dormir y sentirse mejor. Naturalmente, sus dolores no eran del todo imaginarios, pero, tal como me imaginé, también tenían su componente placebo. Y todo iba de maravillas, pero creo que cometí un error al hacer partícipes del secreto a mi madre y a mi hermano. Un día, estábamos todos sentados a la mesa, y mi padre, que ya llevaba como una semana tomando el *PPG*, estiró sus brazos e hizo un gesto de satisfacción mientras exclamaba que el *PPG* lo tenía entero y que se sentía como un niño. Acto seguido, el resto nos miramos y nadie pudo aguantar la risa. Mi papá se dio cuenta de que algo raro pasaba y tuve que confesarle la verdad. La magia del PPG se esfumó al instante. De no haber dicho nada a nadie, quizás el único loco muerto de risa hubiese sido yo y el bienestar de mi padre se hubiese prolongado. Por suerte, mi papá no se lo tomó a mal, aunque tampoco creo que la broma le hiciera mucha gracia, pues nunca más habló del asunto.

Octavio Paz, en su magistral obra *El laberinto de la soledad*, escribió: "La historia tiene la realidad atroz de una pesadilla; la grandeza del hombre consiste en hacer obras hermosas y durables con la sustancia real de esa pesadilla. O dicho de otro modo: transfigurar la pesadilla en visión, liberarnos, así sea por un instante, de la realidad disforme por medio de la creación". En 1991 —y aún hoy lo sigue siendo—, uno de los retos de los cubanos era precisamente convertir la pesadilla en sueño, y el sueño en realidad, y dormir profunda y pacíficamente, tratando de evitar que la pesadilla se repitiese. Por suerte, en 1991, yo ya había despertado de una de mis pesadillas, aunque no de mi sueño: irme de Cuba. Con el mar descartado, la forma más *sencilla* para salir de la isla era a través de una beca —o entrenamiento— en el extranjero. Por suerte, en el CQF las posibilidades de esos viajes existían y se concretaban; solamente *tenía* que aparecer la oportunidad; bajo ningún concepto *buscarla*, aprovechar cuando viniese.

Si mal no recuerdo, la primera vez que se perfiló un viaje de esas características fue, a propuesta del jefe del departamento de Síntesis Química, una posible visita a Brasil. Al final, de eso no se habló nunca más y quedó únicamente en meros planes. Con posterioridad, me mencionaron la posibilidad de hacer un viaje a España, pero eso tampoco se concretó. Cumpliendo con aquello de que a la tercera va la vencida, esta tercera vez se trató de una caída, sí, la de un ángel, ¿y de dónde solo pueden caer ellos?: del cielo londinense. Supe por Caveda y por Miriam que el doctor Salvador Moncada visitaría nuevamente la isla. Al parecer, ahora sí se movería algo, todavía no sabía qué era, pero algo por fin echaría a andar.

Mi interacción con el grupo de Miriam se había intensificado, no solamente por la participación de su grupo en los análisis farmacológicos y toxicológicos del *Q-Ulcer*, sino porque Miriam, muy inteligentemente, había mantenido y alimentado la colaboración con Salvador en Londres, y yo estaba muy interesado en esa colaboración que realmente sí parecía tener futuro. Y por fin, en su más que esperado viaje a Cuba, se produjo el ansiado encuentro. Salvador Moncada llegó a La Habana y en su visita al CQF vino acompañado de la doctora salvadoreña María Isabel Rodríguez, quien trabajaba en la Oficina Panamericana de la Salud en Washington y hoy día funge como ministra de Salud en El Salvador. En aquel mismo anfiteatro del CNIC donde antes yo había causado tanto revuelo, nos vimos personalmente por primera vez. Todavía recuerdo, en un momento de aquella primera reunión, la cara de asombro, perplejidad, no sé ni cómo definirla, del doctor Moncada. Lo que se suponía era una reunión con carácter puramente científico para discutir proyectos de investigación terminó, como todo lo que acontecía en la isla, con una disertación de los dirigentes del CQF sobre los éxitos de la Revolución en materia de salud y sobre los futuros —y por demás imprecisos e idealistas— planes para el desarrollo de la industria farmacéutica. Y lo peor, que la perorata no terminaba nunca. Pero bueno, por suerte, Miriam y Salvador tenían las cosas más claras y pronto nos enteraríamos. Ambos conocían del potencial humano existente en el CQF y, con la integración de diferentes especialidades, querían formar un equipo fuerte, un *team* que sirviera de semilla para un futuro grupo de investigación biomédica de alto nivel. Lo extraordinario, por naturaleza e importancia, es que realmente discutíamos de ciencia e investigación, y ellos parecían tener muy claro que, para lograr el gran objetivo, tenían que, de cierta forma, o de todas las formas, *bypass* la burocrática y controladora maquinaria oficial. Y, como todo lo que ocurría en Cuba, el encuentro donde hablamos de algunos de los detalles tuvo también algo de rocambolesco.

Extraoficialmente, nos reunimos en uno de los *bungalows* del hotel Comodoro, donde se hospedaba el doctor Moncada. Fue una reunión casi *a escondidas*. Primero, porque en aquella época la entrada a los hoteles estaba limitada y controlada; teníamos, por tanto, que *colarnos*, pero, con los trucos de siempre, lo logramos. También lo complicó el hecho de que a Salvador le habían puesto *escolta*: una funcionaria que, si mal no recuerdo, se llamaba Hilda y era asesora del ministro de Salud Pública, la cual estaba para atenderlo, pero algunos intuíamos que algo de *control* tenía en su agenda, aunque, a decir verdad, esto último es especulativo de mi parte. Todo aquello tuvo un aire algo conspirativo, por definirlo de algún modo, pero en ningún momento conspiramos contra nada ni discutimos asuntos particulares de índole política; lo de nosotros únicamente era —y fue— la ciencia. En aquel encuentro también estuvo el poeta y escritor César López, y a decir verdad, no recuerdo qué hacía allí. Imagino que, al ser amigo de Salvador, había ido a visitarlo. Y de aquel encuentro nació, o al menos allí me enteré yo, más o menos este plan: Odalys, Amadita y René irían para Italia a trabajar con la doctora Elisabetta Dejana, que dirigía el Laboratorio de Biología Vascular en el Instituto "Mario Negri", en Milán, y al cual más tarde se unirían Caveda y Xiomy. Julio iría para Escocia a trabajar con el profesor de Immunología Foo Yew (*Eddy*) Liew en la Universidad de Glasgow. Y yo, por ser el único químico del grupo y que no tenía la más remota idea de biología, salvo lo estudiado en el Pre, me iría a trabajar a la que todavía conocíamos como Alemania Federal, con el doctor Martin Feelisch, en el departamento de Farmacología y Toxicología de la compañía farmacéutica *Schwarz Pharma*. Todo sonaba muy bien. Fue una velada muy agradable y productiva, y yo me fui contentísimo, porque estaba loco por salir de Cuba, si bien en aquel momento todavía seguía dándole vueltas en mi cabeza, y no precisamente por querer hacerlo, sino porque esta vez sería para siempre. No sé si alguien sospechaba lo que tenía en mente, pero de algo sí estoy seguro: en aquellos momentos, el único que conocía mi plan era yo.

Entre una cosa y la otra, nos dio la cara el nuevo 1992 y, después de los dos turbulentos meses que siguieron a octubre del año anterior, las aguas parecían tomar su nivel. Yo estaba más tranquilo; bien sabía que en mis manos no estaba la solución a todos los problemas que existían en el país. Además, mi decisión estaba tomada y no había marcha atrás.

En febrero, mi princesa cumplía su primer año de vida. Su sonrisa era un claro signo de esperanza, y sus espontáneas reacciones, el elixir complementario. Todo lo contrario eran las madrugadas que teníamos que levantarnos *mojados*, porque, naturalmente, con un año de vida no va uno al baño ni pide permiso para hacerlo; sencillamente se da rienda suelta a la felicidad del *regadío*, aunque en este caso no eran plantas las receptoras del calentito líquido, sino unos cansados progenitores. Pero lo peor no era eso, sino que en la Cuba de principios de los 90 no había pañales desechables, eran de tela y solamente el agua hirviendo con unas gotas de añil los liberaba del no tan preciado líquido, y, lo mejor, del nada preciado olor de los otros excrementos. Benditos sean los *Pampers* que Ylenita nunca probó. Por suerte, años más tarde, sus hermanos tuvieron más suerte.

Volviendo a los planes para salir de Cuba, durante el primer semestre de 1992 las cosas iban marchando bien y, por fin, el 12 de junio, llegó por fax la esperada, deseada y bien recibida invitación del doctor Martin Feelisch para pasar un año de entrenamiento en su laboratorio de la *Schwarz Pharma*, en Alemania. Salvador, haciendo honor a su nombre, me había *salvado* la vida. Esa carta era el primer paso del proceso que se avecinaba.

Cuatro días más tarde, el 16 de junio, Miriam, que en esos momentos estaba al frente del CQF, en ausencia de su director, le envió una respuesta al doctor Feelisch, donde acusaba recibo de la carta y le anunciaba que, si todo salía bien, podría partir a más tardar el 15 de septiembre. Mientras tanto, seguían las gestiones en Cuba, de todo tipo. Exactamente un mes más tarde, el 16 de julio, llegó otro fax del departamento de personal de la *Schwarz*, en el que me comunicaban que habían arrendado un apartamento, por un año, en casa del señor Münnich, situada en la calle Carlo-Schmid N° 110, 4000 Düsseldorf-Hellerhof. Se trataba de un miniapartamento de apenas una sola minihabitación, con una minicocina y un minibaño, pero, en honor a la verdad, a quién le importaba; para mí sería perfecta; no necesitaba más. En un final, en una minihabitación también se pueden tomar macrodecisiones. Yo lo hice un par de veces. Asimismo, en la carta se me pedía comunicar al doctor Feelisch, lo antes posible, la fecha exacta de mi llegada. Obviamente, yo, en julio de 1992, no solamente no sabía la fecha; ni siquiera estaba seguro de que viajaría, porque sí, en la Cuba de entonces únicamente cuando despegaba el avión uno podía estarlo.

En ese período de gestiones y espera, o dicho en buen cubano, de estira y encoge, me puse muy ansioso. Por primera vez se vislumbraba la partida y tenía que estar tranquilo; nada podía echar a perder aquella salida que me libraría de noches de insomnio y pesadillas. Arriesgaba mucho, y mucho también era lo que podía perder. Incluso mis compañeros notaron cómo mermó mi espíritu crítico y la agudeza con la que trataba los problemas del país; únicamente en muy pequeños círculos seguía explayándome sin reparos. Lógicamente, la ansiedad estaba causada por la incertidumbre de no conocer el eslabón más débil de aquella larga cadena que, por desgracia, podía romperse por cualquier lado. Y esa cadena comenzaba en Cuba, pero llegaba bien lejos. Daba la impresión de que era todo un ejército el encargado de aprobar mi viaje, y otro más grande el que podía impedirlo. Tanta gente tenía que dar su visto bueno: el jefe inmediato, la Dirección del CQF y seguramente el núcleo del Partido; luego, alguien en el MINSAP (Ministerio de Salud Pública); y, según me dijeron, hasta el mismo ministro tenía que poner una firma en algún lado. Quizás era mejor no saberlo, porque, según me enteré mucho después, cuando ya estaba en Europa, el proceso no estuvo exento de obstáculos.

Me contaron que cuando se discutió y votó el asunto de mi salida, la votación no fue unánime en el Consejo de Administración del CQF. Hubo reparos. No recuerdo los detalles, pero sí que mi jefe inmediato, Juan Castillo, había defendido que me dejaran salir. Gracias también a ese apoyo, estoy escribiendo hoy estas letras. Toda la vida le estaré agradecido a Castillo. Sin saberlo, también él me *salvó* la vida.

Los anteriores fueron los obstáculos internos, pero también había que contar —si bien menos impredecibles— con los que venían del exterior. No me era ajeno que para entrar a la todavía Alemania Federal necesitaba la visa de ese país, y bueno, eso podía ser también otra odisea. Aparecerme sin *apoyo oficial* por el Consulado alemán no tenía sentido; difícilmente me la otorgarían, por lo que, irremediablemente, tenía que esperar por los canales establecidos. Cuando ese apoyo llegó, me presenté con una carta de la Oficina del Representante del PNUD (siglas del *UNDP* en español) fechada el 22 de julio y dirigida a la honorable Embajada de la República Federal de Alemania:

> La Oficina del Programa de las Naciones Unidas para el Desarrollo en la República de Cuba, saluda muy atentamente a la Honorable Embajada de la República Federal de Alemania y tiene el honor de informales que el señor Ruben Zamora Pino, de nacionalidad cubana, participará en actividades de entrenamiento —beca— en Schwarz-Pharma, que se llevará a cabo por iniciativa de la Organización de las Naciones Unidas en Manheim, Alemania, del 15 de septiembre de 1992 al 15 de marzo de 1993. Por lo antes expuesto, le agradeceríamos prestara la ayuda requerida en la obtención de la visa solicitada por el interesado, a su más pronta conveniencia.

No quiero ni acordarme del momento. Cuando la leí, casi se me paraliza el corazón. Primero, confundía la ciudad, que no era Manheim, sino Monheim, y, lo peor, no me hizo ninguna gracia el asunto de las fechas: de septiembre a marzo eran solamente seis meses. Pero no protesté ni dije nada. Me daba igual que dijera seis meses, seis semanas o seis días; yo solamente quería aquella bendita visa, aunque fuera por algo más de seis horas, que era lo que duraba un viaje de avión del Caribe a Alemania.

Entre una cosa y la otra, pasó un mes y el papeleo parecía no tener fin. Miriam me dijo que había un problema con el financiamiento, pero que estaban trabajando en ello. En aquellos tiempos, a mí solamente me informaban de lo que pasaba, de lo que se enviaba o se recibía; yo no podía encargarme directamente. En materia de decisiones, simplemente todo estaba fuera de mis manos.

El 12 de agosto, me dieron el permiso de salida, y sí, no me canso de repetirlo, en la Cuba de entonces sin un permiso oficial de salida no se podía poner un pie fuera de la isla. Por suerte, la sensatez y diligencia de Miriam me hicieron la vida más fácil.

El 24 de agosto llegó un nuevo fax de Martin Feelisch, volviendo a pedir la fecha exacta de mi llegada y donde, para variar, mencionaba algunas dificultades sobre las que yo no tenía ni idea:

> ...*Meanwhile, I learned that you experienced some difficulties with the grant from the WHO, but succeeded in getting financial support from the Karl-Duisberg-Gesellschaft in Cologne...*

¿Y eso qué significaba? No entendía nada. A mí lo que más me preocupaba era el asunto de la visa, que seguía complicándose. Con la ayuda de Miriam, le escribí en inglés un nuevo fax al doctor Feelisch, donde le comunicaba que ya tenía una reservación de avión para el 12 de septiembre; que, de acuerdo con sus sugerencias, habíamos conseguido financiamiento a través de la Oficina del PNUD, pero que quedaba todavía un problema por resolver: la visa de entrada a Alemania. A continuación, le expliqué que el representante de la Embajada que me atendió, el señor Albrecht Volkwein, me dijo que no podía darme la visa a menos que la Oficina de Extranjeros (*Ausländerbehörde*) en Düsseldorf le comunicara directamente a la Embajada alemana que ellos autorizaban mi estadía por un año en la *Schwarz*. Una vez que esa comunicación oficial llegara, en cuestión de pocos días, los alemanes me darían la visa.

Martin, diligentemente, hizo las gestiones en Düsseldorf y, finalmente, el 7 de septiembre, me dieron la bendita visa para Alemania, aunque válida solamente por tres meses. No me importó; yo solamente quería acabar de salir de Cuba; ya la renovaría estando en Alemania.

Ese mismo día, otro fax de Feelisch pareció anunciar tragedia, pero, a medida que avanzaba con su lectura, el susto iba pasando:

> ...*I hope that the problems with the German Embassy at Havanna regarding your visum application haven been solved successfully. In the meantime, a FAX from the UNIDO arriving last week at my office, saying that your grant proposal has been cancelled, caused a lot of confusion here, but today I learned from Miriam Palacios that all things seem to be o.k. concerning the financing of your stay in Germany...*

No tenía idea a qué se refería el doctor Feelisch, pero bueno, si Miriam decía que todo estaba *okay*, todo debía estarlo. En su fax, me pedía, de nuevo, que le dijera exactamente a qué hora llegaba el día 13 de septiembre. Él me esperaría en el aeropuerto y, acto seguido, me llevaría a conocer los laboratorios de farmacología en Monheim, puesto que, desafortunadamente, tendría que ausentarse por dos semanas, y terminó deseándome un *"safe jump over the ocean"*.

Cuando ya parecía que había terminado la agonía de las gestiones y permisos, que finalmente habían aprobado mi salida, vaya usted a saber por cuánta gente, llegó otra sorpresita, y, nuevamente, no por esperada estaba desprovista de sobresaltos. Todo el que salía de Cuba por asuntos oficiales y/o laborales tenía —¿tiene aún?— que pasar por el filtro de la Seguridad del Estado. Nada raro. Posiblemente, todos los Centros de Investigación importantes tenían asignado un oficial de la Seguridad, o sea, el fiel vigilante de la existencia misma de la Revolución, ¿o del poder semiabsoluto de su dirección? Obviamente, yo no iba a ser la excepción.

Los días previos a mi viaje se apareció el oficial del MININT que *atendía* al CQF. Nada nuevo: tenía que hablar conmigo. Vino al laboratorio. No había nadie en la parte trasera, exclusivamente él y yo, sentados frente a mi escritorio. El pobre hombre —si mal no recuerdo, se llamaba Mijaíl— no tenía dos dedos de frente. Me dejó atónito cuando, antes de ir al grano, me dio una perorata sobre cómo era la vida fuera de Cuba, los males del capitalismo a los que tendría que enfrentarme, etcétera, etcétera, y todo eso a mí, que desde niño había visitado Panamá, había vivido tres años en Colombia y luego seis en Hungría, y precisamente lo hacía alguien que nunca había puesto un pie fuera de la isla. No salía de mi asombro; apenas si dije algo. De veras, estaba boquiabierto. Era difícil comentar o replicar a tantas sandeces, porque, lo juro, la mayoría de cosas que dijo lo eran. Luego, vino lo más esperpéntico, cuando enumeró todo lo que yo estaba o no autorizado a hacer. Tuve que firmar un documento que contenía una lista de todas las cosas que me estaban prohibidas. Un par eran de sentido común; la mayoría, sin embargo, absurdas para cualquier ciudadano del mundo, pero completamente lógicas para un revolucionario cubano, entre ellas la de no aceptar regalos de nadie, pues, como recalcó un par de veces, "todo el que quisiera regalarte algo es un potencial espía de la CIA encargado de contratarte para actuar contra la Revolución". Sin comentarios. Claro que la paranoia se pega.

Tiempo después, cuando ya estaba en Alemania, recordé a Mijaíl, pero no por lo que dijo, sino porque me hubiese gustado que presenciase mi comportamiento ante lo que él llamaría "un potencial reclutamiento". A ello me referiré más tarde. Lo que sí es una pena fue que no me dio una copia de aquel documento que me hizo firmar. ¡Cuánto me hubiese gustado reproducirlo aquí! Con seguridad, en este siglo XXI, a mucha gente le daría risa, pero en aquel momento a mí no me dio ninguna. No recuerdo si era parte del mismo documento, pero también firmé una declaración donde yo, una vez terminado el período de entrenamiento, me comprometía a regresar a la isla. Obviamente, firmé lo que me pidió sin rechistar. Aquella tarde, menos mi sentencia de muerte, creo que lo hubiese firmado todo con tal de salir de Cuba. El tipo fue amable al despedirse y me repitió que no tenía nada de qué preocuparme mientras siguiese al pie de la letra lo discutido. Y seguro que sí, lo seguí todo al pie de la letra, solo que de la mía, no la de él.

Con la inmediatez de tan ansiado viaje comenzaba un período donde la búsqueda de mi felicidad personal, y sobre todo la de mi pequeña princesa, exigía cualquier sacrificio, y mientras no implicase un daño directo y personal a la vida de nadie, no había límites. Siempre supe que todas mis decisiones tendrían consecuencias legales, quizás hasta penales, según la legislación que se mire, pero tranquilizaba mi conciencia el hecho de que no estaba ni en mis intenciones, ni en mis planes, causar la desgracia personal de nadie; solamente buscar mi felicidad y la de los míos.

Hace ya unos años, Ylena, con el idealismo e ímpetu característicos de la juventud, me dijo que lo correcto hubiese sido quedarme en la isla y luchar por el progreso del país. Le respondí que sí, que eso sonaba muy bien, pero que yo ya había regresado una vez a la isla, que había intentado poner mi granito de arena para cambiar aquello, pero que, para poder ser lo que hoy soy, y que para que ella sea lo que es, y pueda hablarme con esa libertad que millones añoran en Cuba, había tenido que hacer lo que hice.

Ahora que ella ha visitado Cuba por primera vez desde que salió, una vez que regresó a Miami, me dio las gracias por haberla sacado de Cuba. Únicamente yo soy testigo de lo que luchó mi conciencia con la decisión que acababa de tomar.

Claro que las cosas nunca son tan fáciles como parecen y, desgraciadamente, siempre, o casi siempre, resulta muy difícil ocultar verdaderas intenciones sin dejar pistas. Solamente hay que atar bien los cabos y cualquiera puede descubrir nuestros *secretos*. Cuando el encargado en el CQF de hacer las reservaciones de avión me preguntó dónde estaba Monheim, y yo aun sabiendo que estaba entre Düsseldorf y Colonia, porque lo había buscado en el mapa luego de leer el fax de la *Schwarz* del 16 de julio, e imaginando correctamente que no habría ningún vuelo directo, ni siquiera aeropuerto en aquel lugar, sin pensarlo dos veces le dije que me daba igual, y que hasta Frankfurt me venía bien "con tal de llegar a Alemania". Enseguida, me di cuenta del error y me puse nervioso. En mi desespero, solamente quería tener un boleto de avión para acabar de escaparme y, contras, me traicionaron el subconsciente y la excitación del viaje. ¿A quién se le ocurriría escoger un lugar tan lejos de donde estaba la compañía? Menos mal que no se me salió "con tal de salir de Cuba". Al tipo no le hizo gracia mi comentario y, acto seguido, me hice el sueco y le dije que yo pedí volar a Frankfurt porque pensaba que tenía el aeropuerto más cercano a Monheim. Por suerte, el sentido común se impuso, o vaya usted a saber qué, y el boleto de avión me lo sacaron para Düsseldorf, que era lo más obvio, pues en el fax del 16 de julio se decía claramente que viviría en esa ciudad. De esa fue fácil salirme. Mi grado de excitación era extremadamente alto y otro par de veces sí estuvo —de veras— a punto de jugarme una mala pasada.

Otra vez fue cuando, tras un arranque de impotencia, me fui hasta la misma sede del Consejo de Estado para hablar con Susana, la miembro del grupo de apoyo y coordinación del Comandante en Jefe que atendía al CQF, y quejarme de los impedimentos que nos estaba poniendo la industria farmacéutica con nuestro proyecto del Q-Ulcer.

El edificio del Consejo de Estado me resultaba muy familiar, pues había ido innumerables veces a la vecina sede del Comité del Central, donde trabajaban mis padres, en la misma Plaza de la Revolución. Cuando llegué hasta la recepción del amplio edificio, luego de identificarme y pasar los controles de acceso obligatorios, me dijeron que la compañera Susana no se encontraba, que podía dejarle un mensaje y ellos se lo harían llegar. Acepté de mala gana, pues no estaba seguro de que se lo entregarían, pero no tenía otra opción y les dejé una nota que escribí allí mismo. Por suerte, creo que la ausencia de la susodicha me salvó de un problema mayor; realmente estaba tan molesto que pude haber dejado escapar algo innecesario. De regreso a casa, me di cuenta de que fue un error lo que hice y que el remedio podría ser peor que la enfermedad. Desgraciadamente, en la nota le decía que era urgente y necesario que me escuchara. Por suerte, también ella, al parecer, me consideró un Don Nadie, que lo era, y nunca se reunió conmigo. Pero sí le entregaron mi nota, pues, nuevamente, el antes mencionado compañero Campos me citó a su oficina. Susana le había comentado que yo había ido a visitarla con una queja. Salí de aquello como mejor pude y sabiendo que nada se resolvería, y que si quería seguir adelante con mi plan, tenía que estarme tranquilo, o lo que es lo mismo, cerrar el pico.

La otra ocasión, algo graciosa por cierto, que casi me delata, fue en el laboratorio, pero, por suerte, fue con la gente que quería y en la que confiaba, aunque no podía arriesgarme a que nadie se enterase de mis planes. Sucedió el día 2 de septiembre, luego de regresar de las oficinas de Cubana de Aviación en el Vedado. Ya tenía conmigo el boleto de avión y parecía cada vez más seguro de que sí viajaría a Alemania, por lo que, al llegar al laboratorio aquella tarde, comencé a regalar a Anailién y Marquiza algunas de mis pertenencias en el laboratorio. Cuando llegó el momento en que le ofrecí a Ana mi espátula preferida, de la que nunca me separaba, Ana, en lo que cualquiera llamaría una premonición, se dirigió a mí sin remilgos:

—Pero, niño, ¿tú te vas *pa'* Miami o qué?

Se me paró el corazón. El que se iba *pa'* Miami era el que no regresaba, y yo no iba *pa'* Miami y sí regresaría, o al menos eso se suponía. ¿Hice parecer tan obvio que no tenía intenciones de regresar? Inmediatamente se me encendió la luz roja y le dije que se la dejaba únicamente en calidad de préstamo. Tuve que controlarme, cambié rápidamente la conversación e hice como si no hubiese oído la pregunta. Cualquier precaución era poca en un país donde cualquier cosa levantaba sospechas y donde el gobierno y la Seguridad del Estado se enteraban de todo, o casi todo. Tanto mi familia como mis amigos sabían que yo me iría a Alemania por un año. Nada más podían ni debían saber, por mi bien y el de ellos mismos. Había llegado un momento crucial en mi vida. De la inconformidad, pasaba a la renuncia.

ALEMANIA (1992-1994).
EL CAPITALISMO Y SU PRIMER MUNDO

El 11 de septiembre de 1992, hoy día una jornada cargada de sentimientos y emociones por el monstruoso crimen de las Torres Gemelas de Nueva York en el año 2001, me encontraba al fin preparando la maleta para hacer un largo viaje. Al día siguiente, tomaría el *vuelo de la libertad*. Solo los que lo han tomado alguna vez pueden entenderme bien. Esa noche, estaba nervioso y deseoso por subirme a aquel avión, no recuerdo nada más. Verifiqué una y otra vez que estuvieran bien guardadas las pocas cosas de valor que llevaría conmigo. El miedo no era infundado. Para mis padres, este era únicamente el primero de los dos vuelos que seguirían con especial atención; el otro sería el que me devolvería a la isla. Eso era todo lo que ellos conocían, más no podían ni debían saber. Mi boleto de avión solamente tenía fecha de salida; estaba abierto porque aún no podía saberse exactamente la fecha de mi regreso, mejor dicho, de mi supuesto regreso. Y así prosiguió mi aventura.

En la tarde del 12 de septiembre de 1992, llegó al fin la hora de abordar el avión de la compañía alemana LTU (*LuftTransport-Unternehmen*) con destino a la ciudad de Düsseldorf. Mis padres estaban relativamente tranquilos, porque ya habían repetido esa escena muchas veces, pero yo sabía que aquello cambiaría una vez se aproximase el último beso de despedida. En un momento en que estaba entretenido con mi pequeña, me di media vuelta y vi a mi padre que, con un exceso de confianza, conversaba amigablemente con una pareja de turistas alemanes. Él hablaba español, y ella sonreía tan amistosamente que disimulaba muy bien que solamente hablaba unas pocas palabras, aunque parecía comprenderlo todo. Eran Ralph y Elke Müller, otros dos ángeles que alguien me había enviado, sin ellos saberlo ni yo tampoco. Mi padre les hablaba de mí como si yo fuera un chico y pude escuchar bien cuando dijo que les iba a agradecer eternamente que me ayudaran si necesitaba algo durante el viaje o al llegar a Alemania. Todo aquello como si yo fuera un menor de edad, pero qué se podía pedir, ahora que tengo hijos lo entiendo perfectamente. Yo, aunque casado y con una hija, todavía era —y siempre fui— su niño. Llegó el momento de la despedida. Dos cosas recuerdo con claridad: los ojos llorosos de mi madre y la reacción de mi princesita. A la peque, le di un beso y un apretón tan fuertes que protestó con la naturalidad habitual de la inocencia. Luego, mientras me alejaba, levantó su manita para decirme adiós. Yo con seguridad me iba, pero parte de mi corazón se quedaba. Una vez sentado en mi asiento, la espera por la partida se hizo infinita. Y al fin, cuando a las 16.30 levantó vuelo aquella aeronave, cerré momentáneamente los ojos, y no por miedo al despegue, es que sencillamente no lo creía.

Unas horas más tarde, el 13 de septiembre, el avión tocó tierra y dichoso, ojeroso, ansioso y algún otro *oso* que se me quede por ahí, pude leer a través de la ventanilla: *Willkommen*. Finalmente, había entrado al primer mundo.

Después de recoger la maleta, nada más salir, divisé a un tipo con un cartel donde se leía: "Dr. Zamora". No busqué más a mi alrededor, aunque aún no me había ganado el título de doctor, no pensé que hubiera otro Zamora entre tantos rubios altos. El avión venía lleno de turistas alemanes, así que ese tenía que ser yo. Me despedí de los Müller y me dirigí a él. Como buen y disciplinado alemán, el doctor Martin Feelisch me esperaba con una amplia sonrisa y, para mi sorpresa, de traje y corbata. Cuando lo vi, lo primero que pensé fue en deshacerme de mi atuendo. El traje y la corbata no se han hecho para viajar tantas horas, y menos en clase económica. Por suerte, aprendí pronto la lección y, desde aquella primera vez, nunca más he vuelto a subirme a un avión, y menos a un vuelo trasatlántico, en traje y corbata. Estaba feliz, pero agotadísimo, porque no descansé casi nada durante el viaje. Tanto café y ansiedad me tenían *hiperdespierto*; además, estuve largo rato entretenido con Ralph y Elke, quienes me invitaron a sentarme en un asiento vacío entre ellos y pasamos un buen tiempo conversando. Yo estaba loco por cambiarme de ropa, pero el doctor Feelisch me explicó que primero iríamos a la *Schwarz* para un rápido *tour* a los laboratorios y solamente después me llevaría a mi nueva casa.

La *Schwarz Pharma* se encontraba al sur de Dusseldorf, en Monheim, prácticamente a mitad de camino entre Düsseldorf y Colonia. Era sábado y no había nadie. Mientras recorríamos los laboratorios y él me explicaba brevemente qué se hacía en cada uno, yo asentía a casi todo, pero no entendía casi nada: mi cansancio era muy real, y mi inglés, muy primitivo. El curso de inglés que habíamos pasado en el CNIC había sido bastante bueno, y el maestro Jesús fue un gran *teacher*, pero mi inglés técnico estaba realmente en pañales. Recuerdo que cuando Feelisch me enseñó y explicó la famosa *biocascade*, que más tarde llegó a apasionarme, aunque no le dediqué tanto tiempo como a los *organ baths*, me quedé completamente *botao*. Además de no entender los términos en inglés, estaba demasiado agotado para pensar. Necesitaba dormir, ordenar mis ideas, y hasta que la adrenalina no bajara, no estaría en condiciones de hacer nada útil. Al final, terminó la excursión científica, salimos rumbo a Düsseldorf y llegamos a mi nueva casa de la calle Carlo-Schmid, en el sureño barrio de Hellerhof. Estaban todos los Münnich en casa, los dueños y sus dos hijas adolescentes, quienes me recibieron muy amablemente, y, luego de despedirme del doctor Feelisch, me enseñaron mi nueva morada. Una vez solo, me despojé del incómodo traje y no recuerdo nada más, menos aún la cifra exacta de las tantas horas que dormí de un tirón, únicamente sé que fueron muchas.

El lunes en la mañana, siguiendo al pie de la letra las instrucciones del doctor Feelisch y procurando llegar bien temprano, me dirigí al trabajo. Desde ese primer día, el doble viaje, primero hasta el centro de Monheim y luego hasta la *Schwarz*, ubicada en la calle Alfred Nobel N° 10, se convirtió en mi rutina diaria, y por dos años, únicamente en dos, repito, únicamente en dos ocasiones, perdí la conexión de los buses. Así de preciso funcionaba el transporte público en la puntual y disciplinada Alemania. Y también desde el primer día experimenté cómo mis nuevos colegas eran también un ejemplo de puntualidad y disciplina para el trabajo. Y cito en especial a Monika, una alemana que, si bien en un principio me pareció demasiado recta y seria, con el paso del tiempo llegó a convertirse en una excelente amiga, alguien especial que, cuando más lo necesitaba, me brindó una mano, y hasta dos. Monika, meses más tarde, terminó confesándome que cuando oyó decir que un *Gastwissenschaftler*[58] *llegaría de Cuba, lo primero que imaginó fue encontrarse a un negro alto y fornido, con cuerpo de atleta olímpico o de jugador de béisbol. Al verme a mí, que tenía de todo menos cuerpo fornido o deportivo de Olimpíada, su confusión* fue imaginable, pero, en honor a la verdad, yo no recuerdo su semblante de decepción, si es que lo puso cuando me vio por primera vez.

Llevaba apenas unos días en Alemania y, con la llegada del primer fin de semana, llegó también la primera sorpresa. Recuerdo que tocaron a la puerta: era la dueña de la casa para decirme que me llamaban por teléfono. De pronto, no supe

---

58   **Gastwissenschaftler.** Científico visitante. Una de las primeras palabras en alemán que me enseñaron a decir en la *Schwarz Pharma* para responder a la pregunta de qué hacía yo en Alemania.

quién podía llamarme; estaba recién llegado y, fuera de mi trabajo, no conocía a nadie, por lo que, sin salir de mi asombro, me dispuse a contestar lo más rápido que pude. Era Ralph, el alemán que gracias a mi padre había conocido en el Aeropuerto de La Habana. En el avión, yo le había dado el teléfono de la casa en que iba a vivir, pero, quizá producto del cansancio, lo había olvidado completamente. Quedó conmigo en que pasarían a recogerme para llevarme a pasear y conocer la no tan lejana ciudad de Colonia. Acostumbrado a la eternidad que puede durar un viaje entre dos ciudades en Cuba, pensé que les tomaría un par de horas llegar, así que me demoré, primero en la ducha, y luego viendo la tele alemana, aunque no entendía ni jota. Claro que yo no contaba ni con la puntualidad alemana, ni con la eficiencia de sus autos y autopistas. Cuando a poco más de la media hora tocaron a la puerta, casi me da el infarto de los atrapados in fraganti. No olvido la vergüenza que pasé cuando abrí la puerta y vi a aquellos dos alemanes, puntuales e impecablemente arreglados, y yo a medio vestir, con el pelo mojado, sin peinar, mi cama sin hacer y mi minúsculo apartamento patas arriba.

De esa primera excursión, recuerdo dos cosas con exactitud, la primera, por la gracia que todavía me produce el recordarla, y la segunda, por el buen sabor de boca que me dejó. Elke, muy amablemente, dejó que me sentara junto al conductor para que pudiera ver mejor y conversar con Ralph, que era quien hablaba español. Cuando el velocímetro de aquel auto se acercó a los casi 200 km/h, sentí que mi estómago se contraía, me agarré con fuerza al asiento y solamente me dio por exclamar:

—Tremendo carro, Ralph.

Este, pensando en lo que significa Karre en alemán, me corrigió con cierto enfado; aquello no era un carro, sino un auto. Me daba igual: 200 km/h era demasiado para mí y, fuera lo que fuera aquella cosa negra con cuatro ruedas, pensé que

Ralph estaba loco y que mejor reducía la velocidad si no quería ver a un cubano gritando auxilio. Claro que no me llevó mucho tiempo comprender que Ralph no estaba loco y que no había nada de extraordinario en su manera de conducir en Alemania. Tuve que darle toda la razón: el Moskovich ruso de mi padre sí era un carro, pero su negro Opel, Audi, BMW o lo que fuera —solamente recuerdo que no era un Mercedes Benz— sí era todo un auto. Y usando la misma analogía, las Ocho Vías que unen a La Habana con Santa Clara son simplemente una carretera, pero la Autobahn que une Düsseldorf con Colonia sí es una verdadera autopista. El segundo recuerdo fue más sabroso. La preciosa vista desde lo alto de la Torre de Televisión de Colonia (Kölner Fernsehturm) se hizo aún más agradable acompañada de la exquisita tarta de queso (Käse Kuchen) a la que me invitaron los Müller. Tanto me gustó que, desde entonces, lo que consumo ahora como cheesecake se convirtió en uno de mis postres favoritos.

Tal como acordamos, y con la puntualidad de siempre, el segundo fin de semana, Ralph me recogió y me llevó a su preciosa vivienda, en las afueras de Colonia, para pasar el fin de semana. El domingo en la mañana, durante el largo desayuno, mientras disfrutábamos del aromático café y un delicioso Kuchen, Ralph me dio una verdadera lección de realismo que nunca olvidaré. Hablábamos de mí, mi familia, mi futuro, mis objetivos en la vida, y, mientras me comía a preguntas, Ralph buscó una hoja de papel y un bolígrafo. Me pidió que escribiera los diez deseos o metas más importantes que me gustaría alcanzar en la vida. No recuerdo exactamente qué escribí, pero en la lista enumeré deseos como acabar con el hambre del mundo, lograr justicia social para todos, salud para mis seres queridos, etcétera, etcétera. El alemán se quedó atónito. Me dijo:

—No, eso no. Nada de eso está en tus manos. Yo te pedí deseos que terminen en resultados tangibles, nada de utopías.

Enseguida me bajó a la Tierra. Yo estaba, cuanto menos, por la Luna. Y entramos en materia. Le hablé de aspiraciones profesionales, pero sin hacer mención a mis planes de no regresar a Cuba, y, lo más complicado, de sacar a mi esposa e hija de la isla. Decididamente, no estaba preparado para contarle lo que verdaderamente rondaba por mi cabeza, porque, claro, el fantasma de la CIA podía estar cerca. Ese es el miedo con el que habíamos crecido.

Ralph me dio una lección de realismo-capitalismo que no olvidaré jamás. Me explicó que, suponiendo que yo alguna vez pensara quedarme a vivir en Europa, Occidente no era el estado paternalista al que yo estaba acostumbrado. En aquella sociedad desarrollada y diferente, había que pensar de forma desarrollada y diferente. El Estado no se haría cargo de mí, ni el alemán, ni ningún otro; solamente obtendría lo que fuera capaz de lograr por mis medios y esfuerzo. Yo ni acepté, ni refuté sus argumentos; me limité a escucharlo con atención, y al final, lo que sí hice fue una nueva lista de deseos y objetivos. El alemán quedó más contento.

A Ralph y a Elke los seguí viendo con cierta frecuencia, y los planes sobre mi futuro siempre estaban en nuestras conversaciones. Y entre los planes inmediatos estaba aprender alemán. El idioma siempre me gustó y, estando en la universidad, tomé algunas clases facultativas, pero de ellas únicamente recordaba Guten Morgen y Dankeschön. Ralph discutió conmigo varias opciones. Me dijo que hablara con mi jefe, que le pidiera abiertamente que la compañía me costeara el curso. Capté rápido el mensaje y, al poco tiempo de haber comenzado a trabajar, me dirigí al doctor Feelisch y le dije que yo quería aprender alemán, pero que no tenía dinero y necesitaba que la compañía me pagara las clases. La opción tampoco era muy cara: la Volkshochschule Düsseldorf. Me refería a algo así como un centro municipal de formación para adultos, también conocido como universidad popular, en la que se imparten cursos teóricos y prácticos en diferentes disciplinas, y que ofrecen la posibilidad de continuar la formación interrumpida durante los años escolares. Martin no puso reparos. Yo comencé mis clases de alemán, dos horas por la noche, dos veces a la semana, y, aunque terminé el curso en mayo del año siguiente, al cabo de los tres meses ya hablaba y entendía lo suficiente. Mis colegas, la televisión, la soledad y la necesidad hicieron el resto.

Ralph y Elke se alegraron mucho con la decisión y con mi progreso, y el tema recurrente de mi futuro no faltaba en nuestras conversaciones. Se portaron conmigo de forma ejemplar.

En otro de esos encuentros, cuando ya teníamos más confianza, Ralph volvió a la carga con sus preguntas. Sabía que extrañaba mucho a mi niña, pero que mi situación económica no me permitía viajar a Cuba de visita, y, como siempre, con su mentalidad práctica y sus buenas intenciones, me ofreció una salida. En ese momento, ya no pude escaparme con más excusas y terminé confesándole la verdad. Le dije que lo único que tenía claro era que ni quería, ni regresaría a Cuba, que iba a sacar a mi esposa e hija, y que todo lo demás en aquel momento pasaba a un segundo plano. No sé si su mente tan práctica ya lo había imaginado —tampoco era muy difícil—, pero con la agilidad de siempre, simplemente preguntó:

—¿Y cómo lo vas a hacer?

No lo sabía a ciencia cierta; y era verdad, no había muchas posibilidades. En aquellos momentos, lo único cierto era mi despedida definitiva de la isla. Le dije que pensaba ir a Hungría durante las Navidades; allá, con mis amigos, discutiría una vía que pudiera funcionar. El problema era que yo seguía siendo un iluso y, en menos de un año, una vez más la vida se encargaría de abrirme los ojos. En aquel momento, no podía saberlo; únicamente podía soñar.

Aquellos tres primeros meses en Alemania volaron. Tenía tanto para leer, estudiar, pensar, que apenas podía dedicarme a otra cosa. Me pasaba días y días sin oír una palabra en español, lo que era bueno para mi alemán, que iba mejorando a un ritmo vertiginoso, pero echaba de menos la lengua cervantina. Y no me canso de repetirlo, en esa época no teníamos Internet. Fui una sola vez al cine, pero, por mala que fuese, prefería ver la tele. Cada marco que ahorrara serviría para lo que se avecinaba. Además, en el cine no entendí mucho. La peli, doblada al alemán, la proyectaron sin subtítulos. Y, en medio de tantas tensiones y preocupaciones, también hacía falta un momento de distracción, si bien menos intelectual, ciertamente biológico. Una noche, frente a la tele, en el canal RTL, si mal no recuerdo, me puse a ver una peli de soft porn, pero era tan mala que le quitaba el deseo al más necesitado, así que decidí probar algo nuevo. Se trataba de mi primer encuentro con Occidente. Yo también quería comprobar con mis propios ojos —y juro que solamente con ellos lo hice— algunos de los vicios del capitalismo decadente contra el que tanto nos habían alertado. Cerca de la Hauptbanhof Düsseldorf, entré a una de esas cabinas donde por 1 marco alemán se podía, con mucha imaginación y si te daba tiempo, disfrutar de unos segundos de sexo electrónico. Mucho más no podía gastar, o malgastar, según se mire. La cabina, como era lógico, estaba a oscuras y, con tal mala suerte, no encontré por dónde echar la moneda, o quizá no era así como funcionaba aquello, realmente no lo sé. Obviamente, no iba a salir a preguntarle a nadie; se me caería la cara de vergüenza. Me pasé a otra cabina y de nuevo la mala suerte: el maldito marco se trabó en el maldito hueco. Molesto por la pérdida de mi marco, perdí hasta las ganas y me marché con prisa y sin mirar atrás. Ahora me da risa, pero en aquel momento no me dio ninguna. Un marco era mucho dinero para malgastarlo.

Para vengarme, años más tarde repetí la experiencia, en otro país y con otra moneda. Por suerte, esa vez sí funcionó y el espectáculo fue hasta agradable. Sobran los detalles. Lo más importante es que ese período, y en general el tiempo que trabajé en Alemania, lo aproveché intensamente para, de forma autodidacta, estudiar farmacología, retomar la biología que no veía desde el preuniversitario, aprender algo de fisiología y refrescar los conocimientos de química.

Todavía recuerdo algo bien gracioso que me ocurrió cuando, recién llegado a la Schwarz, me acerqué a un colega, el doctor Rolf Spahr, un tipo muy singular y ocurrente, y quien amablemente luego me ayudó con varias gestiones que tuve que hacer relacionadas con mi visa. Le dije que quería hacerle algunas preguntas relacionadas con el proyecto del EDRF (Endothelium-derived Relaxing Factor) en que iba a trabajar. Al ver mi determinación, creo que se asustó un poco. A juzgar por su expresión, quizá pensó que le haría preguntas complicadas o para las que no tendría respuesta. Pero lo verdaderamente cómico fue la cara que puso cuando escuchó la primera:

—¿Qué es el endotelio? —pregunté con la mayor naturalidad del mundo.

Yo de verdad no me acordaba. Oír el nombre tantas veces no significaba que comprendiera en profundidad su esencia, su función, su extraordinaria importancia en la biología vascular. ¿Cómo el doctor Zamora no iba a saber lo que era el endotelio? La perplejidad con la que me miró lo dijo todo. Y yo, con la mayor naturalidad del mundo, le dije que aún no era doctor, que algún día lo sería, pero que antes tenía que saber exactamente qué era el dichoso endotelio ese que preocupaba a tanta gente. Rolf me respondió y sabiamente intuyó que eso no sería suficiente. Al otro día, me compró dos manuales básicos de farmacología y fisiología, que todavía conservo con inmenso cariño, y por qué no, cierta nostalgia. Y, las cosas de la vida, dos años más tarde vio la luz lo que quizás es el resultado científico más importante de mi entrenamiento en Alemania, y que precisamente tiene que ver con el endotelio: la autoría, junto a dos profesores que admiro y respeto, Martin Feelisch y Salvador Moncada, de un artículo en la prestigiosa revista

Nature,[59] y que también, por cosas de la vida, es el primer artículo científico donde figura mi nombre. Ahí está PubMed, el servicio online de la Biblioteca Nacional de Medicina de los Estados Unidos para demostrarlo. Lo gracioso del asunto fue que celebramos la aceptación del paper, pero mientras Martin y Marc festejaban que era en Nature, a mí lo que me importaba —y celebraba— era mi primera publicación científica, fuese donde fuese. El elevado factor de impacto, medida de la importancia de una publicación científica, de Nature me supo bien, pero el brindis con champaña que organizó Martin junto a la biocascade me supo a gloria.

Desde mi llegada a Düsseldorf, los primeros días de vacaciones vinieron con la Navidad. Me hubiese encantado pasar las fiestas en Alemania, pero yo tenía una importante tarea por delante y no podía darme ese lujo. Le informé al doctor Feelisch —no recuerdo si para ese entonces ya me dirigía a él con su nombre de pila— que me iría unos días de viaje a Hungría y que posiblemente regresaría en la fecha escogida; sin embargo, le pedí que por favor no se preocupara si me tomaba un par de días extra. No recuerdo si me preguntó la razón, pero eso no es importante. Dos cosas sí eran importantes, al menos la primera; sobre la segunda, ya veríamos. Primero, tenía que prorrogar mi visa, que vencía el 14 de diciembre. Nuevamente, Rolf vino en mi ayuda y, con la carta de Martin y el pago de la tasa correspondiente, el 26 de noviembre conseguí la primera de las prórrogas hasta el 15 de marzo de 1993. Con esto, gané tres meses y ya podía tranquilamente salir de Alemania sin problemas para regresar. Lo segundo, que también parecía ser importante, sucedió el 15 de diciembre, cuando Martin me llamó para cumplir una formalidad que desde septiembre estaba pendiente. Cuando me presenté en su oficina, Martin me dio un Secrecy Agreement for Visiting Scientists que debía

---

59   *Understanding the controversy over the identity of EDRF.* Publicado en *Nature*. 1994, Mar 3; 368(6466): 62-5.

cumplir mientras trabajara en la Schwarz. Con una sonrisa, y sin leerlo, lo firmé. Martin me miró algo confundido. Aunque fuese una formalidad, preguntó si no pensaba leerlo antes de firmar.

—Ya lo leeré tranquilamente en mi casa —le respondí, también con la mayor tranquilidad del mundo.

El pobre debió haber pensado que estaba medio loco. Lo que el doctor Feelisch aún no sabía era que hacía apenas unos pocos meses, precisamente antes de partir para Alemania, me habían dado a firmar algo parecido en el CQF, con la diferencia de que esa vez fue debido a la paranoia de sus dirigentes para proteger la seguridad de un Estado. Realmente, yo estaba tan saturado de secretos y miedos que firmaba cualquier cosa con tal de que me dejaran en paz. Obviamente, esto no lo decía por Martin, porque tanto él como Monika, Rolf, Alexandra, Barbara, Andrea, Gabi, Ulrike von der Bey (Uli), Michaela, Karin…, todos se portaron conmigo de una forma ejemplar y, de una forma u otra, me ayudaron en el trabajo, con las gestiones del seguro médico, el curso de alemán, el transporte cuando lo necesité, etcétera, etcétera. Fueron, en un final, mi familia extendida.

Sin nada pendiente, preocupado, pero a la vez optimista, compré el boleto de tren más barato que encontré y puse rumbo a Budapest; de ahí, a la estación de buses y directo a Veszprém, a 120 kilómetros de la capital.

Reencontrarme con mis amigos de siempre fue todo un aire fresco y un bálsamo contra mi soledad. Todos, absolutamente todos, me recibieron con el cariño de siempre: Carlos, Marcial, las Magdis, Csaba, el Laci Bácsi, Ibi néni y familia… Y también a todos, sin tiempo que perder, y después de los saludos e intercambios de las primeras impresiones, les conté que había llegado a Alemania y que, esta vez, aunque tenía pasaje de regreso, no pensaba hacer uso de él. La misma —y obvia— pregunta de todos: "¿Y tu familia?". Y mi respuesta también fue obvia y directa: "La sacaré de Cuba y Hungría será el destino". La aprobación y el apoyo fueron unánimes. El plan era relativamente sencillo: mi esposa y mi hija saldrían de la isla invitadas a pasar unos días en Hungría, y, tal como hice yo, no regresarían. Yo, iluso al fin, pensé que funcionaría. En aquellos tiempos no se podía salir libremente —y con carácter privado— de la isla. Para ello se necesitaba una invitación del extranjero y que alguien corriera con los gastos —por supuesto— en moneda convertible. Por suerte, yo tenía muchos amigos dispuestos a ayudar; alguno nos haría el inmenso favor. Ese alguien —lógicamente, un extranjero— gestionaría las cartas de invitación, mientras que yo correría con todos los gastos. El escogido fue el Laci Bácsi, un queridísimo amigo, portero nocturno de la residencia estudiantil donde viví durante los años universitarios de Veszprém, y, por encima de todo, un alma generosa y fiel. Lo hablamos y discutimos todo al detalle. Estuvo plenamente de acuerdo. Ahora, solo quedaba ponerse manos a la obra. A mi regreso a Alemania, yo le enviaría la información necesaria y el dinero, y seguiríamos en contacto para lo que hiciese falta. Con confianza y esperanzado, regresé felizmente a Düsseldorf y, a partir de ese momento, comencé a organizar la odisea, primero en mi cabeza y luego en el bolsillo, porque en el corazón ya todo estaba claro.

Y llegó el 1993, un año decisivo en toda esta historia. La vuelta a Düsseldorf me resultó algo difícil. Dejar a los buenos amigos siempre duele, pero estaba muy ilusionado, pues había recuperado energías, y descansado física y lingüísticamente hablando; obviamente, el húngaro me resultaba mucho más fácil que el alemán, y el premio final al esfuerzo sería el reencuentro con mis seres queridos.

El mismo 6 de enero, le envié un fax a Alberto Núñez, en el que le comentaba del trabajo en general y, sobre todo, dejando entrever que reinaba la normalidad conmigo. Al mismo tiempo, le envié por fax a Magdi los datos necesarios para la confección de las cartas de invitación, quien enseguida se los hizo llegar al Laci Bácsi. En su carta del 25 de enero de 1993, Laci Bácsi me explicó que ya el día 19 había ido a la Embajada de Cuba en Budapest, y que en el Consulado había hecho las gestiones necesarias y abonado la cantidad de 16 960 florines —212 dólares— por las dos cartas de invitación. Según le habían explicado a él anteriormente, de haber esperado al 1 de febrero, cada carta hubiese costado 30 dólares más, y él, ni corto, ni perezoso, actuó con diligencia. Hizo el pago en florines húngaros para, según acordamos, alejar cualquier sospecha sobre el dólar. Sobre mí, por suerte, no le preguntaron nada en especial. Sin embargo, sí estuvo intranquilo por dos o tres días, pues "…még életemben nem írtam alá semmi olyant, amit előtte el nem olvastam volna!!". Lo habían hecho firmar dos hojas de papel en blanco que ellos, según le dijeron en el Consulado, llenarían después, y él nunca en su vida había firmado nada sin leerlo antes. "Bienvenido a Cubita, la bella", pensé mientras leía. Y proseguía: "Hogy mit nem tesz az ember a barátaiért?", o lo que es lo mismo: "¿Qué no hace uno por sus amigos?". Nunca tan cierto. Amigos como ese hombre no abundaban ni abundan hoy tampoco. La carta terminaba diciendo que no le había mencionado nada a Marcial sobre el precio de las cartas para no levantar sospechas. Quizás en aquel momento entendí a qué se refería con eso, pero ahora, por más que lo leo, no le encuentro explicación. Marcial tenía toda mi confianza; quizá solo fue otro efecto de mi paranoia con la discreción.

Y sobre la discreción y mi paranoia sigue la historia. Un fin de semana, me encontraba caminando por las calles de Dusseldorf. Hacía frío, pero el día era precioso. Estaba contento porque las cosas iban saliendo bien. Me apetecía una Alt bier, cerveza típica de la región de Westfalia del norte y en especial de la región de Düsseldorf, y me dirigí hacia la Altstadt.

Como parte del ritual, para llegar al corazón de la ciudad, tomé el S-Bahn en la estación de mi casa, en Hellerhof, hasta la Hauptbahnhof de Düsseldorf, y de ahí directamente a la Altstadt. Llevaba conmigo un ejemplar de El País que compraba, de vez en cuando, y siempre que podía encontrarlo, en uno de los kioscos de la Estación Central. Era la única forma —aún no había llegado la Internet— que tenía de leer las noticias en castellano. Entré a un pequeño local semivacío y, sin percatarme de la presencia de un señor que estaba justo detrás de mí, ordené rápidamente una cerveza. Solamente tuvo que abrir la boca para darme cuenta de que era cubano:

—¡Coño, chico, qué calor! —exclamó con el acentazo inconfundible que nos caracteriza.

Admito que me alegró volver a oír mi español y encontrar a un compatriota por aquellos lares. No hacía nada de calor, al menos afuera, y yo estaba muy a la defensiva. Mejor dicho, estaba paranoico. Aquel hombre podía ser un agente de la Seguridad[60] y yo no podía dejar que nada me delatara, ni siquiera exponerme a la posibilidad de ponerme a prueba. No puedo recordarlo exactamente, pero nuestra conversación transcurrió más o menos así:

—Sí, hace calor, pero no allá afuera —me apresuré a decir.

—¿Tú de dónde ere? —preguntó el hombre, y hago hincapié en que la ausencia de la s al final del verbo conjugado no abunda en nuestras terminaciones, por lo que el tipo era definitivamente del Caribe.

—Soy cubano —respondí con cierto recelo.

---

[60] Así nos referimos los cubanos a los miembros del Departamento de la Seguridad del Estado (DSE), un cuerpo del MININT creado después del triunfo revolucionario en 1959, también conocido como G-2 y, desgraciadamente, temido por todos los que se atreven, llegan a, o a veces solo intentan disentir de la postura oficial del gobierno y la dirección política del país.

—Coño, chico, yo también, pero de los malos —dijo con una sonrisa irónica, más bien provocadora, que yo no supe descifrar.

—¿Cómo que de los malos? —me hice el inocente.

Ser de los malos solo podía significar contrarrevolucionario, gusano, apátrida, escoria; en fin, todos los adjetivos que el régimen constantemente, sobre todo a través de los medios de comunicación, utilizaba para catalogar a todo el que, aun siendo un ciudadano ejemplar, no compartía la línea oficial del Partido.

—Sí, chico, de los que se fueron —dijo, en clara alusión a los cubanos emigrados. Acto seguido, apuntó—: Vivo en Mayami y estoy aquí por bisnes.

Cuando oí "Mayami" se me pusieron los pelos de punta. No exagero. El mero hecho de imaginar que me vieran con un cubano exiliado convirtió —en mi cabeza— todo objeto a mi alrededor en cámaras secretas, y a todo el que me observaba, incluido mi interlocutor, en agente secreto de la Seguridad. Sentí la adrenalina brotar de mi cuerpo y esta se encargó de hacer obvio que no quería prolongar aquella conversación, bastante inocua hasta el momento. El tipo me invitó a la próxima cerveza y siguió con sus preguntas: qué hacía yo en Alemania, cuánto tiempo me quedaría, etcétera, etcétera. No sé si fue el alcohol o el miedo a descubrirme lo que hizo que, para no levantar sospechas, me relajara un poco. Pero el dichoso etanol no perdona y cuando me di cuenta ya era tarde. La cerveza nunca ha sido una gran aliada: la lengua se me había ido y creo que hablé demasiado. No recuerdo haber mencionado mis planes en concreto, pero sí mi inconformidad con el régimen. Tenía que parar. El señor se había entusiasmado y empezó a despotricar contra el castrismo. Yo había llegado al punto en que uno siente que hay que dejar de beber y, con la mayor diplomacia del mundo, comencé la despedida. Nunca llegué a comprender si aquello fue un juego o una provocación. Posiblemente, el tipo no tenía otra cosa para hacer y quizá conmigo únicamente acabó con su soledad etílica. Yo, por el contrario, no me divertí nada; únicamente destruí la calidad de algunas de mis neuronas. Por suerte, no todas.

Mientras tanto, las cosas se iban moviendo, lo mismo en Cuba que en Hungría. El 16 de febrero, mi princesita cumplía sus dos años de vida y yo seguía con las gestiones rutinarias de la visa. En marzo, Martin hizo las gestiones pertinentes, con la Oficina de la UNDP (United Nations Development Programme) y la Embajada alemana en Cuba, para la extensión de mi visa por otros seis meses. Nuevamente, Rolf vino conmigo a la Oficina de Asuntos Extranjeros y conseguí otra extensión de la visa hasta el 30 de septiembre. Para ese entonces, probablemente ya las cartas de invitación estaban en La Habana. Según las copias que conservo, estas, en forma de declaración jurada, fueron acuñadas con el sello de la Consultoría Jurídica Internacional el 26 de marzo. No tengo idea de si eso significa la fecha en que se recibieron o en que se procesaron. En ellas, el ciudadano húngaro Vida László ratifica que "desea invitar a visitar Hungría" y, a tales efectos, "declara que sus referidas invitadas tendrán garantizado por su parte, o sea, del otorgante, alojamiento y manutención durante el tiempo que permanezcan en Hungría". Ambas están acuñadas con el sello de la Embajada de Cuba en Budapest-Hungría y firmadas por Elpidio Álvarez Vichot, Consejero a cargo de Asuntos Consulares.

Mientras para la isla mi *secreto* seguía bien guardado, al otro lado del Atlántico este ya comenzaba a descubrirse. No podía esconderlo mucho más tiempo y, después de Hungría, le llegó el turno a Suiza. Durante los días feriados de Semana Santa, decidí irme unos días a la *Schweiz* —un país que no conocía— a visitar a Javier, un buen amigo del CNIC que por aquel tiempo completaba su Doctorado en la ETH (*Eidgenössische Technische Hochschule*) en Zúrich. Nuevamente, como no tenía suficiente dinero para un boleto de avión, busqué lo más barato por tren y partí ligerito de equipaje. Es por cierto un viaje muy bonito, gracias a la geografía del sur de Alemania y del país helvético. Javi me recibió en la Estación Central.

Los días se me fueron volando. Paseamos mucho en Zúrich y, además, fuimos a Berna (*Bern*) y a Lucerna (*Luzern*). Me hubiese gustado ir a Ginebra, pero estaba más lejos y no teníamos tiempo, pero, sobre todo, conversamos cantidad y aproveché para hablarle en persona a Javi de mis planes. A él, obviamente, no tenía que pedirle que guardase el secreto; teníamos mucho en común y él, también en su justo momento, tomaría el camino del exilio. Agradezco inmensamente su presencia y su apoyo en uno de los momentos en que más necesité un hombro amigo. Y ese momento llegó cuando llamé por teléfono a La Habana para saber si ya mi esposa tenía el permiso de salida de Cuba. Todavía recuerdo el instante; no me podía creer lo que oía: a ella sí la dejarían viajar, pero a la niña no; por ser menor de edad, no podía poner un pie fuera de la isla. De más está decir que aquello era inaceptable. Siempre tuve algo claro: o salían las dos, o salía mi hija con su madre, que, obviamente, era lo mismo. Colgué, guiado por la frustración.

Mi decepción y mi impotencia eran ilimitadas. Esfuerzo, tiempo y dinero tirados a la basura. Estaba molesto, triste. Javi fue testigo de mi desesperación. Pero nada de derrumbarme, como dice mi mami; ella no tira bolas, solamente *strikes*, y si se los batean sigue *picheando*, porque, claro, ningún cubano dice *pitcheando*, que sería lo correcto dentro de lo incorrecto.

Aquel fue mi primer viaje a la linda Suiza, y, a pesar del buen queso, el vino y la excelente atención de mi amigo Javier, mi corazón regresó encogido. Luego de aquella llamada, y de una noche entera de reflexión, tomé dos decisiones importantes: la primera, como no funcionó el plan A, tenía que intentar el plan B. Del segundo ya habíamos hablado antes de mi partida y entonces era pura ficción, pero ahora no, en ese momento parecía ser la única solución viable. Otros lo habían hecho y les había funcionado; a nosotros también nos funcionaría: optimismo puro y duro. Alguien dijo que intentar requiere imaginación, disciplina y propósito. Cuando de verdad me propongo algo, las tres me sobran. La segunda decisión fue más sencilla, y Javier, quizás sin saberlo, me ayudó con ella: al terminar mi entrenamiento en Alemania, comenzaría mi doctorado. Todavía no tenía claro en qué, pero yo quería mi título de *PhD*.

Regresé a Düsseldorf y continué revelando mi secreto. Después de Hungría y Suiza, le llegaba el turno a Alemania, y, acto seguido, a Inglaterra. En un momento que parecía llevar escrita en mi cara la preocupación, entré a la oficina de Martin y le revelé mis tres decisiones; la primera la había tomado en La Habana; las otras dos, las acababa de tomar en Zúrich: no regresaría a Cuba, me divorciaría de mi esposa para sacarla junto a mi hija de la isla y haría mi doctorado. Y en ese momento sí lo tuve claro: sería en Farmacología. Sorprendido o no, Martin entendió mi situación y me brindó un apoyo sin el cual mi historia sería probablemente distinta. No recuerdo si antes o después, pero también le tocó el turno a mi querida Monika, quien, a partir de ese momento, no solamente era la colega con la que trabajaba directamente y compartía oficina, sino que se convirtió en la entrañable amiga y confidente que sigue siendo hoy. Y, sin pausas, salí a cruzar el Canal de la Mancha (*English Channel*), al menos por correo. Martin me consiguió su dirección privada y, el 18 de abril, le escribí una extensa carta al profesor Moncada en Londres para comunicarle mis tres decisiones. Luego de una larga introducción sobre mi desencanto con el desastroso experimento político, y en particular la situación de la administración de la ciencia en la isla, cité lo que espectacularmente sintetizó Schiller:[61] *"Mit*

---

61 **Johann Christoph Friedrich Schiller** (1759-1805). Poeta, dramaturgo, filósofo e historiador alemán, considerado el dramaturgo más

der Dummheit kämpfen Götter selbst vergebens", o sea: "Contra la estupidez, los mismos dioses luchan en vano". Le expliqué minuciosamente mis planes, le pedí consejos y nombres a quiénes dirigirme para hacer el doctorado, le dije que "soy optimista, pero si fracaso en mi empeño estoy dispuesto a pagar el precio, pues, como dijo Plejanov,[62] el error tiene su lógica, lo mismo que la verdad". Proseguí pidiéndole que por favor no le dijera nada de mi decisión a Miriam, que ella, "a quien admiro y quiero mucho, debe saberlo por mí, de mi puño y letra". Cité a Miguel de Unamuno:[63] "Miremos más que somos padres de nuestro porvenir que no hijos de nuestro pasado", y, después de tanta seriedad, terminé con un coloquialismo muy caribeño, porque "...la vida es una mierda... Quizá dentro de veinte años me ría de lo dramática que me ha salido esta carta, porque lo más natural de este mundo es un joven que le guste la ciencia, se gradúe y decida hacer su doctorado. Eso pasa a diario; sin embargo, usted ha visto a mí cuánto me costará. No puedo evitarlo, esa es mi realidad".

En algo me equivoqué. Después de veinte años, he releído la copia de la carta y me he reído, pero no por su dramatismo, sino por lo poco práctico que fui; una llamada por teléfono me hubiese ahorrado papel, tinta y el viaje a la oficina de correos. Pero todo tiene su lado positivo: las palabras en blanco y negro no se las lleva el viento y ahora puedo reproducir fielmente lo que escribí. Por suerte, Moncada, con la inteligencia y sentido

---

importante de Alemania y, junto a Goethe, figura central del clasicismo de Weimar, ciudad en la que falleció.

62   **Gueorgui Valentínovich Plejánov** (1856-1918). Revolucionario ruso y destacado teórico político. Considerado el fundador del marxismo ruso, se distanció de las ideas de Lenin y criticó muchas de las tesis de la Revolución de Octubre. Es considerado uno de los autores rusos más dotados, cultos e influyentes de su época.

63   **Miguel de Unamuno** (1864-1936) Escritor, poeta y filósofo bilbaíno, intelectual inconformista y principal exponente de la Generación del 98. Es considerado como el escritor más culto de su generación.

común que lo caracterizan, sí fue práctico y me respondió a través de Martin:

—Hablé con Salvador y quiere que lo llames por teléfono a su casa.

Tan pronto como pude, me fui a comprar una tarjeta de prepago de teléfono y escogí una de 50 marcos alemanes. Todavía lo recuerdo; era la más cara y, por ende, la que me daría minutos suficientes.

La larguísima conversación que tuve con el profesor Moncada marcó el inicio de la hoja de ruta que ha guiado mi vida científica y, por añadidura, la personal. Salvador me invitó a visitar Londres y, por supuesto, la *Wellcome*. Ocho días más tarde, el 26 de abril, Martin me escribió una carta para el Consulado General del Reino Unido que me facilitó obtener la visa y, en cuanto estuvo todo arreglado, esta vez sí crucé de verdad el Canal de la Mancha y aterricé en la capital británica, en un vuelo de la British Airways.

Por muy desesperado que estuviera, y que estuviesen en Cuba, yo no podía avanzar tan rápido con el plan B. ¿Por qué no? Porque nuestro plan B consistía en divorciarme de mi esposa, conseguir a alguien —por supuesto, un extranjero—, que primero tenía que casarse con ella y luego reclamarla para, junto a la niña, poder salir de Cuba. Todo tan *sencillo* como eso. El problema es que no era tan sencillo. La mayoría de las cosas no dependía de mí y no disponía ni de mucho dinero, ni de todo el tiempo del mundo para gestiones. A la par, necesitaba aprender bastante todavía y trabajar duro al mismo tiempo, pero, por suerte, aunque a veces me abrumaba lo que tenía pendiente, la realidad y mis amigos me ayudaron a poner los pies en la tierra. Estaba claro que no iba a lograrlo todo de una vez; esto tendría que ser, aunque no me gustase, *step by step*. Así que empecé por resolver mi situación. Una vez que eso estuviera encaminado, seguiría con el plan B. Como se suponía que yo regresase a Cuba al cabo de un año, o sea, en septiembre de 1993, el 18 de mayo le escribí una carta a Alberto, al CQF, donde le expliqué que el doctor Feelisch me había planteado la necesidad de extender mi estancia hasta diciembre. Los motivos eran básicamente dos: primero, para terminar el proyecto en que estaba trabajando; y segundo, ya que en octubre se celebraría en Alemania el *3rd International Meeting on Nitric Oxide*, coorganizado por el doctor Feelisch, a él le interesaba que yo asistiera y presentara nuestros resultados. Terminé mi carta adelantándole que pronto recibiría por escrito la solicitud de Martin.

Incluso sabiendo que el plan B iría más lento, porque no todo estaba en mis manos, y a pesar de que tenía que concentrarme en el trabajo y resolver mi situación legal, nunca me desentendí de él. Mi vida se volvió trabajo, gestiones y *stress*. Lo de la prórroga de la visa, o permiso de residencia, era un sinvivir y el tiempo volaba. Mejor lo describo con un extracto de la carta que le envié a Salvador el 24 de mayo, apenas seis días después de mi última carta a Alberto, el día 18:

> D'dorf, 24 de mayo de 1993
> Estimado Prof. Moncada:
> ¡Saludos! Tal como le dije por teléfono, aquí le envío una copia de mi carta a Alberto y los resultados de mi conversación con Martin. Por suerte para mí, todo salió bien. Martin me dijo que no había problemas con el pago del alquiler hasta diciembre [se refiere a la renta del miniestudio que pagaba la Schwarz] y en caso de que no recibiera financiamiento de Cuba él podía buscar la forma de ayudarme esos tres meses [después de septiembre, cuando oficialmente tendría que regresar a Cuba] [...]. Precisamente, mañana vamos a conversar sobre la carta que él va a enviar a Alberto, con la solicitud oficial del permiso para extender mi estancia [...].

Mi carta [a Alberto], lógicamente, ya la envié, pues como usted comprenderá, es muy importante un preaviso en estos casos [...].

Luego de un extenso relato de cómo iba el proyecto del *EDRF* y los experimentos, continuaba:

> Bueno, para terminar, quisiera decirle que me preocupa grandemente el asunto de la visa. Según la dialéctica, un problema genera otro. Ya le dije que me preocupaba el posible financiamiento de los meses de octubre-diciembre; por suerte, Martin cree poder resolver eso. Por un lado, todo <u>okay</u>; sin embargo, suponiendo que Cuba no dé el permiso, tengo que averiguar qué posibilidades hay de que Alemania extienda la visa, cosa que no veo fácil [...]. Hoy estuve con una colega [me refiero a Monika Schmidt], que me ha ayudado en muchas cosas relacionadas con la visa, etcétera, etcétera, en la sede de una organización religiosa —creo que católica— que se ocupa con los asuntos de inmigrantes, asilados, etcétera. Como usted imaginará, yo busco con mucha discreción y cuidado toda la información posible que en un determinado momento pueda necesitar. Lógicamente, yo no he hablado de la posibilidad que usted me mencionó con el profesor Herman con nadie; solo Martin conoce eso. Puede estar tranquilo, que no lo hablaré con nadie [sobre este asunto con Herman me referiré en su momento], primero, porque sin su autorización no sería correcto; todo lo que hable con usted quedará entre nosotros [hasta hoy que lo he revelado] [...], y segundo, porque no es nada seguro, y sobre bases no sólidas es mejor callar [...].

Y proseguía:

Hoy hablamos [me refiero a la religiosa] sobre diferentes salidas hipotéticas, como la petición de asilo en diferentes lugares en caso de una respuesta negativa de Cuba y la falta de una opción concreta a seguir, asuntos concernientes a la salida de mi esposa e hija, mi status actual en Cuba, etcétera, etcétera. Como ya le dije, fui a recibir información —como dijo Stefan Zweig en su obra Fouché: "La información lo es todo [...], el Poder no se funda en la Francia de 1799 en el Terror, sino en la información"—. La señora que me atendió fue muy atenta, y coincidimos en que mi situación no es nada fácil. Ella me recomendó que pensara bien lo que iba a hacer y que quizá lo mejor sería regresar a Cuba. Puede imaginarse lo que pensé para mis adentros: para atrás solo cuando un caso totalmente extremo lo exija, y dudo mucho que ocurra. Eso sería lo más fácil, hacer las maletas y regresar, pero ¿para qué?, ¿para seguir en lo mismo?, ¿soportando lo que se me hace ya insoportable? [...]. Me preguntó si sabía lo difícil que se me podría volver todo; le respondí que sí, que precisamente por eso estaba ahí; si no lo supiera, no hubiera ido a verla. Fue interesante, nada esperanzadora, pero una interesante conversación. Mis amigos en Hungría me sugirieron la posibilidad de divorciarme y que mi esposa se casara con un húngaro [el plan B]; quizás así podía viajar mi niña. La veo una buena idea, pero por lo hoy oído, la decisión o permiso de viaje le corresponde solo al gobierno de Cuba y de este se puede esperar cualquier cosa; ya estoy acostumbrado a las arbitrariedades que lo caracterizan [...].

Cualquiera hubiese pensado que era una premonición. La decisión era en verdad del gobierno cubano, el mismo que, *de facto*, hacía —hace—, aprobaba —aprueba— e implantaba —implanta— las leyes y regulaciones de todo tipo, hasta las que no debiera. Y antes de despedirme, "le pido por favor no se canse de leer mis agradecimientos". Con esa carta, ya estaba Salvador al tanto de cómo iban las cosas. Lo que no le mencioné fue cómo terminó el encuentro con la monja. Después de todos los consejos, y antes de despedirnos, la religiosa hizo una mención a la Virgen María. Al salir, le dije a Monika:

—Moniquín, yo solamente conozco a dos vírgenes, mi hija y su madre, y bueno, esta última hace tiempo que dejó de serlo.

A Monika no le hizo mucha gracia mi comentario, pero no pudo evitar una sonrisa e hizo un gesto con la boca, como diciendo: "mejor te estás tranquilo, que tú ahora no estás para bromitas". Me callé al instante; con Monika había que andarse derechito.

Tal como le había adelantado en mi carta, el 4 de junio, Martin le envió un fax a Alberto donde le explicaba que ya habían pasado nueve meses de mi llegada a Alemania, que tenía resultados interesantes que le gustaría que presentase en el próximo *meeting* a celebrarse en Colonia del 3 al 6 de octubre, y lo más importante:

> *Due to the complexity of the underlying biochemistry, the project is unlikely to be finished in September this year when doctor Zamora Pino was supposed to leave already. I therefore would like to ask for your kind permission to prolong his stay with us for another three months, i.e. until the end of this year. Schwarz Pharma will, of course, takes care of his living costs and accommodation for that additional period.*
>
> *Please be so kind as to let me know within two weeks whether you have any objections to these plans*

in order to allow me to prepare all necessary regulatory matters accordingly.

Esperamos una semana por la respuesta de Alberto. Luego otra, y nada. Entonces, le pedí a Martin que por favor volviese a intentarlo. La velocidad en el Caribe —y particularmente en la isla de Cuba— tiene muchas veces una unidad de medida diferente a la del resto del mundo. Al cabo de ya casi veinte días, el 23 de junio, Martin, con mucha habilidad y diplomacia, volvió a la carga:

Two weeks ago I sent you a letter asking for your kind permission to prolong the stay of your coworker doctor Ruben Zamora Pino in our laboratory in Monheim. As I did not receive a reply from you yet, I wonder whether I may interpret this to mean that you do not have objections...

Y funcionó. La respuesta voló tan rápido que no dejó de sorprendernos. Ese mismo día 23 de junio, llegaron dos faxes de Alberto. ¿Casualidad? Yo no lo creí, pero eso era irrelevante. El primero decía:

Please find as enclosure copy of the fax supposed to have been sent on the first days of June. Unfortunately, my secretary mislead the original. Sorry for such delay...

De más está decir que aquello me pareció algo ridículo. En la Cuba de entonces, no creo que el director del CQF recibiera faxes del extranjero a diario, y menos que su secretaria los extraviase, sobre todo viendo de dónde venían. No recuerdo si el aparato de fax estaba en su oficina, y corro el riesgo de ser injusto, pero aquello sonaba raro, y digo raro porque a Martin le dio esa misma sensación y me lo dijo. En todo caso, lo de menos fue la ansiedad que me produjo la espera; lo importante venía en el segundo fax. Luego de declararse satisfecho con mis resultados y aceptar mi participación en el *meeting* de Colonia, Alberto dejaba caer el ultimátum:

> *I do would appreciate your understanding about our needs for CQF projects already planned for next year considering Ruben's participation. Therefore, he should be in Havana not after the 15th December, that is just 15 days of difference (two and a half instead of three months).*

¿Quééé? Yo estaba que quería saltar por los cielos. Cualquiera pensaría que sin mí se iba a paralizar la ciencia en Cuba. En caso de que existiesen los mencionados —y al parecer importantes— planes para mí, cosa que también dudaba, ¿cómo era posible que yo no tuviera idea de qué se trataba?, ¿cómo era posible que dispusieran de mi tiempo y de mi futuro sin siquiera contar conmigo? Sin comentarios. También eso fue lo de menos. Alberto no sabía que Ruben no regresaría; lo que yo necesitaba era tiempo. Esos quince días que me quitaba eran una *fortuna*, pues yo tenía que alargar todo lo posible —y esconder— la salida a la luz pública de mi futura deserción; de lo contrario, ¿cuándo volvería a ver a mi hija? Nos tomamos unos días antes de responder. Discutimos mis opciones. Martin conseguiría que la *Schwarz* continuara pagando mi alquiler y me daría algo extra de dinero para vivir; quizás esto último lo hizo a través de Salvador, realmente no lo recuerdo, o tal vez nunca me lo dijeron. Lo único que Martin no podía darme —ni él, ni nadie— era tiempo. Le dije a Martin que no había problemas, que era mejor no discutir con Alberto; el remedio podía ser peor que la enfermedad. Además, teníamos otro problema gordo que resolver: la extensión de mi visa hasta diciembre. Sin la venia de Alberto, las cosas podían enredarse aún más, y complicaciones extra era lo menos que yo necesitaba. Lo que me hacía falta urgentemente era una última gestión del CQF; no tenía otra alternativa, o al menos ninguna inmediata y efectiva. Llamé a Salvador y lo puse al tanto de cómo iba el proceso. Al pobre Martin, lo tenía loco con todo esto. Bromeando, le decía que se había convertido en todo un diplomático: si la farmacología se le daba bien, el arte de lidiar con la maquinaria cubana se le estaba dando mejor. El 6 de julio, volvió a dirigirse a Alberto:

> *Dear Dr. Núñez Sellés,*
> *Thank you for your kind letter of June 4, 1993, which we received by FAX on June 23, 1993. We are pleased to learn that you do not have any objections in allowing doctor Ruben Zamora to properly finish his experimental project here in Monheim.*
> *In my letter of June 4 I wrote to you that Schwarz Pharma will take care of his living costs and accommodation for that additional period in Germany. There is no problem with financing his stay from our side. We, however, encountered an unforeseeable problem with the German Office for Foreign Affairs in Düsseldorf which is responsible for the prolongation of doctor Zamora's visum. The responsible public servant there argued that they would need an official letter either from the UNIDO or from Cuba with a brief statement that the scholarship has been extended up to December 1993 [...]. Please be reassured that this will only be a statement without any obligation from your side, written in the understanding to satisfy the administrative machinery here.*

Eso era todo lo que necesitaba. Más no podíamos hacer. A partir de ese momento, solamente quedaba esperar. No sé cómo ocurrió el milagro; quizá Martin lo recuerde. Yo solamente sé que este habló directamente por teléfono con alguien en la Oficina del *PNUD*, pues, al día siguiente, el 7 de julio, recibimos un fax del PNUD en La Habana, firmado por el *Program Officer* Menno van Hilten, donde se les pedía a las autoridades alemanas que me extendieran la visa hasta el 31 de diciembre de 1993. Claro que el milagro duró muy poco. No recuerdo exactamente qué pasó y es una de las pocas piezas del *puzzle* alemán que me falta. Solamente sé que el 29 de julio Martin tuvo que volver a contactar a la Oficina del PNUD en La Habana y vaya usted a saber ahora qué otra gestión habrá hecho. Por suerte, después de más de un mes de espera, y, para variar, mucho estrés, el 8 de agosto llegó otro fax del citado señor Van Hilten, muy parecido al primero, donde nuevamente se solicitaba la extensión de mi visa. Cuando lo leí, salté y grité de la alegría. Lo que normalmente hubiese sido visto como un acto de *locura*, impensable en la seria y disciplinada Alemania, ese día a mí me lo perdonaron en la *Schwarz*. Con el fax en la mano, salí corriendo y le di un beso a la Monika, todos mis colegas me felicitaron y yo, obviamente, al primero que felicité fue a Martin; sin su ayuda, otro gallo hubiera cantado. No recuerdo si fui solo o quién me llevó esa vez a la Oficina de Asuntos Extranjeros, quizá Monika o Rolf, pero con ese fax pude al fin estirar mi visa hasta el 31 de diciembre. Volví a ganar tres meses de tranquilidad legal y esa noche seguro que dormí mejor.

La felicidad y el buen dormir me duraron muy poco. Yo no lo sabía, pero, después de ese mes de agosto de 1993, pasarían muchos días, semanas y meses antes de poder volver a dormir bien, o mejor dicho, completamente bien. Con la extensión de mi visa, comencé con la primera —porque tendría muchas— de las fases del plan B.

Para que mi esposa se pudiera casar de nuevo, teníamos que divorciarnos, y como yo no *podía-quería-regresaría* a Cuba, tendría que ser *a distancia*. Hice las averiguaciones pertinentes y el 11 de agosto comparecí en el Consulado de la Embajada de Cuba en Bonn para hacer un poder especial, confiriendo a mi esposa "poder amplio, cumplido y bastante [...] para que lo ejerza con las facultades siguientes: [...] Ejecutar todas las formalidades legales necesarias para el inicio del proceso de disolución del matrimonio que entre ambos existe actualmente, ante la mutua decisión de proceder al divorcio". Todo resultó más fácil de lo que imaginé. Con ese poder se podían iniciar los trámites de divorcio en La Habana y seguir adelante. Ralph vino conmigo esa vez. Además de quedarme lejos la sede diplomática, no me hacía ninguna gracia presentarme solo en el Consulado cubano en Bonn. Pagué los 160 marcos alemanes —alrededor de 100 dólares, si mal no recuerdo—, firmé el poder especial y al cabo de una larga espera recibí el documento final con el cuño y firma de Alfredo León Álvarez, consejero a cargo de los Asuntos Consulares de la Embajada de Cuba en la República Federal de Alemania. Sí, era el año 1993: la reunificación completa de las dos Alemanias se había producido el 3 de octubre de 1990, pero todavía los documentos de la Embajada de Cuba no se daban por enterados, o a nadie le importaba eso, qué sé yo. Fue la primera —y por desgracia no la última— de las dos veces que fui personalmente a la Embajada cubana, no solamente porque se encontraba en Bonn, sino porque lo menos que yo quería es que comenzaran a *controlarme*. Mis temores no estaban infundados. Esa vez fue únicamente un pequeño sobresalto; la segunda —y esta vez, por suerte, la última— el sobresalto fue mayor.

Contento con lo logrado, llamé a Cuba para dar la feliz noticia. Pasaron apenas seis días y el 17 de agosto, una noche algo tarde para la disciplina y la costumbre alemanas, tocaron a mi puerta. Los Münnich no lo hacían nunca, porque precisamente a mí no me llamaban nunca por teléfono, ni siquiera me visitaba mucha gente, o, para ser más exacto, con la excepción de Ralph y Elke, que vinieron un par de veces, solamente dos amigos lo hicieron una vez, Javier y Julián, además de dos personajes curiosos a los que me referiré más tarde. Por teléfono, solo me llamó una vez Ralph para avisarme que vendría a recogerme, luego esta llamada y una tercera a la que también me referiré después. Aquella noche, la señora Münnich me sorprendió tocando a la puerta; la llamada de teléfono parecía importante. Estaba frente a la tele. Recién el 31 de julio de 1993 anunciaron la noticia del fallecimiento del rey belga Balduino y estaba viendo un reportaje rememorando la vida del difunto monarca. Siempre me había llamado la atención ese pequeño país. Conocía muy poco de su historia, pero Bélgica me intrigaba desde el séptimo grado, cuando tropecé por primera vez con el genio de Hércules Poirot, o más bien con su creadora, la prolífica y extraordinaria Agatha Christie. Pero ese día, lejos estaba de imaginar que esa pequeña —y compleja— nación jugaría un papel tan importante en mi vida. Me apresuré a lucir presentable antes de entrar al salón de la casa y levanté el auricular.

—¿Sí? —contesté, más preocupado que de costumbre.

Ahora sí se había destapado la Caja de Pandora.[64] Era el mismísimo doctor Alberto Núñez Sellés, quien me llamaba

---

64 Según la mitología griega, la **Caja de Pandora** contenía todos los males del mundo. Zeus, rey del Olimpo, se la regaló a Pandora y le advirtió que debería permanecer siempre cerrada. Pero, lo mismo en la ficción que en la realidad, la curiosidad pudo más y un día Pandora decidió abrirla. Cuando lo hizo, se dio cuenta de su grave error y volvió a cerrarla. Ya era demasiado tarde: todos los males habían sido liberados. En la actualidad, abrir la *Caja de Pandora* significa provocar una acción, a veces aparentemente irrelevante, pero que puede acarrear consecuencias importantes o de largo alcance.

sorprendido, y algo alterado, desde la mismísima Habana, porque se había enterado de que yo quería divorciarme.

La señora Münnich leyó en mi cara que algo pasaba, pues yo, o debo haber perdido todos los colores, o los gané todos: estaba que quería reventar por dentro. Alberto me dijo que el embajador cubano lo había llamado y, con un tono arrogante y fuera de lugar, quiso saber "qué está pasando aquí".

Yo no salía de mi asombro; me había cogido desprevenido aquella llamada. Tenía que medir todas y cada una de mis palabras. Pero el tipo no desistió y, en la forma en que se expresaba, me indicó que iban a paralizar el divorcio. ¿Quién carajo era Alberto para hablarme así? Yo estaba que echaba humo. ¿Quién demonios se creía Alberto que era? Le dije que no podía hablar mucho por teléfono, que era tarde, que tenía enfrente a la dueña de la casa, que ya le escribiría con más calma y detalles. No podía meter la pata en aquel momento; simplemente tenía que ganar tiempo y organizar las ideas. Alberto bajó el tono, pero el dislate no acabó ahí; el remedio fue peor que la enfermedad:

—Esto es para ayudarte, no para descojonarte… —dijo con tono paternalista, y estas palabras quedaron grabadas en mi memoria para siempre.

El colmo de los colmos. Aunque Alberto no era un mosquito, nuevamente confieso que, de haber sido posible, lo hubiese aplastado con un deseo más grande que el mayor de los deseos. Según el Diccionario de la Real Academia de la Lengua, el adjetivo patético se refiere a lo que es capaz de mover y agitar el ánimo, infundiéndole afectos vehementes y, con particularidad, dolor, tristeza o melancolía. Pero, para mis adentros, yo no califiqué a Alberto como patético, sino como un hijo de puta; obviamente, con perdón de su madre, que no tenía la culpa.

Nuevamente, una noche de vigilia. Sin embargo, no podía perder la cordura; al plan B le faltaba mucho y a mí —lo que sospeché en ese momento—, muchas más noches de insomnio. También lo menos que imaginé fue que la nueva de mi divorcio se propagaría como el catarro en una guardería, y lo peor, con muchos mocos. A la semana de haber estado en el Consulado cubano, y un día después de la llamada de Alberto, el 18 de agosto, recibí un fax de Javier:

> Me acaba de llamar Baluja, quien quería comentarme algo que le había contado Lourdes Alicia [esposa del embajador cubano en Alemania] y que no me podía decir por mail: ¡tu sorpresiva y urgente decisión de divorciarte! Le extrañaba que tú no le hubieras comentado nada, pues él te había insistido en que tu mujer fuera a visitarlo, etcétera. Yo le dije que tampoco sabía nada, que eso era una decisión muy personal tuya y que probablemente estuviera relacionada con tu estancia aquí […]. Él me comentó que le resultaba extraño, pues incluso tú querías enviarle algunas cosas con él, a lo cual le respondí que no olvidara que tú tenías una hija y que el divorcio no necesariamente implicaba que dejaras de ser padre. Como conozco a Baluja y sé que se van a encontrar el día de su regreso, te recomiendo mucho tacto. Si quieres, déjale caer que te estás divorciando, pues ustedes tenían problemas desde antes y que estos se han agudizado durante tu estancia […]. Él me pidió que no te comentara sobre nuestra conversación, así es que mira a ver cómo manejas la cosa. Me parece prudente que le dejes caer algo, pero sin darle pie a que él te pregunte más; recuerda que a su regreso [a Cuba], Baluja tendrá que pasar por la entrevista y no creo te convenga levantar sospechas. Yo le envié unas líneas "vacías" para mi familia […].

Cuando los canales no eran absolutamente privados, eso hacíamos la mayoría de las veces: enviar líneas *vacías*. Sin comentarios, porque todos, de una forma u otra, vivíamos *cuidándonos*.

Baluja era un gran tipo que trabajaba con nosotros en el CNIC y hoy reside en Alemania. Siempre fue muy correcto y amable conmigo, pero en aquel momento el número de personas que conocía mis verdaderas intenciones debía mantenerse en el mínimo; de ahí la observación de Javier. En efecto, tenía que ser muy cuidadoso en caso de que, a su regreso a la isla, se produjese la *entrevista* a Baluja, y no precisamente por él, sino por ellos: la Seguridad o quien fuera que fuese. Por lo pronto, el anuncio tan sorpresivo del divorcio estaba levantando sospechas y tenía que borrar la principal: la que apuntaba a mi futura deserción. Todavía no estaba oficialmente divorciado y al plan B le faltaba mucho; recién había comenzado.

Por suerte, Javi también había visitado un Consulado, el de Alemania en Zúrich, no para divorciarse, sino para solicitar una visa. Vendría a una boda a Alemania, pensaba venir a visitarme y se despedía con su habitual abrazo. Al menos una buena noticia ante la tormenta que se avecinaba. Los nubarrones estaban a la vista.

Aunque me hubiese gustado mandarlo al carajo, no podía hacerlo; todavía tenía que dar la impresión de que se trataba de un *simple* divorcio, y, como le dije por teléfono, iba a escribirle una carta —sería la última— al director del CQF. He evitado —para no ser repetitivo y por razones de espacio— reproducir aquí en su totalidad cada documento, pero en este caso tengo que hacerlo, porque lo escribí de un tirón, intentando que cada una de las palabras llevase un mensaje concreto. Además, quería que reflejase todos los sentimientos humanos posibles —del lado negativo, claro—; que reflejase todo lo que yo sentía, directa o indirectamente, y siempre cuidando las formas. No sé si lo logré completamente, pero sí sé que me quité un peso enorme de encima:

Monheim, 23 de agosto 1993
Dr. Alberto J. Núñez Sellés
Centro de Química Farmacéutica
Director
Alberto:

¡Saludos! Espero se encuentren todos bien de salud y exitosos en el trabajo. Realmente, le escribo porque quedé con usted en hacerlo, pero créame que lo hago contra mi voluntad. Por eso, antes de comenzar, quisiera dejar bien claro que solo por respeto a lo que hablamos es que voy a tratar el tema.

Permítame decirle que su llamada tan tarde el otro día me preocupó; enseguida pensé en una tragedia, pero, por suerte, no fue nada alarmante. Su asombro al conocer la noticia de mi divorcio no me toma por sorpresa. Tal como le dije, esa es una decisión enteramente personal, que responde a causas de carácter privado que solo nos incumben a nosotros y que lógicamente no tengo por qué consultarlas y menos aún divulgarlas. Esta decisión no ha sido repentina, incluso antes de venir fue seria y largamente discutida. Ambos estamos de acuerdo y civilizadamente vamos a llevarla a cabo. No tengo que dar detalles de nuestros problemas personales a nadie en lo absoluto; me asiste el mismo derecho que cuando decidí contraer matrimonio, solo que esta vez se trata del proceso inverso.

Solo puedo decirle que nosotros llevamos muchos años juntos, que nos casamos muy jóvenes y en circunstancias especiales, y que en los últimos tiempos tuvimos algunos problemas. Para un gran fuego no son imprescindibles toneladas de TNT; a veces un cigarrillo mal apagado es suficiente para producir el mismo efecto cuando hay madera seca en los alrededores. Creo que me entiende. Con este asunto, habíamos decidido esperar; desgraciadamente, no siempre todo resulta. Por otro lado, y creo que es lo positivo y más importante de todo esto, hemos tratado el asunto como corresponde a personas mayores, mantenemos contacto frecuente —no olvide que tenemos una adorada hija—, un diálogo amistoso y cooperativo, nada de escándalos ni chismes. Todo esto es privado, a nadie le interesa. Agradezco sinceramente cualquier voluntad de ayudar, incluida la suya, según sus palabras, pero coincidirá conmigo en que en estos casos solamente la pareja, puede, debe y ha de decidir el cómo y el cuándo.

No entiendo cómo usted se extrañó por que haya ido a la Embajada. ¿Es que acaso no soy ciudadano cubano? ¿Adónde debí haber ido si no? Creo que, como ciudadano cubano, al único lugar que debo y tengo que ir para resolver cualquier asunto de índole legal es a la Embajada, en este caso, la Oficina de Asuntos Consulares. Allí me dirigí con la mayor naturalidad de este mundo. El divorcio también es parte de la vida cotidiana, con la única diferencia de que siempre da más que hablar. También me asombró el hecho de que el mismo embajador lo haya llamado para consultarle; si no es porque usted me lo dice, nunca lo hubiera creído. Lo más lógico es que primero me hayan preguntado a mí. Yo fui al Consulado, hice las formalidades correspondientes y nadie me dijo nada, y menos aún que usted sería consultado sobre algo que, no me canso de repetirlo, es estrictamente personal.

No se preocupe, que si durante este tiempo que me queda en Alemania —cuatro meses— decidiera casarme de nuevo —cosa que dudo mucho—, lógicamente tendré que ir nuevamente a Bonn, pero esta vez le avisaré primero a usted y así le ahorro tiempo al embajador, que supongo debe estar bastante ocupado.

No he sido quizá lo suficientemente explícito que usted esperaba; a lo mejor, algún día podremos volver nuevamente al asunto; para ese entonces, quizás haya salido de mi asombro y esté dispuesto a darle más detalles.

Aprovecho la ocasión para enviarle mis enhorabuenas al resto del colectivo. Aquí van, además, unos reprints para Miriam y Castillo. Le agradeceré se los haga llegar.

Lo saluda respetuosamente,

Ruben

No lo sé a ciencia cierta, pero me atrevo a afirmar que mi carta no le gustó para nada. Primero, porque no le di la respuesta que quería o esperaba; y segundo —o quizás esto es lo primero—, porque ¿cómo me atrevía yo a dirigirme así al compañero director del CQF? ¿En qué mundo yo me creía que estaba? Hablar así era —es— inusual en los corderos en que nos habían convertido a todos, o casi todos, en la isla de Cuba. No recibí respuesta. Ni la esperaba.

Pasó solamente una semana. El día 30 de agosto, volví a llamar a Cuba y me enteré de la mala nueva: el divorcio no era posible. Nuevamente, esfuerzo, tiempo y dinero tirados a la basura. Aquello era increíble: no me darían el divorcio, aun cuando hubiese sido de verdad. Al parecer, Alberto, o alguien interesado —yo no sabía ni me importaba quién—, tenía el poder de paralizar un acto legal y totalmente voluntario. Definitivamente, para los cubanos el libre albedrío solamente existía en la Biblia, no en la vida cotidiana.

Ese día, dentro de la preocupación, me mantuve sereno, pero luego de colgar el teléfono me derrumbé. Salí sin rumbo como un tonto a caminar por las calles de Düsseldorf y lloré todo lo que no había llorado en mucho tiempo. Pasarían muchos años antes de volver a derramar lágrimas de esa forma, porque lloré al mismo tiempo por muchos motivos: de impotencia, de rabia, de lástima, de tristeza y, lo peor, de infelicidad.

Lo bueno es que con las lágrimas también salió algo de esa determinación latente que todos llevamos dentro y que particulares e insoportable actos, personas non gratas, o simplemente unas obstinadas hormonas, de vez en cuando se encargan de despertar en nosotros. Se acabó la espera. El plan B se convertiría en C y llegaría hasta la Z de ser necesario.

Nada más llegar a la casa, me senté a escribirle una carta a Salvador para ponerlo al corriente de lo sucedido. Primero, le comenté que, por suerte, había podido hacer el llamado poder especial en el Consulado, sin contratiempos, pero "descontando las tres horas de espera que caracterizan la eficiente gestión administrativa en la isla". Le conté lo de la llamada de Alberto, que "fue bastante desagradable. Tuve que hacer acopio de sentido común para no ofenderlo, pues por primera vez en mi vida estuve a punto de insultar a un superior". Le di la mala nueva, y le expliqué que volvería a llamar a Cuba el día 13 de septiembre, que si mi esposa "ha podido resolver lo del divorcio con un nuevo abogado, bien, si no, llegó el momento en que diga que nos divorciamos porque yo no regreso al país [...]. Usted me dijo que Miriam venía el 15; pues bien, le diré a mi esposa que espere hasta el 16. No sé, no quiero que nada atente contra la salida de Miriam [...]. Tengo deseos de verla. Cuando le pregunté a Alberto si por fin ella venía, muy cínicamente me dijo: 'Bueno, si es que no se parte otra pata' [a la pobre, recientemente le había ocurrido algo por el estilo] [...]. Me parece que es mejor que allá se enteren [de mi venidera intención de desertar] estando Miriam bien lejos; así no habría razón para retenerle el viaje, ni a ella, ni a Caveda, que también viaja por esa fecha [...]. Estoy seguro de que cuando Alberto lea mi carta no quedará tranquilo, y menos aún los <u>oficiales</u> que tiene detrás. Presumo que me llamará de nuevo o de alguna forma se presentará [...]". Aproveché, además, para pedirle "por favor que no olvide el asunto pendiente con el profesor Herman", para decirle que ya tenía boleto de avión para el sábado 25 de septiembre, con regreso el 2 de octubre, y que le recordase al doctor Radomski mi presencia esos días por allá. Y para terminar, "nuevamente le adelanto mis agradecimientos por su paciencia y la confianza que me ha brindado". En algo me equivoqué: Alberto no me llamó ni nunca más recibí directamente nada de él. Ni falta que me hizo.

En su anterior visita de trabajo a la Schwarz, Salvador me había hablado de sus trabajos del NO en plaquetas. Me preguntó si estaba interesado en ir a la Wellcome a aprender a lavar plaquetas con un experto en la materia, el doctor Radomski. La idea me pareció fantástica, pero, inmediatamente, y en lugar de responderle con un taxativo sí, con pesar le dije que yo no tenía dinero para un boleto de avión, y menos aún para costearme un alojamiento por una semana en Londres. "Ni en Londres, ni en la Conchinchina", pensé, sin decirlo, para mis adentros. No olvido la cara que puso Salvador cuando, tan directo y práctico como siempre, replicó:

—Aquí no estamos hablando de dinero. ¿Te gustaría venirte a Londres, sí o no?

Nada difícil la respuesta. Sin pestañar ni un segundo, y para ahuyentar la más mínima intención de arrepentimiento, ya saben, por si las moscas, le dije que sí.

—Contacta a Gillian y ella se encargará de lo demás —dijo, y pasamos a otro asunto.

Ansioso como estaba, por poco se me ocurre preguntarle quién era Gillian, pero me contuve. Salvador es una de las pocas personas que conozco que domina casi a la perfección el arte de la dosificación de la palabra; sin duda, un indicador de grandeza intelectual. Me tomó poco tiempo darme cuenta de ello. Yo había oído hablar de Gill, pero no estaba seguro de si se trataba de la misma persona, así que, al terminar la reunión, y ya a solas, le pregunté a Martin quién era Gill. En efecto, se trataba de la misma persona: Gillian Henderson, la estrecha colaboradora y amiga de tantos años. Un amor de inglesa.

Esa misma noche, o la siguiente, no podría precisarlo ahora, recibí esa llamada por teléfono a la que hice mención anteriormente. Se trataba de un amigo de papi, quien se encontraba en visita de trabajo en el extranjero. Prefiero no revelar el nombre. La última vez que supe de él, todavía ocupaba un cargo de cierta importancia en el Comité Central del Partido y no quisiera que esto, si algún día sale a la luz, pudiera afectarlo. Recuerden, en Cuba todo es posible. Lo que me dijo, además de alegrarme mucho, realmente me conmovió: yo no estaba loco ni era el único que se daba cuenta de que las cosas en Cuba no iban bien. Me aseguró que, a pesar de todo, mis padres no habían dejado de quererme; obviamente, yo tampoco a ellos. Le aseguré que mis padres no sabían nada de mis andanzas ni tenían nada que ver con mi decisión, ni con la del divorcio, ni con la otra, y esto era la pura verdad: ellos no conocían mis intenciones de desertar y no regresar a Cuba. Sus palabras fueron un bálsamo y me sentaron de maravilla, pero también me hicieron reflexionar sobre algo. Con tanto ajetreo, yo no había tenido tiempo para decirle, ni a él, ni a nadie, que ni Salvador, ni Martin, ni Miriam, nadie, absolutamente nadie tenía ninguna responsabilidad por mis decisiones y mi situación actual. De hecho, todos se enteraron por mí y cuando yo lo decidí. Luego de la conversación con este amigo de mi papá, me sentí mal por el hecho de que alguien pudiera pensar lo contrario; que alguien pensase que en mi decisión de desertar estaba la mano —o el cerebro, para ser más exactos— de alguien más. Lo juraría una y mil veces si tuviera que hacerlo; lo único que recibí de todos fue una gran muestra de amistad, solidaridad y afecto, nunca presión o seducción de ningún tipo. Lo que luego me pareció increíble es que conservé los originales o copias de todos los documentos que aquí cito, primero, para usarlos —llegado el caso— en mi defensa; y segundo —también llegado el caso—, para exonerar de toda culpa o responsabilidad a todos lo que me han ayudado en esta empresa. Con la excepción de dos de estos documentos que sí fueron cruciales para llegar hasta aquí, los demás solamente me han servido para abultar mi librero, y ahora para contar esta historia. C'est la vie.

Al amigo de mis padres le preocupaba la implicación política que pudieran tener mis acciones, a lo cual yo resté importancia. Si bien no le dije la verdadera razón del divorcio, sí le dije la otra verdad: yo estaba renunciando a regresar a Cuba no para hacer política contra el gobierno, sino para hacer mi doctorado en Europa; ni yo mismo sabía dónde, pero esa era la pura verdad. A este amigo, sin mencionar su nombre, también le doy las gracias.

Al siguiente día de ese fatídico 30 de agosto, el 31 en la mañana, le envié la carta que cité anteriormente a Salvador. Pero la paciencia —decididamente, una cualidad que no tengo como virtud— otra vez me duró menos de veinticuatro horas. Esa misma tarde, después de salir del trabajo, llamé de nuevo a Cuba y le dije a mi esposa:

—Se acabó. Mañana mismo pones la demanda de divorcio. Dices que yo te abandoné o lo que mejor creas conveniente. Voy a reducir las llamadas telefónicas y cuidado con todo lo que digas por teléfono. Si hay algo urgente y que no pueda esperar, me lo dices en húngaro.

Nada del otro mundo. Eran las mínimas precauciones en un país donde hay que tenerlas... por si las moscas.

El 1 de septiembre de 1993, casi un año después de mi llegada a Alemania, mi esposa presentó la demanda de divorcio por justa causa:

> [...] por incompatibilidad de caracteres. Separados desde julio de 1992, aunque continuaran residiendo en la misma casa. No hay vivienda propia [...]. Desde mediados de 1992, se marchó de Cuba para la Alemania Federal. Solo ha recibido unas pocas llamadas telefónicas para interesarse por la niña y desconoce su domicilio o paradero [...]. Patria potestad para ambos [...]. Se aclara que el demandado se marchó de Cuba desde mediados de septiembre de 1992 [...].

La forma es conocida y nada extraordinaria; un divorcio por justa causa, o como mejor se le conoce en la isla, por rebeldía. También en cierto modo fue más sencillo porque la ejecución del divorcio, al no comparecer una de las partes, se realiza solamente por el interés de la otra parte, sin obstrucción. Según la ley, hay que esperar un tiempo a que la persona ausente comparezca y conteste; de no hacerlo, se le da por conforme y se procede a dictar el fallo que anula el matrimonio.

Obviamente, yo confiaba —aunque no podía estar absolutamente seguro— en que nadie —especialmente Alberto— paralizase este divorcio en rebeldía. Había echado a andar el proceso y ahora, de nuevo, a esperar.

Esos primeros días de septiembre fueron una locura. Mi cabeza estaba en muchos lados al mismo tiempo, tenía un montón de trabajo y todos estábamos muy ocupados en la *Schwarz*, sobre todo Martin con los preparativos del venidero *NO Meeting* de octubre en Colonia. Uno de esos días que estuve haciendo una gestión fuera, cuando llegué al laboratorio me dijo Monika que una señora me había llamado, pero que no había dejado nombre ni recado. No le di mayor importancia. Dos días más tarde, y precisamente cuando me encontraba en otro laboratorio, algo más alejado de mi oficina, volvieron a llamarme por teléfono, según Monika, la misma persona aunque no estaba segura. Yo ya estaba algo paranoico, pero tampoco esa vez me preocupé demasiado. Y a la tercera fue la vencida. El 10 de septiembre, nuevamente estaba trabajando en el laboratorio cuando volvieron a llamarme por teléfono. Monika recibió la llamada y corrió enseguida a avisarme. Cuando me vio, enseguida supo qué hacer. Yo no podía moverme del laboratorio; estaba colgando los anillos de aorta de rata en el baño de órganos. Lo sentía mucho, le pedí que me dejaran el recado. Se repitió la historia, no dijeron nada. Estuve especulando con Monika sobre quién podía ser, pero, a decir verdad, no tenía ni idea. De Cuba no era, mis tías en los Estados Unidos hubiesen dicho algo, Javier y Ralph conocían ya a la *Frau* Schmidt —Monika—; además, era una mujer la que llamaba y, según Monika, tenía acento extranjero. Algo ya no me gustaba. Por suerte, esa misma tarde, la secretaria de Martin fue a mi oficina con un fax para mí. Enseguida salimos de duda:

10-9-93
To: Ruben Zamora
Ruben:
    Mi nombre es Ana y estoy trabajando en Düsseldorf desde hace casi año y medio. Aquí hay más cubanos. Estamos tratando de contactarte por teléfono (02173/481669), pero no hemos podido.
    Posiblemente, el lunes te vuelva a llamar. De todas formas, si puedes llamarme tú los teléfonos son los que están arriba, principalmente el último.

La dirección de mi casa es Moorenstrasse 48 [...]. Aquí también hay un teléfono (02173/481669), pero queda en otro piso que no es el nuestro. Si llamas, tienes que decir que por favor te busquen a Ana o a Alex en el cuarto 7.
Bueno, pronto nos contactaremos.
Saludos,

Ana

El fax venía de la *Heinrich-Heine-Universität* de Düsseldorf. Todo muy bien, pero ¿para qué me quería la tal Ana? ¿Por qué tanta insistencia? Y ahora, *pa' colmo*, también aparecía un tal Alex. ¿Qué era aquello? Ni la tal Ana, ni el tal Alex tenían apellidos. "Probablemente, son hijos del Espíritu Santo", bromeaba yo con Monika, a la par que me divertía observando la expresión de su cara, pero ella tenía claro que yo la respetaba mucho y no lo hacía por malo; solamente, como decimos los cubanos, por joder. Y la alemana, después de un año lidiando conmigo, ya estaba acostumbrada a mi sentido del humor. Ella no hablaba nada de castellano, y esa tarde, cuando me despedí, con mucha gracia y dejando ver su socarrona sonrisa, me dijo en alemán:

—Si vas a ver a Ana, recuerda que es en el cuarto 7.

Estuve riéndome hasta que llegué a mi casa.

Ese mismo día, en la noche, le escribí una carta a mi hermano en Cuba. Se la debía. Luego de darle consejos de hermano mayor, me disculpé y le expliqué el porqué de mi silencio y de mi distancia. Aunque la carta viajaría por una vía segura, yo no confiaba ya en nada, así que una simple y mal escrita oración en húngaro, confiando en que mi hermano entendería, me bastó para revelarle mis intenciones: *"[...] tudod, hogy mivel **nem kívánt** személy leszek vigyáznom kell, nem akarok, hoy baj legyen veled"*, o lo que es lo mismo: "[...] como sabes, seré persona no deseada y tengo que tener cuidado; no quiero que te veas en problemas". En buen húngaro, debí haber escrito **nem kívánatos** személy, que es el equivalente a *persona non grata*, pero estaba seguro de que, al traducirlo, mi hermano captaría el mensaje. Y así fue.

Solamente pasaron dos o tres días cuando entró otra llamada por teléfono para mí. Y de nuevo, tampoco estaba en la oficina. Esta vez no era Ana. ¿Alex, entonces? Monika se reía al responder: *"Nein, nein, eine andere Frau..."*, o lo que es lo mismo: "No, no, otra mujer". Hasta yo le seguí la corriente y me reí a la par; no tenía nada de cómico, pero ¿qué más podía hacer? ¿Qué era todo aquello? No tenía idea de qué estaban cociendo en el CQF, y por extensión, en la Embajada cubana, pero vaya matraca: de pronto, todo el mundo quería verme o hablar conmigo. En fin, todo apuntaba a la confirmación de que, acto seguido al conocerse mi intención de divorciarme, comenzó algo así como el juego del cazador —¿el CQF?, ¿la Embajada?, ¿los dos en nombre de la patria?— y su presa —yo—. El primero atacaba, la segunda se defendía; el primero acechaba, la segunda lo evadía; solo que, esta vez, la presa sí se iba a escapar; de hecho, lo lograba por segunda vez. La primera, un año antes, en un vuelo de *LTU*.

El día 15 de septiembre, un nuevo fax despejó mi última duda:

> Ruben Zamora Pino:
>
> Necesito conversar contigo, y me interesaría verte. Dime si puedes venir hasta aquí, en Bonn, o si no, nos vemos en Düsseldorf que yo voy a visitar a los estudiantes que allí están el jueves 23; aún no sé la hora, pero lo estoy coordinando con ellos. He hablado en estos días con Alberto Núñez y quisiera tener un intercambio contigo e informarte varias cosas. Yo preferiría que fuera aquí, pero dime

tus posibilidades. El teléfono de la Embajada es 0228/3091, y el de la casa, el mismo código, 231925. He tratado de comunicarme contigo, pero no lo logro. El fax nuestro es 0228/309244.
Espero que estés bien y poder verte pronto.
Espero por tus noticias.
Saludos,

Lourdes Alicia

Primero, cuando leí el nombre de Alberto Núñez, pensé para mis adentros, y se lo dije a Monika:
—Ya sabía yo de dónde venía todo esto.

Luego, el nombre de Lourdes Alicia me recordó a Javier, quien me había dicho que se trataba de la esposa del embajador cubano en Alemania. Y bueno, elemental lo demás, nada era casual: este último fax no había sido enviado desde la universidad, sino que venía de la mismísima Botschaft von Kuba, o lo que es lo mismo, de la Embajada de Cuba en Bonn. Eso, de verdad, por muy correcta que haya sido la señora en sus formas, no me hizo ninguna gracia. Lourdes Alicia había hablado con Alberto Núñez. Quería tener un intercambio conmigo e informarme varias cosas, y, para colmo, prefería que fuera en la Embajada. Ni pensarlo. Realmente, no tenía a quién dirigirme en busca de información. Ese mismo día, le envié un fax a Javier, quien, también por fax, me contestó enseguida:

[...] En cuanto a Lourdes Alicia, yo la llamaría y le diría que lo que tiene que decir te lo diga por teléfono, pues tú no dispones de tiempo ni dinero para ir ahora a la Embajada. ¡No la cojas con ella, pues ella es solo una simple funcionaria que cumple órdenes! De todas formas, podrías dejarle caer que no sabes cuál es intriga con A. Núñez y argumentarle lo mismo que ya le escribiste a él, que es un asunto personal. Yo tampoco veo por qué tienes que ir tú a verla, cuando ya tú estuviste allí e hiciste lo que oficialmente tenías que hacer.

Agradecí como siempre su opinión, pero me quedé únicamente con lo último. En efecto, yo ya había estado una vez en la Embajada para hacer lo que oficialmente tenía que hacer. Fin de la historia. Se acabó. Ni llamé, ni contacté, ni visité la Embajada de Cuba para ver a nadie. Había decidido romper el cordón umbilical con Cuba, y la cosa iba en serio. Se acabaron los sermones *para ayudarme y no para descojonarme*, viniesen de donde viniesen.

Se acercaba el *meeting* de Colonia y todavía tenía tanto para hacer que a veces pensaba que no podría con todo. Intenté concentrarme en el trabajo y unos nuevos experimentos que estaba haciendo; del resto estaba sencillamente saturado. Miriam me había pasado un fax para que la ayudara con Martin y la invitación oficial al *meeting* de Colonia, al que ella también pensaba asistir, y, lógicamente, necesitaba una visa. Todo se resolvió.

El día 14, había recibido un fax de Salvador donde me decía que Miriam saldría el día 19 y que me esperaba "el 25 para hablar de todo, incluso las gestiones con el profesor Herman". Y eso hice. Me fui a Inglaterra y pasé unos días muy productivos, lo mismo en la *Wellcome* en Beckenham como en las calles de Londres, y visité e hice lo que todo turista visita y hace en la urbe londinense. Y lo más enriquecedor, como siempre, las discusiones e intercambio de ideas con Salvador, y las mejores —según la costumbre—, con una copa de vino en la mano. O dos.

El *NO Meeting* se celebró en el hotel Maritim de Colonia —del 3 al 6 de octubre de 1993— y fue para mí todo un acontecimiento, primero, por tratarse de la primera conferencia internacional en la que participaba; y segundo, porque tuve la oportunidad de encontrarme en persona con muchos de los renombrados científicos que hasta ese momento únicamente conocía por la literatura, entre ellos, al que cinco años más tarde sería —y aún hoy lo es— mi jefe y jefe del Departamento de Cirugía en la Universidad de Pittsburgh, el doctor Timothy R. Billiar. Claro que en aquel momento ni él, ni yo podíamos siquiera imaginar que algún día trabajaríamos juntos, y ya llevamos más de quince años.

Reencontrarme con Miriam fue todo un gusto. Traía noticias frescas de la isla y, lo más importante, de los míos, de mi pequeña, de mis compañeros de trabajo. Conversamos muchísimo y pude al fin decirle frente a frente que no regresaría a Cuba. Obviamente, me preocupaba mucho el impacto de mi decisión y no quería que esta la afectase; no era justo. Acordamos la estrategia a seguir. Algo salvaría a Miriam de una candanga —o al menos eso pensamos—, y era que Alberto no se enterase por ella de mi deserción. Mi preocupación principal era quitarle toda la presión posible a Miriam, que pronto regresaría a la isla. Alguien sin nada que perder tendría que comunicar al CQF la no tan buena nueva —o muy buena, según se mire—, y enseguida pensé en Martin. Él me ayudaría.

Concluido el *NO Meeting*, Miriam partió para Londres, donde todavía estaría unos días antes de regresar a Cuba. Posiblemente, Alberto ya sabría —o intuiría— que nos habíamos visto, y yo no quería demorar más el asunto. Llamé por teléfono a la Palacios, como también la llamábamos, pero no pude localizarla. El día 14 de octubre, recibí el siguiente fax:

> Ruben: Sentí tu voz en la answer machine, a medio mensaje, pero te reconocí. Betty [una compañera del CQF] vino al Congreso de Edimburgo [...]. Creo

que puedo confiar en ella [...]. No le he dicho nada de lo tuyo, pero, para cubrirme las espaldas, haré una carta personal a Alberto de estilo trágico–seguroso, diciendo que no era recomendable el fax [?]. La carta de Martin Feelisch es válida solo si Alberto escribe oficialmente una a <u>él</u> o a ti en tono oficial. Más bien, la carta debe recoger su criterio del tipo y calidad de trabajo que hiciste, y que de muchas maneras eso podría contribuir a Cuba [...].

Lo más entrañable para el final:

>¡Muchos besos, éxitos y valor!
>Te quiere,
>
>> Miriam

Lo que ni Miriam, ni yo, ni nadie sabía era que Alberto nunca más me iba a escribir. Pero lo que yo sí sabía era que el tiempo —y más aún mi impaciencia— apremiaba, y yo no iba a esperar por Alberto. Me pareció una buena idea lo de quitarle peso al anuncio *bomba* y concentrarme en la ciencia. Una vez más, dejé en manos de Martin la redacción de la carta. Y también nuevamente este hizo uso de sus habilidades diplomáticas y preparó unas encomiosas letras que envió a Alberto por fax. Confieso que, cuando la leí, me ruboricé como cualquiera cuando lo cubren de alabanzas:

October 18, 1993
Dear Dr. Núñez Sellés,
   I am writing to you with regard to Ruben Zamora Pino, one of your coworkers who is finishing his pharmacology training in my laboratory at the end of this year.

On the occasion of the Third International Meeting on the Biology of Nitric Oxide in Cologne last week, where he successfully presented a poster related to the Project I mentioned to you earlier, I came to know two important decisions Ruben made recently and I thought I should contact you shortly.

The first one is that he decided to become a pharmacologist, a fact which makes me feel rather happy... I am absolutely convinced that this is the right decision for Rubén, because he is a scientist with unusual experimental skills and endurance... In fact, he plans to start a PhD training in Pharmacology as soon as possible, he said.

The second decision is a more difficult one. Rubén does not want to return to Cuba. His decision appeared definite to me and, regardless of my own personal opinion about this, I feel that I do not have the right to judge on him, even knowing that this could create problems for you and him. Nevertheless if this decision were definite, I think we are only left with accepting it, although I can imagine that this will be most...In any case I personally feel that it will be most difficult for you (especially since the situation in Cuba is becoming increasingly difficult these days). In any case, I personally feel that it will be most important for the scientific and economic future of your country to have good connections with scientists from all over the world.

I consider Ruben Zamora Pino to be a most promising and brilliant scientist, who has all the qualifications to contribute greatly to the development of pharmacology in particular and science in general... and I think that he deserves belonging to

those individuals you may wish to keep contact with in the future.
With very best regards.
Yours sincerely,

Martin Feelisch

Director of Pharmacology

Mejor carta no podía escribirse, detallada y, sobre todo, respetuosa. De nuevo, un trabajo excepcional de Martin. Yo realmente le estaba muy agradecido. Y a propósito de Alberto, dijera lo que dijera de mí ya me daba igual, pero nuevamente me equivoqué en cuanto a la velocidad con la que envió su respuesta a la carta de Martin. El fax del doctor Núñez, que por algún motivo que no recuerdo recibí el día 25, no tiene desperdicio:

Havana, October 20th 1993
Dear Dr. Feelisch:
I acknowledge your attention on Lic. Zamora Pino's present situation. Fortunately his decision will not have any effect on our situation, since CQF has strong research groups on different fields of pharmaceutical sciences with young people who are probably more dedicated and motivated than him to science and development.
I hope this situation will not have any influence on your collaborative position and do expect to continue having mutual scientific exchange in our common fields of pharmacological R&D.
Sincerely yours,

Dr. Alberto Núñez Sellés
Director CQF

¡Qué peso me había quitado de encima! El fax llegó antes de lo esperado y no recuerdo si Martin respondió —creo que no—, pero lo que sí recuerdo es que Alberto nunca más dio señales de vida. Mejor para todos. En el fondo, y de lo poco que de él recuerdo, creo que era un tipo inteligente, solamente que estuvo en el lado equivocado de esta historia, o de la historia en general. A mí realmente no me importó el contenido de ese fax. Lo que en verdad me hizo sentir requetebién fue el comentario de Martin: "No hay problemas, que se quede con los buenos y me mande para acá a todos los poco motivados como tú". No tengo forma de ilustrar aquí el sarcasmo que empleó cuando lo dijo, pero el contenido fue la más reconfortante síntesis de un intenso año de trabajo. Auf nimmerwiedersehen doctor Núñez!

Lo que en aquel momento yo todavía no sabía era que desde el mismo 18 de octubre, cuando recibieron el fax de Martin, en el CQF ya me habían borrado del mapa. Yo ya había roto el cordón umbilical que me unía a mis padres; ahora, el compañero director rompía definitivamente el cordón laboral que me unía al CQF, y, por ende, el cordón *revolumbilical* que me unía a la Cuba socialista, que no a la Cuba donde nací. Eran momentos de rupturas.

A los pocos días, el 3 de noviembre de 1993, exactamente al cabo de los tres meses estipulados por la ley, se produjo la ruptura del cordón marital, con la sentencia de divorcio en rebeldía:

> [...] contra RUBEN ZAMORA PINO de **profeción** [no, no es un error mío; en la sentencia, aparece profesión escrita con c] Investigador y vecino de se **desconose** [y nuevamente no, no es un error mío; la sentencia dice desconose con s] [...].

Pero la sarta de errores no acabó ahí. Juzguen por ustedes mismos:

> [...] que por la disparidad e incompatibilidad de caracteres de los **c-ónyuges sirgieron** [estos puedo perdonarlos] entre los **m-últiples** y reiteradas desavenencias y disgustos **tos** que **anormalizaron** la **voda** matrimonial, lo que motivó que se separaran definitivamente en julio de 1992, aunque continuaron **recidiendo** en la misma casa [...]. Patria potestad para ambos padres [...].

Cualquiera pensaría: bueno, al menos le dejaron la patria potestad, toda una ironía, por no llamarlo de otra forma. No podía regresar libremente al país, pero conservaba la patria potestad sobre mi hija. ¿Qué significaba entonces la patria potestad? ¿Era verdad que la mantenía? De ser cierto, de poco me servía. El papel lo soporta todo, ni aunque hubiese querido, habría podido ejercerla. ¿Por qué no me consultaron entonces a la hora de autorizar a mi hija para salir de Cuba y viajar a Hungría? Estaba más que claro: en la práctica, los desertores como yo ni teníamos patria, ni —menos aún— potestad. Sin comentarios.

A partir de la sentencia de divorcio 428/93, mi esposa pasó a la categoría de esposa-no esposa, y una década más tarde, con el nuevo y esta vez no orquestado *redivorcio*, pasó simplemente a no esposa[2] —léase, no esposa al cuadrado—, o sea, y en versión corta, una doble ex. Sí, en 2001, cuando comenzó la separación definitiva, yo siempre decía medio en broma, medio en serio, que no me estaba divorciando, sino *redivorciando*. Pero ¿qué era eso? Tal término no existe en el castellano, pero me ayudaba mucho a sintetizar mi situación: estaba divorciándome por segunda vez de mi ex sin haberme vuelto a casar luego del primer divorcio. Suena inaudito y estrafalario; mucha gente no me entendía. De hecho, cuando le conté parte de esta historia a mi abogado en Pittsburgh, este se quedó boquiabierto y, con su anglosajona y pragmática mentalidad, me dijo que era mejor no meternos en ese lío. Si yo incluía a una persona como cónyuge en mi declaración anual de la renta, esta se consideraba como tal; o sea, del previo divorcio no se mencionaría ni una palabra. Ya se encargaría el juez de declarar mi *redivorcio* como divorcio normal. En pocas palabras, que la acción pasada era solamente historia, y eso precisamente hago ahora: escribirla.

Sobre cómo mis padres y mi hermano vivieron todo esto, me enteré solamente muchos años después, con la llegada de la *normalidad* a mi vida. Tampoco puedo narrarlo con lujo de detalles, porque, con una comunicación limitada y al estar tan lejos, no lo viví en primera persona. Mi madre me contó que, a raíz de mi visita a Bonn, había llegado un cable de la Embajada de Cuba al CQF. A través de Susana, quien atendía al CQF, se enteró nuestra vecina Yadira y esta enseguida llamó a mi padre. Según me comentaron, Yadira le dijo que, al parecer, yo estaba enamorado. Le pidió que no le dijera nada a mi madre para no preocuparla, pero mi madre escuchó parte de la conversación y al preguntarle mi papá terminó diciéndole lo que le había contado Yadira. Por esos días, mi mamá también oyó a mi hermano decir algo al respecto; además, notó —lógicamente, sin entender— que hablábamos en húngaro durante las conversaciones al teléfono con mi ex, y bueno, *más sabe el diablo por viejo que por diablo*. A una madre siempre —o casi siempre— le resulta muy fácil atar cabos, sobre todo los que dejan sueltos sus hijos. Luego, una conversación con aquel compañero de trabajo que me había llamado a mi casa le corroboró lo que ella ya temía: su hijo Ruben no regresaba a Cuba.

No tengo cómo confirmarlo, pero es muy probable que mi *quedada* en Alemania haya impedido que mis padres volviesen a salir juntos al extranjero. Sí lo hicieron por separado, pero mientras trabajaron en el Comité Central del Partido, juntos nunca más salieron del país. Ya saben, por si las moscas.

El año 1993 volaba raudo como el anterior y los que le siguieron. Tanto para hacer y tan poco tiempo, ni siquiera para mi *hobby* favorito: la lectura.

En uno de mis viajes a Londres, y mientras curioseaba en la biblioteca de la casa de Salvador, encontré un famoso libro que conocía exclusivamente por su título, *Paradiso*, y el de su renombrado autor, Lezama Lima.[65] Si no me equivoco, fue la única de sus novelas que el autor pudo ver publicada íntegramente en vida. Confieso que si difícil fue leerla, muy fácil fue comprender por qué, gracias a *Paradiso*, Lezama es considerado uno de los grandes de nuestras letras. Decididamente, fue una lectura demasiado densa. Además de una gran paciencia, se requiere un dominio extraordinario de la lengua castellana para, sin tirar la toalla, poder llegar hasta la última página. Yo únicamente lo hice porque estaba muy solo en Alemania, no tenía otra cosa para leer, ni dinero para gastar en libros en castellano; también para decirme a mí mismo que la había leído. Cuando me lo prestó, Salvador me advirtió acerca de la complejidad del famoso libro, pero no le hice caso. Quizás, hoy me le enfrentaría con otra perspectiva, pero me resisto. Esa literatura tan barroca requiere un gasto de energía intelectual que no tengo y, por tanto, se traduce en pérdida de interés. Y todo esto dicho con el mayor y el más sentido respeto por la figura del gran Lezama. Faltaría más.

---

65   **José Lezama Lima** (La Habana, 1912-1976). Poeta, ensayista y novelista cubano, considerado una de las más grandes figuras que han dado las letras cubanas. Aunque estudió Derecho, no fueron las leyes, sino el valor de su pluma lo que lo inmortalizó. Fue fundador y director de varias publicaciones, entre ellas *Orígenes*, una joya del periodismo cultural hispanoamericano de la era prerrevolucionaria. Su perfil público fue más bien limitado, debido a su particular personalidad, su asma crónica y su debilitado estado de salud, acrecentados por la obesidad.

Y para seguir con lo que nunca parecía llegar a su fin, faltaban más gestiones en mi vida cotidiana. El papeleo no se acababa; de hecho, recién comenzaba lo grande. Para todo tenía que pedir permiso. Ya lo de solicitar visas me parecía un juego de niños, y lo de las prórrogas en Alemania era uno de ellos. Hasta mis colegas se lo tomaban con espíritu deportivo. Por suerte, las gestiones con el profesor Herman en Bélgica iban bien y todo apuntaba a que, al finalizar mi estancia en Alemania, podría comenzar el doctorado en el vecino país. El 15 de noviembre, fui a solicitar una visa de turista para Italia. Necesitaba tomarme unos días de descanso y, además, quería visitar a Caveda, que en esas fechas estaba trabajando en Milán. Nuevamente, las gestiones rutinarias, una carta de Martin, una visita al Consulado italiano en Colonia, una larga espera. Pero no era eso lo que me quitaba el sueño, sino la ejecución de mi plan B, al que todavía le quedaba un par de asuntos complicados. Ya estábamos divorciados. ¿Y ahora qué? Mi esposa-no esposa podría casarse con otra persona —lógicamente, un extranjero—; luego, solicitaría el permiso de salida para abandonar el país con la niña; y luego, bueno, luego ya veríamos. La hoja de ruta parecía muy clara, pero tendría que recorrerse, inevitablemente, *step by step*. Imposible saltarse algún escalón.

El primer paso de esta hoja de ruta, obviamente, era desposar por segunda vez a mi esposa-no esposa. Lo que en un inicio habíamos considerado exclusivamente como una remota posibilidad se convertía ahora en la única opción viable. Hay cuestiones en la vida que, aunque dentro de la normalidad resultan muy difíciles e inusuales, también a veces, y por fortuna, cuando uno menos lo espera se vuelven muy fáciles. No me canso de repetirlo: gracias únicamente a la generosidad y al valor de la amistad, pude encontrar una solución para este primer paso de mi rompecabezas.

Así de fácil apareció el candidato:

Mis amigos en Hungría estaban al tanto de los acontecimientos, conocían mis planes y la respuesta fue inmediata. El primero fue Carlos. Lo llamé por teléfono y, sin mucha discusión, me dijo que no había ningún problema; él estaba soltero y dispuesto a casarse. Muy lindo de su parte, pero había un pequeño —mejor dicho, gran— problema. Aunque Carlos ya estaba residiendo legalmente en Hungría, todavía era ciudadano cubano, y yo necesitaba un extranjero; me daba igual de dónde viniera mientras no fuese ciudadano de ninguno de los 114 mil kilómetros cuadrados que constituyen la República de Cuba. Acto seguido, llamé a Ibi *néni*, quien me recordó que Zoli, su hijo mayor, estaba divorciado. Si hacía falta, ella le hablaría y estaba segura de que, para ayudarnos, él accedería a casarse. Me despedí, una vez más infinitamente agradecido, y volví a marcar otro número de teléfono, en Veszprém. Boda Magdi estaba en casa y, para mi sorpresa y alegría, se repitió la historia. Nada más tocar el tema, mencionó la soltería de su hijo mayor, Csaba. Sin pensarlo mucho, me dijo que él estaría a mi disposición si lo necesitaba. Magdi ante mí ya tenía su puesto en el altar de las santas. Corazón más grande, imposible. Todo aquello fue mejor que la lotería. En un día, conseguí tres candidatos que ni por interés personal, ni por dinero, únicamente por un afecto y amor no exclusivo que incluía a la pequeña Ylenita y a mí, aceptaron contraer matrimonio con mi esposa-no esposa para que ambas pudieran abandonar la isla. Realmente, hay que vivirlo para creerlo. Semejantes muestras de altruismo le refuerzan a uno la creencia de que amerita y compensa confiar en el ser humano.

Se acercaba el nuevo año, y el 27 o 28 de diciembre volvieron a saltar las alarmas. Con tanto lío en mi cabeza, me había olvidado de que mi visa se vencía el día 31 de diciembre. Probablemente, y como ese fin de año no pensaba viajar a ningún lado, no se me había ocurrido mirar mi pasaporte.

De nuevo, puse a correr a todos. Martin enseguida me escribió la carta de rigor, y a por la visa. Me la dieron hasta el 31 de marzo de 1994. Esta vez, no me preocupó mucho que fueran solo tres meses, porque, si todo salía bien, para cuando venciera ya estaría en Bélgica. Ese fin de año, lo pasé con Ralph y Elke, en casa de unos amigos, en Krefeld, una ciudad al noroeste de Düsseldorf. Durante la no tan larga travesía, Ralph iba alabando —con toda razón— la calidad de las autovías alemanas. Recuerdo que decía que si apretaba un poco el acelerador, llegábamos a Holanda. Así de cortas son las distancias en Europa. Fue —comparada a las del Caribe— una celebración tranquila, pero muy agradable, y yo celebré muy esperanzado la llegada del nuevo año. El 1994 también sería un año decisivo en mi vida.

De los tres candidatos para casarse con mi esposa-no esposa, me decanté por el tercero. Csabi nunca se había casado y era el más joven de los tres, aunque solamente tres años más joven que nosotros. Contábamos, además, con toda la ayuda de su mami, Magdi, quien, desde el primer momento, se convirtió en un pilar indispensable para la ejecución del proyecto o, como prefiero llamarlo, el plan B.

Con la llegada del nuevo 1994, me puse inmediatamente manos a la obra. Se avecinaban meses de gestiones, de más visas y papeleo, sobre todo lo último. De todo esto, lo único que yo podía seguir más de cerca —y para lo que, por suerte, aunque solamente por el momento, no necesitaba a Cuba— era la gestión de mi visa para Bélgica. El asunto del matrimonio de mi esposa-no esposa y la salida de mi hija sí dependía enteramente de Cuba. Y nada iba a salir de gratis. Yo me había pasado más de un año gastando lo mínimo y viviendo al límite. Por suerte, pude ahorrar lo suficiente; el dinero para costearlo todo no sería un impedimento.

Por suerte también, en Cuba todavía se podía ejecutar eso que podría llamarse matrimonio *in absentia*, o sea, sin la presencia física de uno de los contrayentes; todo se hacía a través de un apoderado que servía de intermediario. Con el paso de los años, según me dijeron, ese procedimiento, o bien lo eliminaron, o lo limitaron considerablemente, no lo sé con seguridad.

Desde el punto de vista del Estado cubano, no sería del todo descabellada su supresión, sobre todo porque el sistema significaba la pérdida de una vía adicional de ingresos en moneda convertible. Realmente, no lo sé.

Después de recibir mis instrucciones, Carlos, Magdi y Csaba se pusieron manos a la obra. Rodolfo Dimas Toledo, el padre de un amigo nuestro que también había estudiado con nosotros en Hungría y vivía en La Habana, nos hizo el inmenso favor de servir de intermediario y actuar en representación de Csaba, quien no podía "trasladarse al lugar de la formalización del matrimonio". Yo le había dejado 160 dólares que Carlos cambió a florines —15 915— para pagar el poder especial y algún gasto extra que tuviese. No fue suficiente para todo, pero Carlos puso el resto, que luego yo le reembolsé. El 8 de febrero, hicieron una traducción oficial al español del acta de nacimiento de Csabi —4010 florines—; al día siguiente, la legalizaron en la Oficina Nacional Húngara de Traducciones y Legalizaciones —3150 florines—; y con esto, el 10 de febrero, se presentaron ante el consejero a cargo de Asuntos Consulares de la Embajada cubana para la confección del poder especial necesario para el matrimonio *in absentia* —11 025 florines—. En su carta del 14 febrero, que recibí dos días más tarde, Carlos me explicaba bien los pasos a seguir para que yo se los comunicara a mi esposa-no esposa. Fue, por cierto, muy concreto, pero en aquel momento yo pensé que aquello nunca terminaría:

> Con el poder especial que está hecho en la Embajada, con la partida de nacimiento y el papel

de soltero, ella tiene que ir a la oficina esa que tú me dijiste y creo que allí mismo la casan.

Después, con los papeles de que ella está casada, tiene que mandar una copia para acá, y después Csaba tiene que hacer una carta de aceptación para la niña y ella, pero no te olvides del poder que tienes que darle con respecto a la niña. Después de que ella reciba la carta de aceptación que manda la Embajada, ella tiene que ir a inmigración y solicitar la salida [...].

El casamiento va a ir rápido, pero el lío de inmigración puede que demore de un mes a tres meses [...]. No te debes desesperar, pues todo está saliendo. Ten calma, las cosas no se pueden apurar más de lo que podemos [...].

La oficina esa que yo le dije era la Consultoría Jurídica Internacional en La Habana, una empresa de reciente creación que, entre otras funciones, se encargaba de formalizar y protocolizar los matrimonios de cubanos con extranjeros.

Carlos fue demasiado optimista. Lo que él llamaba *lío de inmigración* tomó mucho más tiempo, pero, por suerte, y a diferencia del extremadamente lento e inseguro servicio postal de la isla, el correo en Europa funcionaba muy bien, así que enseguida recibí los documentos que necesitaba mi esposa-no esposa para poder casarse con Csabi, representado por Toledo en La Habana. Ahora, únicamente me tocaba hacerlos llegar a Cuba, y cuanto más rápido, mejor.

En el ínterin, mientras mis amigos en Hungría hacían lo suyo —que era, en realidad, lo mío—, yo tenía que proseguir con las gestiones de mi visa para Bélgica.

El profesor Arnold Herman, jefe del Departamento de Farmacología de la Universidad de Amberes (*Universiteit Instelling Antwerpen, UIA*), ya me había enviado la carta de aceptación para comenzar el doctorado en la UIA. Con esta última en la mano, mi pasaporte y otra carta más de Martin certificando lo que yo hacía en Alemania, nos dirigimos al Consulado de Bélgica en Colonia. Digo *nos dirigimos* porque, por muy bueno que era —y es— el transporte público en Alemania, todas esas gestiones hubiesen sido una *candanga* sin la ayuda de Monika o de Ralph, quienes, siempre con la mayor disposición, me llevaban lo mismo a Bonn que a Colonia. Por suerte, con Rolf, en Düsseldorf, sí lo podíamos hacer en *S-Bahn* o autobús. No me canso de agradecerlo.

Esta vez, fui al Consulado de Bélgica en Colonia con Monika. Lo que yo suponía iba a ser una operación de rutina, para nuestra decepción —sobre todo la mía—, no resultó tan sencillo, y tendríamos que repetir el viaje un par de veces más. En el Consulado, nos atendió una señora nada amigable, muy seca para mi gusto. No recuerdo su nombre de pila, pero nunca olvidaré su apellido: Weber. Después del saludo, que respondió fríamente, le expuse brevemente el motivo de mi visita, a lo que, confirmando lo que yo decía, se sumó inmediatamente Monika. La señora tomó los documentos y revisó el pasaporte. Lo primero que dijo me cayó como un verdadero cubo de agua fría —más bien helada, y en invierno—; después de eso, cualquier cosa parecía insignificante. En un alemán con acento extranjero, se dirigió a Monika, que naturalmente hablaba el idioma mejor que yo, y aunque yo me había dirigido a ella en alemán, por un instante mi presencia pareció no importarle:

—El señor Ruben Zamora Pino es ciudadano cubano con una visa temporal en Alemania, la cual vence el 31 de marzo, y la solicitud de visado para Bélgica tiene que hacerla personalmente en el Consulado belga en su país de origen.

Dicho de otro modo, en Cuba. Me quedé petrificado. Imposible. Yo no podía regresar a la isla; hubiese sido un *suicidio*. Miré a Monika y creo que mi mirada lo dijo todo, porque, sin pensarlo dos veces, intentó razonar con aquella señora, quien, por cierto, ya se me tornaba insoportable. La *Frau* Weber prosiguió sin inmutarse, y esta vez sí me miró directamente a mí. Con un tono nada esperanzador ni constructivo, dijo:

—Lo que usted trae no es suficiente para una visa del tipo que pide y necesita. Además, de no estar en Cuba, aun cuando pudiésemos procesar la solicitud, su pasaporte cubano expira en agosto de este año y tiene que estar válido al menos un año a partir de la concesión del visado. En segundo lugar, tiene que presentar un documento del Ministerio del Interior alemán que certifique la ausencia de antecedentes penales durante su estancia en Alemania.

Y, como si todo aquello fuera poco, concluyó rematando:

—Aun cuando lo tuviese todo, el proceso puede demorar, en el mejor de los casos, dos o tres meses. A veces dura más. Como su visa de estancia en Alemania expira el 31 de marzo, eso podría crear un problema adicional, porque ya usted estaría ilegal en Europa.

No necesitaba oír más. Estar ilegal en Europa era lo único que me faltaba. Mi desesperación dictaba empezar a llorar, o a gritar, o a las dos, pero con Monika delante no haría nada de eso. Lo que sí hice fue, una vez que salimos del Consulado, lanzar un improperio que Monika, siempre tan correcta, educada y ahora sorprendida, me perdonó con una carcajada. Seguro se preguntó dónde demonios había aprendido tal expresión en alemán, porque, con toda seguridad, así no se hablaba en la *Schwarz*. Tampoco creo que le haya dado mayor importancia; el contexto lo merecía. Y para la *Schwarz* partimos inmediatamente. Quizás al llegar a Monheim bajarían mis niveles de adrenalina, que seguro andaban por las nubes.

Nada más entramos a la *Schwarz*, fui a la oficina de Martin para contarle lo sucedido. Y Martin, una vez más, me ofreció su ayuda para lo que fuese necesario, aunque claro, ahora sí era muy poco lo que él podía hacer.

Una cosa sí recuerdo bien que me dijo: le llamaba la atención que yo, a pesar de estar triste y preocupado, nunca perdía el buen humor. Es verdad, aún hoy, pocas veces lo pierdo. Pero en ese momento no se trataba de tener mal o buen humor, tenía que actuar. Ese mismo día, llamé a Salvador y le conté todo. Cuando le comenté un par de cosas que me habían sorprendido, Moncada, riéndose, apuntó:

—Sigues joven...

Y cuando le pregunté por qué decía eso, respondió, muy convencido:

—Porque no has perdido la capacidad de sorprenderte.

Parece que con la edad, y cuando se peinan muchas canas, uno ya no se sorprende, porque lo ha visto todo, o casi todo, o como decía mi tía Juanita, refiriéndose a lo mismo: "Yo no necesito viajar por el mundo para conocerlo". La aparente tranquilidad de Salvador me intranquilizó aún más, pero yo nada más podía hacer. Por suerte, sus palabras de despedida me infundieron algo de sosiego; hablaría con Herman y ya veríamos. Juro que, de haber sido religioso, ahí mismo me hubiese puesto a rezar.

El plan B tenía que seguir su curso y, una vez que recibí los papeles de Csabi para su futuro matrimonio —que, por cierto, Carlos me había enviado con celeridad por correo—, tenía que buscar la forma de hacerlos llegar a Cuba. Pero para eso no hizo falta ningún rezo. Por suerte, dicen que *Dios aprieta, pero no ahoga* y, como caídos del cielo, mis *dioses* apretaron sus agendas y oportunamente me salvaron del ahogo.

Sí, un día, por sorpresa, se aparecieron Ralph y Elke con una maleta grande, vacía, me regalaron además 100 marcos alemanes —una minifortuna para mí en aquellos tiempos— y me dijeron:

—Vete al ALDI y llena la maleta, que nos vamos a Cuba de vacaciones.

Dicho y hecho. Volaron a la isla con la maleta llena de regalos, sobre todo para mi pequeña princesa, que el día 16 cumplía sus tres añitos y recibiría un *cake*, aunque de plástico, de su papi en Alemania. Pero eso no fue lo más importante: Ralph y Elke sirvieron de mensajeros especiales, pues llevaban con ellos los documentos necesarios para que nuestro plan B funcionase.

Tras su regreso a Alemania, Elke me contó lo nerviosa que hizo el viaje, temiendo que los revisaran y encontraran los documentos. Me sentí algo culpable por haberles pegado parte de mi paranoia, pero, por suerte, todo salió a pedir de boca. Mi esposa-no esposa diligentemente hizo su parte y, el 22 de febrero, hizo los pagos correspondientes al matrimonio —525 dólares— y protocolización —200 dólares— en la Consultoría Jurídica. Dos días más tarde, el 24 de febrero, mi esposa-no esposa pasaba oficialmente a ser mi exesposa y esposa de otro, y yo estaba loco de contento por celebrarlo: ese fue para mí el más esperado y deseado matrimonio del mundo. Pero la visita de Ralph y Elke todavía daría para más. Al día siguiente se expidió la nueva certificación de matrimonio que, luego de ser autenticada por la Dirección Jurídica del MINREX, el 1 de marzo se presentó en la Embajada de Hungría en La Habana para su traducción y entrada en el registro.

Fue toda una bendición ese viaje de Ralph y Elke. Se quedaron el tiempo suficiente en La Habana, y a su regreso a Alemania, volvieron a servir de mensajeros y trajeron consigo los nuevos documentos que yo después me encargaría de hacer llegar a Hungría. Así lo hice. Para asegurarme de que llegaran sin problemas, el 9 de marzo le envié por correo certificado todos los documentos a Magdi. Los recibió tres días más tarde, tal y como consta en el acuso de recibo, con fecha 12 de marzo, que la oficina de correos me envió de vuelta. Por lo menos, esa parte del plan B estaba saliendo bien.

Lo que ahora tendría que salir igual —o mejor— era la gestión para mi nueva visa, que permanecía estancada en la

Embajada belga. Mi visa en Alemania se vencía el 31 de marzo. Me quedaban apenas unos días durante los cuales, si no quería más y nuevas complicaciones, tendría que resolverlo todo. A pesar de mi impaciencia, habría que actuar nuevamente *step by step*; de nada serviría desesperarme. Lo primero que hice fue solicitar el dichoso certificado de antecedentes penales, que, por suerte, solo me costó 10 marcos alemanes y, según me dijeron, demoraría apenas unos días en llegarme. El segundo escollo, y que obviamente menos me agradaba, era resolver lo de la prórroga del pasaporte cubano, que expiraba en agosto. Preferí esperar antes de regresar a la Embajada cubana para así dar tiempo a que llegara el documento de los antecedentes penales. Por suerte, el documento llegó rapidísimo, a los dos o tres días, no lo recuerdo exactamente. Lo que sí recuerdo es que enseguida le pedí a Monika que me llevara nuevamente al Consulado belga en Colonia para entregárselo a la *Frau* Weber e ir adelantando. Confiaba, además, en que quizá se le hubiera ablandado un poco el corazón a la respingada señora y optara de una vez por darme el visado.

No lo hizo y, aunque técnicamente tenía razón, creo sinceramente, por no decir otra cosa, que se creyó demasiado el ejercicio de su cancerbera labor consular. Me dijo que no podía aceptar el certificado, porque, a pesar de estar expedido a mi nombre, con mi fecha de nacimiento y dirigido a mi dirección particular en Düsseldorf, contenía un par de errores: venía referido a **Ruben Zanora Pino**, o sea, **Zanora** en lugar de **Zamora** y, para colmo, decía **Ruben**, en lugar del **Rubén** acentuado, que aparecía en mi pasaporte cubano. Alguien en Bonn, o dondequiera que lo hayan preparado, había olvidado una tilde y sustituido una *eme* por una *ene*. Se trataba, a todas luces, de un error impremeditado y para mí insignificante, pero la señora Weber no pudo —¿o no quiso?— dejar pasar aquello; no lo aceptaba como válido. Tendría que solicitar uno nuevo. Sin embargo, lo del certificado no era lo más preocupante y tenía fácil solución. Lo peor fue su insistencia en que la solicitud de visado debía realizarla en La Habana. No había más que hablar. Le mencioné que *lo del pasaporte se resolvería pronto*; le recordé que *no podía regresar a Cuba*; que ya *alguien se encargaría de informárselo* y que no me jodiera tanto. Bueno, no, esto último obviamente no se lo dije, pero deseos no me faltaron. Ella tampoco dijo más; no hacía falta: su mirada lo hizo por su boca, y lo que pude leer es que mejor no me hiciese ilusiones.

Cómo me sentí al terminar la visita, no tengo que repetirlo; ya lo he escrito muchas veces. Nuevamente, una decepción, pero ya no lanzaría ningún improperio; eso tampoco hizo falta. La Monika, sorprendiéndome otra vez, lo hizo por mí y terminamos riéndonos. Ese mismo día, volví a solicitar el documento de los antecedentes penales. Monika estaba muy molesta por aquel yerro del entendido; sin lugar a dudas, no era propio de la eficiencia y de la precisión alemanas.

Pasaron de nuevo dos o tres días, no lo recuerdo con exactitud, pero yo todavía no quería ir a la Embajada de Cuba; antes necesitaba saber cómo iba la cosa por Bélgica. Para mi tranquilidad, el nuevo documento de los antecedentes penales, esta vez sin errores, llegó a nombre de **Rubén Zamora Pino**. Primer asunto resuelto; quedaba ahora el de mi pasaporte cubano y la visa para Bélgica.

Como ya previamente le había informado a Salvador sobre lo acontecido en el Consulado belga, volví a llamarlo por teléfono para interesarme por su gestión con el profesor Herman. No me dio ningún detalle; solamente me aseguró que todo estaba bien. Me limité a darle las gracias y no pregunté nada más, pero para mis adentros pensé que el profesor Herman debía ser un tipo muy poderoso o bien conectado. No tenía ni idea de qué había hecho o con quién había hablado, pero de lo que sí estaba seguro es que no podía haber sido con cualquier funcionario del Ministerio de Asuntos Exteriores belga;

tenía que ser alguien *bien ubicado*. En ese momento, no era urgente saber la identidad del susodicho; quizás algún día. Y en ese momento tampoco era urgente ocuparme de **Rubén**, quiero decir, de mi nombre, pero fue algo que no saqué de mi cabeza. Maldije la hora en que me lo pusieron con acento ortográfico o tilde, esa rayita oblicua que en nuestra preciosa ortografía castellana se usa para indicar en determinados casos la mayor fuerza espiratoria de la sílaba cuya vocal la lleva. Años más tarde, con satisfacción, cumplí el deseo y, cuando me concedieron la ciudadanía de los Estados Unidos, eliminé de mi nombre ese dichoso acento que tanto estrés me causó en aquellos tiempos. Desde entonces, soy sencillamente **Ruben**.

No conozco si existe algún país *civilizado* donde la validez de los pasaportes para sus ciudadanos expire a los dos años, aunque esto tiene lógica para su gobierno por constituir una entrada fácil de dinero, y para Cuba en particular, de divisas. Claro que, en ese sentido, Cuba no es un país *civilizado*. Calificarlo de arbitrario, injusto o cualquier otro adjetivo que merezca no me ayudaba en aquel entonces —ni ahora— a cambiar las leyes vigentes, y como tenía claro que no regresaría a La Habana, inevitablemente tenía que pasar de nuevo por el Consulado cubano.

Otra vez, acudí a mi amigo Ralph para que me acompañara a Bonn. Si antes no me hacía gracia ir solo, esta vez sí necesitaba ir acompañado. No sabía exactamente por qué, o sí lo sabía: infundadas o no mis razones, era sencillamente... por si las moscas. El problema estaba en que, esta vez, lo haría no como un ciudadano común y corriente, sino como un disidente, desertor, desanimado y todos los *deses* que faltasen. Mi temor también se fundaba en algo que me había dicho mi ex la última vez que habíamos hablado por teléfono uno de aquellos días.

Recuerdo que la llamé desde mi oficina y, sin decirle aún nada de mis planes, se me adelantó y a secas me dijo que ya sabían —en Cuba— que yo me iría a Bélgica. Aquello me contrarió sobremanera. Yo no se lo había dicho a nadie, en primer lugar, porque no había recibido la confirmación oficial de Amberes, pero, aunque la hubiese tenido, tampoco pensaba comentarlo en aquel momento, no por teléfono, y menos a Cuba. Las únicas personas que por mí lo sabían eran Monika, Ralph y Elke, y estos no iban a decir nada. ¿Quiénes más podían haberlo difundido, entonces? Salvador, Martin y el profesor Herman estaban descontados *by default*. Como tampoco yo tenía a quién preguntar, la paranoia nuevamente hizo bien su trabajo. Lo primero que pasó por mi cabeza era que estuviesen *espiando* mis llamadas, pero no, ¿qué sentido tendría hacerlo? Yo no era un sujeto especial ni tenía información sensible o significativa para la seguridad nacional. Sin embargo, como lo de las escuchas telefónicas es un viejo y conocido recurso de los órganos de inteligencia, decidí entonces que, a partir de ese momento, hablaríamos en clave y, para complicarlo más, utilizando expresiones en húngaro. Nuevamente, por si las moscas. Con todo y eso, no me quedé tranquilo. ¿Quién podría entonces estar interesado en conocer mi futuro destino? ¿Para qué?

Años después, conversando y recapitulando los sucesos con un buen amigo, este sugirió el nombre de una persona conocida por ambos, ahora también en el exilio como nosotros, pero de la que existen —y él lo tiene claro— sospechas de que colabora, o colaboraba, con los servicios de la Seguridad cubana. Yo no quedé totalmente convencido y hasta el día de hoy sigo con la duda, si bien es cierto que tampoco nunca me quitó el sueño y, en este momento, ya no tiene la menor importancia.

Lo que sí tenía importancia era la prórroga de mi pasaporte, que vencía en agosto. Ralph no dudó en acompañarme. Me recogió y nos fuimos a la Embajada de Cuba en Bonn el 28 de marzo de 1994. La gestión en el Consulado fue lo mismo rápida que desagradable. Pagué los 80 marcos alemanes del arancel consular establecido, la funcionaria consular repitió con ironía mis palabras de que me quedaba a hacer el doctorado —obviamente, no le dije dónde— y me preguntó si le había pedido permiso a Alberto Núñez. Aquello era lo único que me faltaba, y sí, no leyeron mal, me preguntó eso: si le había pedido permiso a Alberto Núñez. Cuando terminó la pregunta, lo único que me hubiese gustado habría sido mandarla al carajo, pero no, no lo hice; tenía que mantener la sangre fría y, sobre todo, las buenas formas, que nunca me gusta perder, y menos aún delante de una dama. Le dije que no, que ese era un asunto personal y que no le debía cuentas a nadie. Acto seguido, me recordó que, así las cosas, a partir de ese momento no podía regresar a Cuba sin pedir una visa, y "a ver si te autorizan". Eso dijo, así como si nada, con la marcada intención de recordarme que oficialmente pasaría a ser un paria. Luego, abrió mi pasaporte y, sin abandonar esa mirada con la que ya me consideraba *traidor*, lo acuñó con el sello de *ANULADO*, y no una vez ni dos, ni tres… En total, fueron nueve veces. Yo no dije ni una palabra. Mientras más cuños pusieran ellos, mejor para mí; lo único que yo quería era salir de aquel lugar al que, por suerte, nunca más tendría que regresar. En aquel momento, no pude verlo claramente; sin embargo, que me proclamaran desertor *nueve* veces tendría que tener algo positivo. Efectivamente, un par de años más tarde, lo tuvo.

Sin mirar atrás, salí pitando de aquel Consulado. Ya tenía mi pasaporte prorrogado. Mi partida al reino de los belgas estaba decidida y era inminente, pero aún faltaba un último paso; de hecho, el más importante: la visa de Bélgica. El tiempo apremiaba.

Al día siguiente, partí una vez más con Monika para el Consulado belga en Colonia, confiando esta vez en que la señora Weber no pusiera un nuevo *pero*. No lo puso, aunque, a juzgar por su cara, deseos no le faltaron. Tomó mi pasaporte actualizado, el nuevo y ya corregido certificado de antecedentes penales, el importe del arancel consular —1500 BEF[66], o mejor dicho, su equivalente en marcos alemanes— y con deseos o no, posiblemente bajo las órdenes de Bruselas y a escasos dos días antes de que mi visa en Alemania expirase, el 29 de marzo estampó el sello de la visa para el BENELUX —Bélgica-Holanda-Luxemburgo—, válida por tres meses. No recuerdo ahora con quién terminó hablando el profesor Herman. Creo que con uno de sus vecinos, que era procurador del Reino —asesor judicial cuyas recomendaciones deben cumplir los tribunales de Bélgica— y, a través de este, con el ministro de Asuntos Exteriores, quien tuvo que autorizar excepcionalmente que me concedieran ese visado. Favores como ese son, sencillamente, impagables. Tampoco sé si con deseos o no, pero sí cumpliendo con su obligación, la funcionaria hizo la observación de que si no quería meterme en problemas tendría que actualizarlo todo de nuevo una vez que llegara a Bélgica. Decididamente, no puedo recordar el nombre de la *Frau* Weber, pero no me extrañaría que sea *Problema*.

Con la visa en mi pasaporte, todo lo demás fue cuestión de empacar y prepararse para el corto viaje, cuya aprobación parecía haber durado una eternidad. Martin fue nuevamente muy amable conmigo y se ofreció para llevarme a Bélgica los primeros días abril. Por desgracia, las cosas en Cuba seguían estancadas. Tenía que seguir esperando.

---

66   Según el estándar internacional ISO 4217, creado por la Organización Internacional de Normalización para definir códigos para todas las monedas del mundo, el **BEF** correspondía al franco belga, también abreviado en el uso común como *fr*. El franco fue la unidad monetaria de curso legal en el Reino de Bélgica desde su separación de Holanda a comienzos de la década de 1830 hasta la introducción del euro, en enero de 2002. Su valor era equivalente al del franco de Luxemburgo, país en el que también podía utilizarse. En 1999, se fijó su cambio con respecto al euro a razón de 1€ = 40.3399 BEF.

Pronto lo tuve todo listo en casa; solo faltaba algo inevitable, casi nunca agradable, y precisamente por eso hay que hacerlas bien cortas: las despedidas. Primero, lo hice de todos mis colegas y amigos en la *Schwarz*, entre ellos Monika y su esposo, Werner, que ya eran más que colegas para mí: eran parte de mi familia europea. Me prometieron que vendrían a visitarme a Bélgica; dos horas de viaje por buenas autopistas no era nada para ellos. Y la misma promesa me hicieron Ralph y Elke, otros alemanes muy importantes en mi vida y que ya no se separarían más de mí. Estuviese donde estuviese, los tendría a todos en mi corazón. Monika, Werner, Ralph y Elke cumplieron su promesa y vinieron a Amberes a visitarnos. Con estos dos últimos, he hablado recientemente. El calorcito y la tranquilidad de Fuerteventura han podido más que la fría Alemania y se han ido a vivir a la segunda isla más grande de las Canarias. Allí, pienso ir a visitarlos en un futuro.

Y así, con las agridulces despedidas, se cerró también mi primer paso por el capitalismo y su primer mundo.

BÉLGICA (1994-1998).
¡AL FIN LIBRE!

Luego de recoger las pocas pertenencias que tenía, y que fácilmente se acomodaron en el maletero del auto de Martin, los primeros días de abril pusimos rumbo a mi nuevo destino en Bélgica. El viaje, de apenas un par de horas, se me hizo más corto gracias a la amena conversación con Martin. Lo más gracioso fue que me puse algo nervioso cuando este me anunció que se acercaba la primera frontera, la de Holanda, aunque no tenía motivos para estarlo, porque mi visa era válida para todo el BENELUX. En efecto, la garita del puesto fronterizo se encontraba vacía, pero eso de la existencia de controles de inmigración me daba mala espina. Todavía hoy, que no tengo nada que temer al cruzar fronteras internacionales, me resulta incómodo, porque me trae malos recuerdos. Por suerte, el BENELUX y Alemania ya habían *eliminado* sus fronteras internas, y después de la entrada en vigor de los Acuerdos de Schengen,[67] las cosas se hicieron todavía más fáciles. El tramo

---

67 La idea de establecer la libre circulación de personas en Europa cobró singular fuerza cuando, en 1985, cinco países de la Comunidad Europea con fronteras comunes —Francia, Alemania, Bélgica, Luxemburgo y los Países Bajos— firmaron en la pequeña ciudad de **Schengen** (Luxemburgo) un acuerdo para gradualmente eliminar sus fronteras internas. Luego, en 1990, firmaron el convenio que definió las condiciones y las garantías de aplicación de esta libre circulación, y, finalmente, el 26 de marzo de 1995, entraron en vigor los llamados Acuerdos de Schengen. Según estos, las fronteras comunes de los países firmantes pueden cruzarse en cualquier lugar sin mediar control alguno de las personas,

de Holanda que separa a Alemania de Bélgica es tan corto que, entretenido y conversando con Martin, entramos a Bélgica y yo ni cuenta me di.

Meses antes, cuando Salvador al teléfono me mencionó la posibilidad de hacer el doctorado en Bélgica, yo me alegré muchísimo porque, entre otras cosas, pensé que al fin había llegado la oportunidad para aprender francés. Sin embargo, la alegría me duró la mitad de la llamada telefónica: el profesor Herman estaba en Amberes —*Antwerpen* en alemán, *Anvers* en francés y también *Antwerpen* en holandés o flamenco—. Me tocaría aprender otro idioma *raro* y que pocas personas hablan, como si no hubiese sido suficiente con el húngaro, pero yo estaba feliz: el reto no me asustaba y estaría encantado de aprenderlo.

Llegamos enseguida a Amberes. El profesor Arnold G. Herman y su esposa, Anne-Marie, nos recibieron con mucho afecto en su casa de Berchem. Si Martin Feelisch había pasado de doctor Feelisch a simplemente Martin, para mí el profesor Herman pasó a ser simplemente el *profe*, y así lo llamé siempre.

El profe me había arreglado un alojamiento temporal muy cerca de su casa, en la céntrica avenida *Elisabethlaan*. Allí nos dirigimos. Nos recibió la dueña de la casa y, luego de las presentaciones y de dejar las cosas en mi nueva habitación, le tocó el turno al momento menos agradable: la despedida, otra

---

pero únicamente con este efecto, pues las fronteras siguen existiendo como límite del espacio en el que cada Estado ejerce sus competencias y su soberanía. Con el paso de los años, el número de países firmantes aumentó gradualmente y, en la actualidad, lo integran veintiséis: veintidós miembros de la Unión Europea —Alemania, Austria, Bélgica, República Checa, Dinamarca, Eslovaquia, Eslovenia, España, Estonia, Finlandia, Francia, Grecia, Hungría, Italia, Letonia, Lituania, Luxemburgo, Malta, Países Bajos, Polonia, Portugal y Suecia— y cuatro no miembros de la UE —Islandia, Liechtenstein, Noruega y Suiza—. Una vez cumplidos los requisitos exigidos, otros países europeos como Chipre, Rumania, Bulgaria y Croacia pasarán también a integrar el espacio Schengen.

más. El doctor Martin Feelisch, o simplemente Martin, fue no solamente el jefe y mentor, sino el amigo que durante dos larguísimos años vivió esta —¿por qué no?— linda historia. Años más tarde, Martin estuvo viviendo y trabajando en Londres; más tarde, en los Estados Unidos, donde todavía colaboramos y publicamos juntos; y ahora reside nuevamente en el Reino Unido con su bella familia.

Uno de aquellos turbulentos días de 1993 donde parecía que el mundo se me derrumbaba encima, Martin me regaló una pequeña nota —traducida al inglés— con una sabia reflexión de Jean-Jacques Rousseau:[68]

> *To live does not mean to breathe but to act. It means to make use of our organs, senses, abilities, in brief any part of ourselves giving us the sense of our existence. It is not the human being numbering the highest amounts of years who has lived most but that one who has most sensed his life.*

Desde ese día, llevo la cita siempre en mi portafolio. A él le debo mucho en lo profesional y en lo personal, y parte de lo que soy hoy como científico es obra del estilo, disciplina y rigor del doctor Martin Feelisch. Eso nunca tendría cómo pagarlo.

Con la partida de Martin para Alemania, me sentí algo *huérfano*, pero el profe no tardó mucho en liberarme de ese adjetivo: no me dejó solo esa primera noche y me invitó a

---

68 **Jean-Jacques Rousseau** (1712-1778), célebre pensador nacido en Suiza y excelente ejemplo de lo que es la polimatía: fue escritor, filósofo, músico, botánico y naturalista. Catalogado como representante del período de la Ilustración, sus ideas políticas tuvieron gran influencia en la Revolución francesa de 1789 y en el desarrollo de las teorías republicanas. Entre sus obras más conocidas están *El contrato social* y *Emilio, o De la educación*.

cenar a su casa, donde, además de su esposa, estaban sus dos hijos, encantadores como ellos, Grietje y Mark. Pasamos una linda velada y recibí los primeros consejos para desenvolverme en Amberes.

Mi nueva casa tenía tres pisos, el último de los cuales contaba con tres habitaciones independientes, baño y cocina, y que, por estar muy cerca de dos grandes campus universitarios —*UIA* y *RUCA*—, los dueños alquilaban principalmente a estudiantes. Yo fui el último en llegar y allí ya estaban viviendo una estudiante vietnamita, de quien no recuerdo exactamente el nombre, pero ni falta hace, porque, según ella, yo siempre lo pronunciaba mal, y el que mejor lo hacía era el otro *roommate*, el holandés Tom, que tampoco se escapaba de las correcciones de la chica.

Los meses que convivimos en aquel lugar nos la pasamos muy bien: nos reíamos mucho, sobre todo con las ocurrencias de aquella joven vietnamita que tenía más pelo que Jennifer López; pero eso en sí no era malo, sino que en el baño no parábamos de recoger los largos mechones que soltaba. Ella, la pobre, hacía lo posible por evitarlo, pero era imposible. La suerte es que a simple vista nadie lo notaba; cualquier otra persona se vería semicalva, pero ella no: lo mismo lo perdía que lo recuperaba. Nunca he visto cosa igual. Al cabo de los meses, cuando me conseguí otro apartamento, también muy cerca de allí, me dio pena dejarlos, pues durante esos meses nos la pasamos muy bien y la convivencia no fue para nada difícil, sobre todo en lo referente a la cocina. Como yo no sabía cocinar, a mí siempre me tocaba lavar los platos sucios, pero eso nunca fue un problema; siempre lo hago con el mayor de los gustos. Mientras otro cocine, yo no tengo ningún inconveniente. En ese aspecto, poco o casi nada ha cambiado desde entonces.

Que yo estuviese en Bélgica no significaba que mi plan B hubiera concluido; al contrario, no habría pausa mientras siguieran en Cuba mi ex y mi niña. Yo comenzaba a acondicionarme a un nuevo país, una nueva lengua y un nuevo régimen de trabajo, porque sí, esto no era una compañía privada. La universidad, por suerte, era más relajada en cuanto al horario y a la disciplina, pero eso no significaba que el doctorado me caería del aire.

En abril de 1994, me faltaban todavía muchísimos experimentos y horas de laboratorio para convertirme oficialmente o que me llamaran doctor Zamora. Mientras tanto, mis amigos seguían en Hungría con las diferentes gestiones que faltaban para completar el plan B.

Mi ex ya estaba casada con un ciudadano húngaro, por lo que el tipo de visa que necesitaba para poder viajar a Hungría no era la común de turista, e inevitablemente tendríamos que cumplir con los requerimientos de la Embajada húngara en La Habana. Apenas llevaba un par de días en Amberes cuando, el 8 de abril, recibí el primero de los muchos faxes que me llegarían a la oficina de Lilianne, la secretaria del profe. En este primer fax, Carlos me contaba sobre el progreso de las gestiones en Hungría:

> Ayer fuimos a Bp [Budapest]. Las cartas de aceptación se hicieron ya. En los primeros días de mayo, las mandan para allá [Cuba] [...]. Los gastos fueron de 200 dólares [100 por cada una] [...]. El costo de la gasolina va a ser 15 dólares y el costo de la befogadó nyilatkozat, la cual Magdi te va a mandar para que tú la mandes para Cuba, fue de 28 dólares [...].

En efecto, el 31 de marzo, Magdi tuvo que hacer una *befogadó nyilatkozat*, o sea, una declaración jurada donde afirmaba ser la única propietaria de su casa; además, declaraba su disposición a dar alojamiento y manutención a la nueva esposa de su hijo y a su pequeña hija, ambas ciudadanas cubanas, y que llegarían a Hungría con la intención de asentarse permanentemente. Carlos me hizo un desglose de cómo iban las cuentas. Conocía bien mi situación económica y siempre fue muy cuidadoso con los gastos, tal como deja constancia en el fax:

> No te preocupes que estoy siendo lo más takarékos [ahorrador en húngaro] posible [...].

Los 680 dólares que todavía le quedaban se habían convertido ya en 437 dólares, y terminaba recordándome que el papeleo continuaría. Nada nuevo, siempre hacía falta algo más:

> Ahora todo queda por parte de Cuba. Yo puse que ella era ama de casa para que no tuviera problemas. A ella le va a hacer falta el poder que tú le diste sobre la niña, certificación de la baja de la libreta, inscripción de nacimiento de las dos, etcétera.

Efectivamente, aquello parecía no terminar nunca. Describir el proceso de la *baja de la libreta* requeriría un libro en sí mismo. Basta decir que el sistema de racionamiento *justo* y *equitativo* implementado en la isla después del triunfo de la Revolución permitía adquirir en pesos cubanos —y a precios subvencionados— determinados productos de la canasta básica, que eran registrados en una pequeña cartilla de racionamiento, conocida por todos los cubanos simplemente como *la libreta*. Darse de baja o de alta de la libreta era parte de la cotidianidad y, ciertamente, otra de las odiseas del cubano de a pie. Para obtener un permiso de salida permanente de Cuba también había que presentar el documento de la *baja de la libreta*.

No recuerdo si para ese entonces yo ya había hecho un poder especial con autorización para que mi hija saliera de Cuba con su madre. Según mis registros, ese poder lo hice un par de meses más tarde, aunque es posible que haya sido otro documento relacionado. También debo aclarar que cuando Carlos se refiere a que puso *ama de casa* en la carta, se refería al hecho de que, para salir de Cuba con residencia permanente en el exterior, uno no podía estar vinculado laboralmente a ningún sector de los considerados prioritarios, que incluían los máximos órganos políticos y militares, la salud pública, la educación, etcétera, etcétera. Eso lo teníamos bien claro: mientras mi ex estuviese vinculada al centro de investigaciones donde trabajaba, difícilmente —para no decir nunca— iba a recibir el permiso de salida. Por ese motivo, el día 13 de abril, le escribió una carta a la directora del CIDEM, solicitando la liberación definitiva del MINSAP. La justificación no era otra que para poder reunirse con su nuevo esposo húngaro. Otro paso adelante.

El campus universitario de Wilrijk estaba relativamente cerca de mi casa, pero el transporte público no contaba con una línea directa; tenía que tomar un par de autobuses para llegar. Meses más tarde, y cuando el tiempo lo permitía, comencé a ir en bicicleta, lo que me servía también como ejercicio físico. Mis nuevos colegas fueron también encantadores conmigo, excelentes profesionales que, entre otras cosas, contribuyeron significativamente a mi aprendizaje de la nueva lengua. Sí, desde el inicio noté que aquel idioma se parecía mucho al alemán, a veces al inglés y otras muchas a ninguno de los dos, pero me gustó y, obviamente, intentaría aprenderlo. Pero ¿aprender qué?, ¿neerlandés o flamenco? Realmente, antes de llegar a Bélgica yo no tenía idea del grado de complejidad de la problemática lingüística de ese país; únicamente sabía que coexistían tres lenguas oficiales: holandés, francés y alemán. Pero la realidad de esa coexistencia no es ni tan sencilla, ni tan fácil de delimitar, lo mismo en tiempo que en espacio.

Desde finales del siglo XV —quizás antes, no lo sé—, el neerlandés se hablaba en los territorios que abarcan los actuales

Países Bajos, el norte de Bélgica y Francia, y una pequeña parte del noroeste de Alemania. Al terminar la Guerra de los Ochenta Años o Guerra de Flandes (1568-1648), cuando las diecisiete provincias que formaban los Países Bajos se enfrentaron a su monarca, por añadidura, también Rey de España, se reconoció la independencia de la parte septentrional, es decir, las siete provincias unidas que formaron básicamente lo que hoy son los Países Bajos. La separación política entre las provincias neerlandófonas provocó irremediablemente la evolución del idioma neerlandés, y así el término flamenco comenzó a utilizarse para distinguir la lengua hablada en la sureña Flandes —hoy Bélgica—. Un elemento de carácter histórico que contribuyó a esta separación fue la influencia de la dominación extranjera —España, Austria, Francia— sobre Flandes. El neerlandés era menospreciado y se consideraba un idioma de la clase baja, un fenómeno extendido a casi toda la Europa anterior al siglo XX, donde la aristocracia y las clases pudientes hablaban principalmente el *más culto y sofisticado* francés —por cierto que algo parecido le pasó al húngaro—. De hecho, tras la creación de la moderna Bélgica, en 1830, se escogió al francés como lengua oficial del país, y no fue hasta más de medio siglo después que el flamenco adquirió carácter de lengua oficial. Si bien las diferencias se han limado considerablemente, el conflicto lingüístico todavía persiste. A todo esto se suma la diversidad de variantes del neerlandés, tanto en los Países Bajos como en Bélgica, donde cada región —e incluso cada ciudad o pueblo— habla su propio dialecto. Por lo general, en español el término *neerlandés* solamente se usa en textos académicos u oficiales, y *holandés* y *flamenco*, para especificar la lengua o conjunto de dialectos que se habla en Holanda —Países Bajos— o Flandes —Bélgica—, respectivamente. En Bélgica, el neerlandés es lengua oficial en la región norte —Flandes— y en la región de Bruselas, donde es cooficial con el francés, que es, además, la lengua oficial de la región del sur —Valonia—, mientras que el alemán es oficial en la pequeña comunidad germanófila del este del país. Todo esto, lo aprendí cuando me matriculé en un curso de idiomas para extranjeros en la universidad y la profesora nos aclaró que, aunque en nuestra vida cotidiana oiríamos indistintamente los dos términos, neerlandés y flamenco, la lengua que estudiaríamos sería *Nederlands*.

El 19 de abril de 1994, me confeccionaron mi primer certificado de inscripción en el Registro de Extranjeros de Amberes (*Bewijs van inschrijving in het vreemdelingenregister*), algo así como un carné de identidad para los extranjeros residentes. Estaba inmensamente feliz. Aunque parezca una trivialidad, para mí no lo era. Para mí se trataba de lo más parecido a un documento *normal* de identidad, en un país *normal* y en circunstancias *normales*. Nada que ver con mi primer carné de identidad cubano, aquel librito azul que teníamos en la isla de Cuba y que contenía mucho más que los datos personales que recoge cualquier documento de identidad del mundo. He aquí la lista:

- Número de identidad
- Nombre(s) y apellidos
- Fecha de nacimiento
- Nombre de los padres
- Lugar de nacimiento
- Certificación de nacimiento (lugar del registro civil, tomo, folio y año)
- Oficina de entrega y fecha
- Foto y firma del titular
- Lugar donde fue pegada la foto (como verán, una información extraordinariamente importante) con la fecha y firma del funcionario
- Estado civil y oficina del registro civil
- Fecha del matrimonio

- Nombre(s) y apellidos del cónyuge
- Fecha y lugar de nacimiento del cónyuge
- Nacionalidad y ciudadanía del cónyuge
- Datos sobre los hijos (nombres y apellidos, fecha de nacimiento y número de identidad)
- Datos laborales
- Nombre de la empresa u organismo
- Nombre y dirección del centro de trabajo
- Fecha del primer día de trabajo
- Cargo (especialidad). En mi caso: *Aspirante a Investigador*

Y aquí me detengo, porque ese es otro de los inventos del Caribe socialista. Nunca se podía llegar al final de una vez; siempre se era candidato a algo, miembro suplente o aspirante a algo. Siempre aspirando. La realización personal y profesional nunca dependía del esfuerzo y del trabajo individual; siempre una entidad superior tenía que anunciarnos que estaba ahí para vigilar el proceso mientras *aspirábamos* o, sencillamente, para recordarnos que si no obedecíamos, podíamos olvidarnos de las aspiraciones. Lógicamente, para todo el entendido en ese lenguaje auténticamente revolucionario, al leer *Aspirante a Investigador* se podía saber exactamente el salario, que en esa época era la tarifa fija de 198 pesos cubanos, o lo que es lo mismo, el salario establecido a nivel nacional para todo recién graduado universitario durante el cumplimiento del servicio social obligatorio. Nadie se escapaba de eso. Nunca entendí la uniformidad del sistema. Me dijeron que era para pagar los estudios que la Revolución nos había garantizado. Obviamente, la educación no era entonces tan gratuita; de alguna forma, teníamos que pagar por ella.

- Número del expediente laboral
- Fecha del último día de trabajo
- Lugar de residencia y dirección

- Anotaciones especiales
- Control del Comité Militar, fecha, firma y municipio
- Lugar de graduación escolar
- Especialidad/Título universitario
  - Fecha de la graduación
  - Fecha y firma del funcionario
  - Sello de donante voluntario de órganos

Imagino que otros ciudadanos cubanos tendrían otro tipo de anotaciones especiales, pero a mí estas me parecen más que suficiente para un documento de identidad común y corriente.

Al final, la modernidad —o parte de ella— llegó a la isla y ya hace algunos años que reemplazaron esos documentos de identidad por unas tarjetas plastificadas al mejor estilo occidental. Nuevamente, nada particular. Esos detallados documentos no eran sino otro rasgo característico del Estado paternalista y controlador que por muchos años ha sido el régimen cubano.

Volviendo a Bélgica, la ciudad de Amberes también me dejaría amigos para siempre que, junto a los buenos y gratos recuerdos, hicieron que pronto me enamorara del país y de esta ciudad en particular. La comunidad latina no era muy grande y como elemento aglutinador tenía —como pasa en muchos lugares— la Iglesia. Integrando esa comunidad y la Iglesia católica se encontraba un ser a quien, con mucho afecto y cariño, yo siempre le decía que por ella me volvía católico, cristiano y lo que me pidiese. Si todos los católicos de la Tierra fueran como la hermanita Miriam, este mundo sería paradisíaco. A su importante papel en esta historia me referiré más adelante.

Entre semana, trabajaba, pero los sábados en la noche no había nada como irse a bailar salsa a La Bodeguita. ¡Qué tiempos aquellos! Hice muchos amigos en Amberes aquellas noches sabatinas, aunque muchos otros surgieron de la casualidad, aparecieron sin buscarlos y cuando menos lo imaginé. He aquí un buen ejemplo.

Mientras esperaba la llegada de mi princesita, cuando algún día alguien en Cuba lo decidiese, y como cualquier estudiante de posgrado, necesitaba dinero extra. Naturalmente, del cielo no caería; habría que buscar la forma de conseguirlo. Mi amigo Tom estaba en las mismas y un día se me acercó con una posible solución. La dueña de la casa donde vivíamos le había hablado de una *brasserie* donde se necesitaban camareros a tiempo parcial, principalmente los fines de semana, cuando estaban rebasados de trabajo. Enseguida le dije que sí: estaba más que listo para empezar.

El restaurante no era para nada común y corriente, ni sus precios asequibles para mi bolsillo, aunque esto no era un problema, pues yo no iría como cliente. Lo primero que nos advirtió la señora era que, además de buenas maneras, tendríamos que ir *bien vestidos*, o sea, se requería pantalón negro, camisa blanca de mangas largas y pajarita negra. Por suerte, no tuve que comprar esta última: la dueña de la casa me regaló una que era de su esposo. Sin embargo, la única camisa blanca que tenía no recibió el visto bueno de la señora, por lo que un par de días antes de comenzar a trabajar, salí a comprarme una. Todavía no conocía bien ni la ciudad, ni sus tiendas, y como Tom no pudo acompañarme ese día, me fui solo. Después de no encontrar nada apropiado, un par de camisas me habían gustado, pero eran muy caras, y cuando, cansado de caminar, estaba a punto de tirar la toalla, decidí entrar a una tienda grande que parecía contar con una amplia selección. Al final, divisé las camisas blancas, tomé unas cuantas y me puse a observarlas como un tonto. No me atrevía a sacarlas de su envoltura, pensando que me llamarían la atención. Ni siquiera me atrevía a preguntarle a la dependienta, quien, para hacérmelo más complicado, me observaba con cara

de pocos amigos. Me daba un poco de vergüenza. Además de mi indecisión debido a los precios, había algo peor: ni siquiera sabía mi talla. En una de esas, se me acercó una señora belga que, al notar mi confusión, muy amablemente se ofreció para ayudarme. Me dijo:
—No te preocupes. Ábrela y pruébatela.
Pero lo mejor fue cuando le dije, en un flamenco muy primitivo, que no sabía cuál abrir, pues no tenía la menor idea de las tallas. Sin pensarlo ni un segundo, me las arrebató todas de las manos y comenzó a sacarlas una a una. La cara se me caía de la vergüenza. La dependienta, visiblemente contrariada, se nos acercó, y la señora, sin inmutarse, le dijo que yo necesitaba una camisa, que no conocía mi talla y que, por lo tanto, había que probar varias hasta dar con la correcta. A la dependienta no le hizo mucha gracia aquello; obviamente, tendría que doblarlas de nuevo, pero no protestó. La resolución y ecuanimidad de la señora nos paralizó a los dos.
Mientras me las probaba, la señora hablaba conmigo muy animadamente. Me hacía preguntas y yo más o menos le respondía como podía; aún no dominaba el flamenco amberino. Cuando al final encontré una que me vino bien de talla y de precio, respiré tranquilo y me apresuré a pagar. Quería salir de ahí como un cohete. Así lo hice, no sin antes darle gracias infinitas a aquel otro ángel que me había caído del cielo. Con la nueva camisa, ya podía comenzar a trabajar en el restaurante.
Al siguiente fin de semana, me fui con Tom a una librería en el centro de Amberes. Cuando salíamos, se acercó con tremenda efusividad una señora a saludarme. Realmente me sorprendió, y más aún su primera pregunta: quiso saber cómo me había ido con la camisa. El pobre Tom se quedó petrificado. Yo llevaba muy poco tiempo en Bélgica y ya se acercaba alguien a interesarse por mi ropa. Nos reímos mucho. Si el día de la camisa me dio su nombre, yo no lo recordaba,

pero a partir de ese momento no lo olvidé más: la *Tante* Mia había llegado a mi vida para quedarse.

Mientras yo me aclimataba al país de las papas fritas con mayonesa,[69] en Cuba seguía adelante el plan B.

El 27 de mayo de 1994 se confeccionaron los dos pasaportes válidos por dos años para mi ex y para la niña. Ahora, el próximo paso era solicitar y obtener la visa de Hungría. Yo pensaba que sería algo más sencillo; sin embargo, para esto teníamos que contar con la parte húngara. Por suerte, la burocracia *magyar*, aunque se movía lentamente, al menos lo hacía. La cubana, por el contrario, siempre parecía atascarse, o la atascaban.

Hablando de pasaportes, mi ex no era la única que lidiaba con las gestiones y *bondades* asociadas con un pasaporte cubano. Yo pensaba ir una semana de trabajo a Londres y aquello era una verdadera jodienda. Solicitar visa para todos lados era realmente un dolor de cabeza. Es verdad que yo lo tenía más fácil, porque ya estaba fuera de Cuba, eso sí, en calidad de *quedado*. No solo me declaraban disidente, sino que le pedían a mi ex que lo documentase, lo que sencilla y llanamente no podía evitarse: era un requisito indispensable para autorizar la salida de Cuba de la pequeña Ylena.

A esos efectos, el 1 de junio se solicitó en el Archivo de Inmigración de la Dirección de Identificación del MININT un documento donde se certifica:

> Que el Sr.(a): Ruben Zamora salió del país en funciones de trabajo el 12 de septiembre de 1992 a Alemania y desertó.

---

69 No sé si es verdad, pero los belgas dicen ser los inventores de la papa frita, y al menos en *Vlaanderen* (Flandes), no hay que caminar mucho para encontrar un puesto de venta; están por todos lados y la mayonesa es la más popular de sus acompañantes. Bélgica hasta cuenta con un museo dedicado a tan popular *manjar*, en la encantadora ciudad de Brujas.

La presentación de ese certificado ante la Dirección de Inmigración y Extranjería fue otro de los trámites requeridos para obtener el permiso de salida del país para mi hija. Y menos mal que decidí conservarlo con esmero, porque si bien en aquel momento no ponderé su potencial importancia para el futuro, años más tarde fue parte de la documentación que garantizó mi *salvoconducto* y, a la postre, mi residencia definitiva en Occidente.

En esos primeros días de junio, yo había hablado con Salvador para irme de nuevo a Londres a trabajar con él y discutir los proyectos de colaboración. El 8 de junio, me envió una carta de invitación, y al día siguiente, otra para presentar en el Consulado británico en Bruselas. Lo mismo hizo el profesor Herman, certificando mi posición como estudiante de doctorado en el Departamento de Farmacología de la UIA. Precisamente, antes de irme a la capital belga para hacer la solicitud de la visa, el día 15 de junio, volví a llamar a Cuba. Otro impedimento: a mi ex le dijeron que no era suficiente con el documento de la Dirección de Identificación del MININT. Le pidieron otra carta más, esta vez de mi antiguo centro de trabajo. Y al CQF se fue por ella, o se la llevó algún antiguo compañero mío, no lo recuerdo. El 16 de junio, el licenciado Alberto Campos, vicedirector administrativo del CQF, firmó un nuevo documento, también dirigido a la Dirección de Inmigración, certificando que:

> el ciudadano **RUBEN ZAMORA PINO** [...] comenzó a trabajar en nuestro Centro el 2 de octubre de 1990, ocupando la plaza de Aspirante a Investigador, y en el mes de septiembre de 1992 le fue otorgado un Curso de Entrenamiento en Alemania por un período de diez meses, del cual no regresó, por lo que fue considerado Desertor a partir del 18 de octubre de 1993 [...].

Sí, el subrayado no es mío, así consta en el original. ¿Se acabarían con esto las trabas burocráticas en la isla? Eso daba la impresión, pero yo seguía sin ver la luz al final del túnel.

Cuatro días más tarde, el día 20, Carlos me envió un fax con su número de cuenta bancaria para que le enviara el dinero para los pasajes; solamente le quedaban 435 dólares. Eso, por suerte, no iba a ser un problema; yo ya tenía ahorrado el dinero necesario para correr con todos los gastos.

Ese mismo día, Gill me envió otro fax desde Londres para preguntarme los detalles y los planes acerca de mi próxima visita a la *Wellcome*.

El viaje, lo hice el 1 de julio, con el profe. Volamos desde el pequeño aeropuerto local de Deurne hasta el londinense de Gatwick. El profe solamente se quedó una noche. Yo estuve una semana, y el día 7, volé de regreso a Amberes. Claro que la tranquilidad me duró poco. Para variar, a los pocos días recibí un mensaje de Carlos para que llamara urgentemente a Magdi. Así lo hice. Magdi me explicó que ahora el nuevo problema estaba relacionado otra vez con mi hija, pues, al ser menor de edad y viajar con la finalidad de quedarse, le habían pedido un permiso oficial donde yo la autorizaba a salir del país y asentarse con su madre en Hungría. El documento, que por suerte escribí yo mismo en húngaro y así me ahorré lo de la traducción, tenía que estar debidamente notariado, pero, al estar en húngaro, no podía hacerlo cualquier notario en Amberes. No me quedaba otra alternativa que realizarlo a través de un Consulado húngaro. Nuevamente, me puse en marcha. En tren primero y luego en autobús, me dirigí al Consulado de Hungría en Bruselas el día 18 de julio de 1994. Por suerte, el trámite fue bastante rápido, pagué los 800 francos que me pidieron y partí de vuelta a la estación de trenes para Amberes. Al llegar, fui directamente a la oficina de correos de Wilrijk y le envié, por correo certificado, el poder notarial debidamente legalizado a Magdi en Veszprém.

Las cosas marchaban en Europa y, desafortunadamente, se estancaban en el Caribe.

Estábamos cerrando el mes de julio. En inmigración, todavía no autorizaban la salida de mi ex con la niña para Hungría, a pesar de que la primera estaba legalmente casada con un ciudadano húngaro, a pesar de que ambas contaban desde mayo con un pasaporte válido por dos años, a pesar de que yo había dado mi autorización para que viajara la menor, a pesar, a pesar, a pesar de... En fin, que eran muchos, y para mí, infinitos, los pesares.

Y con la espera llegó el mes de agosto de 1994. Hice otra llamada a Cuba y la misma respuesta. Nuevamente, dos semanas sin que nada se moviera. Seguían sin dar respuesta a la solicitud de salida y, lo peor, no teníamos ni idea de por qué ni quién era el responsable de tomar una decisión. Aunque a decir verdad, tampoco me sorprendía mucho; estaba casi seguro de que *alguien* intentaba bloquear el proceso con el objetivo de *castigarme* por la osadía de mi deserción. No podía demostrarlo, pero algo me decía que estaba en lo cierto. Y nuevamente el trabajo me ayudaba a olvidar por momentos todo aquello. La línea celular de macrófagos J774 era, además de un reto, un excelente consuelo.

En medio de todo aquel *revolú*[70] *legal, consular y migratorio, yo había prorrogado algo muy importante y que ya no quería posponer más. Necesitaba tener una conversación larga y tendida con mis padres. Hacía meses que no hablábamos. Después de haber sido declarado desertor y teniendo en cuenta que aún trabajaban en el Partido, no me atrevía a tratar algunos temas por teléfono, y, obviamente, hacerlo en persona era imposible. El 16 de agosto, les hice una rápida llamada telefónica y les avisé que les escribiría una larga carta. Ese mismo día, lo hice: una extensa*

---

[70] Según el Diccionario de la Real Academia de la Lengua, **revolú** se usa en Puerto Rico y la República Dominicana para indicar desorden, algarabía, bulla. Yo lo aprendí por una canción popular de salsa caribeña.

carta escrita a doble cara o, como solemos decir, por delante y por detrás. Estaba molesto y decepcionado. Ellos pudieron leerlo desde el mismo comienzo:

> Amberes, 16 de agosto de 1994
> Para Eneida y Zamora:
> Esta carta es personal. No es necesario decirles que tengan discreción con ella; no por mí. Yo, por suerte, me siento libre de hacer y hablar lo que me parezca, con quién me parezca y cuando me parezca. Ustedes, sin embargo, tienen que cuidarse. A mí realmente me preocupa lo que pueda pasar con ustedes en un futuro cercano. A ese tema voy más tarde […].

Y después de tratar un asunto personal, la cogí con la situación política de la isla, pero no se trataba de emprenderla contra ellos; tampoco quería que pagasen por toda la frustración que las gestiones para sacar a mi ex y a mi niña me causaban, pero con ellos tenía la confianza necesaria para soltarlo todo sin adornos ni tapujos. Obviamente, estaba molesto y quería que ellos lo supieran, que abrieran los ojos y poco a poco se fueran *desentendiendo* del régimen. Incluso, le propuse a mi padre que cambiara de trabajo, porque el *sistema* no podía ser eterno; para mí, el gran ideal sencillamente había muerto y…

> […] a los muertos no se les salva, se les llora, se les recuerda, pero hay que enterrarlos […]. Lo ideal sería abrirle las rejas a la gente […], pero ¿cómo hacerlo en un país que no tiene recursos?, un país que se hizo dependiente totalmente de la ex URSS y sus aliados, sin petróleo, con una incipiente industria turística que lo único bueno que tiene es la naturaleza de la isla, pues sus servicios están muy distantes de ser

de primera […]. ¿Vivirán mejor los cubanos en el capitalismo? No creo que los 10 millones alcancen el mismo nivel de vida. Se acabarán las cosas gratis y vendrá a dominar la ley del mercado. Sobrevivirá el más fuerte. Eso es imparable en este mundo que vivimos, pero ¿qué hacer? A las personas no se les puede cerrar el pico; hay que dejarlas hablar. No se les puede tratar como niños; hay que dejarlas actuar. No se les puede encerrar en casa; hay que dejarlas que vean el mundo y saquen conclusiones […]. Basta de filosofía. Cuando pienso en el futuro de mi país, me atormento y me deprimo mucho […], y, nuevamente, ¿qué hacer?

Y así me extendí, describiendo críticamente todo lo que no me gustaba del socialismo tropical, hasta repetirles por qué no podía ir a Cuba ni de visita, primero, porque no me dejaban; y segundo, porque aunque así fuese,

[…] soy ciudadano de ese país residente en el extranjero y me considero con todos los derechos de entrar y salir de Cuba cuando se me antoje […]. No tengo por qué aceptar ni una humillación más y solo una razón de muy, muy especial significado me haría violar esta idea […].

¡Qué equivocado estaba nuevamente! Yo quería volver a Cuba "LIBREMENTE […], SIN VISA, SIN AUTORIZACIÓN DE NINGÚN TIPO, SIN LÍMITES DE TIEMPO, solo con un pasaporte válido". Todavía no sé si aún hoy se puede. Después de tanto escribir y de tan larga perorata, suavicé el tono de mis palabras e intenté que con mi párrafo de despedida olvidasen cualquier desencuentro, que se quedaran con el mensaje verdaderamente importante:

Ustedes cuídense mucho y, por favor, analicen todo lo que he escrito. Pueden estar seguros de que, independientemente de nuestras diferencias, nuestros puntos de vista divergentes o maneras de enfocar la situación, ustedes son y serán mis padres para siempre y yo pondré esta relación familiar ante cualquier cosa. Desgraciadamente, a veces las diferencias, los errores cometidos por ustedes o por mí hacen que nos distanciemos, pero pueden estar seguros de que en el fondo yo solo les deseo lo mejor del mundo.

Mucha salud y buena suerte.

Un beso.

La post data de la carta era para que le dieran saludos a aquel compañero de trabajo al que me referí anteriormente, darle las gracias por su llamada y por servir de intermediario entre nosotros. Esa carta no quise enviarla y no la envié por correo, sino que Arturo, amigo chileno y dueño de La Bodeguita, me hizo el grandísimo favor de llevársela personalmente a mis padres cuando unos días más tarde viajó a Cuba de vacaciones.

A continuación, las dos primeras semanas no fueron solamente de agosto, sino también de silencio. Yo comenzaba a desesperarme, pero poco podía hacer. El día 15, por suerte —aunque yo no me enteré hasta varios días más tarde—, al parecer habían comenzado a moverse las cosas y algo anunciaba el principio del fin de aquella agonía. Ese día se produjo la decisión de la Jefatura de Policía de Veszprém, que autorizaba el pedido migratorio que Magdi había hecho para mi ex y para la niña, y en la que se adjuntaba una lista de todos los documentos que, una vez en Hungría, tendrían que presentar para obtener el permiso de residencia legal en ese país. Eso ya era una buenísima noticia, aunque solamente lo supe cuando, al ver pasar los días y no oír nada de nadie, volví a llamar por teléfono a Hungría. Naturalmente, aquello me llenó de una inmensa alegría. Magdi no pudo darme mucha más información; solamente me dijo que ella había hecho todo lo requerido, que había presentado los documentos y, bueno, que ya le informarían. Tampoco recuerdo si me dijo de dónde vendría la respuesta ni quién respondería a nuestra petición. No importaba, y menos importa ahora.

Tal como acordamos, y mientras esperaba alguna señal de Cuba, el día 22, le envié el dinero por correo certificado para que, una vez que lo tuviéramos todo, comprara los pasajes de avión para mi ex y para la niña. Los Servicios Consulares del Ministerio de Asuntos Exteriores húngaro enviaron la mencionada autorización por fax a la Embajada de Hungría en La Habana el 7 de septiembre. A la lógica pregunta de por qué si la Jefatura de Policía de Veszprém autorizó la petición migratoria el día 15 de agosto, el fax del Ministerio no se envió a la Embajada húngara hasta el 7 de septiembre, o sea, más de veinte días después, no tengo ninguna respuesta. Únicamente podría especular sobre esta demora. Si hubo algún otro motivo o pasó algo en particular, no podría decirlo, por lo que prefiero achacarla a ineficientes canales de gestión administrativa, y por qué no, a la línea de fax más *lenta* que he conocido en mi vida.

Después de llamar nuevamente a La Habana, llamé a Carlos, y el día 26, volví a escribirle. Al fin era yo el que tenía una buena noticia que comunicar: Cuba había concedido el tan largamente anhelado permiso de salida. No había tiempo que perder. La cuestión de la visa de Hungría estaba también camino de resolverse y ya faltaba muy poco para dar por concluido lo que yo había bautizado como plan B, y que en realidad lo fue. Precisando una fecha para el viaje, terminé el fax con lo siguiente:

Yo quisiera que fuera el 11 [de septiembre], pues tú estás allá. No me gustaría llegar y que tú no estuvieras [...]. Bueno, espero me apures eso, confío en ti [...].

Sí, Carlos me había comentado que tendría que viajar por esos días y, después de haberme ayudado tanto, hubiera sido una pena no poder verlo, porque, eso sí, una vez que mi ex y la niña viajaran, yo estaría en Hungría para recibirlas. Lo volví a llamar para recordarle algo que ya habíamos discutido anteriormente. Una vez llegado el momento de comprar los billetes de avión, aunque costasen más, yo no quería que viajaran con la aerolínea de la isla, Cubana de Aviación. El porqué ya lo he escrito varias veces: por si las moscas. Los pasajes, obviamente Carlos los compraría solo después de que yo le avisara que todo estaba listo en Cuba.

Ese día llegó más pronto de lo esperado: ya era hora. Carlos siguió al pie de la letra lo acordado y no puedo estarle más agradecido por todo. El día 30 de agosto, fue a cambiar a florines los dólares que yo le había enviado a través de Magdi —exactamente, 1778 dólares, por los que recibió 181 420 florines— e hizo una primera reservación de avión con la aerolínea española Iberia para el día 18 de septiembre. Confiábamos en que para ese día ya todo estuviese resuelto en Cuba. Por suerte, así fue. El día 2 de septiembre, la oficina de Iberia en La Habana emitió dos pasajes para el día 18.

Yo estaba loco de contento. Faltaban apenas dos semanas y, si todo salía bien, pronto se acabaría la gran pesadilla. Hablé nuevamente con algunos amigos en Hungría y le di la noticia a todo el que pude y lo mismo en Bélgica que en Alemania o en Londres. Quería hacer partícipes a todos de la gran nueva. Obviamente, también hablé con el profe y le pedí autorización para tomarme unos días de vacaciones. Acto seguido, me puse a preparar mi viaje a Hungría.

En aquel año 1994 todavía no se había producido el *boom* de las aerolíneas de bajo costo, y para mí, un simple estudiante de doctorado, un pasaje de avión era un pequeño lujo. Por esta vía me iba a resultar sencillamente impagable y, por lo tanto, imposible llegar a Hungría por avión. Porque, claro, al costo del pasaje tendría que sumarle el viaje a Bruselas, porque del pequeño aeropuerto de Deurne en Amberes únicamente operaban vuelos diarios a Londres. De hecho, he leído recientemente que existen planes para la ampliación de su corta pista, que no alcanza en la actualidad los 1500 metros. Por tren resultaba mucho más asequible el viaje, aunque tampoco era tan barato.

La única salida que me quedaba por explorar resultó ser también la más económica: el autobús. El precio era muy bueno. Podría salir del mismo Amberes, aunque entre una cosa y la otra me tomaría como quince horas llegar. El viaje incluía el eje Bélgica-Alemania-Austria-Eslovaquia-Hungría, y, una vez en Budapest, si navegaba con suerte, necesitaba otra hora y media para llegar a Veszprém. No me importaba; tenía todo el tiempo del mundo. Me llevaría algo para leer y, una vez en la capital *magyar*, sería más fácil y rápido llegar a Veszprém.

Una vez confirmado que mi ex e Ylena viajarían, contento, como no podía ser de otra manera, compré mi boleto de ida-vuelta con la operadora de autobuses Eurolines , que en aquellos tiempos cubría rutas en más de una docena de países europeos. El 16 de septiembre, llegó la hora de la partida. Yo todavía no lo creía. Hasta que no viera salir por la puerta de la terminal del aeropuerto budapestino de Ferihegy a mi pequeño tesoro no iba a estar tranquilo. Desafortunadamente, lo que se suponía iba a ser solamente un largo trayecto se convirtió en el viaje más esperpéntico —no encuentro otro adjetivo para darle— que he hecho en mi vida. Realmente, una odisea llena de sobresaltos, y a lo que solo puedo referirme haciendo uso de la poca buena memoria que me queda. De haberlo imaginado, lo habría documentado mejor para relatarlo ahora. Fue tanta la adrenalina liberada y la pérdida del control de las horas y del espacio que, una vez finalizado, intenté borrar los detalles de mi cabeza. Juzguen por ustedes mismos.

Llegué con tiempo suficiente al punto de salida, en la céntrica *Van Stralenstraat* de Amberes. Tom me acompañó esa tarde. Le había contado toda mi historia y el pobre creo que estaba más preocupado que yo mismo. Me dio un abrazo seguido de un beso de despedida que me sobresaltó —en honor a la verdad, el único sobresalto agradable de la travesía— y me deseó mucha suerte. Lo que no sabía él, ni yo, ni nadie, es que realmente iba a necesitarla.

El autobús iba repleto; desde el primer momento, noté que era de extranjeros, principalmente húngaros y otros europeos orientales, entre ellos rumanos y yugoslavos. Los europeos occidentales eran exclusivamente un grupo de jóvenes ingleses y quizás algún belga, no lo recuerdo bien, pero estoy seguro de que no podían ser muchos, algo que pude comprobar más tarde.

La *fiesta* comenzó como a las dos horas, cuando ya habíamos entrado en Alemania. Me había pasado casi todo el tiempo leyendo, pero con la puesta del sol, la iluminación —o mejor dicho, la falta de esta— terminó por agotar mi vista e intenté dormir un poco. Fue imposible. El grupo de jóvenes ingleses, que bien podían ser galeses o escoceses, no lo sé, pues no sabía identificarlos por el acento, comenzaron su fiesta particular con decibeles que ascendían descontroladamente, estimulados por algún producto etílico que no podía identificarse, aunque incluía cerveza, a juzgar por el olor en el ambiente, sobre todo en la parte trasera del autobús, justamente después de pasar el minibaño, ubicado en la parte central.

Por la apariencia y el modo de comportarse, al menos de un par de ellos, tenían toda la pinta de lo que hoy conocemos como *hooligans*.

Ya había oscurecido afuera. Las luces interiores estaban apagadas y el chofer decidió encenderlas. Inmediatamente después, y a golpe de unos cuantos gritos, primero en flamenco que dudo los ingleses hayan entendido, y luego en un inglés muy primitivo y sin moverse de su asiento, mandó a callar a todos, sin distinguir entre los pasajeros. Se hizo un silencio casi absoluto y apenas se oyeron unos ligeros murmullos y comentarios aislados en voz baja. El chofer apagó nuevamente las luces y proseguimos la marcha. Y eso fue lo bueno. Lo malo fue que los ingleses también prosiguieron la suya propia. Poco a poco se fue imponiendo la algarabía y los decibeles pasaron a ser *centibeles*; sencillamente insoportable.

Algunos pasajeros comenzaron a protestar. Al chofer no le quedó otro remedio que volver a encender las luces y llamar al orden. Esta vez, no solamente detuvo el autobús, sino que se dirigió a la parte trasera y, visiblemente molesto, les llamó la atención a los revoltosos. Nuevamente, retomamos el camino y reinó la paz, y nuevamente fue bastante efímera. Un rato después, la fiesta llegó a su punto álgido, pero esta vez no fue únicamente la gritería, sino que dos de los jóvenes, completamente ebrios, se fueron a las manos, mientras sus amigos, tan ebrios como ellos, o bien azuzaban a las partes, o bien se reían ruidosamente del espectáculo. Sin lugar a dudas, el excesivo consumo de alcohol había cumplido con su parte. Y, como era de esperar, otra vez se detuvo el autobús, se encendieron las luces y esta vez el chofer sí que no habló; sencillamente, comenzó a gritar, a la par que caminaba hacia los ingleses y los amenazaba con dirigirse a la policía, dejarlos en medio del camino y proseguir el viaje sin ellos. Al oír la palabra *police*, que el chofer repitió intencionadamente varias veces en inglés, los alborotadores cayeron en la cuenta de que esta vez la cosa sí iba en serio; incluso, separaron a los dos contrincantes, que por un momento también parecieron olvidar su reyerta, y volvió a reinar la paz. Proseguimos el camino y, por suerte, el alcohol volvió a cumplir con su parte —esta vez, la buena— y tuvimos un par de horas de silencio. Los borrachos cayeron rendidos, pero a mí me fue imposible conciliar el sueño, porque, encima de todo, el chofer decidió dejar las luces encendidas un buen rato, seguramente para estar seguro de que todo estuviese bajo control y poder observar mejor a los *troublemakers*.

Durante todo aquel *show*, dos cosas recuerdo que llamaron mucho mi atención. Mientras todos —o casi todos— nos dábamos media vuelta para ver qué pasaba en la parte trasera del autobús, observé repetidamente que un pasajero, sentado dos o tres filas detrás de nosotros, pero en el lado opuesto, y quien no parecía estar dormido, no se inmutaba con nada de lo que pasaba; simplemente, intentaba mantener la cabeza gacha, como escondiéndose de algo o alguien. Sí, podría haber jurado que evitaba mostrar su rostro. Y eso mismo notó la señora que venía sentada junto a mí y me lo comentó sin que yo le dijese nada al respecto. Lo otro fue que esa misma señora también estaba algo nerviosa. Era húngara y, al parecer, porque nunca me lo dijo claramente, estaba trabajando *en negro* en Bélgica. Digo *al parecer* porque durante el altercado de los ingleses, cuando oyó al chofer nombrar a la policía, se alarmó. Yo noté su nerviosismo y le dije que no tenía de qué preocuparse; sinceramente, no pensaba que llegáramos al extremo de tener que lidiar con la policía. Más tarde, cuando nos llegó la verdadera sorpresa, me di cuenta también de que la señora no hablaba flamenco, porque tuve que traducirle lo que nos decía el chofer.

Después de la agitada madrugada y del accidentado trayecto, la salida del sol anunció el comienzo de un nuevo día. Hicimos otra parada, pero el chofer advirtió que sería muy corta. En efecto, recuerdo que únicamente me dio tiempo a tomarme deprisa un café, y de nuevo al autobús. Por suerte, teníamos baño dentro del bus, porque, de lo contrario, no me hubiese dado ni tiempo a eso. Proseguí con mi lectura, pero no pude avanzar mucho. Al poco rato, entendí la premura del chofer. Nos acercábamos a la frontera con Austria y nos pidió que tuviésemos listos los pasaportes. Una vez que alcanzamos el punto fronterizo, los recogió uno por uno y los llevó al puesto de inmigración para el control rutinario. Algunos salimos tras él a estirar un poco las piernas y tomar algo de aire fresco. No hacía mucho calor, pero el viajecito había sido intenso.

En el autobús permaneció algún que otro soñoliento, sobre todo los ingleses. Algunos habían caído tan borrachos que apenas si se enteraron de lo que pasaba e imagino que sus amigos se hicieron cargo de buscar y entregar sus pasaportes. Si la entrada en Austria hubiera dependido de los resultados de un control de alcoholemia, creo que esos jóvenes nunca habrían salido de Alemania. Fue en esa parada —y cuando la mayoría de los pasajeros bajó del autobús— que pude comprobar que todos eran extranjeros. No había belgas, a excepción del chofer, que por su acento era bien flamenco. De hecho, cuanto este regresó de dejar los pasaportes, me dirigí a él. Lo primero que hizo fue extrañarse, porque lo hice en flamenco. Al pobre, después de tanta algarabía, creo que se le habían agotado las ganas de ver extranjeros a su alrededor. Los minutos pasaban, pero solo eso, nada más.

Al cabo de un largo rato de espera, se acercó al chofer un agente —o policía de inmigración, a juzgar por su uniforme— y le pidió que lo acompañara. Los que estábamos todavía fuera del autobús nos sorprendimos un poco, pero bueno, al menos yo pensé que apenas se trataba de un procedimiento rutinario. Es verdad que yo ya había viajado en muchas ocasiones, pero siempre lo había hecho en avión o en tren. En Occidente, nunca había cruzado fronteras internacionales en autobús; esa fue la primera vez.

Pasaron otros quince o veinte minutos, y entonces regresó el chofer. No tenía uno que ser adivino para darse cuenta de que algo inusual ocurría, pero no únicamente por la seriedad de su rostro, sino porque —y esto fue en lo primero que me fijé— venía con las manos vacías; no traía consigo ni un solo pasaporte. Aquello no me gustó ni un pelo. El tipo entró directamente al bus y habló unos segundos con alguien —luego me enteré de que fue con sus superiores en Bruselas—, a través de un sistema de comunicación que tenía el vehículo, porque, claro, en esos años no proliferaban los celulares. Con quién exactamente y lo que habló, no pudimos oírlo desde afuera, pero no tardé mucho en enterarme. Algo pasaba. No pude evitar que se me pusieran los pelos de punta cuando pensé que, a pesar de estar legalmente en Bélgica, no necesitar visado para Hungría y aunque mi destino final fuese este país, yo no tenía visa de tránsito para Austria. Tampoco me ayudó ver cómo algunos de los otros pasajeros comenzaron a dar claras muestras de nerviosismo, entre ellos, la señora que venía a mi lado. Me preguntó qué pasaba y le dije la verdad: que no lo sabía. Y ahí me confesó, sin entrar en detalles, que estaba preocupada porque "tengo problemas con mi pasaporte". Para ese entonces, ya todos —tanto los que estábamos fuera como los que se quedaron en el autobús— intuíamos que algo serio pasaba. Aquella espera ya era sospechosa. Un control fronterizo de pasaportes no podía demorar tanto, y en todo aquel rato, otros coches —e incluso algunos buses— habían pasado sin tanta demora.

El chofer terminó la conversación y, visiblemente contrariado y sin dirigirnos la palabra, regresó al puesto de inmigración. Esta vez, no demoró mucho, y al cabo de unos instantes volvió a salir, nuevamente con las manos vacías, y, sin reparar en los pasajeros que esperábamos fuera, se apartó del grupo. Ahí sí que no perdí tiempo y, con aparente calma, me le acerqué.

El tipo estaba notoriamente molesto, pero tengo que decir que fue muy correcto conmigo. Le pregunté qué estaba pasando, que por qué no nos daban el visto bueno para pasar la frontera. No quise hacer mención al hecho de que los pasaportes seguían retenidos y dejé que él lo hiciera. Y, sin rodeos, me lo dijo:

—Hay problemas con algunos pasaportes y no podemos continuar el viaje.

El corazón se me paralizó. Lo único que me faltaba en ese momento era tener problemas con el pasaporte a causa del visado, pero volví a la carga, preguntándole directamente si el mío estaba entre ellos. Me dijo que no sabía y sinceramente le creí; al tipo lo menos que le importaba eran nuestros pasaportes. Siguió diciendo que él exclusivamente los recogió y los entregó como parte de su rutinario trabajo; que cuando lo llamaron fue para decirle que contactara a sus jefes en Bélgica, porque había *problemas* y el bus no podía entrar a Austria; tenía que regresar al punto de partida; que precisamente por eso había entrado al bus a llamar, pero que no le habían dado ningún otro detalle. De hecho, se quejó en voz alta conmigo y, como justificándose, me repitió, esta vez menos molesto, aunque agobiado, que él únicamente era el conductor, que no era responsable de nada: su trabajo consistía en pedir el billete para asegurarse de que nadie viajara sin haber pagado, y que sus obligaciones no incluían controlar ni la documentación, ni los pasaportes de ningún pasajero. Tenía lógica. Le creí y, acto seguido, le pregunté:

—¿Y ahora qué?

Me dijo que no sabía, que le habían dicho que esperara y que pronto le dirían algo. Conversamos unos minutos más. Se interesó por el motivo de mi viaje y me preguntó a qué me dedicaba en Budapest. Le dije que no, que yo no vivía en Hungría, que estaba haciendo mi *PhD* en Amberes y que mis documentos estaban en orden; que iba de visita y necesitaba llegar a Hungría, porque al día siguiente mi esposa —obviamente, no mencioné que se trataba de mi ex— y mi pequeña hija, a quienes no veía hacía más de dos años, llegaban de Cuba; y que mi único objetivo era llegar a Hungría a toda costa. Luego, mientras él no dejaba de mirar hacia el puesto fronterizo, pasamos a temas más generales.

Pasó otro rato. Varios pasajeros se le acercaron y a todos les repetía lo mismo: que había algún problema, pero que no le habían dado ningún detalle. Cuando el oficial lo volvió a llamar, ya la mayoría de los pasajeros, cansados de esperar, aguardaban ocupando sus asientos. Solamente unos pocos nos quedamos afuera. Y así otro rato más hasta que regresó, esta vez con un grupo de pasaportes de varios colores en la mano. Creo que no fui el único que se quedó mirando fijamente con tal de divisar su pasaporte, pero no me fue posible distinguirlo. Antes de entregarlos, nos pidió a todos que subiéramos al bus, se cercioró de que no faltara nadie y comenzó a repartir los pasaportes, uno por uno, y abriendo la hoja de la foto. Acto seguido, dijo en voz alta que no podíamos entrar a Austria, que el bus con todo el pasaje tenía que dar media vuelta y regresar al punto de origen —es decir, a Bélgica—, y que una vez que el policía de inmigración le avisara, partiríamos inmediatamente. Eso fue todo lo que mencionó. Los murmullos —e incluso protestas— no se hicieron esperar. Mi vecina, la señora húngara, respiró algo tranquila cuando le entregaron su documento, y tranquilo respiré yo. Lo primero que hice fue revisar minuciosamente el mío, hoja por hoja. Lo que encontré no me gustó nada: la sección de visas de mi pasaporte ordinario cubano de color gris, página 21, la habían acuñado con el siguiente sello:

> Republik Österreich
> Ein 17 SEP 94 Aus
> SUBEN - AUTOBAHN 6

E inmediatamente después lo coronaron con una cruz en tinta roja y dividida en dos, con una raya del mismo color, por su centro. No entendí bien qué significaba aquello y estaba confundido. No tenía claro si ya habíamos pisado territorio austríaco —Suben está en Austria—, pero era obvio que lo habían sellado primero y luego, como no nos dejaron *entrar* al país, lo habían cancelado. Imaginé que a los demás pasajeros les habían hecho lo mismo, pero en aquel momento ya no tenía la mayor importancia; ni siquiera hice nada por averiguarlo. Al menos, había recuperado el pasaporte y ya veríamos. Mi cabeza exclusivamente estaba en cómo llegar a Hungría. Aún hoy, cuando miro ese sello cancelado, siento nostalgia por no tener otro recuerdo —o reportaje gráfico— de aquel *excitante* viaje al que todavía le faltaba otro segmento bien *entretenido*.

Mientras esperábamos por la señal de partida, me acerqué al chofer y le pedí por favor que, una vez que saliéramos de aquel lugar, se detuviera en algún punto no muy lejano de la frontera y me permitiera bajar del bus. Le dije que yo no había hecho nada ni cometido ningún delito, que no podía regresar a Bélgica, que tenía que estar en Budapest antes del 18, sí o sí. No sé si por compasión, por verme tan decidido o por las dos cosas a la vez, el tipo aceptó. Me dijo que cuando abandonáramos aquel lugar pararía cerca de una estación de trenes y me dejaría ir; eso sí, que no dijera nada a nadie en el bus, pues no quería más revuelo. Eso no sería un problema. Le di las gracias, volví a mi asiento y, antes de ocuparlo, bajé mi pequeño maletín, lo coloqué sobre mis piernas y me dispuse a esperar en silencio la señal del chofer. A los pocos minutos, luego de recibir el visto bueno, partimos de regreso a Bélgica. Y tal como me había dicho, una vez que nos alejamos de aquel lugar, el chofer aminoró la marcha y se detuvo en una esquina. La puerta delantera se abrió. Sin decir nada, me levanté y, ante la atónita mirada de todos, me dirigí a ella. En voz baja, y sin apenas levantar la cabeza, le di las gracias al chofer y me bajé como un rayo. Las puertas se cerraron inmediatamente. El bus siguió su camino y yo el mío. De todas las personas a quienes agradezco algo en esta historia, ese chofer es la única de la que nunca supe su nombre, y ahora, al cabo de tantos años, ni siquiera conservo una imagen clara de su rostro. A pesar de su gran enfado por todo lo ocurrido, yo únicamente sé que a mí me hizo un gigantesco favor por el que, aunque él no lo sepa, yo siempre le estaré agradecido.

Sobre lo que pasó después con el bus y sus pasajeros, me enteré a mi regreso a Bélgica días más tarde. Ahora, el problema era seguir mi camino y llegar a Hungría. No tenía ni la menor idea de dónde estaba, solo que no podía ser muy lejos de la frontera con Austria y, según me había dicho el chofer, muy cerca de una estación de trenes. Eso me bastaba. Por suerte, hablaba alemán y no fue difícil preguntar y llegar a ella. También, por suerte, únicamente tuve que caminar un par de cuadras; no lo recuerdo con exactitud, pero no fueron muchas.

La estación estaba semivacía, por no decir vacía. Lo primero que hice fue revisar los horarios de trenes y, sin pensarlo mucho, decidí que me iría en el próximo con destino a Budapest. Tenía algunos dólares conmigo, pero no quise usarlos. Para comprar el boleto, usé marcos alemanes, que obtuve cambiando francos belgas en la misma estación. Era un gasto no planificado, pero no tenía alternativa. Los nervios los tenía a millón; ni siquiera tenía hambre, solamente una sed aterradora que sacié una vez que compré el nuevo pasaje.

Mi tren no llegaría hasta dentro de una hora y media o dos horas, quizá más, no lo recuerdo exactamente, así que tenía tiempo para organizar mis ideas y prepararme para lo que se avecinaba. Sí, lo que se avecinaba, porque antes de cruzar al andén tenía que pasar delante de una ventanilla por la que se divisaba un personaje uniformado. No podía precisar si era un policía regular o un oficial de inmigración, pero me daba igual: estaba aterrado con la idea de tropezarme con las autoridades, fueran lo que fueran, y fueran del país que fueran. Tenía el estómago vacío, pero lo menos que me interesaba en aquel momento era comer. Estaba ciertamente estresado y necesitaba escuchar una voz amiga. Para colmo, revisando entre mis cosas, me di cuenta de que no llevaba anotado ningún número de teléfono. Apenas recordaba de memoria un par de ellos. Usé las pocas monedas de vuelto que me habían dado cuando compré el billete de tren y me fui a la cabina telefónica más alejada de la entrada principal. Llamé por teléfono a Javier, a Suiza. Le dije que estaba en apuros y le conté brevemente lo ocurrido. El pobre no sabía qué decir y me deseó mucha suerte. Lo mismo hizo el profe, a quien también llamé para contarle cómo iba lo que ya tenía tintes de odisea. En un primer momento, ambos pensaron que telefoneaba desde Hungría para avisar que había llegado bien. "Ojalá", les dije.

Mi decisión estaba tomada: iba a llegar a Budapest a como diese lugar y así se los hice saber. Recibí apoyo moral. Eso y mucha suerte era lo que necesitaba. Me dieron el primero y me desearon la segunda. No pude llamar a nadie más y ahí comenzó la primera parte de lo que sí fue, además de odisea, una verdadera *tortura*.

La parte alemana no me preocupaba tanto. Alemania, lo mismo que Bélgica, pertenecía al club de los países signatarios del Acuerdo de Schengen, pero Austria no; ese era mi problema. Yo eso lo sabía antes de salir de Amberes, pero como no me dijeron nada cuando compré el boleto de autobús, en mi desespero olvidé completamente el asunto. No sé si me hubiese dado tiempo de ir a Bruselas a solicitar una visa de tránsito en la Embajada austríaca y estar a tiempo el día 18 en Budapest. Tampoco eso importaba ahora; tenía que ver la forma de llegar al tren y evitar a toda costa el control de pasaportes. Estuve como media hora —quizás más— observando todos y cada uno de los movimientos del agente uniformado. Fuese o no a controlarme, yo quería evitarlo a toda costa, llegar al andén sin que me viese... Ya saben, por si las moscas.

Cada cierto tiempo, no recuerdo ahora los minutos exactos, el tipo se movía de su puesto y daba media vuelta, buscando unos papeles o archivando algo, no podría decirlo con seguridad. Esos fueron los segundos que quirúrgicamente aproveché para lanzarme y pasarle por delante sin que me viese. No sé cómo, pero lo hice. Y menos mal que iba bien ligerito de equipaje; con una maleta grande y pesada no lo hubiese logrado. Llegué al andén y me moví rápidamente a un extremo para no quedar frente a la puerta por donde había salido.

La espera me resultó una eternidad. A mi tren le faltaba todavía bastante por llegar; media hora, quizá más. Para colmo, nuevamente la biología humana me jugó una mala —bueno, mala no—, malísima pasada: ni mi vejiga resistía la presión del líquido ingerido, ni mis nervios, la de mi situación. Tenía que ir urgentemente al baño, sí o sí; de lo contrario, ni mis calzoncillos, ni los pantalones iban a quedar secos por mucho más tiempo. De pronto, pensé que si a uno lo agarran sin visado es horrible, pero si, además, lo encuentran *meado*, debe ser mucho peor, por el olor y la vergüenza, digo yo. Aquello no pintaba bien y tenía que actuar pronto. De más está decir que con lo que me había costado dar aquel paso no pensaba regresar al interior de la estación, pero tampoco podía improvisar un baño. ¡Cuánto hubiera dado por tener al menos un árbol cerca! El tiempo pareció acelerarse y cuando el acuoso, transparente y amarillento líquido estuvo a punto de salirse, vi que un tren venía. No podía ser el mío, pero una vez que se aproximó a la estación, pude leer que iba para *Wien* (Viena). Tomé la decisión en un instante, pues yo no podía aguantar ni un segundo más y decidí subirme, con tan buena suerte que lo primero que vi fue el baño.

Mientras me liberaba, pensé que no tenía ni idea de dónde venía aquel tren ni estaba seguro de su destino final, solo que probablemente pararía en Viena. Con eso me bastaba. Y así fue. El tren se detuvo lo justo para darme tiempo a satisfacer la necesidad y, al salir del baño, sentí cómo de nuevo se ponía en marcha. La parada había sido fugaz. Y en ese preciso momento, también me sobrevino el segundo ataque de ansiedad: me dirigía a Viena sin visa de entrada para Austria.

Con el tren en marcha, no podía hacer nada, y ahora sí no tenía cómo escaparme. La necesidad fisiológica de *despresurizar* mi vejiga me proporcionó la solución desesperada que necesitaba y, seguramente, la única aceptable. Me escondería en el baño y pasaría el seguro de la puerta; no tenía alternativa. Volverme invisible era sencillamente imposible. Pero, al cabo de un rato, me di cuenta de que no sería suficiente; tarde o temprano, alguien tocaría a la puerta y, en el peor de los casos, serían los policías de inmigración durante su control rutinario de pasaportes.

Decidí quedarme un rato donde estaba y esperar un poco antes de salir. Con suerte, divisaría a los agentes y me movería al baño del siguiente vagón, dependiendo de qué lado los viera venir. Más no podía hacer. Los controladores del pasaje no me importaban, pues tenía un boleto válido hasta Budapest. Mi dolor de cabeza era tropezarme con los uniformados austríacos que harían el control de pasaportes para la entrada a su país.

Sudé sin parar. Tenía los labios resecos e imagino que mi corazón latía a la velocidad de la luz. No recuerdo qué pasó ni el tiempo exacto que estuve encerrado en aquel baño del que finalmente no me moví. Estaba paralizado por el miedo. El sudor no era por el calor, sino por el pánico de que me agarraran sin visa en un tren hacia Austria. El temor era no solamente a meterme en problemas con las autoridades de ese país, sino a no llegar a tiempo a Budapest para recibir a mi pequeña. La impotencia era por no haber precavido toda aquella situación de la visa, etcétera, etcétera. Madre mía, a pesar de tener un boleto válido, viajé en aquel tren como una especie de polizón, sin visa y ocultándome de los controles fronterizos en un baño. Si me lo hubieran dicho, nunca lo habría creído. ¿Olvidaron los policías controlar aquel baño? ¿Tocaron a la puerta y no escucharon respuesta? ¿Notaron la puerta cerrada y no intentaron abrirla? ¿Pensaron quizá que el baño estaba cerrado, fuera de servicio? Lo juro por lo más sagrado, no lo sé y no tengo la respuesta acertada; únicamente recuerdo que estaba empapado de sudor y muerto de miedo. Tampoco sé cuánto tiempo pasó, pero cuando dejé el estado de inmovilidad y salí para pasarme a otro baño ya estaba cerca de Viena. Los controles de inmigración hacía rato habían terminado. Si los ángeles de la guarda existen, ese día el mío trabajó bien y duro.

Una vez en la estación de Viena, me bajé corriendo del tren. Todavía estaba en estado de *shock*. Probablemente, le debía a mi vejiga el que no me hubiesen agarrado, no lo sé. Me fui al edificio principal para localizar el andén por el que entraría al tren rumbo a Budapest y para el que sí tenía boleto. Fue fácil: lo encontré rápidamente y no me moví de ahí la media hora —más o menos— que tardó en llegar. La espera en Viena se me hizo insoportable: estaba ilegal en Austria y eso no me hacía gracia.

Una vez que llegó el tren, subí inmediatamente y me senté en el primer vagón de segunda clase que encontré. Por suerte, entrar a Hungría no representaría ningún problema: los cubanos no necesitábamos visa para entrar. Lo peor había pasado. Hay cosas en esta vida que se hacen exclusivamente por amor, por estar loco o por ambas a la vez. Yo las hice ese 17 de septiembre, y esa vez me salieron bien, y valió la pena, pero me dije que nunca más viajaría como polizón y que siempre tendría mis documentos en regla. Lo he cumplido y pienso seguir haciéndolo.

Cuando me cercioré de que ya habíamos cruzado la frontera y habíamos pisado territorio húngaro, de la angustia pasé al alivio, y cuando el oficial húngaro estampó en mi pasaporte el sello **MK > 94 09 17 Győr-Vámosszabadi**, vi la luz al final del túnel y por fin pude respirar con tranquilidad, aunque el que no estaba tranquilo era mi estómago. Llevaba muchas horas sin probar bocado y me entró un hambre tremenda; sin embargo, estaba tan agotado física y mentalmente que solo recuerdo que me quedé profundamente dormido. Sí, caí rendido, con deseos de comer carne roja, la carne del diablo que recuerda la sangre, la presencia de la destrucción y la maldad, pero ¿de dónde habrá salido eso? De pronto comenzó a llover. Sí, llovía, pero no agua: llovían hamburguesas. Venían de todos lados, unas con kétchup, otras con mostaza y las más atrevidas con mayonesa. Con cada una, caía un rayo acompañado de un sonido penetrante, y la carne temblaba dentro de ellas, y los ajonjolíes del pan chocaban con todo lo que encontraban a su paso. Pero ¿qué demonios era eso? De un tirón, me levanté: ni llovía, ni había carne, ni semillitas bailarinas por ningún lado. Todo había sido una pesadilla: la carne, el hambre que llamaba a la puerta de mi estómago; y los rayos y truenos, el retorcer de mis tripas impacientes por un poco de carbohidrato. En honor a la verdad, no sé si eso fue lo que soñé; únicamente sé que cuando ese dichoso tren llegó a Budapest, estaba tan hambriento que lo primero que hice fue entrar a un McDonald's y comerme un gigantesco Big Mac con mucho kétchup y papas fritas. Me supo a gloria. Después de todo lo acontecido, el resto fue *a piece of cake*.

Inmediatamente después de satisfacer el estómago, compré el pasaje de autobús para Veszprém. A la hora y media, ya estaba una vez más con mis amigos, relatándoles toda la odisea. Mientras ojeaban mi pasaporte, les pregunté si notaban algo raro: había llegado a Hungría en tren proveniente de Alemania y a través de Viena, pero en ese pasaporte cubano no quedó rastro alguno de mi paso por Austria, como si Alemania estuviese pegada a Hungría y ese día Austria hubiese desaparecido del mapa de Europa central. Pero no, Austria no se movió; fui yo el único que *desapareció* en el minúsculo baño de un tren a su paso por ella. Amén.

Llegar a Veszprém fue un alivio. El 19 de septiembre, salí de nuevo para Budapest, y esta vez sin necesidad de visa ni controles migratorios. El día anterior, había partido de La

Habana el vuelo de Iberia 6620 hacia Madrid, y de ahí, otro a la capital *magyar*. En él venían mi ex y la pequeña. Ványa Magdi me llevó al aeropuerto a recogerlas. Íbamos locos de contentos y no tuve que apurarla. Conociéndola, sabía que nunca llegaríamos tarde al aeropuerto. Por cierto que luego, cuando revisé los boletos, me dio risa ver que en el de mi niñita habían escrito **I**lena en lugar de **Y**lena, pero bueno, tenía solamente tres añitos y pensé que después de todo lo pasado habría ardido Troya si no la hubiesen dejado salir. Y salió. Los adultos envejecen; los niños, no, solo cambian. Dos años y pico es muy poco en la vida de un adulto, pero un montón en la de un niño. Mi princesita había cambiado ese montón: bella e inquieta como siempre, hablaba como una cotorrita; se le enredaba la lengua. Nada de eso ha cambiado, únicamente que se ha vuelto más bella.

Cualquiera pensaría que con la llegada a Hungría todo había terminado, pero no; esos días en Veszprém fueron agitadísimos. Quedaban varios asuntos por resolver con relación al estatus migratorio de mi ex y de la niña. A esto se unieron las gestiones de visado que tuve que hacer para mí mismo en Budapest. De más está decir que conseguiría una visa austríaca o de donde fuera necesario, porque no estaba dispuesto a pasar otra vez por el mismo estrés previo a mi llegada a Hungría.

Después de un par de días de descanso y disfrutar de mi pequeña, me puse de nuevo manos a la obra. Lo primero fue actualizar los documentos para la permanencia en Hungría de mi ex y de la niña, y para lo cual conté con la ayuda de Magdi, siempre tan amable y dispuesta. Luego —o digamos mejor a la par—, comencé con las gestiones para que pudieran venir a Bélgica, y con las de mi visa de tránsito para Austria. Por suerte, Veszprém era una ciudad mucho más pequeña y cómoda a la hora de hacer gestiones con la policía y con las autoridades locales, pero las de tipo consular tenían que hacerse en los respectivos Consulados en la capital húngara.

Primero, fui con Magdi a ver lo de los permisos de residencia en Hungría, los que finalmente se emitieron con validez hasta agosto de 2009, y luego me fui a Budapest. El 26 de septiembre de 1994, la Embajada de Bélgica en Budapest remitió a la Oficina de Extranjería del Ministerio del Interior belga en Bruselas mi petición de reagrupación familiar (C 04-98, N° 1244/1994), acompañada de los dos certificados médicos de mi ex y de mi hija, copias de sus pasaportes, copia del acta de matrimonio, copia de mi certificado de nacimiento y copia de mi pasaporte. Tuve que regresar de nuevo a Budapest, y para cerciorarme de que tendría todo lo necesario, antes llamé por teléfono al Consulado de Austria. De nuevo, otra sorpresa: me dijeron que, antes de darme la visa de tránsito para Austria, primero necesitaba una para Alemania. Aquello me trastornó un poco, porque mi destino final no era Alemania, sino Bélgica, y yo pensaba que ya se estaba aplicando el Acuerdo de Schengen. Se lo dije al que me atendió, pero recibí un claro *nein*, y *nein* significa *no* y punto. Tuviese o no razón, tampoco iba a insistir mucho. Yo únicamente quería las dichosas visas y salir de aquello lo antes posible. Al otro día, me fui primero al Consulado de Alemania, pagué los 350 florines húngaros que me pidieron y el 28 septiembre me dieron una visa de tránsito válida solamente por veinticuatro horas. Acto seguido, salí para el de Austria y la misma rutina. Les dije que regresaría a Bélgica los primeros días de octubre, pagué el equivalente a 400 chelines[71] austríacos —no recuerdo ahora cuánto fue en florines húngaros— y salí loco de contento para Veszprém con mi visa austríaca de turista válida desde el 29 de septiembre hasta el 4 de octubre de 1994.

---

71   El **chelín** austríaco —*schilling*, abreviado oficialmente según la normativa ISO 4217 como ATS— era la moneda de curso legal de Austria antes de la introducción del euro, en enero de 2002. Su cambio con respecto al euro se fijó a razón de 1€ = 13,7603 ATS.

Los pocos días previos a mi regreso a Bélgica pasaron volando. El 2 de octubre, llegó el momento de la despedida; por suerte, esta vez con menos incertidumbres.

Salí temprano de Veszprém para llegar con tiempo a la estación de buses en Budapest, porque, obviamente, viajaría con Eurolines , usando el billete que había comprado en Amberes, y lo más importante, con todos los documentos en regla. Nada más llegar a la terminal de buses, me llevé una agradable sorpresa al ver a la señora húngara que había sido mi compañera de viaje aquel inolvidable 17 de septiembre. Luego de saludarnos, lo primero que me dijo fue:

—De lo que te salvaste.

Ella en realidad no tenía idea de lo que yo me había salvado ni lo que había pasado conmigo, pero bueno, eso ya no era importante. Antes de preguntarle de qué me había salvado, me interesé por cómo estaba ella y su situación legal, que nunca supe exactamente cuál fue. Por suerte, estaba bien; me dijo que tranquila y contenta, porque al final había arreglado sus papeles, pero no indagué en los detalles. Acto seguido, y sin darme tiempo a más, prosiguió con el relato de lo que me había perdido.

Después de que yo me bajé del autobús, ellos prosiguieron, sin más incidentes, el viaje de regreso a Bélgica, o al menos eso creían, porque al poco rato volvieron a tener otra parada de espanto. La señora prosiguió sin pausa y yo no le quitaba la atención. Sí, habían vuelto a parar, y esta vez policías armados tomaron cartas en el asunto. Los hicieron bajar a todos del autobús, y a uno con especial atención. No tuve que preguntar quién, porque enseguida me vino a la mente aquel señor que apenas se dejaba ver y que parecía no inmutarse con nada de lo que pasaba a su alrededor. Antes de preguntarle, ella se me adelantó:

—¿Te acuerdas del tipo misterioso que iba sentado cerca de nosotros?

No conocía los detalles, solo me dijo que aparentemente el tipo era un criminal buscado por la Interpol.[72] Todo aquello me pareció increíble, pero no dudé de su veracidad o que al menos algo de cierto llevase, primero, porque la señora no tenía por qué inventarse tal historia de novela policíaca; y segundo, porque verdaderamente el tipo tenía toda la pinta del delincuente de película y durante todo el trayecto se comportó visiblemente de una forma muy rara.

Lo que en aquel momento me vino a la cabeza, porque no me cuadraba, fue cómo aquel chofer me dejó bajar antes de su próxima parada. ¿Sabía al salir que se detendría de nuevo y le habían revelado la identidad del sujeto que verdaderamente interesaba a la Interpol? ¿Habrá sido por eso que me pidió que bajara rápido, en silencio y sin avisarle a nadie, para que el tipo no sospechase nada? No tuve —ni tengo— la respuesta, pero realmente en aquel momento no me importó. Respiré tranquilo; decididamente, no necesitaba más preocupaciones. Nuestro autobús salió sin retraso. Cuando llegamos a la frontera austríaca, e inmediatamente después del control migratorio, me viré hacia la señora, que esta vez estaba justo detrás de mí, y ambos nos sonreímos. El sello en nuestros pasaportes lo decía todo:

Republik Österreich
— 02 OKT 94 Aus
SUBEN - AUTOBAHN 6

---

[72] Organización Internacional de Policía Criminal —o Judicial—, que cuenta entre sus miembros a prácticamente casi todos los países de la ONU y cuya sede central se encuentra en Lyon, Francia. Se ocupa, básicamente, de crímenes y delitos que afecten simultáneamente a varios Estados miembros y que estén relacionados con el crimen organizado internacional, blanqueo de dinero, actos terroristas, etcétera, etcétera.

Habíamos entrado a Austria sin problemas; nos quedaba Alemania. Si no se presentaban más sorpresas, esta vez llegaríamos a Bélgica sin sobresaltos. Así pasó.

Una vez en Amberes, volví a mi rutina diaria en la universidad. Los primeros días de octubre de 1994 fueron exclusivamente de espera. Yo le había repetido una y otra vez a Magdi que teníamos que ser muy cuidadosos con todo lo que hiciéramos con carácter oficial, y, sobre todo, *cómo y qué* se le decía a cada funcionario. Lo que Magdi gestionaba ante las autoridades húngaras no podían saberlo las belgas, y viceversa; lo que yo gestionaba en Bélgica no podía saberse en Hungría; de lo contrario, se corría el riesgo de complicar las cosas, y créanme, lo menos que necesitaba era más complicaciones. Era obvio; legalmente, yo no tenía derecho a presentar ninguna reclamación familiar, pues ya mi esposa no era mi esposa; es más, mi ex se había convertido en la esposa de otro. Teníamos, por tanto, que mantener bien separadas —y en silencio— todas las gestiones. En Hungría, todo salió bien.

El 20 de octubre, mi ex y la niña fueron oficialmente inscritas en el Registro de Residentes de Veszprém, exactamente en la calle Fűzfa N° 41, donde vivían Magdi y Csabi. No recuerdo cuánto pagué por las diferentes gestiones; solamente conservo un comprobante del día 25 que me envió Magdi o Carlos, en el que se indica el cambio de 160 dólares a florines húngaros —16820—.

Los primeros días de noviembre, se presentó una pequeña complicación con las solicitudes en la Embajada belga en Budapest. Nuevamente, hablé con el profe y le pedí que me escribiera una carta para la Embajada belga, certificando mi estatus de estudiante de *PhD* en la Universidad de Amberes. Casi simultáneamente, Carlos me llamó para decirme lo que le habían dicho a Magdi: había problemas con la visa. Quizás él se refería a lo mismo que yo estaba resolviendo desde Bélgica, pero no estaba seguro. Más de lo mismo, nada nuevo: necesitaban más papeles, y de papeles estaba yo hasta la coronilla.

El 10 de noviembre, volví a contactar por fax a la Sección de Visados de la Embajada belga en Budapest, recordándoles que la solicitud N° 1244/1994, junto a los certificados médicos y de buena conducta, previamente legalizados por el cónsul de Hungría en La Habana y el representante legal del MINREX cubano, habían sido enviados a Bruselas el 26 de septiembre de 1994. Según tenía entendido, las visas, por las que había pagado 2400 francos belgas, estaban ya listas, pero nuevamente les envié las copias del certificado de nacimiento de la niña y del certificado de mi matrimonio, ese que ya había sido oficialmente disuelto, pero del que nadie podía enterarse.

El profe me había recomendado una agencia de viajes, Intensif Travel BVBA, muy cerca de donde vivíamos, y el 9 de noviembre hice una reservación de avión a nombre de mi ex e Ylena para el 14 del mismo mes, lo cual comuniqué a Carlos por fax ese mismo día. Ya estaba saturado de tantos obstáculos. Creo que si aquello se hubiese estirado un día más, habrían tenido que internarme en un hospital psiquiátrico. En ese mismo fax, les expresé finalmente mi frustración y desesperación:

> [...] no entiendo qué carajo pasó con Magdi y lo que le dijeron, pero aquí ya otorgaron las visas y no puede haber problemas [...].

Al día siguiente, le envié otro fax a Carlos para avisarle que los pasajes se podían recoger el mismo día 14 en las oficinas de Sabena del aeropuerto en Budapest. También les recordé que el 11 de noviembre —Día del Armisticio—[73] era feriado

---

73   El 11 de noviembre se conmemora la capitulación de Alemania y el final de la Primera Guerra Mundial, en 1918. También se conoce como **Armisticio de Compiègne**, porque el fin de las hostilidades entre los Alia-

en Bélgica, por lo que ese día, en caso de necesidad, no se podría gestionar nada con las autoridades belgas. Tal como me habían dicho, el 10 de noviembre se estamparon las dos visas, válidas hasta el 26 de febrero de 1995, en los pasaportes, y el 11 de noviembre Magdi recibió el siguiente mensaje que le dejó el cartero en su casa de la calle Fűzfa:

> [...] repueloejegyeet befizetteek 14-een 1310-kor indul a geep ferihegy 1 repueloeteerroel a jegy 11 oraatol aatvehetoe a repueloeteeren sabena leegitaarsassaag [...].

La notificación llegó en forma de telegrama, es decir, un mensaje transmitido a través del telégrafo que no enviaba directamente el remitente y que el receptor recibía por correo, y aunque parezca mal escrito, no lo está: la repetición de las vocales representa los signos diacríticos. Definitivamente, la era de la Internet ha conllevado al entierro del telegrama como vía de comunicación escrita, y para las nuevas generaciones, la de ustedes, no es más que parte de la historia de sus padres y de sus abuelos.

El telegrama que Magdi recibió decía que los boletos de avión estaban pagados, y que el día 14, a partir de las 11, podían recogerse en la oficina de Sabena en el mismo aeropuerto. El día 10, también le envié un fax a Salvador para darle la buena nueva. Únicamente lo menciono aquí porque contiene una oración profética:

> [...] Acaban de darles la visa a mi esposa y a la niña. El lunes por la tarde, deben llegar a Bruselas si es que de verdad se acabó el papeleo. **Realmente, tendré que escribir mis mémoires** [...].

---

dos y el Imperio alemán se firmó en un vagón de un tren, en el bosque de Compiègne, al norte de París.

Y eso estoy haciendo ahora, escribiendo mis memorias, aunque, en honor a la verdad, cuando lo escribí no lo dije en serio; solamente quería realzar toda la odisea que estaba viviendo.

Al fin, llegó el 14, y lo primero que hice ese día fue ir a ver a Peter en Intensif Travel BVBA. Él fue muy agradable con el asunto de los pasajes. Únicamente me pidió un simbólico adelanto —955 francos belgas— y me dijo que, una vez que se emitieran los boletos, le pagara los 13 000 francos restantes. El profe y su esposa, muy amablemente, se ofrecieron para llevarme al aeropuerto de Zaventem, ubicado al noreste de Bruselas.

Con la llegada a Bélgica de mi ex e Ylena, daba por concluido mi plan B, lo que podría dar por acabado este relato, pero no. Aunque lo principal estaba hecho, faltaban dos cosas: los retoques finales que le dan a todo proyecto su *final look*, y los imprevistos y/o imponderables, esos que siempre le dan colorido a la vida.

Para los optimistas faltaba un *poco*; para los más optimistas, un *poquito*; para los completamente optimistas, un *poquitico*; y para los cubanos, un *poquitiquito,* o lo que es lo mismo, un *tin*, este último, un término que todavía no ha sido aceptado por la Real Academia Española. Ya le llegará su momento, si no, tampoco pasa nada.

A los pocos días de su llegada a Amberes, mi princesita comenzó la escuela. A esa edad, los niños aprenden a velocidades extremas, e Ylena no fue la excepción. En un abrir y cerrar de ojos, hablaba flamenco como una belga más. Claro que lo que se aprende rápido, por muy bien que se haga, si no se ejercita, se olvida. Cuando hace un par de años fui a visitarla a París, la llevé nuevamente a Amberes. El conocimiento perfecto de flamenco se había esfumado, pero, por suerte, el francés tomó su lugar. Lo de la escuela de Ylena en Amberes lo resolví bastante rápido. Lo más pesado fue la extensión de la visa y la gestión de los permisos de residencia para ella y para mi ex.

El 1 de diciembre de 1994 se formalizó la entrada en el Registro de Ciudadanos Extranjeros de Amberes, pero yo seguía preocupado. Y lo repito: para no crearles problemas a Csabi y a Magdi, las autoridades húngaras no podían saber lo del matrimonio arreglado ni las belgas que yo ya estaba divorciado, y si bien estaba reclamando a mi hija, su madre ya no era legalmente mi esposa; peor, era la esposa de otro extranjero que, para colmo, ni siquiera vivía en Bélgica. Todo se aceleró ese mes de diciembre.

Los últimos días fueron bien agitados y recibimos la llegada del nuevo 1995 en medio de otro *lío*, uno de esos imprevistos y/o imponderables a los que antes hice referencia. Bien sabía que en algún momento tendríamos que disolver el matrimonio arreglado de mi ex con Csabi, pero lo que nunca imaginé fue que sería tan rápido y en tan especiales circunstancias.

Magdi había hecho todas las averiguaciones en Veszprém y comenzaría con el proceso de divorcio de Csabi. Lo primero que necesitaba era una declaración por escrito de mi ex dirigida al Juzgado de Veszprém. Yo le pedí, para no cometer errores, que me enviara un borrador del texto exacto que se requería, y así lo hizo. Con él me fui a la oficina de la secretaria de mi jefe y le pedí que me dejara usar su máquina de escribir para algo rápido. Lilianne, tan amable como siempre, apenas me vio comenzar, dijo:

—Levántate, que yo te lo hago más rápido.

La dejé, no sin antes anotar que el texto estaba en húngaro, a lo que, sin inmutarse, respondió:

—A mí no me importa lo que dice. Yo solo voy a mecanografiarlo y, mientras más rápido me dejes, más rápido terminamos.

¿Qué podía hacer? Tenía razón. Lo hizo en un dos por tres y le di las gracias y un beso. Recién comenzaba el 1995: era 2 de enero. El documento que Magdi redactó era una declaración donde mi ex explicaba que no podía estar presente en el juzgado el día señalado; que ya estaba viviendo en Bélgica, donde había fijado su residencia; que tenía trabajo —una pequeña mentira, pero bueno, después de todo lo vivido, una mentira más no alteraba nuestra *normalidad*—; y, finalmente, que no pensaba regresar a Hungría. Para terminar, pedía que, sin su presencia física, se disolviera el matrimonio con Boda Csaba, con el cual no tenía propiedades en común ni le exigía ningún tipo de compensación. El documento, se lo envié por correo certificado a Magdi.

Los días de enero volaron y no teníamos respuesta aún del permiso de residencia en Bélgica. Yo notaba a Magdi inquieta y algo reservada, algo que pude comprobar cuando la llamé por teléfono para interesarme por sus gestiones en Veszprém. Únicamente me dijo que hablaría con alguien *bien ubicado* para acelerar el proceso de divorcio. Al terminar, una vez que colgué el teléfono, me quedé intrigado.

Por suerte, el día 28 de enero, un fax que Carlos me envió a la universidad resolvió el misterio. Era una carta de Magdi, donde nos decía que había logrado hablar con el *biró* —juez en húngaro—, pero que lo único que había podido resolver era acelerar la vista, y lo más problemático para mí, y no solamente por motivos financieros: mi ex tenía que estar presente para la disolución de este segundo matrimonio. Al juez le vendría bien cualquier lunes o miércoles, pero había que avisarle con ocho días de antelación, y mencionaba como posibilidad los días 8, 13, 15, 20 o 22 de febrero. A continuación, menciona algo importante:

Csabának nagyon sürgős, mert márcisuban már szeretnének összeházasodni.

O sea que para Csabi era muy urgente —el divorcio—, pues ya para marzo quería casarse con su novia. Obviamente, esta vez sí era *de verdad*, con la verdadera novia, no con la ex de ningún amigo.

A los pocos días, me volvió a contactar Carlos para decirme que llamara urgentemente a Magdi, porque tenía que hablar conmigo. Me extrañó la llamada; casi todo el tiempo nos comunicábamos por fax y cuando le pregunté qué pasaba, no supo decirme. Magdi no lo escribió en su fax, pero no había que ser muy avispado para entender la urgencia. Así como dos más dos son cuatro, un hombre *más* una mujer son, si no cuatro, con toda seguridad, un mínimo de tres. Era obvio: venía un *baby* en camino. Siempre considerada y con su gran corazón, Magdi nos decía que era consciente de las dificultades que esta urgencia representaba: *"utazás, pénz, vízum, stb."*, o lo que es lo mismo, "viajes, dinero, visa, etcétera", y empleaba una palabra que describía bien todo el proceso:

> *[...] reméljük, hogy ez már [...] a vége lesz ennek az egész kálváriának.*

Es decir, esperaba que por fin se acabase todo este *calvario*, término que en este caso no significaba *Vía Crucis*, sino la sucesión de todas nuestras adversidades y pesadumbres.

Casi inmediatamente después de leer ese fax, llamé por teléfono a Hungría y confirmé mis sospechas: un nuevo ser llegaría al mundo. Una buena noticia, sin duda; la mala era que mi ex no podía abandonar Bélgica hasta tanto no arregláramos lo de su permiso de residencia, y la buena nueva de mis amigos, para variar, me ponía a correr por enésima vez.

Algo desesperado, acudí al profe, a ver si podía hacer algo con las autoridades belgas. Me daba tremenda pena, pero yo sí no podía hacer más; sencillamente, no estaba en mis manos. Y, nuevamente, el profe acudió en mi ayuda. No recuerdo con quién habló, pero hizo las averiguaciones pertinentes y al otro día, el 1 de febrero, envió al Registro de Extranjeros la requerida *Verbintenis tot tenlasteneming*, o sea, la invitación oficial donde certificaba que él asumía la responsabilidad financiera, de alojamiento, etcétera, etcétera, para mi ex e Ylena, requisito previo para que las autoridades locales competentes aprobaran la solicitud de residencia. La maquinaria se había puesto a andar y únicamente nos restaba esperar.

Quizás esta vez fue solamente la suerte, pero algo se movió rápido. El día 6 de febrero, recibí una notificación por correo. Se trataba simplemente de una citación para presentarme en el Registro con más papeles, pero al menos era un paso hacia delante. Mientras tanto, Magdi se desesperaba en Hungría para que Csabi se pudiera casar. Lógicamente, primero tenía que divorciarse de mi ex; no había alternativa. Tres días más tarde, el 9 de febrero, llegó otro fax de Carlos:

> Ruben, Magdi me llamó. Dice que le digas algo concreto [...], pues ella tiene que decírselo al biró una semana antes [...].URGENTE.

Ese día 9, todavía no tenía nada concreto para Magdi. La llamé por teléfono para tranquilizarla y pedirle, por favor, que no se preocupara, que yo no podía hacer nada hasta que no recibiera respuesta de la Oficina de Extranjeros. La respuesta llegó como a los dos o tres días. Al fin, mi ex ya estaba inscrita en el Registro, con su visa prolongada y, por lo tanto, lista para viajar. Le envié un fax a Carlos para que le avisara a Magdi. En principio, mi ex viajaría el sábado 18, por lo que rápidamente tendría que buscarle un boleto de avión. El 13, volví a la oficina de Peter y le compré uno con salida para Budapest el mismo 18. Inmediatamente, le envié otro fax a Carlos para que se lo dijera a Magdi. Lo más importante era que Magdi tenía que arreglarlo todo con el juez para el 20; no teníamos mucho margen. El boleto de regreso era para el siguiente día, o sea, el 21 de febrero.

Por fortuna, todo salió a pedir de boca. Magdi hizo su parte diligente y eficientemente, y, según lo planeado, el 20 de febrero de 1995 se produjo la disolución de aquel matrimonio que tanto significó en nuestras vidas. Inmediatamente, le quedó despejado el camino a Csabi para casarse de nuevo, y esta vez sí sería —como dicen aquí—, *for the right reasons*.

Por un lado, me sentía aliviado. El capítulo de Hungría había concluido, pero la ida y venida de gestiones burocráticas estaba lejos de terminar para mí. Por suerte, los experimentos marchaban a buen ritmo, en el laboratorio, aprendía muchísimo cada día y poco a poco me enamoraba de la biología de los macrófagos. De la misma forma, la colaboración con Salvador marchaba bien y precisamente esos días habíamos coordinado otra visita a Londres. Decidí entonces que, para evitar todas las *candangas* con la solicitud de visa, y siguiendo la sugerencia de Salvador, esta vez pediría una visa de entrada múltiple al Reino Unido. Nuevamente, cumplí con la rutina, y con la carta de invitación de Salvador, la del profe, donde declaraba que yo necesitaba viajar con frecuencia a Beckenham, Londres, me presenté en el Consulado británico en Bruselas los primeros días de marzo, exactamente el 6.

Todo estaba bien, pero se presentó un problema adicional sobre el que me llamó la atención el funcionario consular: a mi pasaporte cubano, aunque aún válido hasta agosto de 1996, solo le quedaba una página en blanco, por lo que únicamente me podían dar una visa para múltiples entradas hasta el 6 de septiembre, o sea, exactamente para seis meses. Eso era mejor que nada. Regresé a Amberes con mi visa para el Reino Unido, pero con una nueva candanga. Yo que me había olvidado de Cuba esos días, otra vez tuve que sacarla del baúl de los recuerdos. No tenía otra opción: me gustase o no, tendría que presentarme en el Consulado cubano en Bruselas para solicitar un nuevo pasaporte, algo que no me hacía ninguna gracia y que infructuosamente intenté evitar, pero no había escapatoria.

Me lo pensé unos días, recargué bien la billetera y el 14 de marzo partí de nuevo para Bruselas. En el Consulado cubano de la *rue Roberts Jones 77, 1180, Bruxelles*, me hicieron esperar un rato, pero bueno, eso no fue inusual ni tan malo; lo peor fue eso que yo prefiero llamar *expolio consular a la cubana*. Han pasado casi veinte años y hasta el día de hoy ha cambiado muy poco el sistema: sigue siendo expolio y sigue siendo cubano.

Para la solicitud del nuevo pasaporte, tuve primero que inscribirme en el Libro de Registro de ciudadanos cubanos residentes en Bélgica y Luxemburgo. El famoso registro, sobre el que únicamente me dieron una tarjeta de presentación de la señora María Teresa Rodríguez, consejera de la Embajada de Cuba, con la anotación: "N° 70 de 14 marzo/95", me costó nada más y nada menos que 3000 francos belgas —con la introducción de la nueva moneda, un euro equivalía a un poco más de 40 francos—. Todavía no entiendo por qué fue tan caro escribir mi nombre en un libro, pero bueno, sin el susodicho registro no le hacían a uno un nuevo pasaporte. La solicitud de este tampoco fue gratis: *solamente* 4800 francos belgas, que no es poco si tenemos en cuenta que era válido solamente por dos años. Y claro, me dijeron que demoraría varias semanas, lo que en la práctica significaba sentarse a esperar, y, conociendo las cosas de la isla, mejor buscar un asiento bien cómodo. Recuerden la fecha: 14 de marzo.

Terminó el mes de marzo y, obviamente, no esperaba que el pasaporte llegara, pues apenas habían pasado dos semanas desde la solicitud. Llegó abril y, como a los siete u ocho días, volví a llamar al Consulado. *Nada*. Me olvidé del asunto por un par de semanas más, y cuando casi se acababa el mes, volví a la carga. La misma y bien conocida respuesta bisilábica:

—Nada.

Comencé a desesperarme. Tenía que viajar a Londres y no me gustaba seguir en aquella especie de limbo. Volví a desentenderme del asunto y, bien avanzado el mes de mayo, volví a la ya rutinaria pregunta, que de nuevo recibió la también rutinaria respuesta:

—No ha llegado nada de Cuba.

Obviamente, me molesté, pero ¿qué más podía hacer? Como siempre, he creído que antes de la guerra hay que recurrir primero a la diplomacia. Decidí moverme a una instancia superior. Si serviría de algo, no podía saberlo, pero al menos lo intentaría. Se acabó el mes de mayo y, como seguía sin saber *nada*, el 1 de junio envié el siguiente fax a la Embajada cubana en Bruselas:

> Amberes, 1 de junio de 1995
> Sr. Carlos Alzugaray
> Embajador de la República de Cuba en el Reino de Bélgica
>
> Por medio de la presente, me dirijo a usted para reiterar la solicitud de un nuevo pasaporte expedido a mi nombre. Dicha solicitud fue realizada el día 6 de marzo ante el señor Elio Rodríguez, el cual lamentablemente me ha comunicado no haber recibido todavía respuesta de Cuba. Le pido, por favor, reitere ante las autoridades cubanas correspondientes la solicitud de envío del documento.
>
> Agradeciendo de antemano su gestión, lo saluda respetuosamente,
>
> Ruben Zamora

No recibí inmediata respuesta y, para ser sincero, tampoco la esperaba; ningún embajador se dedica a *triviales* asuntos consulares como la expedición de un pasaporte, a menos que se lo pida un superior, claro está.

Después de la enésima llamada al Consulado cubano, creo que a mediados de junio recibí la respuesta: mi nuevo pasaporte había cruzado el Atlántico y ya estaba en Bélgica. ¡Al fin! Nuevamente, viajé desde Amberes hasta la Embajada de Cuba en Bruselas. Regresé a casa con el nuevo pasaporte y con una esperanza: la de no tener que volver jamás. Aún no podía saberlo, pero mis deseos se cumplieron: nunca más puse un pie en ese Consulado.

Una vez en mis manos, cuando abrí el nuevo documento, válido hasta mayo de 1997, noté que, efectivamente, tenía fecha de expedición 31 de mayo de 1995. No pasé por alto un *simple* detalle: las autoridades de inmigración y extranjería del MININT en Cuba no dieron el *visto bueno* al pasaporte hasta el 7 de junio, tal y como consta en el sello que aparece en la página 4, o sea, unos días después de yo haber enviado mi fax al señor embajador. Es posible que haya sido una casualidad y fruto del lento y burocrático proceder de la administración cubana, pero yo no me lo creí; a esas alturas, yo ya no creía en ese tipo de *casualidades*. En fin, no vale la pena seguir especulando. No puedo cerrar las puertas a la posibilidad de que todo hubiese sido fruto de mi estado paranoico con todo lo referido a la isla, pero, visto lo visto, o, mejor dicho, luego de todo lo vivido, razones no me faltaban para desconfiar.

El nuevo pasaporte cubano lo usé solamente una vez más, e, ironías de la vida, para visitar al eterno enemigo de la Cuba revolucionaria: los Estados Unidos de América.

La decisión de no regresar a Cuba la había tomado ya hacía mucho tiempo y estaba más que clara; lo que no estaba aún nada claro era el país en que terminaría por asentarme o, mejor dicho, el país en que me dejarían asentarme. Dondequiera que fuera, el pasaporte cubano sería un lastre; también nunca mejor dicho, ese pasaporte siempre sería un lastre.

En Amberes, teníamos varios amigos chilenos que después del golpe de Estado en Chile habían llegado a Bélgica como refugiados políticos. Era una posibilidad: la opción de pedir el asilo o refugio político estaba sobre la mesa. Desde el comienzo, no me faltaron sugerencias al respecto, pero yo no me encontraba listo para dar el paso. La razón fundamental estaba precisamente en Cuba: temía que una filtración de mis actos llegara a La Habana y perjudicara a mis padres, que aún trabajaban en el CC-PCC, e incluso a mi hermano, que ya estaba empleado como joven investigador en la Facultad de Física de la Universidad de La Habana.

No me preocupaba en lo referido a mi posición en Bélgica; ya tenía claro que no regresaría a la isla, pero dar el paso de acogerme al asilo y que esto llegase a ciertos oídos en el Caribe podría tener consecuencias negativas para mi familia en Cuba, y esto no era paranoia: mi caso no era ni el primero, ni sería el último. Pero en ese momento, tampoco podía pensar en eso: el trabajo en la universidad apremiaba y tenía que concentrarme en él.

Los días se me iban volando, y como los macrófagos en cultivo no entendían de visados ni problemas legales y exclusivamente consumían nutrientes, liberaban mediadores y se multiplicaban como el cáncer, yo, por el bien de todos, también tenía que ajustarme a sus ritmos. Definitivamente, la larga espera por el dichoso pasaporte y la real preocupación por el futuro, igual donde me encontrase, habían comenzado a inquietarme por encima de los niveles normales, pero incluso pensar en el asilo en aquel momento tendría que esperar. No tomaría el paso por presión de nada ni de nadie; solo cuando estuviera verdaderamente convencido. Eso hice y, a pesar de los fuertes vientos que soplaban a mi alrededor, seguí esperando.

Con la visa británica en orden, el 26 de junio de 1995, partí con el profe para Londres desde el aeropuerto de Deurne, en Amberes. Aterrizamos en Gatwick y de ahí fuimos directamente a la *Wellcome*. Salvador nos esperaba.

Como siempre, la pasé muy bien. En lo científico, el viaje fue muy productivo y le confirmé a Salvador lo que en Amberes ya nos temíamos: volví a *disparar* con precisión: otro bebé estaba en camino y, por tanto, otra nueva y poderosa razón para pensar en el futuro. Pero en aquellos momentos el futuro más cercano estaba en el laboratorio. Al regresar de Londres, me encontré una grata sorpresa en el buzón: una carta del doctor Jonathan Stamler, coorganizador del *4th International Meeting Biology of Nitric Oxide*, donde me anunciaba la buena nueva de que mi trabajo había sido aceptado para una presentación oral en el *meeting*, el cual se celebraría del 17 al 21 de septiembre, en la Amelia Island de la Florida. Acto seguido, pasada la alegría inicial, los pelos se me pusieron de punta. Y la razón no era precisamente porque sería en los Estados Unidos, sino porque iba a ser la primera vez que tendría que pararme a hablar frente a lo más selecto y nato del campo de óxido nítrico, y, lógicamente, en *English*; bueno, para ser más exacto, en mi *cubanglish*. Nuevamente, tendría que lidiar con el asunto de una visa, y obtener la de los Estados Unidos tenía —todavía tiene— la bien ganada fama de difícil. Pero, esta vez, casi todo estaba a mi favor.

El 3 de julio, el profe le envió un fax a Jonathan, comunicándole que había *"one small problem. He* —o sea, yo— *is from Cuba. For this reason, he needs lots of letters of recommendation in order to obtain a visa for your country"*. La carta de Stamler invitándome formalmente llegó por fax el 10 de julio.

Con ella, la del profe y otra de Salvador, me presenté en el Consulado americano en Bruselas el 18 julio y, para mi gran sorpresa, me dieron la visa el mismo día. Más se habían demorado anteriormente los británicos, por ejemplo. Es posible que dos factores hayan ayudado: primero, la carta de invitación de los organizadores, junto a las del profe y de Salvador; y segundo, el hecho de que dejaba a mi familia en Bélgica. También es cierto que tuve que repetirle esto un par de veces a la oficial que me atendió, la cual no hizo nada por disimular y disfrazar su insistencia en conocer mis *verdaderas* intenciones una vez finalizado el *meeting*. Sencillamente, ella quería confirmar, aunque solo fuera en aquel particular instante, que yo no me quedaría en su país. No perdí en ningún momento la calma; era la verdad: no tenía la menor intención de quedarme más de lo necesario en los Estados Unidos. Respiré aliviado cuando se terminó el interrogatorio, y aún más cuando la oficial me mandó a pasar a otra ventanilla para pagar los 700 francos belgas del arancel consular. En ese momento, supe que me daría la visa. Con esta en mi nuevo pasaporte, regresé loco de contento a Amberes. Estaba decidido: además del *meeting*, aprovecharía para ir a Miami y, de paso, visitar a mi tía Mirta en Nueva Jersey. Al fin, la conocería en persona.

Ese año, nos merecíamos todos unas vacaciones, y nada mejor que irse bien lejos de la rutina diaria. Claro que únicamente pudimos llegar hasta donde —y con el transporte que— mi bolsillo de *PhD student* permitía. Y nos lanzamos en autobús hacia el sur de España, con destino a la playa de Benidorm. El viaje pareció durar una eternidad, pero, por suerte, la autopista no era infinita y llegamos sin mayores inconvenientes. Sin lugar a dudas, la comida y el sol de la España meridional fueron toda una bendición, y sobre todo le vinieron de maravillas a mis neuronas. Cuando llegué al sur de España, comprobé, por enésima vez, que cuando Dios decidió asignar los días soleados en el planeta, a Bélgica le tocó uno de los últimos puestos en la cola, y ya no hablo de Londres; a esa región de las islas británicas simplemente ni le dieron turno para la repartición.

Como a los dos o tres días de haber llegado a Benidorm, una tarde, mientras leía la prensa junto a la piscina del hotel, oí los gritos de mi ex, que, aunque imposible, parecieron alcanzar mis oídos a la velocidad de la luz. Se trataba de Ylena. Por un instante, se nos había desaparecido de la vista: se había hundido bajo el inmenso salvavidas amarillo que le habían prestado. Recuerdo que las hojas del diario *El País* salieron volando, y con ellas yo, que, sin detenerme un segundo a mirar qué pasaba, me lancé a la piscina y, levantándola por los glúteos, saqué a mi asustada princesita de la piscina. Decididamente, los adultos lo pasamos peor; es lo que tiene la maravilla de la extrema juventud. A los pocos minutos, y pasado el susto inicial, Ylena estaba de nuevo metida en la piscina, jugando como si nada. Eso sí, aprendió la lección bien rápido: cuando el hueco del salvavidas es muy grande, o te agarras bien, o te ahogas. Después, lo hizo, y al final la pasamos estupendamente.

Otro susto parecido nos dimos un par de años después. Y, nuevamente, los gritos de la madre me avisaron que algo pasaba, pero esta vez no fue Ylena. El curioso de mi hijo encontró una caja de talco en el cuarto de baño y no sé cómo lo hizo, pero se las arregló para romperla, desprendiéndole el fondo. El polvo blanco le cubrió toda la cara, y no era poco: la caja estaba llena y fue mucho el talco que le cayó encima. Inmediatamente, corrí al cuarto de baño. Con celeridad, intenté abrirle la boca, pero no se dejó. Acto seguido, lo levanté y suspendí por las piernas, cabeza abajo, encima del lavamanos. Lo zarandeé todo lo que pude y luego lo limpié bien. Tenía talco en todos los orificios de la cara. Más tarde, lo vio un médico, porque temíamos que hubiese aspirado algo de talco, pero, por suerte, todo quedó en otro susto. Él, por cierto, no creo que ni lo recuerde.

Agosto de 1995 fue un mes de mucho ajetreo con el trabajo, sobre todo con los preparativos para el próximo gran viaje a los Estados Unidos. Desgraciadamente, también fue uno de esos meses que quisiéramos borrar para siempre en mi familia. Me encontraba muy lejos. Mis padres tomaron la decisión de no decirme nada para no preocuparme más con todo lo que ya tenía arriba, y únicamente mucho después de lo ocurrido fue que me lo contaron. De hecho, los detalles, los vine a conocer años más tarde, cuando me reencontré con mi mamá en su primer viaje a Canadá.

El 18 de agosto de 1995, un aparatoso y fatídico accidente, de esos que nos marcan para siempre, fue la noticia del día en la isla de Cuba. La guagua donde viajaban mi hermano y su esposa colisionó con un tren en un paso a nivel. Todavía hoy siento dolor al intentar recordar los detalles. Mi hermano se salvó milagrosamente, al venir de pie, junto a la puerta de la guagua, que, producto del impacto, súbitamente se abrió. Él salió disparado hacia fuera; mi cuñada resultó seriamente herida; una buena amiga y colega de mis padres perdió instantáneamente la vida; hubo varios muertos y heridos; y en un santiamén, la vida dejó de ser la misma para muchas familias. Prefiero dejarlo ahí.

Para cualquier cubano, la primera visita al país del *imperialismo* era toda una experiencia, y cuando se trata de familia y buenos amigos, la emoción por el reencuentro difícilmente puede traducirse en palabras. Cuando llamé por teléfono y se lo dije a mi tía Juana, ella no podía creerlo. Aquello de volver a vernos luego de tantísimos años, y de finalmente poder conocer a la mayor de las hermanas de mi padre, significaba mucho para mí. Y llegó el 14 de septiembre, día de la partida.

Tante Mia y su esposo me llevaron al aeropuerto de Zaventem, en Bruselas. Mi primer aterrizaje en Nueva York resultó ser toda una sorpresa. Contra todo lo imaginado, comenzó con un relajado recibimiento en inmigración. No podía creer la expresión de aquel sonriente oficial, quien, después de solamente preguntarme a qué venía a su país, me soltó un, por primera vez en mi vida: *"Welcome to America"*.

Años antes, creo que en 1991, en lo que fue mi único trabajo *voluntario* de carácter militar en la isla de Cuba, me tocó ir a cargar piedras en la construcción de uno de los tantos túneles subterráneos que se construyeron en La Habana para preparar a la ciudad contra una hipotética invasión del imperialismo que, por cierto, nunca llegó. Después de cargar un par de piedras gigantes, yo ya no podía ni con mi alma, y únicamente gracias a sendos negros de casi dos metros de altura y con unas molleras como cualquiera de mis muslos, pude quedarme en pie y terminar la jornada. Ese era el *Welcome to Cuba* que se les iba a dar a los americanos, y yo me reí muchísimo cuando uno de los tipos me dijo:

—¿Y tú crees que podrás acabar con los yanquis cuando ni siquiera puedes levantar una de estas piedras sin ayuda?

El tipo exageró. Es cierto que yo no tenía mucha fuerza, pero yo sí no exagero ahora; esas piedras pesaban casi lo mismo que yo: 140 libras. Sin comentarios.

Si relajada fue mi llegada a los Estados Unidos en septiembre, todo lo contrario resultó mi primera gran presentación oral en la conferencia que se celebró en el lindo hotel de la Amelia Island, en el Atlántico estadounidense. El profesor japonés Maeda presidió la sesión. Únicamente recuerdo que, cuando anunciaron mi nombre, subí al podio y cuando levanté la vista y vi aquel inmenso salón repleto de trajes y corbatas, enmudecí. Pasaron unos segundos, más de lo usual —y para mí, un millón—; incluso, después, el profe me dijo que por un momento pensó en subir y *empujarme*, pero no hizo falta. No sé cómo lo hice: comencé a hablar y terminé sin parar.

Aún hoy, después de tantos años y de haber hecho tantas presentaciones en público, me pongo nervioso, pero nunca, nunca la he pasado tan mal como aquella primera vez.

Por suerte, ahí estaban Salvador, Martin y el profe para tranquilizarme. Eso le ocurría a cualquiera, me dijeron. Pasado el mal trago, y recobrada el habla, la pasé muy bien; luego, disfruté de unos días en Miami, donde visité a viejos amigos, y, lo mejor, me fui a Nueva Jersey. En el aeropuerto JFK de Nueva York me esperaban mi prima Marilyn y su esposo. Directamente, nos fuimos a recorrer lo más emblemático de Manhattan, incluida, obviamente, una visita al legendario *Empire State*, y al finalizar, nos fuimos para *Roselle Park*, donde al fin pude conocer a los inolvidables tíos Mirta y Armando, y a los otros dos primos, Armandito y Héctor. Un par de días más tarde llegaron desde Cleveland la tía Juana, el tío Pancho y el pequeño primo.

Creo que lo más significativo de aquel primer viaje a los Estados Unidos se produjo un par de días después. Le pedí a tía Mirta que me dejara llamar por teléfono a Cuba para decirles a mis padres que había llegado bien, y que una vez acabado el *meeting* en la Florida me encontraba visitando a mis tías. Y acabado de decirle esto último, mi padre me preguntó:

—¿Y ellas cómo están?

Y acto seguido, sin pensarlo, o, mejor dicho, bien pensado, le respondí:

—Pregúntales tú a ellas.

Ambas estaban escuchando la conversación por otro teléfono, pues cuando les dije que iba a llamar a Cuba, me dijeron que querían volver a oír la voz de su hermano. Los sollozos por la emoción no se hicieron esperar. Mi intención no era únicamente que escucharan, sino que hablaran. Y sucedió. Había trascurrido muchísimo tiempo, pero el poder de la sangre es tal que por un momento, entre 1968 y 1995, pasaron no veintisiete años, sino veintisiete segundos. No tengo palabras para describirlo. Al final, también me hizo gracia. Por un momento, en casa de mi tía todos dejamos de existir; el centro eran exclusivamente aquellos tres hermanos que, a través de una larga —larguísima en tiempo y espacio— línea telefónica, recompusieron para siempre un amor que nunca debió haberse roto. Ya no viven para contarlo, pero yo quiero hacerlo aquí, por y para ellos.

Llegó el momento del regreso y, para *tranquilidad* del Consulado norteamericano, no me quedé en los Estados Unidos. Regresé a Bélgica el 3 de octubre. Enseguida, me concentré en el nuevo plan. No sé realmente cuánto influyó este último viaje en mi decisión, pero ya estaba listo para dar el paso de la solicitud del refugio político para mí y, obviamente, para mi familia. No tenía ni la menor idea de cómo hacerlo. De haber estado en un aeropuerto o en algún punto fronterizo, me hubiese dirigido a las autoridades y ahí mismo declaraba mis intenciones, pero ese no era mi caso: residíamos oficialmente en Bélgica y yo estaba haciendo mi doctorado en la Universidad de Amberes, todo en regla y legalmente documentado.

Por suerte, la información la tenía al alcance de la mano, y nunca mejor dicho, o como ella misma diría, de la mano de Dios: la hermana Miriam Vega, una religiosa chilena que durante años y años —y aún hoy— ha ayudado tanto y a tantos como yo en el deambular por toda Bélgica.

Le expresé finalmente mi deseo y la hermanita Miriam, como cariñosamente la llamábamos, me puso en contacto con Françoise Visèe, quien para mi fortuna resultó ser otro ángel caído del cielo. Françoise trabajaba en los Servicios Sociales de *Solidarité Socialiste* en Bruselas y estaba muy familiarizada con todos los procedimientos necesarios. Vinieron ambas a la casa y, desde el primer momento, funcionó la química.

Françoise era una belga francófona que, además, hablaba español; directa, práctica y encantadora, irradiaba toda la simpatía y confianza que yo necesitaba. La hermanita Miriam no se equivocó: no cabía duda alguna de que no encontraríamos mejor ayuda que la de Françoise. Ese mismo día, arrancó todo.

En una hoja de papel, Françoise me hizo un croquis de cómo sería el proceso, que, si mal no recuerdo, incluía los siguientes pasos: primero, se solicitaría formalmente el asilo ante la Oficina del Comisariado General para los Refugiados y Apátridas (CGRA) en Bruselas; luego, existían dos posibilidades: una buena y una mala. La buena era recibir el *Annexe 26* —no estoy seguro ahora, pero es posible que se refiriese al artículo 26—,[74] y la mala, que nos dieran el *Annexe 26 bis*, que no era

---

[74] La Conferencia las Naciones Unidas sobre el Estatuto de los Refugiados y Apátridas, celebrada en Ginebra en julio de 1951, aprobó la Convención de las Naciones Unidas sobre el Estatuto de los Refugia-

más que la orden de dejar el territorio nacional. En ese caso, había tres días para apelar la decisión negativa. A mí realmente me daba igual de dónde viniese el mencionado anexo; lo importante era que no dijera *bis* por ningún lado. Una vez que tuviera el anexo 26, el proceso seguiría su curso. Nos pusimos manos a la obra.

Finalmente, la buena noticia llegó procedente de la Oficina de Extranjeros del Ministerio del Interior, con fecha 11 de octubre de 1995: el *Annexe 26*, o lo que es lo mismo, *Bijlage 26* en flamenco. En este, se me declaraba peticionario de asilo —o refugiado— y se enumeraban algunos de los requisitos que debería cumplir, como el de declarar oficialmente un lugar de residencia en Bélgica, etcétera, etcétera. Inmediatamente, llamé a Françoise para darle la buena nueva. Claro que eso no significaba todavía un feliz desenlace, pero era un buen comienzo: no tendríamos que abandonar el país. Lo próximo fue seguir los pasos del proceso que, por suerte, Françoise conocía al pie de la letra. Recibimos un formulario con cerca de treinta preguntas —todo un cuéntame tu vida— y quince días para completarlo y enviarlo al CGRA en Bruselas. No esperé mucho. El 19 de octubre, lo rellenamos, o, mejor dicho, con la información que yo le daba, lo rellenó completamente Françoise, y lo hizo con una facilidad admirable y en francés. Recuerdo que cuando mencionó que escribiría también lo de mi divorcio y el matrimonio arreglado, se me pusieron los pelos de punta. Pero la Françoise me tranquilizó: me dijo que

---

dos. Hasta hoy, la Convención sigue siendo el instrumento más importante para el derecho internacional sobre refugiados: define el estatuto del refugiado y establece las normas mínimas del trato que debe darse a las personas que lo reciben. Entre los derechos otorgados a los refugiados está el recogido en su **artículo 26**: *los Estados contratantes conceden a los refugiados que se encuentran legalmente en su territorio el derecho de escoger el lugar de su residencia en tal territorio y de viajar libremente por él, siempre que observen los reglamentos aplicables en las mismas circunstancias a los extranjeros en general.*

primero se trataba de la verdad, y, además, era un elemento que apoyaba mi decisión de solicitar el asilo. Entendí sus argumentos y seguí su consejo. También, como a partir del 1 de noviembre nos mudaríamos a un nuevo apartamento, aproveché para rellenar otro documento donde declaraba oficialmente que mi residencia en Amberes, Bélgica, pasaba a estar en la *G. Garittestraat 19*.

No esperé mucho y, al siguiente día, el 20 de octubre, me dirigí a la oficina de correos y envié todos los documentos por correo certificado al CGRA en Bruselas. Ahora, tenía que esperar a que me citaran a una entrevista con los oficiales del CGRA. Françoise en todo momento mantuvo su disposición a ayudar, e incluso me dijo que ella también iría a la entrevista en Bruselas. A tal fin, ese mismo día me hizo firmar una carta *"A toute personne intéressée"*, que, lógicamente, ella redactó en francés, donde indicaba que, debido a que *"notre langue maternelle et véhiculaire est l'espagnol"*, la autorizábamos a ella a servir de traductora en la entrevista. A partir de ese momento, solamente nos quedaba esperar.

Mientras tanto, la vida seguía como de costumbre, los experimentos en el laboratorio también, y la colaboración con Martin en Alemania, y con Salvador en Londres, no se detenía.

Precisamente, esos días, Martin me había pedido que fuera unos días a Alemania para hacer unos experimentos o discutir unos para un artículo, no lo recuerdo exactamente. No podría hacerlo en los días inmediatos, porque había un problema: al haber iniciado el proceso de solicitud de asilo, no podía abandonar Bélgica, y, lógicamente, no iba a poner en riesgo todo lo avanzado en ese sentido. Rápidamente, llamé a mi salvadora, la Françoise, y esta, como siempre hacía, me tranquilizó, diciendo que no me alarmara. Solamente tendría que seguir lo establecido para estos casos y me dijo a quién contactar para ello. Y así lo hice. Martin entendió y acordamos la visita para finales de noviembre.

El 27 de octubre, le envié una carta a la señora Joelle Camus, en el CGRA, pidiendo información para solicitar un pasaporte —Françoise lo llamaba "pasaporte rosado"; imagino que ese fue su color en algún momento— y autorización para viajar a Alemania desde el 27 de noviembre hasta el 2 de diciembre. La carta iba a acompañada de otra del profe, donde certificaba mi necesidad de viajar frecuentemente a Londres y Monheim por asuntos de trabajo. Pasaron más de tres semanas, y el 21 de noviembre, recibí el *reisattest* para viajar, firmado por el comisario general Marc Bossuyt. Junto al documento venía una nota, donde se me informaba que este permiso por sí solo no era suficiente para viajar; tenía, además, que presentarme en las oficinas del gobierno provincial en Amberes para solicitar un *reispas* para extranjeros. Cuando le enseñé el documento al profe, este enseguida reconoció el nombre del rubricante: el señor Bossuyt había sido profesor de Derecho en nuestra universidad, la UIA. Y todo salió bien. Esta vez, me fui a Alemania sin otra preocupación que la de regresar bien pronto a prepararme para la llegada del nuevo año, y lo mejor, recibir al nuevo miembro de la familia.

El nuevo miembro no se hizo esperar mucho, y con él, la *inmedible* —palabra no reconocida en el diccionario de la RAE, pero que me gusta— alegría y felicidad que nos trajo a todos. **El día 8 de enero de 1996, a las 10.46, nació mi primer hijo; para los abuelos, el primer nieto; para los tíos, el primer sobrino; y quizás el primer Ruben Daniel de nuestro árbol genealógico**, aunque esto último no podría asegurarlo. Y está bien escrito, Ruben sin acento. Un bebé que a escasos minutos de venir al mundo, y mientras lo limpiaban, ya parecía tener clara su vocación de artista. Disparó con precisión, haciendo gala de puntería y dejó la huella de su estupenda función renal en un tomacorriente. Hasta el día de hoy, ha sido la única vez que alguien orinó en público delante de mí en un momento y en un lugar equivocados, y yo terminé riéndome. La enfermera también sonrió, pero no creo que le haya hecho mucha gracia tener que limpiar la nada sólida *obra de arte* del recién nacido.

Un nuevo Ruben había llegado a la familia, y si fácil fue ponerle el nombre, inscribir oficialmente el acontecimiento en el Registro de Nacimientos de Amberes tuvo una pequeña complicación, pero vayamos por parte. Comenzando con el nombre, yo había hecho un trato con mi ex: si el bebé era una niña, ella escogería el nombre; en caso contrario, lo haría yo. Y por seguir la tradición, por el orgullo de tener mi primer hijo varón o quién sabe ahora realmente por qué, quise que se llamara como yo, eso sí, sin acento. Realmente, mi nombre, Rubén, con acento, nunca me gustó mucho, y para diferenciarlo de mí, para él escogí un segundo nombre que sí me gustaba, y me gusta muchísimo: Daniel.

Lo de nuestro nombre también tiene su historia. Según el Génesis de la Biblia, Lea fue la prima y primera de las cuatro esposas del patriarca Jacobo, con quien tuvo seis hijos que dieron origen a seis de las doce tribus de Israel: Rubén, Simeón, Leví, Judá, Issacar y Zabulón. Al parecer, Jacobo, a quién verdaderamente quería no era a la madre de estos hijos, sino a su hermana Raquel, por lo que con el nacimiento de su primogénito, Rubén, que significa en hebreo *¡Miren! Un hijo varón* o *He aquí un hijo varón*, Lea pensó que se ganaría por fin el amor de su marido. Estos entresijos de familia no me hacen mucha gracia, y yo, entre marido y mujer, prefiero no entrometerme. Ya suficiente tragedia tengo con mi apatía por el nombre para tener que conocer sus intimidades. Luego, leí que el nombre Rubén viene de la palabra *Raah*, que en hebreo significa *ver*. Lo único seguro en todo esto, y que desgraciadamente tampoco recuerdo quién me lo dijo, o dónde lo leí la primera vez, es que mi nombre provenía de la Biblia.

Lo que sí recuerdo es que tuve una especie de *shock* —en inglés me gusta más— cuando me enteré de cómo lo habían escogido para mí. Decididamente, y con lo mucho que me gustan los libros, la Biblia en particular nunca pasó por mis manos durante mi juventud: era un libro *maldito* en muchos hogares revolucionarios y, obviamente, vedado en la biblioteca de mi formación atea-marxista-leninista-fidelista. A esto tengo que añadir que nunca me gustó cómo sonaba mi nombre, y lo de la *Z* de mi apellido, ni hablar; era una verdadera *candanga*, siempre el último en las listas de la escuela. Menos me gustaba el énfasis de algunas personas al nombrarme. ¡Ay, esa desgraciada tilde en la *e*!, sobre todo mis padres, quienes se esmeraban aún más cuando el chico *Rubéééń* hacía algo malo, así que tampoco hice nunca nada por saber su origen. Mi única información al respecto era lo que me había dicho mi padre: me lo pusieron gracias al poeta y revolucionario Rubén Martínez Villena.[75] Y así crecí, pensando que mi nombre imitaba con honor el de un revolucionario, a lo que luego se sumó el de mi hermano Ernesto, quien lo recibió en honor al guerrillero Ernesto *Che* Guevara. Pero, con el paso del tiempo, se reveló la verdad. En su primer o segundo viaje a Canadá, creo que en 2008, mi madre lo hizo, y la verdad no tenía nada que ver con lo que yo había creído. No me habían nombrado pensando en el mártir de la Revolución y menos

---

75   Escritor, poeta y revolucionario cubano nacido el 20 de diciembre de 1899 en Alquízar, provincia de La Habana. Se graduó de abogado en la Escuela de Derecho de la Universidad de La Habana en 1922. Al año siguiente, suscribió, junto a un grupo de intelectuales progresistas, la famosa *Protesta de los Trece*, un documento contra la corrupción del gobierno de Gerardo Machado. Estuvo preso, y, luego de su paso por los Estados Unidos, en 1927, regresó a Cuba, se integró a las filas del Partido Comunista y abandonó la poesía para dedicarse completamente a la labor política. Camino al exilio, viajó nuevamente a los Estados Unidos y a Rusia, donde ingresó en un sanatorio por tuberculosis. Su enfermedad es incurable y decide regresar a Cuba, donde tiene una hija en 1933. Ese año, y a pesar de su enfermedad, juega un papel decisivo en la huelga general que derrocó al gobierno de Machado. A principios de 1934, es internado nuevamente debido a la tuberculosis y fallece el 16 de enero.

aún en el personaje del bíblico Israel, sino por un galán de telenovela que a mi madre le gustaba. Las similitudes con el personaje bíblico son pura casualidad. Yo también fui el primogénito, pero no creo que mi padre haya querido casarse con una de las hermanas menores de mi madre —por cierto, una hermosa mujer premiada en su juventud en una fiesta del carnaval— ni que en mi familia alguien haya tenido más de tres esposas. Lo que sí puedo asegurar es que escogí para mi hijo un nombre bíblico, y no por amor a la Biblia ni a ningún actor llamado Daniel, sino llana y sencillamente porque me gusta. Ruben Daniel puede estar tranquilo; en ese sentido, no tendrá ningún secreto por descubrir.

Volviendo a enero de 1996, ese mes terminó con muy buenas noticias, específicamente cuando me llegó una carta en francés, firmada por una secretaria a nombre del Comisario General para los Refugiados, con fecha 29 de enero. La carta contenía la citación para la entrevista oral sobre la solicitud de asilo. Estaba programada para el 15 de febrero, en las oficinas del CGRA en Bruselas. No hacía falta recalcar la importancia de la fecha; aun así, la letra pequeña dejaba claro, en una nota al final, que *"il ne sera pas possible de procéder a une reconvocation"*. De más está decir que yo no necesitaba que me lo advirtiesen; allí estaría a como diese lugar. Sin perder un minuto, preocupado, pero esperanzado, llamé a la Françoise para avisarle. Y de más está repetir lo que me dijo; ella también estaría allí.

El 15 de febrero se produjo la ansiada entrevista sobre nuestra solicitud de asilo, y si todo salía bien, no tendríamos que regresar a Bruselas para nada más. Cuando presenté la carta en la recepción del CGRA, previo a la entrevista, me anotaron un número —77— en ella. No recuerdo exactamente si fue el número del turno o el de la puerta a la que tendríamos que dirigirnos, da igual; solo recuerdo que tuvimos que esperar un buen rato. Pero, por suerte, todo salió a la perfección; la

Françoise se movía en aquel lugar como pez en el agua, e incluso, creo que gracias a su experiencia, salió muy optimista de la entrevista. Razón no le faltó. Yo respondí a las preguntas en español y ella las tradujo al francés, todo como lo habíamos hablado y sin salirnos ni un milímetro del guion acordado. Tampoco resultó tan difícil. Tal como ella presintió, dos pedazos de información resultaron decisivos en aquella entrevista y su posterior resolución: mi pasaporte cubano con sus nueve sellos de **ANULADO** y la carta del Archivo del MININT cubano, donde se me declaraba oficialmente **DESERTOR**. Y ya sabemos cómo, y particularmente en la Cuba comunista, se trataba a los desertores.

Regresamos a Amberes con un grado razonable de satisfacción y, obviamente, ahora nos quedaba esperar, y, sobre todo, revisar con regularidad el buzón de correo, pues por ahí nos llegaría la decisión final. Y durante casi tres meses, lo vigilé con ansiedad, hasta que en la segunda mitad de mayo se acabó la espera con una gran noticia: en el buzón apareció una carta del CGRA, con fecha 20 de mayo de 1996, donde se nos comunicaba el reconocimiento del estatus de refugiados.

Unos días más tarde, llegó otra carta, con fecha 6 de junio, repitiendo la noticia: *"Par lettre du 20 mai 1996, je vous ai informé que j'estimais pouvoir vous reconnaître la qualité de réfugié"*, pero, acto seguido, *"Le Ministre de l'Intérieur **n'a pas** introduit de recours contre cette decision qui est ainsi devenue définitive"*. Y cuando de un tirón leí esto último se me paralizó el corazón; mi francés era muy primitivo y no estaba seguro de lo que leía. Además, la combinación *explosiva* de las palabras *Ministerio del Interior, recurso, contra* y *decisión* no me hizo ninguna gracia. Recuerdo que, corriendo, llamé a la Françoise para que rápidamente me tradujera aquello. Ella, como siempre, me tranquilizó, recordándome lo que decía la carta del 20 de mayo: que el Ministerio del Interior tenía quince días para recurrir la decisión del CGRA y que el *n'a pas* de la presente era una buenísima noticia. Y todo quedó en un susto. El Ministerio del Interior no recurriría la decisión del CGRA, que, en consecuencia, se tornaba definitiva. Lo demás era rutina: pedían fotos, formularios; nada, lo normal en estos casos. Ahora sí podíamos celebrar de verdad. Y lo hicimos, pero no fue hasta el 25 de junio, cuando llegó otra carta de la asistente del Comisario General del CGRA, también en francés, certificando que tenían todo lo necesario en su poder y nos citaban nuevamente a Bruselas para el 2 de julio, a las 10. Ese año 1996 estaba corriendo deprisa, y bien.

Mientras todo lo del asilo parecía llegar su fin, el estatus de Ruben Daniel seguía en el limbo. No requería solución de urgencia mientras permaneciera físicamente en Bélgica, pero ¿y si decidíamos viajar fuera del país con el bebé? Lógicamente, este necesitaría un pasaporte. Normalmente, los pequeños podían registrarse en el pasaporte de los padres, pero ese no era nuestro caso. Yo ya había iniciado los trámites de solicitud del refugio, por lo que mi pasaporte cubano estaba descartado. A los pocos días de nacer Ruben Daniel, fui a recoger su partida de nacimiento, y cuando pregunté acerca de su nacionalidad y si podía ser belga, me dijeron que no. Según las leyes vigentes, al ser sus padres cubanos, él también lo era. Me sorprendí al escuchar eso. Lo que sí no me causó ninguna sorpresa fue lo siguiente: mi estatus de estudiante en ese país no era una razón con peso y fuerza legal para otorgarle la nacionalidad belga. Seguí intentando y les expliqué que yo había comenzado los trámites del asilo, etcétera, etcétera, pero pronto me di cuenta de que esto no era de hablar ni explicar. Alguien tendría que ayudarme, porque yo realmente no tenía idea de cómo solucionar este problema. Así que nuevamente acudí a mi ángel francófono; ella sabría exactamente qué hacer. Y lo hizo. Era relativamente sencillo: solo había que certificar que el bebé había nacido en Bélgica —eso era lo más fácil— y lo otro era justificar que no podía acogerse a ninguna ciudadanía o nacionalidad de otro país —en este caso, la de sus padres, Cuba—, y en nuestro caso particular, que tampoco podía obtener la condición de refugiado. Nuevamente, se necesitaban los servicios de la Embajada de Cuba. Al oír esto, se me pusieron los pelos de punta. Yo no podía —ni quería— presentarme en el Consulado cubano, y menos ahora, después de haber solicitado el asilo. Pero para Françoise eso no fue un problema. Con la misma amabilidad de siempre, me haría el inmenso favor de ir a la Embajada cubana y conseguir lo que nos hacía falta. Y eso hizo. Tal como me prometió, se fue al Consulado cubano en Bruselas, y a los pocos días se apareció en Amberes con una carta firmada el 28 de junio por el señor Medardo Roca Puentes, primer secretario encargado de los Asuntos Consulares, donde declaraba sin ambigüedad que:

> [...] el menor Ruben Daniel [...] no tiene derecho al pasaporte cubano por no tener la residencia en Cuba y, por tanto, tampoco tiene derecho a la nacionalidad cubana [...].

Esa carta era el primer paso. Lo segundo, lo resolveríamos en un par de días en la cita de Bruselas. Solo me faltaba el requerido certificado de buena conducta, que solicité en la Comisaría de Policía de Wilrijk antes de viajar finalmente a Bruselas. El 2 de julio de 1996, se produjo el tan ansiado viaje y regresé a Amberes con los anhelados documentos: ya éramos oficialmente refugiados en el Reino de Bélgica. Ahora, solamente le tocaba el turno al pequeño Ruben Daniel, quien no era ni cubano, ni belga, ni refugiado; por el momento, era exclusivamente un lindo bebé.

La carta de la Embajada estaba, obviamente, en español, por lo que la hice traducir oficialmente al flamenco por una traductora jurada. Acto seguido, y sumándole el documento del CGRA del 2 de julio, certificando que Ruben Daniel no podía ser considerado refugiado, de acuerdo con la Convención de Ginebra del 28 de julio de 1951 y el Protocolo del 31 de enero del 1967 sobre el estatuto de los refugiados, la presenté ante las autoridades correspondientes. De esta forma, el pequeñito Ruben Daniel, el primero de la familia que había nacido fuera de la isla, se convirtió inmediatamente en ciudadano belga y yo respiré tranquilo. Una preocupación menos.

Por lo demás, no esperé mucho para sacar mi nuevo pasaporte de refugiado. Pagué con inmenso placer los 620 francos belgas que costaba el pasaporte, o mejor dicho, su equivalente, un Titre de Voyage – Reisdocument, expedido por el CGRA el 12 de julio de 1996. Ya no tendría que recurrir más a un pasaporte cubano, o al menos eso me hubiese gustado decir para siempre, pero, por el momento, sería así. Obviamente, el nuevo Reisdocument era válido hasta el 11 de julio de 1998 para ALLE LANDEN uitgezonderd Cuba; o sea, podía utilizarlo para visitar cualquier país, con la excepción de Cuba, y estaba bien: en aquel momento, yo no podía ni quería ir a Cuba.

En el verano, pasamos unos días de vacaciones en Barcelona, adonde fuimos a visitar a unos amigos que había conocido el año anterior, también durante el verano en Benidorm. El viaje dentro de Europa no requería un pasaporte, pero aun así yo me llevé el mío. Estaba muy contento y, decididamente, viajaría con él, aunque no hiciese falta.

En un abrir y cerrar de ojos, se nos fue el año 1996. Con la llegada de 1997, volvería a comenzar otro período de papeleo y gestiones, pero, por suerte, esta vez ya no serían de vida o muerte.

Luego de recopilar la información necesaria, me lancé a dar el que yo pensé sería —y no fue— mi último transitar por los laberintos legales de petición de ciudadanía. Si todo salía bien, una vez que yo fuera ciudadano de Bélgica, Ylena, por ser menor de edad, podría adquirirla casi automáticamente.

Por Ruben Daniel no tenía que preocuparme: él ya era oficialmente el primer belga de la familia. Según la ley vigente, las dos primeras condiciones indispensables para la solicitud de ciudadanía eran, primero, haber cumplido los dieciocho años; y segundo, haber mantenido la residencia permanente en Bélgica por un período de cinco años, que, en el caso de los refugiados y apátridas, se reducía a tres. La primera no era un problema, y yo ya estaba muy cerca de cumplir la segunda condición. También me dijeron que el proceso nunca tomaba menos de seis meses, por lo general un año, o, en algunos casos, más, pero lo bueno era que se podía comenzar antes de haber cumplido el tiempo de residencia requerido, ya que el período que duraba el proceso contaba a favor. Obviamente, durante esos meses, uno no podía cambiar el lugar de residencia permanente. Para mí eso no sería un problema, en primer lugar, porque todavía tenía que terminar mi doctorado; y en segundo lugar, porque en aquellos momentos lejos estaba de pasar por mi mente el irme de Bélgica.

Y con todo en la mano, el 18 de abril de 1997, pagué los 200 francos belgas y envié por correo certificado al Griffier —secretario judicial— del Servicio de Naturalización de la Cámara de Representantes en Bruselas el paquete completo que incluía: una biografía, mi acta de nacimiento emitida por el CGRA, el certificado de inscripción en el Registro de Extranjeros de Amberes —por el que pagué también 200 francos belgas—, el certificado de inscripción por cada uno de los cuatro años como estudiante de doctorado, una prueba del estatus de refugiado y copia del certificado, una copia del permiso de residencia en Amberes, cartas de referencias de tres ciudadanos belgas y, para terminar, el recibo de pago de los 6000 francos belgas por el registratierecht. Por mi parte, todo estaba en orden; lo próximo era, como siempre, esperar.

Mientras mis experimentos con los macrófagos, tanto murinos como humanos, seguían produciendo resultados, el 15 de abril de 1997, había recibido la confirmación para participar en un workshop dedicado a la Molecular Biology of Mononuclear Phagocyte Differentiation and Activation, que se celebraría en Regensburg, Alemania, el 2 de mayo.

Yo estaba ansioso por usar mi nuevo Reisdocument de la ONU, pero para Alemania no fue necesario. No lo había usado tampoco para entrar en España el año anterior, así como tampoco me hizo falta para viajar a la isla de Mallorca, donde pasamos unos días de vacaciones ese año 1997. Sin embargo, la oportunidad llegaría bien pronto y el viaje sería bien largo, al otro lado del mundo.

Antes de ese viaje bien largo, a finales de mayo, un día fui a ver al profe a su oficina y, luego de tratar un asunto de trabajo, este aprovechó para invitarme a salir a tomar algo con Salvador, que, a la sazón, había llegado a Amberes. Estaba acompañado, por cierto, de alguien muy especial que yo intuí enseguida se trataría de una mujer, aunque el profe no me dijo de quién se trataba. En un primer momento, no comprendí a qué se debía tanto secretismo sobre la identidad de la fémina —¿quizás una novia?—, pero lo entendí cuando me reveló quién era la susodicha. Por suerte, en la Bélgica de aquellos años existía bastante respeto con la vida privada de los famosos; además, y lo más importante, la dama en cuestión era de un andar tranquilo, sonrisa cándida y natural, de un exquisito saber estar y, a conciencia o no, alejada de los primeros planos. Toda una princesa, y nunca mejor dicho. El día 30 de mayo, fue una jornada con cielo azul celeste y bien soleado, algo no tan frecuente para aquellas latitudes, y ese día conocí a la que luego se convertiría en la señora Moncada.

Mientras continuaba la espera por el resultado de mi petición de ciudadanía, a mediados de junio sonó una falsa alarma: una carta del Griffier con fecha 13 de junio, donde solicitaba una nueva copia del permiso de residencia en Amberes (identiteitskaart), que esta vez tenía que estar debidamente certificada.

Por suerte, no era algo difícil de resolver y todo lo demás parecía estar en orden; solo me quedaba seguir esperando por el próximo paso, que sería la entrevista oral, la cual, obviamente, no sabía exactamente cuándo, dónde ni con quién tendría.

Ahora, tenía que prepararme para ese largo viaje que antes mencioné. El Fifth International Meeting "Biology of Nitric Oxide" se celebraría ese año en la hermosa ciudad de Kioto, en Japón. Yo había enviado un par de trabajos que habían sido aceptados y el profe me dio luz verde para ir. No me parecía nada fuera de lo normal que necesitase una visa para ir a Japón; lo pesado fue lo mismo de siempre: las gestiones para conseguirla. Comencé por lo más fácil. Hablé con el profe, quien le escribió una carta, el 9 de julio, al profesor Toda, explicándole que, debido a mi condición de refugiado, necesitaba documentos adicionales para la visa; en concreto, una invitación formal del comité organizador del meeting en Kioto. El día 19, el doctor Okamura me envió lo requerido junto a otros documentos adicionales —listado de los miembros del comité organizador, regulaciones del comité, Guarantor's letter, etcétera, etcétera—, cinco páginas de las cuales yo solamente entendí, en una, mi nombre, y en la otra, el de Salvador Moncada; todo lo demás estaba en japonés.

El 28 de julio, también me llegó la notificación oficial con la buena nueva de que el comité organizador del meeting me había otorgado un travel grant de 50 000 yenes. Una vez que lo tuve todo listo, hice una cita, y con todos aquellos documentos, el 4 de agosto me fui al Consulado japonés en Bruselas. La odisea de las visas volvía a repetirse. No fue suficiente. Regresé a Amberes con las manos vacías; la vieja historia de mi nacionalidad fue nuevamente el problema. Ese mismo día, le conté al profe lo sucedido, y este le volvió a enviar otro fax al doctor Okamura, explicándole mi situación: que, a pesar de haber nacido en Cuba, ahora tenía el estatuto de refugiado de la ONU; que no tenía pasaporte cubano, sino uno de las Naciones Unidas; y que la susodicha Guarantor's letter —escrita en japonés— no decía nada de eso. La carta tenía que decir claramente que yo no era ciudadano cubano, porque sin eso no me daban la visa. Adjunta, le envié copia del documento donde el funcionario consular le había pegado una breve nota en japonés que, por cierto, hoy día todavía no sé exactamente qué dice. Fiel al estilo serio y diligente de los japoneses, el doctor Okamura nos comunicó por fax al día siguiente que había enviado el nuevo documento. Con este en la mano, el día 19, regresé al Consulado en Bruselas, aboné los 860 francos belgas que me pidieron y regresé feliz a Amberes con mi single entry visa en la mano. Obviamente, el 25 le envié otro fax al doctor Okamura, comunicándole la buena nueva y agradeciéndole todas sus atenciones.

El 14 de septiembre, el profe y yo volamos desde Amberes y, luego de un larguísimo viaje en un B-747 de KLM, que abordamos durante una escala en Ámsterdam, aterrizamos finalmente en el Aeropuerto Internacional de Osaka-Kansai, el cual, según supe después, está ubicado en una isla artificial en medio de la bahía de Osaka. De más está decir que fue un largo y agotador viaje.

Tenía un pasaporte nuevo, pero no me iba a escapar de las incomodidades rutinarias en los controles de inmigración aeroportuarios. Y esta vez también ocurrió algo cómico. Primero pasó el profe sin mayor demora. Según me dijo después, a los pocos minutos, y luego de estar al otro lado del control de inmigración, comenzó a desesperarse, porque yo no acababa de salir. Al parecer, el joven oficial que me tocó nunca se había tropezado con un tipo de pasaporte como el mío, o al menos esa fue la impresión que me dio, aunque quizá solamente estaba probándome para asegurarse de que no había gato encerrado conmigo y mi extraño pasaporte, realmente no lo sé. Me hizo varias preguntas y repitió la misma un par de veces: ¿cómo era posible que si yo era cubano mi pasaporte fuera de las Naciones Unidas, pero, además, viniese de Bélgica? Aquello no le cuadraba. Me costó aguantar la risa. El inglés del joven oficial era bien cómico, y esto no lo digo por su acento —en un final, yo también tengo uno—, sino por su peculiaridad. Acostumbrado a lidiar con todas esas confusiones que llevaba años explicando, no perdí el buen humor y respondí sin inmutarme a todas las preguntas que me hizo. En un momento, vi al profe que se desesperaba del otro lado y me miraba con cierta ansiedad, preocupado por lo que pasaba. Como yo no podía hacer nada, me limité a hacerle una simple seña con un doble objetivo: primero, de disculpas; y luego, para decirle lo obvio: estaba claro que el oficial no me dejaría entrar al país hasta que no tuviera la certeza de que todo estaba bajo control. Finalmente, y luego de consultarle algo al que parecía un superior y de comprobar que todo estaba en orden, el joven uniformado estampó el cuño en mi pasaporte y me dejó entrar al país. El profe, aliviado y con una sonrisa, exclamó:

—Eindelijk!

Aunque yo creo que lo que realmente pensó, y hubiese dicho, de haber sido cubano, fue: "Coño, chico, contigo nunca se acaba".

De ahí, tomamos un tren inmaculadamente limpio, y de la terminal, un taxi hasta el hotel Takaragaike de Kioto. Japón resultó ser un país impresionante, y de las actividades de ocio paralelas a las del meeting, lo mejor fue la sesión de masajes que nos dimos en uno de aquellos centros cuyo nombre no recuerdo, pero que, según Salvador, tenía buena reputación. Fue algo caro para mi bolsillo de estudiante, pero Salvador tenía razón: hasta el día de hoy, sigue siendo el mejor masaje asexual que he recibido en toda mi vida.

El 19 de septiembre, regresamos a Bélgica. No podría afirmarlo completamente, pero estoy casi seguro de que la noche que aterricé en Amberes procedente del lejano Japón ocurrió el accidente —palabra que cuenta entre sus definiciones el de suceso eventual que altera el orden regular de las cosas— más hermoso de mi vida. Naturalmente, el resultado final no lo vería hasta dentro de nueve meses, pero no me canso de decirlo, ha sido el accidente más hermoso de mi vida.

Desde hacía casi cuatro años, casi todos mis viajes al Reino Unido habían sido de trabajo y sin la familia, por lo que, en diciembre, nos fuimos todos a visitar a Salvador a Londres. Ya estaba en operaciones el Eurostar, y el 18 de diciembre, cruzamos el Canal de la Mancha por tren. Sin lugar a dudas, un viaje rápido y cómodo. Nos quedamos unos días en casa de Salvador y, como siempre, la pasé muy bien.

La anécdota la puso la pequeña Ylena, quien, inquieta como siempre, rompió un adorno de porcelana o cerámica, no lo recuerdo bien, que estaba en una de las repisas de la sala de la casa. Yo no sabía dónde meterme de la vergüenza; imposible saber de antemano si aquel objeto tenía algún valor especial, monetario o sentimental, para Salvador. Una vez que llegó este a casa, lo primero que hizo cuando se lo dije fue quitarle hierros al asunto. Creo que era un regalo o que había pertenecido a su exesposa. No la pasé bien, pero sobreviví al momento. Lo cierto es que esa fue la única vez que yo recuerde que Ylena, a pesar de haber sido una chica bastante intranquila, rompió algo en casa de alguien, contando la nuestra. Eso sí, le quedó bien claro que mientras estuviéramos en Londres ella tendría que mantener alejadas sus manitas de cualquier objeto en exhibición, estuviese donde estuviese. Y lo hizo.

El nuevo 1998 representó un año crucial en mi existencia, uno de esos años repleto de acontecimientos de todo tipo —por suerte, todos muy buenos— y también uno de esos que no se repiten mucho en la vida.

Estaba decidido: ese año, comenzaría a escribir mi tesis de PhD. El profe estuvo de acuerdo; tenía suficiente material para ella y, lo más importante, algunos artículos ya publicados. Una llamada por teléfono, en marzo, con el anuncio de un acontecimiento especial, me entusiasmó sobremanera. Salvador contraería matrimonio y había tenido la especial deferencia de invitarnos a la boda. Lógicamente, me dio mucha alegría y, con tremenda ilusión, le dije que allí estaría. El 4 de abril, volamos desde Bruselas hasta el aeropuerto de Heathrow. Sería una estancia muy breve, de apenas un par de días. Saliendo de la casa, me tropecé con mis vecinos, quienes, luego del habitual saludo, notaron el inminente viaje y preguntaron el destino. No les dije ni el lugar, ni el motivo; apenas respondí con una sonrisa y añadí brevemente que iba "a la boda de una princesa". Ellos también se sonrieron y pude ver claramente que no me creyeron. Sabían que me gustaban las bromas y esa, naturalmente, no era más que otra de las mías.

El domingo 5 de abril de 1998, hizo un día precioso en Marlow, y preciosas fueron la ceremonia, la recepción en el barco, y la fiesta posterior, ni se diga. Confieso que, según supe después de que todo pasó, yo me salté un poquito el protocolo. Normalmente, uno espera a que lo presenten o que lo conduzcan a él, pero yo, ni corto, ni perezoso, me acerqué y le di la mano al entonces Rey de Bélgica. El porqué es muy simple: momentos como ese no se viven todos los días, ni todos los días se tiene a un monarca al alcance de la mano. Al otro día, estaba el anuncio del evento en todos los periódicos belgas, pero lo verdaderamente gracioso fueron dos pequeñas anécdotas. La primera, cuando me volví a tropezar en el pasillo con los vecinos, que ya se habían enterado de la noticia; estaban sorprendidos y me confesaron lo que yo imaginé: no me habían creído; en efecto, había ido a la boda de una princesa: Esmeralda de Belgique. Creo que más gracioso aún fue cuando fui a recoger las fotos en un negocio de Wilrijk, adonde había llevado el carrete fotográfico a revelar. No era inusual que, luego de entregar el comprobante de pago, el dependiente abriera el paquete de fotos y verificara con el cliente que eran las suyas.

Para su sorpresa, en la primera de las fotos aparecía el entonces rey Alberto, y el joven dependiente, viendo el aspecto que yo llevaba en ese momento, pues iba vestido muy informalmente y con varios días sin afeitar, hizo un gesto de confusión, como dudando si había cogido el paquete correcto. Estoy casi seguro de que pensó que las fotos no eran mías. No way! Con aquella pinta que llevaba, no podían ser las mías. Pero no le di mucho tiempo a seguir pensando. Sin decir nada, ahí mismo agarré el paquete de fotos y, sacando una donde claramente se me veía la cara, le dije en flamenco con mi acento extranjero:

—Este soy. Hoy no me he afeitado, pero, como podrá ver, ese día sí lo hice.

El tipo no dijo ni mu. Lo menos que imaginó fue que el extranjero con aquella pinta desaliñada que tenía delante estaba también en unas elegantes fotos con el mismísimo Rey de Bélgica. Amablemente, me cobró y se despidió, pero su expresión de confusión no se le fue del rostro en ningún momento. Me gusta contar esa historia para recordar —y recordarme— que a veces no es bueno asumir o juzgar por las apariencias.

Esos días fueron una locura. En menos de dos semanas, el 19 de abril, se produjo la defensa pública de mi tesis de doctorado. Con todo el nerviosismo que ya de por sí me producía el evento, lo más anecdótico creo que fue la defensa de una minitesis que tuve que preparar a última hora. Como estudiante extranjero de doctorado, uno de los requisitos para completar el programa de PhD era, además de la defensa de la tesis, hacer una exposición sobre un tema que no tuviera nada que ver con la ciencia ni directamente con el trabajo de la tesis. Yo me enteré solamente unos días antes, y cuando el profe me lo dijo, lo primero que hice fue preguntarle a qué se debía eso. Su respuesta fue muy sencilla: un simple requerimiento para demostrar que los científicos también saben hablar —y discutir— de otros temas que no sean su trabajo. Cuando le dije que yo realmente no tenía ni la menor idea de qué hablar, el profe pareció sacar un as debajo de la manga y, sin pensarlo mucho, agregó:

—Como ya sabes, han anunciado un histórico viaje del papa Juan Pablo II a Cuba, que representa la primera visita de un Pontífice a la isla. Eres hijo de comunistas y vienes de un país comunista. Aprovecha la ocasión de lo que representa la visita del Papa y habla de tu experiencia con la religión.

Así lo hice. Cuando me entregaron el diploma con mi nuevo título de PhD, fechado el 24 de abril de 1998, también recibí un documento donde aparece la síntesis de aquella intervención adicional que no tenía nada que ver con la biología celular y el NO. Tampoco creo que haya muchos PhDs que hayan hablado al mismo tiempo de la biología de los macrófagos y del Papa durante la defensa pública de una tesis de doctorado. Desgraciadamente, me equivoqué en las conclusiones de mi exposición. El Papa al final fue a Cuba, rezó delante de todo y de todos, pero las transformaciones radicales que yo esperaba luego de su visita no se produjeron. Decididamente, seguía siendo un iluso, porque un Papa, a menos que se vuelva guerrillero, no puede comenzar una Revolución, o por lo menos no hasta el día de hoy. Francisco va por buen camino, pero le falta mucho.

Hablé todo el tiempo en inglés, y bien recuerdo que me resultó algo complicado concluir como hubiese querido. En lo referente a Cuba y su situación política, terminé mi exposición con algo como esto:

—Si lamentable es que un pueblo, por las razones que sean, decide no rebelarse contra el orden existente, más penoso es que ni siquiera grite, que decida callarse, porque las críticas a un régimen desde la privacidad del domicilio no son gritos liberadores; de hecho, nunca han tumbado a ninguno. Solamente la calle tiene el poder de derribar regímenes totalitarios. La esperanza que me queda es que algún día Cuba también salga de su infinito letargo.

Ese día fue también especial, porque en la recepción posterior a la defensa pública de la tesis logré reunir a todos —o casi todos— los buenos amigos de Amberes, un evento que fue organizado con lujo de detalles por Quentin y Jose. Con este último, había trabajado en el CQF y un día que no recuerdo me avisó que había llegado a Bélgica para quedarse. El reencuentro de dos amigos exiliados es algo así como agua para el sediento, y Jose dejó de ser un antiguo colega para convertirse en parte de mi familia. No podía haber pedido mejor celebración ni nadie pudo haber hecho mejor trabajo que Quentin y Jose. Siempre les estaré agradecido por su generosidad y tremenda muestra de amistad, que perdura hasta nuestros días.

Ya era oficialmente PhD y ahora tocaba pensar en el futuro. Con el Profe, me sentía muy bien en Amberes, pero una regla no escrita dice que, finalizado el doctorado, hay que moverse a otra institución para aplicar y desarrollar todo lo aprendido, y, sobre todo, entrar al mundo laboral.

Tuve varias conversaciones con el profe y, como no podía ser de otra manera, con la persona que había contribuido a mi salida de Cuba, a mi llegada a Alemania y luego a Bélgica, y, sin lugar a dudas, la voz más autorizada para un buen consejo de esa índole: Salvador Moncada. Y Salvador fue claro:

—Tienes que cruzar el Atlántico nuevamente.

Inicialmente, no me hizo mucha gracia la recomendación, pero sus argumentos fueron irrebatibles. Cuando le pregunté específicamente por un nombre, Salvador no lo pensó mucho y me dijo:

—En este momento, el mejor lugar para seguir con lo que has comenzado se llama Pittsburgh, y la persona indicada es Tim Billiar.

El doctor Billiar ya se perfilaba como el mejor candidato para sustituir al eminente doctor Simmons, quien, luego de muchos años y una brillante carrera, dejaba la dirección del Departamento de Cirugía de la Universidad de Pittsburgh. Y, nuevamente, Salvador me ayudó. Me dijo que próximamente vería al doctor Billiar, pues se encontrarían, si mal no recuerdo, en un meeting en Madrid. Fiel a su palabra, así lo hizo.

Al poco tiempo, recibí una carta del doctor Billiar con una oferta para un postdoc en su laboratorio. Lo que siguió está muy fresco y reciente aún para ser historia.

Habían pasado ya muchos meses desde que hiciera la solicitud de ciudadanía. No sabía aún cuánto demoraría y no quería estar sin pasaporte válido, ya que el de refugiado de la ONU vencía el 11 de julio de 1998. Así que, el 1 de ese mes, salí a hacer la gestión para prorrogar el de la ONU, pero ese no era mi día. Cuando la funcionaria me dijo la cantidad a pagar, abrí mi billetera y vi —bueno, ambos lo vimos— que no tenía ni un franco conmigo. Mi primera reacción fue de vergüenza. Revisé todos los huecos, pero no había ni un franco. Pensé que me habían robado o algo por el estilo; yo estaba seguro de que tenía el dinero en la billetera. Me disculpé con la funcionaria sin poder decir más. Ella debió notar mi cara de perplejidad, pero, obviamente, no me entregaría el pasaporte si no abonaba los 320 francos belgas que costaba la prórroga. Salí apenado de aquel lugar y me revisé de pies a cabeza, por dentro y por fuera. El susto pasó rápido, porque, efectivamente, tenía el dinero en la billetera, pero no en esa, en otra. Mi billetera estaba muy gastada y rota, y ese mismo día, antes de ir a lo del pasaporte, había comprado una nueva. Una vez que la pagué y salí de la tienda, guardé el dinero en la nueva, pero dejé lo demás en la vieja. Nada, decididamente, uno de esos días en que lo hacemos todo en la tierra, pero estamos en las nubes. A los pocos minutos, regresé a ver a la funcionaria, quien probablemente pensó que había sacado los 320 francos de algún cajero automático cercano. No hizo falta explicar nada. Pagué y recibí mi pasaporte válido por otro año, desde el 1 de julio de 1998 hasta el 30 de junio de 1999. Claro que no aprendí la otra lección: en la vida, a veces no hay que apurar los acontecimientos ni desesperarse; fue un dinero gastado por gusto. A los pocos días, llegó una noticia después de la cual nunca más usé ese pasaporte. Y fue la noticia que estaba esperando desesperadamente: me habían conferido la nacionalidad, ya era ciudadano belga. Estaba feliz. Por primera vez, adondequiera que viajase, lo haría como ciudadano del primer mundo y sin la preocupación que ya se había instalado en mí siempre que tenía que identificarme ante una autoridad de inmigración. Otra felicísima noticia del año 1998. Lógicamente, me tomaría un par de copas para festejarlo.

Pasadas las celebraciones, y una vez que llegó la calma y tuve un tiempo libre, me dediqué a investigar los detalles del proceso. Fue relativamente fácil, todo gracias a la Internet. He aquí lo que encontré: el Comité de Naturalizaciones de la Cámara de Representantes, en sesión ordinaria del día 17 de febrero, discutió y aprobó enviar al Pleno de la Cámara la resolución 1425/2 - 97/98. En ella, se recomendaba la aprobación de todos los casos de naturalización que tenía el dossier, entre ellos, el de Zamora Pino, Ruben, geboren te Havana (Cuba) op 12 december 1966. Student te Wilrijk (Antwerpen). La sesión plenaria de la Cámara se celebró el jueves 5 de marzo y la votación secreta por parte de los miembros presentes de la Cámara sobre el acta 1425/2 se produjo en la tarde de ese día. De los 138 votos computados, 126 parlamentarios votaron a favor y 12 en contra. No hubo abstenciones. Al ser Bélgica una democracia federal parlamentaria bajo una monarquía constitucional, antes de convertirse en ley la resolución, tenía que ser sancionada por el monarca, el rey Alberto II, quien la firmó el 18 de mayo. Y esta no se hizo efectiva hasta el 19 de junio, cuando apareció publicada en el Boletín Oficial del Estado (Belgisch Staatsblad). En aquel momento, no me fue posible averiguar más, o bien no hice debidamente la búsqueda online, o quizá porque aún no se hacía público, pero no pude conocer inmediatamente los nombres de los parlamentarios que habían votado en contra. Yo no conocía personalmente a ningún miembro del Parlamento belga, pero sentía curiosidad por la filiación política de los 12 votos negativos. Aparqué el asunto por un tiempo hasta que, meses más tarde, satisfice mi curiosidad. Encontré los nombres y apellidos en el sitio web del Parlamento belga. No me sonó ninguno conocido. Lo que sí me resultó muy, pero muy familiar, fueron las pocas letras que cada nombre tenía a su lado. Junto al de una parlamentaria, decía indep, abreviatura de independiente, pero los 11 restantes tenían unas siglas que me lo dijeron todo: VB. Eran miembros del partido independentista y ultranacionalista Bloque Flamenco (Vlaams Blok en neerlandés), sobre el que no pienso escribir mucho más para no hacerle propaganda gratis, solamente decir que fue un partido racista, xenófobo, homófobo, con una marcada política contra la inmigración, y que terminó siendo ilegalizado a finales de 2004, aunque renació parcialmente con el nuevo nombre de Vlaams Belang (Interés Flamenco). No sé ustedes, pero yo no me sorprendí ni un ápice.

Todavía hoy conocemos muy poco sobre las señales endocrinas que regulan el testículo, y en algún lado he leído que la paternidad reduce significativamente los niveles de testosterona, la hormona sexual masculina. Sin embargo, lo que al parecer no reduce es la puntería de los espermatozoides. La confirmación del nuevo embarazo, a finales de 1997, no pudo llegar en peor momento: estaba apenas concluyendo el doctorado, sin idea del futuro laboral, sin respuesta sobre la petición de ciudadanía y con dos hijos pequeños. Obviamente, no me hizo gracia la noticia, pero, con seguridad, no iba a ser yo quien decidiera. Desde hacía mucho tiempo, tenía claro que la decisión final, aunque idealmente consensuada y discutida, exclusivamente debe corresponder a la mujer, y no hablo de los casos especiales o extraordinarios que siempre existen, sino de la generalidad cuando toca decidir la suerte de un embarazo. Y fiel a mi principio, actué: cualquier decisión que mi ex tomara, yo estaría de acuerdo, y desde el momento que me dijo que tendría al bebé, automáticamente lo asumí como un hecho consumado; es más, celebré por todo lo alto que sería padre una vez más. Ylena y Ruben Daniel tendrían un nuevo hermanito o hermanita, y faltaría poco para saberlo. Aproximadamente luego de 270 jornadas, llegó nuevamente un día especial, mejor dicho, muy especial. **El día 14 de junio de 1998, a las 18.45, nació mi tercera hija. No era ni la primera nieta, ni la primera sobrina, pero era única, y lo digo una vez más: el accidente más extraordinario y hermoso que he tenido en la vida.** Se trataba de una bella nena que es, y será siempre, mi princesita Evelyn. Y como les ocurre a las princesas, la preciosa Evelyn recibió un trato privilegiado por parte las autoridades; con ella, no tuve que correr a solicitar ningún documento adicional ni certificar nada: fue ciudadana belga desde que vino al mundo. Ya era hora.

Aprobada mi petición de ciudadanía, si ilusión me hizo sacarme la nueva tarjeta de identidad belga, más ilusión lo fue el nuevo pasaporte europeo, que finalmente tuve en mis manos el 23 de julio de 1998, válido hasta el 22 de julio de 2003. El día que fui a pagarlo, también con mi desespero, por poco pierdo los 1920 francos belgas que me costó este nuevo y verdadero pasaporte, pero esa es otra historia, un incidente que prefiero no contar.

La otra nueva historia —y que verdaderamente importaba— comenzaría a escribirse en los Estados Unidos, pero para ello primero necesitaba una nueva visa. Por suerte, el hecho de contar con un pasaporte belga debía facilitar las cosas, y quizá lo hizo, no sabría decirlo. Claro que siempre quedaba algo que seguía preocupándome: mi estado marital no era el que iba a declarar en el proceso de solicitud de la visa, pero, bueno, a estas alturas del cuento ya no había marcha atrás. Diría nuevamente que estaba casado, y mis hijos, bueno, estos eran, sino una, la mejor prueba de que algo cierto había en mi historia.

Me presenté con todos los documentos necesarios en el Consulado de los Estados Unidos en Bruselas, pasé la necesaria y obligada entrevista, y nuevamente respiré tranquilo cuando me mandaron a pagar el importe. La visa me la dieron el 7 de octubre, y en mi pasaporte aparecían también las de mis tres hijos belgas. Ese mismo día, la oficina del CGRA me envió una carta acusando el recibo de mi tarjeta de refugiado de la ONU N° 11 259, porque, al hacerme ciudadano belga, me habían pedido devolverla. Me hubiese gustado conservarla; era parte de esta historia y de mi vida, pero, bueno, tuve que conformarme con una fotocopia. A partir de ese momento, había que apurarse: en pocos días, cruzaríamos de nuevo el Atlántico, pero primero teníamos que desarmar toda una casa y preparar varias maletas.

El 12 de octubre de 1998, anunciaron la decisión de premiar a los doctores Robert Furchgott, Louis Ignarro y Ferid Murad con el Premio Nobel en Fisiología y Medicina, por "sus hallazgos acerca del óxido nítrico como molécula señalizadora en el sistema cardiovascular". Me enteré de la noticia mientras me encontraba en la oficina del profe en la Universidad de Amberes. Indiscutiblemente, un premio bien merecido por los científicos norteamericanos, pero, para nuestra mayúscula sorpresa —y de muchos otros que conocían bien ese campo—, habían excluido al profesor Moncada de la lista de los galardonados. No exagero cuando digo que la noticia causó polémica en la comunidad científica internacional y naturalmente, como siempre que se comete una injusticia, hubo voces que se levantaron para mostrar su desacuerdo por la lamentable exclusión. Esta ocasión no fue la excepción y no faltaron las opiniones públicas de científicos de gran notoriedad. Yo admito que no puedo ser imparcial para hacer un análisis. Por razones más que obvias, estoy inclinado a favor del doctor Moncada, y, por tanto, prefiero que la historia hable por sí sola. Una cosa sí me llamó poderosamente la atención:

el sosiego y la tranquilidad espiritual con que Salvador trató el asunto conmigo. Puede parecer increíble, pero no me resultó difícil comprender su calma. Una breve conversación el año anterior fue el preámbulo de que con Salvador se puede hablar simplemente como si nada pasase.

Durante el meeting de Kioto, mientras viajábamos en el metro, yo le había preguntado por otro acontecimiento aún más doloroso, algo de lo que con toda razón no le gusta ni le resulta fácil hablar a nadie, y no hicieron falta las palabras: la expresión de su rostro me lo dijo todo. Sencillamente, hay dolores para los que las palabras faltan y sobran al mismo tiempo. Yo vi en su cara uno de ellos. Así que con lo del asunto del Nobel no me extrañó para nada su entereza, "Salvador Moncada es Salvador Moncada con o sin Nobel", pensé, recordando —y salvando las diferencias— a otras grandes personalidades que nunca fueron premiadas, o les llegó demasiado tarde. Simplemente, accidentes de la vida.

Su currículum vitae, envidiable para cualquier científico, lo dice todo. Sus trabajos sobre la prostaciclina junto a Sir John Vane, quien recibió el Nobel en 1986, lo catapultaron al pedestal de los grandes científicos de nuestros tiempos. Luego, vinieron sus trabajos seminales en el campo del EDRF y su identificación como óxido nítrico, que ya forman parte de la historia de la biología vascular moderna. Es coautor en varios cientos de artículos, entre los cuales hay verdaderas joyas de alto impacto científico; es miembro de un selecto grupo de sociedades científicas que incluyen la Royal Society, la National Academy of Sciences of the USA y el Royal College of Physicians de Londres; tiene títulos honoríficos de más de dos docenas de universidades en todo el mundo; es recipiente de un número importante de premios y condecoraciones, entre ellos, el Premio Príncipe de Asturias de España, la Gold Medal de la Royal Society of Medicine del Reino Unido, el máximo galardón en medicina de la Real Academia de las

Artes y las Ciencias de Holanda, etcétera, etcétera; y ha sido invitado a impartir conferencias desde los podios científicos más importantes del mundo. ¿Qué más se puede pedir? En enero de 2010, me envió una foto que bien podría servir de colofón a su vida pública como científico. En ella, aparece arrodillado frente a una mujer especial, y no me refiero a su esposa, sino a la mismísima reina Isabel de Inglaterra, cuando le confirió el título de Caballero por sus servicios prestados a la ciencia. Sé que su vida está llena de momentos memorables y no solamente por su quehacer científico. Mucho antes de que la Reina lo nombrara Sir, le dije que yo quería escribir su vida, pero se ha resistido, o, mejor dicho, yo no he insistido lo suficiente, a pesar de contar posiblemente con la mejor de los cómplices: Esme. Quizá cuando lea estas letras se anime y me regale el honor. Nunca es tarde, todavía estamos a tiempo. Y con esta noticia, llegó prácticamente la despedida de Bélgica para cruzar el *charco grande* y venir a los Estados Unidos. Otra vez, las despedidas de tantos y tan buenos amigos. Irremediablemente, desde el mismo instante que venimos al mundo estamos despidiéndonos, diciendo continuamente adiós a todo y a todos, y, por último, a lo más preciado: la vida misma. Por suerte, esta nueva despedida era diferente. Por primera vez en mi vida, lo hacía sin el temor inicial del inmigrante; ahora, tenía un pasaporte y ciudadanía europeos; esta vez, sí volaría sobre el Atlántico de una forma especial: *¡al fin libre!*

Estados Unidos (1998-2001).
El regreso a las Américas

Los buenos amigos de Bélgica —Tante Mia y Papa Rick, Jose, Quentin, Edith, Patrick— nos ayudaron y estuvieron en el aeropuerto con nosotros hasta la salida. Entramos a los Estados Unidos por el Aeropuerto Internacional de Miami el 15 de octubre de 1998. El vuelo a Miami se me hizo una eternidad. Tantas horas con tres chicos puede resultar agotador —y lo fue—, pero, en honor a la verdad, no puedo quejarme: se portaron muy bien, considerando sus edades y las circunstancias. Luego de unos días en Miami, partí solo hacia Pittsburgh para preparar las condiciones para la llegada de la familia.

Llegué por la tarde a Pittsburgh, la ciudad más importante del sudoeste de Pennsylvania. Por suerte, me recibió un día soleado y hermoso, que para estos lares significa ni frío, ni calor, simplemente agradable. Durante el trayecto, me pregunté muchas veces si venir a Pittsburgh fue realmente la decisión correcta: "¿Sí o no? ¿Sí o no? ¿Sí o no?". En ese vuelo, extrañé Bélgica. No paraba de preguntármelo. Por suerte, deshojar la margarita a 30 000 pies de altura es fácil, siempre y cuando se mire por la ventanilla y se piense que a la mole de acero y carne humana le queda poco en el aire. Ahora mismo, cuando ustedes leen esto, miles de pasajeros dispersos por los cielos de este mundo se asoman a la ventanilla de sus aviones pidiendo/esperando/rezando porque el pájaro metálico toque tierra y termine de una vez la pesadilla. Por suerte, me gusta volar, y el viaje se me hizo más corto de lo esperado. Les había dicho a mis amigos que me iba a descubrir el Nuevo Mundo, y nada mejor que empezar por *el fin del mundo*, porque Pittsburgh, una ciudad de la cual lo único que recordaba era Andy Warhol y unas oscuras imágenes de la película *Flashdance* (1983), para mí estaba realmente en el fin del mundo.

Cuando llegué, seguía siendo la ciudad del acero, y hoy, sin olvidarse del material que la hizo famosa, ha ido perdiendo su viejo y metálico maquillaje para convertirse en una ciudad moderna, en consonancia con los nuevos tiempos de la globalización. Mi satisfacción al llegar muy pronto dio paso a un cierto desencanto cuando comprobé *in situ* que el *British English* era muy diferente del *American*, y yo, pobre diablo, no me enteraba de nada de lo que decían a mi alrededor.

Por suerte, pronto comenzaron a disminuir esos momentos y mis oídos latinos se fueron acostumbrando al nuevo acento, y, al poco tiempo, el que se volvió nuevamente difícil fue el otro, el del Viejo Mundo. ¡Qué nación más interesante los Estados Unidos de América! No hay país como este para revelar los contrastes de la vida moderna; la desarrollada, claro está. Estoy seguro de que lo que pasó con mi nombre les ha pasado, intencionadamente o no, a miles de inmigrantes. Durante los días excepcionales de octubre de 1989, la República **Popular** de Hungría perdió su *middle name* para llamarse, a secas, República de Hungría.

Pero la pérdida de ese nombre no fue tan fácil como lo fue la *eliminación* de mi segundo apellido en Pittsburgh. Desgraciadamente, costó muchos años, sacrificios y hasta sangre cambiarle el nombre al país *magyar*. La eliminación de mi apellido solamente costó mi asombro ante el desparpajo —y, sinceramente, lo digo en el mejor de los sentidos— de la burocracia administrativa norteamericana. Y ocurrió cuando fui a solicitar mi número de seguro social a los pocos días de llegar, ese número en que nos convertimos todos los que, por el motivo que sea, fijamos nuestra residencia en los Estados Unidos, y que resulta imprescindible para cualquier cosa en este país. Llegué por la mañana a la oficina de la *Social Security*, en la *Penn Circle*. No había nadie, algo inusual, pues las otras veces que tuve que ir siempre me tocó esperar. La señora, muy amable, me dio un formulario para rellenar, luego me pidió el pasaporte, lo abrió y, muy dispuesta, comenzó a guiarme paso a paso. Luego de escribir mi nombre —escribí Ruben en lugar de Rub<u>é</u>n—, nada más terminé de registrar mi primer apellido, la señora me ordenó parar y pasar al próximo renglón. Yo intenté replicar y le señalé que en mi pasaporte belga aparecía un segundo apellido, pero ella ni se inmutó y siguió como si nada. Aquella empleada de la *Social Security Office*, por ignorancia, por vagancia, o vaya usted a saber por qué *ancia* decidió, en un santiamén, que mi segundo apellido desaparecería de mi documento de la seguridad social, porque, sencillamente y según ella, claro está, en los Estados Unidos no se necesitaba:

—*We don't need that here.*

Eso me dijo con la mayor tranquilidad del mundo. Yo, en aquel momento, ni tenía tiempo, ni deseos, ni un inglés lo suficientemente bueno para ponerme a discutir con aquella señora que, por arte de magia, perdón, de *ancia*, había decidido que yo dejaba de llamarme como rezaba en mi certificado de nacimiento, en mi pasaporte y en la memoria de todo el que me conocía. Claro que no me molesté, y si bien es cierto que yo con esto de los nombres y fechas de nacimiento era particularmente riguroso y desconfiado, ya suficiente habíamos pasado en casa, primero mi abuela con su nombre, después mi madre con su cumpleaños —¿28 o 29 de noviembre?—, luego lo mío en Alemania por culpa de una *ene*; ahora perdía mi apellido porque aquella señora decidía que eso *no se necesitaba*. Por suerte, ahora, por primera vez, me alegró mucho lo sucedido. De hecho, años más tarde, cuando me hice ciudadano norteamericano, no tuve que cambiar nada, y todo gracias a aquella señora. La otra razón por la que no protesté era un asunto puramente práctico y relacionado con el trabajo.

Cuando se hace una búsqueda de mis publicaciones en *PubMed*, en uno de los artículos más importantes, fruto de la colaboración con Martin y Salvador mientras trabajaba en la *Schwarz Pharma* en Alemania, aparezco como Zamora-Pino R.[76] Imposible de encontrar usando mi nombre actual. Desde ese año 1994, decidí prescindir de mi segundo apellido para las publicaciones científicas y, por suerte, esa señora de la *Social Security Office* me ayudó a darle carácter *oficial*. Confieso que solamente lo sentí por mi madre. Se trataba del apellido materno, pero, bueno, la decisión de esa empleada me hizo la vida más fácil. Mi mami, en un final, no se enteraría.

Años después, durante su primer viaje a Canadá, se lo dije, pero le resté importancia al tema e hice hincapié en que, por encima de todo, yo la quería con locura. No quedó muy satisfecha con la pérdida de mi segundo apellido; solamente me dio un beso y me dijo:

—Yo también a ti.

Era lo único que me importaba.

Por lo demás, lo ocurrido esos primeros tres años de mi estancia en los Estados Unidos están demasiado frescos; todavía no me parece que sean historia y solamente señalaría un par de cosas. Para complementar mi trabajo de posdoctorado, el 8 de febrero de 1999, con orgullo y gratitud, recibí una beca de la *D. Collen Research Foundation*, y pasé a ser *Fellow of the Belgian American Educational Foundation* durante el período

---

76   Moro MA, Darley-Usmar VM, Goodwin DA, Read NG, **Zamora-Pino R**, Feelisch M, Radomski MW, Moncada S. ***Paradoxical Fate and Biological Action of Peroxynitrite on Human Platelets***. Publicado en *Proc Natl Acad Sci USA*. 91(14):6702-6 (1994).

1999-2000. Para ello, tuve que volar, vía Washington, a una entrevista en Bruselas. Interesantes y muy entretenidas fueron las múltiples actividades con la *Latin American Cultural Union* (LACU), incluyendo la edición regular del boletín informativo y la participación, en noviembre de 1999, en el segundo *DC Day for Latino Leaders*, en Washington, DC, donde nos recibió personalmente el señor Rick Santorum, a la sazón, senador por Pensilvania en el Congreso de los Estados Unidos. Significativo también fue recibir de manos de los tres Nobel de Medicina, Furchgott, Ignarro y Murad, un *Young Investigator Award* durante la *First International Conference on the Biology, Chemistry, and Therapeutic Applications of Nitric Oxide*, celebrada en San Francisco en junio de 2000.

Conseguir la residencia permanente en los Estados Unidos, más conocida como *Green Card*, me tomó el doble de tiempo que a cualquier cubano, pero el motivo fue muy simple. Básicamente, gracias a la Ley de Ajuste Cubano de 1966, las personas nacidas en Cuba o los ciudadanos cubanos pueden solicitar la *Green Card* luego de haber sido admitidos o habérseles concedido permiso de entrada a los Estados Unidos y si han estado físicamente presentes en el país durante al menos un año. Yo no pude hacerlo al cabo del tiempo estipulado, pues tuve que salir a una conferencia internacional a la vecina Canadá, por lo que debí esperar otro año. Con la *Green Card* en la mano, esperé otros más y, finalmente, el 20 de febrero de 2009, me convertí en ciudadano de los Estados Unidos de América. Yoram, un gran colega y amigo, tuvo la deferencia de asistir a la ceremonia. Ese fue también un día especial por otro motivo: era el cumpleaños de mi tía Mirta, apenas seis días después del de tía Juana, que, sin saberlo, le hizo un honor a San Valentín y vino al mundo un 14 de febrero.

El 4 de abril de 2001, cumpleaños de mi hermano, me sorprendió gratamente uno de sus emails:

Ya llegó el fax a la nagyk!!!!! VICTORIA-AAAAA!!!!

O, lo que es lo mismo: un fax que todos esperábamos con impaciencia había llegado a la Embajada de Canadá en La Habana. Y he aquí la razón. Meses antes, y mientras se encontraba en uno de sus viajes a Paraguay, recibí una llamada de mi padre; nada extraordinario, pues siempre que salía de Cuba y tenía la oportunidad, lo hacía, pero aquella vez fue una conversación acelerada y muy concreta. Apenas me dejó hablar. Si mal no recuerdo, estaba o en la misma Embajada cubana, o en la residencia del embajador. Me dijo que no podría extenderse mucho. No sé si él ya sabía que para ese entonces yo estaba al tanto de los deseos y planes de mi hermano de abandonar la isla, pero no me dio ni tiempo a mencionárselo. Además, por el tono de su voz, la premura y las características particulares del lugar desde donde llamaba, me quedó claro que era mejor que yo tampoco mencionara —o hablara de— temas *espinosos*. Nuevamente, el paranoico temor que tan bien conozco. Y así fue todo. Luego de saludarme y preguntar por sus nietos, y apenas cuando terminaba de decirle que todos estábamos bien, me interrumpió y me dijo que no podía hablar mucho. Su voz sonaba algo desesperada. Me despedí entonces y él hizo lo mismo, pero lo remató con unas pocas palabras que me lo dijeron todo:

—¡Ayuda a tu hermano!

Sus palabras me sonaron a todo: a deseo, a ruego, a pedido de favor e incluso a una de esas órdenes que acostumbran dar los padres y que ya hacía muchos años mi padre había dejado de darme. Y respondí a su llamado con el mayor de los deseos; se lo debía a Ernesto y tenía que enmendar una de las pocas cosas de las que verdaderamente me había arrepentido en la vida. Y cumplí con todos, y contando con la inestimable ayuda de Glover, un amigo de mi hermano que vivía ya en

Canadá, puse mi granito de arena y hoy Ernesto con su esposa y cuatro retoños construyen su mundo y escriben su propia historia al norte de los Grandes Lagos. Todo resuelto, menos una pequeña cuestión: empezaron bien, pero únicamente con cuatro se quedaron sin suficientes hijos varones para formar un equipo de fútbol masculino. ¡*Aleluya!*

Venir a vivir a Pittsburgh también me permitió mantener un contacto más frecuente y directo con mis dos tías paternas. La tía Mirta, dulce y sosegada, siempre escuchaba con interés y no hablaba de más; era muy raro que se pasase de lo justo y necesario. La tía Juana, dicharachera y alegre, era imposible que no me arrancara siempre una sonrisa. Tan linda, ella quería tener su correo electrónico y estaba loca porque yo le escribiera y le mandara "todos esos retratos que yo no he podido ver", como me decía siempre. Eso sí, no entendía por qué yo lo complicaba todo. "Nene, mira que tú te complicas la vida", replicaba cada vez que hablábamos del correo electrónico. ¿Por qué mi dirección de correo electrónico tenía que ser tan complicada? Cuando ella tuviera Internet, su dirección de correo electrónico sería *juanita.com*; así me repetía una y otra vez: "juanita punto com, nada de arrobas en el medio"; eso me decía, "no me hace falta y no hay necesidad de complicarlo tanto". Simplemente, adorable. Yo le había llevado un paquete de doscientas hojas blancas para un nuevo *printer* que le habían regalado. Un día, estaba hablando con la señora que la atendía y escuché que le decía:

—Sí, chica, mi sobrino me regaló las hojas. Son hojas buenas, son de la *Interné*.

No pude evitar reírme. Menuda singularidad la de aquellas hojas de papel. Al oír a mi tía, cualquiera pensaría que salían directamente del tomacorriente o algo por el estilo. Claro, como eran "de la *Interné*".

A la tía Juana, lo mismo que a tía Mirta, también le gustaba mucho aconsejarme. A veces me volvía loco con sus cosas. Aún sin pedírselo, pero con la mejor de las intenciones del mundo, se arrogaba todo el derecho de decirme lo que estaba bien o mal. Era simplemente encantadora. Daría cualquier cosa por que estuviera todavía viva.

En una de esas escapadas que de vez en cuando hacía para visitarla en Cleveland, y en medio de la tranquilidad de la noche, nos pusimos a conversar relajadamente. Tía me pidió que le hablara sobre la visita que yo había hecho en 1993 a uno de los salones del Reino de los Testigos de Jehová, cuando vivía en Düsseldorf. No recuerdo exactamente el nombre del lugar; solamente sé que viajamos fuera de la ciudad. Asistí a una de las ceremonias matinales, seguida de un austero almuerzo. Visité el lugar donde vivían los *profesionales* de la organización y mantuve intercambios con algunos miembros de la comunidad. Fue realmente una experiencia interesante. Me trataron bien y con respeto, pero, al final, y creo que para decepción de mi tía, me dije y prometí a mí mismo que yo nunca sería uno de ellos. Claro que yo aquella noche en Cleveland no estaba para hablar de organizaciones religiosas, y menos aún de Dios, Jehová o como quieran llamarlo. Además, la tía era una experta en darse cuenta de cuando algo me perturbaba; quizás es cosa de viejos o sencillamente era obvio esa noche.

Nuestra conversación rápidamente pasó al tema de las relaciones amorosas y de pareja en general, porque, eso sí, por mucho que yo no le contaba nada de las mías, ella siempre se las arreglaba, o bien para imaginárselo, o bien sacármelo todo. Bueno, casi todo. Esa noche, notó que yo no era el conversador de siempre; en efecto, le dije que simplemente estaba un poco triste. Parece que llevaba rato aguantándolo, y no sé cómo lo hizo, pero logró que arrancara a hablar de aquello *personal* que me perturbaba. Y el problema comenzó nada más le mencioné que era un asunto privado; se me trabó la lengua y no pude seguir. Ella, con el mayor de los desenfados, me sacó del atasco y, acto seguido, me volvió a meter en él:

—Nene, los detalles del sexo no me interesan, pero, anda, cuéntamelo todo.

Nos echamos a reír como un par de bobos. La tía no tenía desperdicio. No le interesaban los detalles, pero quería oírlo *todo*. Nuevamente, me fui por la tangente y le dije:

—Bueno, tiene lógica, ¿no tuvo acaso Adán que acostarse con Eva para comenzarlo todo?

Ella, nuevamente más rápida que un guepardo, me frenó en seco:

—Arriba, nene. Olvídate de Adán y Eva, que tú no crees en eso. Anda y suelta lo que te pasa.

Le dije que se lo contaría *todo*, pero antes tenía que prometerme que de su boca no saldría una palabra; nadie podía saberlo. Lo hizo y le creí, y, además, estoy casi seguro de que se lo llevó a la tumba.

Sin entrar en muchos detalles, le expliqué que todo ocurrió el último día de un largo y agotador *meeting* lejos de la ciudad de Pittsburgh, una noche en un hotel y luego de un par —o algunos pares— de cócteles y cervezas. Apunto lo de la cerveza porque si mi tolerancia al vino tinto podría calificarse de aceptable, a la cerveza es realmente muy baja, por no decir nula. Un par de ellas me alegran tanto la vida que me mandan directamente a la cama, y ese día, vaya usted a saber por qué, esa fue la bebida que escogí. Y ese día también me mandó a la cama, con la diferencia de que no me fui solo. Éramos tres y solamente recuerdo que, en busca de intimidad, al unísono decidimos, con ayuda del alcohol, claro está, irnos a una habitación. Escogimos la mía, imagino probablemente porque era la más cercana al *lobby* del hotel donde nos encontrábamos, aunque no estoy seguro de si hubo alguna otra propuesta; da igual, eso fue lo menos que me importó al otro día cuando me levanté. Veníamos todos del mundo de la ciencia, pero lo que menos hicimos esa noche fue hablar de trabajo y ciencia, aunque sí le hicimos un guiño a la anatomía. Por cierto que no mencionamos nunca más el asunto y no creo —aunque no puedo estar seguro— que alguno de nosotros recuerde en detalle lo que pasó aquella noche. Yo solo sé que nos fuimos tres a una cama, pero únicamente amanecimos dos en ella. De haberse tratado de un crimen, hubiese sido perfecto, sin culpable, sin memoria. Pero no fue un crimen; todo lo contrario, el crimen es ahora no poder recordarlo todo, y lo peor fue que quien yo hubiese querido que se despertase a mi lado no estaba, se había esfumado, y no tengo idea de cuándo ni cómo lo hizo. Creo incluso recordar haber cerrado bien la puerta de la habitación cuando entramos —sí, en aquel pequeño hotel y en esa época todavía las puertas se cerraban con llave; las tarjetas magnéticas llegaron después—, pero ya no estoy seguro de nada.

La tía parecía apenada como una niña, como si no fuera su sobrino el que le contaba aquello. No pude evitar sonreírme. Tres en una cama era demasiado para ella y, con su gracia habitual, me recordó la popular canción del Gran Combo de Puerto Rico:

—Nene, no hay cama *pa'* tanta gente.

Le dije que no se preocupara, que yo pensaba lo mismo, pero el problema no era ese, sino el de la desaparición.

—¿La desaparición de quién?... —preguntó con sorpresa la tía.

Le aclaré que sí, una desaparición en toda regla, pues yo no supe ni cuándo ni cómo, pero quien yo verdaderamente quise retener se me había ido de la cama y de la habitación. Mi tía lo captó todo al vuelo, y tan sabia por la fuerza de la vida, me dijo:

—Aprendiste por las malas. Ya verás como nunca más te pasa. Cuéntaselo algún día a tus hijos para que aprendan.

Ustedes, mis niños, no tenían edad para ello; ahora, sí pueden comprender y al menos puedo trasmitirles lo básico. El escritor brasileño Paulo Coelho, en alusión al tiempo de duración promedio de una relación sexual, tituló una de sus novelas *Once minutos*, y según algunos expertos, es perfecta cuando dura entre siete y trece minutos. Yo, de números, no entiendo mucho; las matemáticas las aprenderán en la escuela y lo que no escucharán en clase son estas recomendaciones que me gustaría hacerles. Primero: para la intimidad y hacer el amor, siempre que puedan, multipliquen varias veces ese tiempo. Once minutos se van volando, no alcanzan ni para grabar la memoria del momento. Segundo: no olviden que una puerta nunca está bien cerrada si no es con llave; y, además, luego esta hay que mantenerla bien escondida, preferiblemente lejos de la cerradura, pero sean creativos. Ya cada vez quedan menos hoteles con cerraduras tradicionales en las puertas de sus habitaciones. Tercero: mejor no llevarse a la cama a más de uno —o una—, pero si así ocurriese, por muy incómodo que resulte, agarren bien al preferido —o preferida—, así difícilmente se les escapará. Y cuarto: cuando se quiere retener a alguien en la intimidad es mejor no involucrar al alcohol ni nada que nuble los sentidos. Sencillamente, no compensa correr el riesgo de no poder recordarlo más tarde.

Cierto que lo sucedido solamente me pasó una vez, pero ustedes, mis niños, son más afortunados que yo, porque a mí, de joven, ni me prepararon para estas situaciones, ni nunca me lo aconsejaron así de claro. Espero que nunca lo vivan, y si ocurre, tampoco se acaba el mundo; solo recuerden los cuatro consejos de su papá.

Lo que sí me aconsejó muy bien mi padre fue que la vida no se cansa de presentarnos momentos dignos de celebrar y que es mejor vivirla celebrando que recreándose en los episodios menos agradables. Para mi padre, el vaso siempre estaba medio lleno, aunque creo que al final de sus días no pudo impedir que se le vaciara ante sus ojos. Murió con gran frustración, porque sus años de juventud y sus sueños se esfumaron, desgraciadamente, lejos de lo único a lo que pudo aferrarse cuando lo veía evaporarse todo: sus hijos y nietos. Le satisfacía ver que estos lograron —y aún persiguen— la felicidad personal y profesional en ese mundo imperialista, que no estaba *diseñado* para ello, pero molesto consigo mismo porque el proyecto por el que había luchado y trabajado tanto no funcionó y terminó siendo un fracaso.

A mi papá —como antes a su padre y a su abuelo— le gustaba escribir versos y cantarlos con el mejor estilo de *guateque*, propio de la música campesina cubana. Muchas veces, los improvisaba, y cuando se sentaba a escribirlos ya no le salían igual. Generalmente, les cantaba al amor y a todas las situaciones graciosas que le presentaba la vida; muy rara vez lo hacía sobre temas políticos. Por eso me llamó mucho la atención un borrador que encontré entre sus cosas: era uno de los poemas que le envió a la tía Juana y en el que hace una clara alusión al impacto de la política y el exilio en su familia. Fíjense en la tercera y quinta estrofas:

> *Una carta recibí*
> *de mi hermanita querida,*
> *que me ama con la vida*
> *y sus ojos ven por mí.*
> *Cuando la misma leí,*
> *con exquisita fragancia*
> *y para mi ruda ignorancia*
> *mil recuerdos me abordaron,*
> *y de mi mente brotaron*
> *reflejos de nuestra infancia.*
>
> *Amor, ¿qué cosa es amor?*
> *Tal vez la ley misteriosa*
> *que enseñó a la mariposa*
> *el secreto de la flor;*
> *estrella cuyo calor*

*salva de frío al viajero
que transita por sendero
helado de invierno triste;
fuerza de atracción que existe
entre el imán y el acero.*

*Vengo de las tempestades
que al mundo subdividen,
que a la familia dividen
y alejan las amistades.
Vengo de arbitrariedades
y de una doble moral,
que al cariño espiritual
lo achica y disminuye,
y que luego lo destruye
con un poder demencial.*

*Recuerdo las canturías
que de niño disfruté
junto a mi padre, que fue
maestro de la poesía.
Recuerdo la barbería
que de joven aprendí.
Rememoro a Naborí,
al que mucho yo admiraba
y que siempre comparaba
como émulo de Martí.*

*Añoro la educación
que mis padres me enseñaron
y mis hermanas abrazaron
con amor y con pasión,
y luego la decisión
que tuvieron que tomar*

de la Patria abandonar,
aunque sintieran desprecio,
pues ese era el alto precio
que tuvieron que pagar.

Lo que más me asombra es que, aun dándose cuenta de que el modelo socialista no funcionaba y reconocía haberse equivocado, mantenía intacta una actitud quijotesca típica de la ingenuidad del joven que aspira a transformar el mundo. Desgraciadamente, no se dio cuenta —¿o sí?— de que hacen falta demasiados Quijotes para lograrlo. No pudimos evitar las carcajadas cuando le pregunté qué título les daría a sus memorias. Sin pensarlo mucho, y con la mayor naturalidad del mundo, respondió:

—Memorias de un compañero revolucionario.

Nos reímos muchísimo. Mi padre nunca se desprendió de la verborrea y el vocabulario de la Revolución; aun cuando la criticaba, utilizaba los mismos términos que todavía hoy usa la dirigencia cubana. Pienso que le era muy difícil separarse de ese discurso, por inercia, por toda una vida entregada a un proyecto o sencillamente porque no sabía hacerlo de otro modo.

En el primer viaje que hizo a Canadá, cuando salíamos del aeropuerto rumbo a la casa de mi hermano y soltó la primera crítica al régimen cubano, bajó la voz; lo hizo susurrando, como para que nadie lo escuchase: la viva muestra del miedo que se había asentado en su revolucionaria isla. Nos reímos todos. Aquí, lo mismo en los Estados Unidos que en Canadá, no hacía falta criticar a susurros. Le dije que a nadie le importaba lo que uno dijera o pensase sobre el gobierno. El tiempo que estuvo en Canadá, no se separaba de la Internet. No me pidió ni quería que le comprase nada; su tiempo se le iba jugando con sus nietos y leyendo las noticias, disfrutando el acceso libre y casi ilimitado a la información. Creo que esos eran sus únicos y verdaderos momentos de felicidad. Pero nada para definir su frustración, y parte de la mía, con lo que según él pudo ser y no fue, como una descripción magistral que nos regala el escritor cubano Leonardo Padura en su apasionante novela *El hombre que amaba a los perros*. Me tomo la licencia de reproducir esas palabras aquí, porque, con el permiso ausente de Padura, me gustaría momentáneamente apoderarme de ellas:

Pero era evidente que estábamos hundidos en el fondo de una atrofiada escala social, donde inteligencia, decencia, conocimiento y capacidad de trabajo cedían el paso ante la habilidad, la cercanía al dólar, la ubicación política, el ser hijo, sobrino o primo de Alguien, el arte de resolver, inventar, medrar, escapar, fingir, robar todo lo que fuese robable. Y del cinismo, el cabrón cinismo.

Supe entonces que para muchos de mi generación no iba ser posible salir indemnes de aquel salto mortal sin malla de resguardo: éramos la generación de los crédulos, la de los que románticamente aceptamos y justificamos todo con la vista puesta en el futuro, la de los que cortaron caña convencidos de que debíamos cortarla —y, por supuesto, sin cobrar por aquel trabajo infame—; la de los que fueron a la guerra en los confines del mundo porque así lo reclamaba el internacionalismo proletario, y allá nos fuimos sin esperar otras recompensas que la gratitud de la Humanidad y la Historia, la generación que sufrió y resistió los embates de la intransigencia sexual, religiosa, ideológica, cultural y hasta alcohólica con apenas un gesto de cabeza y muchas veces sin llenarnos de resentimiento o de la desesperación que lleva a la huida, esa desesperación que ahora abría los ojos a los más jóvenes y les llevaba a optar por la huida antes incluso de que les dieran la primera patada en el culo [...]. Atravesamos la vida ajenos, del modo más hermético, al conocimiento de las traiciones que, como la de la España republicana o la de la Polonia invadida, se habían cometido en nombre de aquel mismo socialismo. Nada habíamos sabido de las represiones y genocidios de pueblos, etnias, partidos políticos enteros, de las persecuciones mortales de inconformes y religiosos, de la furia homicida de los campos de trabajo, del asesinato de la legalidad y la credulidad antes, durante y después de los procesos de Moscú. Muchos menos tuvimos la menor idea de quién había sido Trotski[77] *ni de por qué lo habían matado, o de los infames arreglos subterráneos y hasta evidentes de la URSS con el nazismo y con el imperialismo, de la violencia conquistadora de los nuevos zares moscovitas, de las invasiones y mutilaciones geográficas, humanas y culturales de los territorios adquiridos y de la prostitución de la ideas y las verdades, convertidas en consignas vomitivas por aquel socialismo modélico, patentado y conducido por el genio del Gran Guía del Proletariado Mundial, el camarada Stalin, y luego remendado por sus herederos, defensores de una rígida ortodoxia con la que condenaron la menor disidencia del canon que sustentaba sus desmanes y megalomanías. Ahora, a duras penas, conseguíamos entender cómo y por qué toda aquella perfección se había desmerengado cuando se movieron solo dos de los ladrillos de la*

---

77 **Liev Davídovich Trotski** (1879-1940), también conocido como León Trotski, fue un político revolucionario ruso de origen judío, uno de los líderes y organizadores de la Revolución de Octubre que culminó con el triunfo y la llegada al poder de los bolcheviques, en noviembre de 1917. Siendo el primer comisario de Asuntos Exteriores del gobierno bolchevique, negoció con los alemanes la Paz de Brest-Litovsk, tras la cual Rusia se retiró de la Primera Guerra Mundial. Luego, como comisario de Guerra, estuvo a cargo de la organización del Ejército Rojo, que, luego de una cruenta y larga guerra civil, venció a los llamados Ejércitos Blancos —formados por contrarrevolucionarios, nacionalistas, monárquicos, etcétera, etcétera—, que recibieron apoyo de las potencias occidentales aliadas. Señalado por Lenin antes de morir, en 1924, como su posible sucesor, tuvo que enfrentarse política e ideológicamente a Stalin, quien finalmente logró apartarlo de los órganos de dirección del país y del Partido. Fue deportado, primero a la lejana Kazajstán y, posteriormente, expulsado de la URSS, en 1929. En el exilio, fundó la Cuarta Internacional, en 1938, y continuó escribiendo en defensa de sus ideas y contra el autoritario Stalin, quien finalmente lo mandó a matar. La misión fue ejecutada por Ramón Mercader, un agente español al servicio de los temidos órganos de la NKVD soviética, en su casa de México, en agosto de 1940.

fortaleza: un mínimo acceso a la información y una leve pero decisiva pérdida del miedo —siempre el dichoso miedo, siempre, siempre, siempre— con el que se había condensado aquella estructura. Dos ladrillos y se vino abajo: el gigante tenía los pies de barro y solo se había sostenido gracias al terror y la mentira [...]. Las profecías de Trotski acabaron cumpliéndose y la fábula futurista e imaginativa de Orwell en 1984 terminó convirtiéndose en una novela descarnadamente realista. Y nosotros sin saber nada... ¿O es que no queríamos saber?

Es cierto, Padura, no quisieron saber, pero tampoco los dejaron, y lo que es peor, algunos ni quisieron saber, ni ver, ni luchar; ni siquiera intentaron aprender a hacerlo. Cuando releo el fracaso descrito con las palabras de Padura se me encoge el alma, pero, por suerte, cada día menos, porque el tiempo lo cura todo. Y claro que sí, no lo voy a ocultar, en todos estos años un par de lágrimas solté, pero, siempre que pude, intenté que solamente mi almohada fuera el testigo.

Todos los dolores son relativos, y puedo decir que únicamente un día derramé las lágrimas más densas que recuerdo haber dejado correr nunca: cuando me enteré de la muerte de mi padre. Pero también, por suerte, ese día pude derramarlas muy cerca del hombro de alguien especial.

También especial, pero sin la connotación positiva que me gusta darle a esa palabra, fue mi primer regreso a la isla de Cuba luego de haberla dejado por última vez en 1992. Sin saberlo aún, volvía a nuestras vidas un fatídico mes de abril, en el año 2010.

Me enteré de la terrible noticia mientras me encontraba en Guatemala. Al día siguiente de aterrizar en la capital del mismo nombre, y mientras revisaba mi correo electrónico, me llamó la atención que tenía varios *emails* de Ylena y de Ernesto, mi hermano. Comencé por el último, es decir, el más reciente, que era de mi hija y en el que me pedía que llamara urgentemente a mi hermano porque "abuelito ha fallecido". Lo primero que pensé fue en mi abuelo, que ya sobrepasaba los noventa años. Pero, de repente, mi mundo se detuvo. No, un momento, su abuelito no era el mío, su abuelito no podía ser otro que mi padre. El *email* de mi hermano confirmó lo que yo me resistía a aceptar como real. Los tengo todos guardados, pero nunca más los he vuelto a leer.

Pensé en llamar inmediatamente a mi hermano a Canadá, pero antes de eso tenía que hacer otra llamada: a Cuba, a mi madre. No hay palabras para describir lo que se siente. Ya seco el primer montón de lágrimas, recuerdo que salimos a caminar. Necesitaba aire fresco, pensar, o al menos intentarlo. Durante el paseo, y sin buscarlo, pasamos frente al edificio de la Embajada cubana, en la Avenida de las Américas de la ciudad de Guatemala. Además del dolor, me embargaba la impotencia, porque, sí, tenía conmigo dos pasaportes, uno azul de los Estados Unidos y uno rojo burdeos de Bélgica, pero, por ser cubano de nacimiento, no podía entrar a Cuba con ninguno de los dos. Protesté con rabia, aunque solamente de la única forma que pude hacerlo: al vacío.

Con el dolor de mi alma, le dije a mi mamá que naturalmente iría a Cuba, pero que no podía ser en ese momento; no estaba en mis manos. Pensé seriamente en partir directamente a la isla desde Guatemala, pero de nada valdría lanzarme a la aventura; sin un pasaporte cubano, no me dejarían entrar al país.

Regresé a Pittsburgh. Para colmo, mi pasaporte cubano estaba vencido; bueno, todavía era válido, pero, a la vez, estaba vencido. Cosas de Cuba, una incalificable regulación que nos obliga a prorrogar su validez cada dos años. Envié los 180 dólares para la dichosa prórroga. Por suerte, no demoraron mucho en Washington y, una vez con el pasaporte en mi poder, puse rumbo a la isla de Cuba el 27 de abril de 2010. Era la primera vez luego de casi dieciocho años sin pisar suelo patrio.

Me hizo gracia cuando llegué al aeropuerto de Miami: entre tanto bulto a mi alrededor, yo era el único pasajero que viajaba solamente con equipaje de mano. Varias personas me preguntaron si iba de turismo. En realidad, ver a un cubano salir de Miami bien ligerito de equipaje no es lo ordinario.

Aterricé en el aeropuerto de la ciudad de Cienfuegos, el cual me pareció simplemente una gasolinera gigante. Mis días transcurrieron sin mayor novedad. El objetivo era estar con mi mamá y la familia, y eso hice. Además, para ser sincero, me llevé la impresión de que muy poco —para no decir nada— había cambiado en ese país. Lo único que extrañé fue no poder comunicarme electrónicamente con mis hijos ni enterarme de lo que pasaba en el mundo, porque con la prensa y los noticieros de la isla uno apenas medio que se entera, o medio que se confunde, o las dos cosas, o ninguna.

Con esa excepción, no eché de menos mi *laptop*, ni Internet, ni el móvil, y pude comprobar de primera mano que donde no hay Internet no existen los segundos, o, mejor dicho, los segundos son horas, los días son semanas e incluso meses: así viven millones en la isla de Cuba.

Visité con mi madre el panteón familiar, donde reposan los restos de mis abuelas, de mi padre, hoy día los de mi abuelo. Era sobre todo importante para ella, y la complací. Los cementerios me entristecen, prefiero no pisarlos, y aunque el cuerpo de mi papá está en uno, él, o su espíritu, o algo que se le parece, está conmigo.

Los días se me fueron volando y llegó el momento del regreso a los Estados Unidos. No tenía mucho que empacar; apenas había llevado ropa. Es lo bueno del trópico: se puede andar con poca tela. Mi madre me había pedido que la ayudara a revisar muchas cajas —por cierto, pesadísimas— de libros y papeles que por años seguían guardadas en casa. Aproveché para revisar muchas de las pertenencias de mi padre que mi mamá se limitó a guardar sin orden alguno; ni siquiera recordaba muchas de las cosas que yo encontré en aquellas cajas. Y en ese momento, comenzó el principio de esta pequeña odisea.

Durante mi registro de las cajas, comenzaron a aflorar muchas fotos, documentos, cartas, certificados, de mi padre, de mi madre, de nosotros, de mis abuelos, muchas cosas que yo ni recordaba y otras tantas que ni imaginaba, ni conocía su existencia.

Le dije a mi mamá que me lo llevaría todo. Quería revisarlo, leerlo. Me sería de mucha utilidad ahora que mi padre no estaba para contarme.

Varias agendas viejas contenían fechas, notas, resúmenes de reuniones, nombres de dirigentes del Partido, incluidos sus superiores, hasta llegar al Comandante. Necesitaría muchas horas —y tranquilidad— para ordenar aquello e intentar armar una historia coherente. Ella protestó; me dijo que aquello no tenía sentido. Incluso, me advirtió que podría meterme en problemas por gusto. Lo que todavía no sabíamos es que la vida iba a darle la razón. Metí todo aquello sin organizar en mi maleta, que estaba semivacía. Aproveché también para coger una docena de medallas y condecoraciones que había recibido mi padre: Medalla Combatiente Internacionalista II Grado, Medalla Conmemorativa por el XX Aniversario de la Victoria de Girón, Medallas por los 10, 20 y 30 Años de Servicios en el MININT, Medalla XX Aniversario del Asalto al Cuartel Moncada, Medalla Conmemorativa por la Lucha contra Bandidos, Medalla al Valor Eliseo Reyes del MININT, Medalla XXX Aniversario de la Seguridad del Estado, etcétera, etcétera. Para completar, cargué con cientos de fotos —no exagero, eran un montón— mías durante mi estancia en Hungría y Europa oriental, y, sobre todo, muchas más de mi padre, lo mismo en Cuba que de sus viajes por el extranjero, con amigos, compañeros de trabajo y muchísimas otras personas que no conozco.

Tuve la precaución —y juro que solamente lo hice para evitar que se dañaran, aunque luego resultó ser premonitorio— de guardar algunas fotos y documentos dentro de la carátula de un libro. Otras, las más grandes, las intercalé entre algunas fotos grandes de la boda de mis tías. De haber imaginado lo que se avecinaba, habría hecho lo mismo con todas. En ellas aparecían políticos y personajes famosos de la isla, incluido el más conocido de todos: el Comandante en Jefe.

Tengo que señalar que no creo que mi padre haya sido alguien importante, pero en su largo andar revolucionario colaboró y estuvo cerca de muchos que sí lo fueron y aún hoy lo son. Lo demás que recogí fueron pequeños recuerdos de la historia familiar, entre ellos, un vaso de cristal.

El 8 de mayo, llegó el momento de la despedida, y si bien nunca son agradables, esta no duró mucho. Llegamos al aeropuerto con tiempo; me demoré en entrar para estirar los últimos minutos con mi mami.

Al fin, me decidí, y cuando la maleta pasó por la máquina de rayos X, la agente le indicó algo al oficial que estaba al otro lado, y, una vez que pasé yo también, este me ordenó abrirla. No me preocupé en exceso, y enseguida supuse que era debido a las medallas, que son de metal. En realidad, nada más llevaba en esa maleta que pudiera sonar o parecer sospechoso. Me pidieron abrirla y así lo hice. Comenzó la inspección. Cuando el oficial de inmigración vio la primera medalla, lo primero que hizo fue pedirme el pasaporte; el cubano, claro está, el otro no les interesaba ni por curiosidad. Acto seguido, llamó a una señora, también con uniforme, pero civil, quien se identificó como inspectora de Bienes Culturales o algo por el estilo, e inmediatamente llegaron dos militares más, uno de ellos una mujer con cara cínica y retorcida que se encargó de la primera parte del interrogatorio al que me vi sometido por un largo, larguísimo rato, tan largo que me es imposible recordarlo y, por tanto, describirlo en su totalidad.

La intranquilidad —y hasta desespero— de los oficiales se volvía cada vez más evidente cuando afloraba una foto, diploma o certificado donde aparecía o bien la imagen, el nombre o la firma del Comandante en Jefe. Aquello era realmente esperpéntico. Saltaban como auras en busca de la carroña sin la que no pueden ni saben vivir.

No sé si catalogarlo también como ridículo. ¿Qué daño le podía hacer yo a ese país por el mero hecho de poseer fotos de sus dirigentes en actos o actividades públicas? No puedo asegurarlo, pero estoy casi seguro de que ninguna de las fotos que injustamente me arrebataron, porque ese es el verbo adecuado, contenía ningún escenario secreto o comprometedor para la seguridad nacional. Empezaron a sacarlo todo de la maleta, como ya dije, junto a mis artículos personales y mi poca ropa; lo demás eran solamente algunos libros, decenas de documentos que incluían diplomas, certificados, cartas de trabajo, etcétera, etcétera, y, sobre todo, cientos de fotos.

No me faltaron las ganas de protestar seriamente, pero a nadie en su sano juicio se le ocurre discutir o armar un escándalo en los puestos de control de inmigración y aduanas de ningún aeropuerto internacional, y les aseguro que menos en los de un país como Cuba. Obviamente, yo no lo hice. No estaba loco y sabía que tendría que mantener la calma para salir lo mejor parado posible de aquel embrollo en que me había, mejor dicho, me habían metido ellos.

Les repetí una y otra vez que mi intención —y esto era la más pura verdad— era conservar la memoria histórica de mi padre. En vista de lo que ocurrió después, pienso que menos mal que no les dije esa otra verdad: que muchos de aquellos documentos me serían imprescindibles para poder escribir un libro sobre su vida.

En las naciones bajo regímenes totalitarios, del color que sean, se le tiene un miedo tremendo a la palabra, y en particular a la escrita, porque frente a la oral que produce miedo instantáneo, en blanco y negro, el miedo que se genera es permanente.

Todo resultó un *show* innecesario y exagerado, además de arbitrario y hasta ilegal. De pronto, me vi enfrente de aquellos oficiales uniformados, impotente. No sé cómo mantuve la calma; lo que más hubiese gustado era gritar y mandarlos al carajo. Aquello era un atropello en toda regla, y sí, no era tortura física, era de esas silentes, verbales, la violencia pacífica que a veces duele más. No me canso de repetirlo: yo no me llevaba nada robado. El querer conservar fotos de mi padre en eventos públicos, algunos incluso hasta televisados, igual me daba con quién fuese, no constituye delito, ni su supuesto —por demás cuestionable— valor histórico puede relegar a un segundo plano el debido respeto a la propiedad privada. Aunque, bueno, la propiedad privada tiene una definición muy particular en la Cuba socialista.

Después de más de dos horas parado ante aquel circo y con los labios resecos por la sed, se me acercó una de las oficiales. Tenía cara de buena genta y me dio una botella de agua que me enviaba mi madre. ¿Maternal intuición de que no había podido moverme de aquel lugar ni siquiera para ir al baño? ¿Simple excusa para hacerme saber que todavía se encontraba afuera, esperando el desenlace de mi desventura? Me daba igual; para mí lo más importante fue saber que estaba bien. Y no me faltaban motivos. Minutos antes, había escuchado por el altavoz que se solicitaba en la sala de espera la presencia de un médico y yo enseguida pensé en mi madre. No me equivoqué: se había puesto muy nerviosa con lo de mi retención y el mismo personal del aeropuerto decidió llamar a un médico para un rápido chequeo.

En honor a la verdad, noté la reacción sincera y hasta solidaria de un par de empleados del aeropuerto, entre ellos, la de la misma oficial uniformada que me trajo el agua. Aproveché para preguntarle por mi mamá y le pedí por favor que le dijera que no se preocupara por mí, que todo estaba *bien*, que solamente me habían quitado algunas cosas. Y bueno, lo de la pérdida del vuelo era el menor de los males.

Lo que sí es un mal mayor es el efecto de una papa podrida en un saco; sencillamente, termina pudriéndolas todas. Me gustaría pensar que aquella empleada aeroportuaria que vestía uniforme militar —aunque ni me fijé en su grado— es de las pocas papas que no se han podrido.

Si desesperante era todo aquello, igual o más desesperantes me resultaron las tres o cuatros veces que un empleado del aeropuerto, con muy malas pulgas, pero, además, consciente de lo que hacía y de mi lógica impotencia, se acercaba y, mientras mostraba y tocaba con un dedo su reloj de pulsera, me decía:

—Compadre, apúrate que se te va el avión. No podemos seguir esperando por ti.

La primera vez, le respondí que aquello no dependía de mí. En tanto los oficiales de inmigración y autoridades que tenía delante no me dejaran ir, yo no podía hacer nada; de hecho, hasta me habían retirado el pasaporte. El tipo ni se inmutó; tenía que saber que en cualquier aeropuerto del mundo uno no puede entrar al avión hasta que no le dan luz verde para ello. Las veces siguientes, cuando repitió la rutina, ya ni me tomé el trabajo de explicar nada; únicamente me limité a hacerle un gesto, luego de dirigir mi mirada hacia los otros oficiales, como diciendo: "Depende de ellos".

Y qué suerte la mía de que todo lo que contenía mi maleta tenía un carácter *revolucionario*. Me pregunto qué hubiese pasado de haber tenido en mi posesión algo *contrarrevolucionario*. Realmente, no lo sé ni quiero imaginarlo. Lo que comenzó como un registro *organizado* del contenido del maletín, terminó en un vaciado completo encima de la larga mesa metálica contigua al aparato de rayos X.

Al vaciarlo todo, los papeles, fotos, libros, etcétera, etcétera, se mezclaron con la ropa, sobre todo las medias y los calzoncillos, y como a ellos esto no les interesaba, me pidieron que fuera guardando las pocas piezas de vestir y otros objetos personales de vuelta en la maleta. Y fue en ese preciso momento cuando aproveché para comenzar a *salvar* lo poco que hoy conservo.

Comencé por la ropa, e inmediatamente levanté uno de los pocos libros que traía conmigo. Se trataba de una obra ilustrada de un escritor revolucionario paraguayo que yo no conocía. Desde el mismo instante que lo abrí en mi casa, la primera página llamó poderosamente mi atención:

Para el apreciado Compañero Comandante Fidel Castro Ruz,
inspiración de nuestra fortaleza en la lucha
Joel Filártiga
22-04-2002

En efecto, y para mi sorpresa, el ejemplar está dedicado de puño y letra del autor al mismísimo Comandante en Jefe, y, por razones que desconozco, estaba entre las cosas de mi padre. Le había preguntado a mi mamá qué hacía ese libro en casa, pero me dijo que no tenía idea; ni siquiera lo recordaba. Dudo que mi padre hubiese *olvidado* hacerlo llegar al *Compañero Comandante*, pero ya eso son especulaciones mías.

Cuando el oficial me vio coger el libro, enseguida me lo pidió de vuelta. Su título, *La fiesta del tiranosaurio*, como antes a mí, le llamó la atención, y lo abrió y comenzó a ojearlo. También por suerte para mí, se saltó la primera página, donde está la dedicatoria, y, por tanto, no pudo leer el nombre del *ilustre* destinatario. Rápidamente, lo cogí y lo metí en la maleta, debajo de la ropa. Salvado.

En uno de los zapatos quedó atrapada una de las medallas; al verla, retiré rápidamente el zapato. Los oficiales estaban entretenidos leyendo papeles y revisando las fotos que salían de todos lados. Acomodé el zapato en la maleta debajo de la ropa. Salvada.

Luego, apareció un sobre amarillo con fotos viejas de mi familia paterna, todas en blanco y negro, y entre se ellas se encontraban unas donde aparece mi padre durante una ceremonia de condecoración y en las que se encuentra un par de poderosos generales caídos en desgracia en 1989. Tomé el sobre y, antes de que me preguntaran, saqué las fotos y, en forma de abanico, se las mostré al oficial. Este, rápidamente, les pasó la vista, y al no reconocer a nadie —obviamente, yo me había cerciorado de que las importantes quedaran tapadas por las de la familia—, me dijo que podía guardarlas. Salvadas.

De un libro salió un CD. Me preguntaron por su contenido. Les dije que eran fotos recientes de la familia de mi madre en Santa Clara, en la playa, celebrando el cumpleaños de mi abuelo, etcétera, etcétera. El oficial llamó a otro uniformado, quien se lo llevó para revisarlo. Respiré tranquilo; en ese, no encontrarían nada *importante*. A los pocos minutos, regresó el susodicho con el CD en la mano. Le di las gracias al tipo, quien, por cierto, ni me miró; únicamente lo hizo a los que dirigían aquel *show*. El que tenía sentado enfrente, le hizo una seña, indicándole que ya no había ningún otro CD que revisar. Le pidió que se acercara y le dijo algo al oído. La inspectora también se entretuvo mirando algo. En ese preciso momento, y sin perder un segundo, aproveché para levantar de la mesa y esconder dos fotos de principios de los 60, también de mi padre y en las que aparecen dos dirigentes históricos de la Revolución. Salvadas.

Mientras tanto, cada vez que entre el montón de fotos aparecía una cara conocida por los *incautadores*, especialmente si era del Comandante u otros altos dirigentes de la Revolución, estuviese mi padre o no en ellas, los oficiales se detenían unos segundos a comentarla o se la mostraban entre sí, y era ahí cuando yo aprovechaba para recuperar de vuelta lo mío. Tomé otro grupo de fotos grandes. La inspectora hizo un gesto de protesta. El oficial me las quitó y, luego de revisarlas, se quedó con una, también en blanco y negro, donde aparece mi madre y, muy cerca, el Comandante en Jefe, en la Embajada cubana en la ciudad de México. Esa no me dolió perderla. Ellos no lo sabían, pero yo ya había divisado una muy parecida entre otras fotos familiares y había logrado ponerla de vuelta en la maleta. Salvada.

Y salvada, aunque no recuerdo cómo, resultó una foto en blanco y negro, original y hasta donde sé, inédita, del mismísimo Comandante *Che* Guevara en lo que parece ser un acto político en la Cuba revolucionaria de los 60. No recuerdo lo que me contó hace años mi padre sobre ella, pero por la identidad y fama del protagonista, no necesita comentario. Me dio una inmensa alegría volver a verla; probablemente, también hubiese terminado incautada, pero la suerte quiso que se *perdiera* entre lo no incautado.

Cuando llegué a la casa, deshice con gran desilusión la maleta, pero entre un grupo de fotos de cuando estudiaba en Hungría, apareció una del Comandante *Marcial* en La Habana. Mi sorpresa no terminó ahí. En otro grupo de fotos familiares, las de la boda doble de mis dos tías paternas —se casaron el mismo día, en el mismo lugar, con diferentes novios, por supuesto—, encontré la de Tania la Guerrillera, que está dedicada por sus padres a la familia Zamora. Respiré con satisfacción. Salvadas.

También muchas veces las situaciones trágicas se vuelven momentáneamente tragicómicas. Esa tarde-noche no fue la excepción. En una las fotos, aparecía mi madre con un tipo bigotudo que escondía su calvicie bajo una gorra, alguien que ni mi madre recordaba. Al levantarla la inspectora, la oficial con cara de pocos amigos se le acercó por detrás y pude escuchar cuando le dijo al oído:

—Separa esa, puede ser importante.

Más tarde, cuando se lo comenté a mi mami, nos desternillamos de la risa: el tipo era un pelotero colombiano, ni siquiera profesional o conocido, y mi mamá ni recordaba su nombre, pero a la oficial le pareció *importante*. Sin comentarios.

En otro instante en que se relajó la inspección, y como ya estaba seguro de que no podría recuperar nada más, saqué la cámara de fotos digital de mi maletín de mano e hice como si la estuviera revisando, sin apuntar directamente a nada o nadie. Lo que verdaderamente hice fue sacarle una foto a la mesa contigua a la larga metálica, junto al aparato de rayos X. Algo —aunque pequeño y difuso— tenía que quedarme de todo lo incautado. Acto seguido, la devolví al maletín y, evitando que pudieran verme, mientras ellos continuaban escudriñando papeles y fotos, saqué la minúscula tarjeta de memoria y me la eché en un bolsillo. Salvada. Más tarde, al llegar a casa, se la enseñé a mi mamá y le dije:

—No me pidas que saque una foto más. Esta fue la última foto que pienso tomar en la isla de Cuba.

Así de molesto estaba, y lo cumplí.

En un momento, y cuando ya se me hacía evidente que la aeronave no esperaría más por mí, sin perder las formas, pero ya harto de todo aquello, les dije a los que me retenían que el avión estaba al salir, que por favor se quedaran con todo, pero que me dejaran ir, que mis hijos me esperaban en Miami. Recibí un rotundo *NO*; hasta que el oficial no terminara de hacer la inmensa lista de todo lo que me habían incautado, no podía irme. Dijeron que me entendían, pero que no podían hacer nada. Lo que no me dijeron, porque, además, no hacía falta, es que a ellos les importaba un bledo que se me fuese el avión. Y una vez más se acercó el regordete empleado, a sabiendas de que no era mi culpa que se me fuera el avión, y, con toda la sorna del mundo, me repitió lo evidente:

—Ahora sí se te va.

Mi presión arterial debe haberse ido al cielo. No estaba tan loco para hacerlo, pero con gusto lo hubiese mandarlo al carajo, o peor, al mismísimo coño de su madre. Niños, recuerden que eso no se dice; hay que dejarlo para los momentos que lo merecen. Y ese fue uno de ellos.

Llegó la partida; la mía no, por desgracia, y cuando hicieron el último anuncio de salida donde hasta mi nombre *olvidaron* y solamente se refirieron al *pasajero* que faltaba, me di cuenta de que era imposible que yo me fuera en aquel avión y me resigné. Otro de los oficiales allí presentes, y que se acercaba intermitentemente a la larga mesa donde ocurría la acción, con una burlona sonrisa dijo algo como que no me preocupara; ahora que se había ido el avión, teníamos todo el tiempo del mundo. Lo soporté estoicamente; protestar no hubiese servido de nada y, nuevamente, mandarlo bien lejos era contraproducente. Solamente pensé: "Pobre diablo, en un final, yo me iré en algún momento; él, en cambio, se quedará en esta mierda". Pero sería injusto, como ya dije, meter en un mismo saco a todos.

Cuando ya se había ido el avión, el aeropuerto estaba casi a oscuras y el único movimiento aeroportuario ocurría a mi alrededor. Una de las oficiales, se veía que de menor rango y que estaba junto a la que me había traído el agua, se me acercó y me dijo con marcadísimo acento cubano:

—No te *preocupe*, chico, no has hecho *na' malo*. De *verda'*, lo siento mucho.

La expresión de su cara y su mirada parecían sinceras. Le creí y agradecí en silencio su solidaridad.

Cuando analizo y reanalizo lo sucedido, creo que, de todo lo que quise traer conmigo, lo único museístico era la medalla que había recibido mi bisabuelo por su participación en la Guerra de Independencia de Cuba.[78] Pero, a pesar de eso, yo no la

---

78   En la segunda mitad del siglo XIX, entre 1868 y 1898, ocurrieron los tres grandes levantamientos armados más relevantes del pueblo cubano por lograr su emancipación de la Corona de España: la Guerra de los Diez Años —también conocida como Guerra de España o Guerra Grande, 1868-1878—, la Guerra Chiquita (1879-1880) y la **Guerra de Independencia de Cuba (1895-1898)** o Guerra de 1895. Las dos pri-

había robado ni sacado de ningún lugar oficial, ni siquiera la había comprado: era de mi bisabuelo y había estado en mi casa desde que tenía uso de razón; pertenece a mi familia. Bueno, ahora *pertenece* a la Revolución.

Aquello no tenía nombre, y como en los sinsentidos el nuevo siempre supera al anterior, llegamos al vaso de cristal. En efecto, no era un vaso de cristal común y corriente, pero, en un final, un vaso que en un determinado momento se vendió en las tiendas de la isla. Mi abuela materna lo conservó durante décadas en un aparador de su cocina, siempre lo quise y ella me decía que no, pero me prometió que sería mío una vez que ella falleciera. El vaso era de 1959 y tenía los nombres e imágenes de cuatro personajes famosos: el Comandante en Jefe Fidel Castro, el *Che* Guevara, el comandante Camilo Cienfuegos,[79]

---

meras guerras no concluyeron con la victoria de los cubanos, bien por la superioridad del ejército español o por los diversos episodios de sectarismo regional, indisciplinas y errores políticos de los mandos militares cubanos. Sin embargo, ambas constituyeron una fuerte base sobre las que se levantó la tercera y última de las gestas independentistas cubanas. El 24 de febrero de 1895, ejemplificado por el famoso *"Grito de Baire"*, comenzó la guerra organizada y dirigida por José Martí y el Partido Revolucionario Cubano. La lucha adquirió un carácter nacional con la extensión de la guerra al occidente del país por las tropas mambisas, bajo el mando de los destacados líderes Máximo Gómez y Antonio Maceo. Luego de tres años de cuantiosas pérdidas y sin un claro vencedor, entraron en la contienda los Estados Unidos. El gobierno norteamericano vio afectados sus intereses y le exigió a España reformas para lograr la paz. España le otorgó a Cuba la autonomía, inició ciertas reformas políticas y declaró un alto al fuego, pero los cubanos no aceptaron lo que consideraron un tardío arreglo que no significaba la verdadera independencia. Y entonces se produce, en circunstancias todavía confusas y no exentas de polémica entre los historiadores, la explosión del acorazado estadounidense *Maine*, que había llegado a la bahía de La Habana. Como consecuencia, los Estados Unidos acusaron a España de agresión y así comenzó la *Spanish-American War*, que concluyó con la derrota de España y la pérdida de sus últimas posesiones coloniales: Cuba, Puerto Rico, Filipinas y Guam.

79   **Camilo Cienfuegos Gorriarán** (La Habana, 1932-1959).

y el primer presidente de la Cuba revolucionaria, el doctor Manuel Urrutia.[80] Les pedí inútilmente que me lo dejaran: era el único recuerdo material que me quedaba de mi abuela materna y por el que esperé más de treinta años. Recibí un rotundo *NO*. Todo era sujeto de ser incautado, pero ellos eran tan amables que lo guardarían.

Según la Real Academia de la Lengua, *incautar* es *apoderarse arbitrariamente de algo*, y eso hicieron ellos. En un momento de la incautación oficial, que yo prefiero calificar de ilegal con tintes de legalidad, y como cuatro horas de pie en la zona de control de seguridad de un aeropuerto dan para mucho, me le acerqué a la susodicha inspectora de Bienes Culturales. Me

---

Destacado combatiente, revolucionario y uno de los líderes más aguerridos y carismáticos de la Cuba revolucionaria. Fue expedicionario del yate *Granma* y se destacó por su valentía y liderazgo, primero en la lucha guerrillera de la Sierra Maestra y el oriente del país, y, posteriormente, durante la famosa escalada hacia el occidente de la isla, que culminó con el fin de la dictadura de Batista. En octubre de 1959, el comandante Huber Matos, jefe militar en la provincia de Camagüey, expresó su decisión de renunciar por su desacuerdo con el rumbo que estaba tomando la Revolución. Fidel ordenó a Camilo detener la *sedición* de Matos, quien al final terminó arrestado y condenado a veinte años de prisión. Oficialmente, nos dijeron que Camilo pereció el 28 de octubre de 1959, luego de que su avión, un pequeño Cessna 310, cayese al mar a causa del mal tiempo. Nunca aparecieron los restos, ni de Camilo, ni del avión, y eso a pesar de que todo el país se movilizó en su búsqueda durante varios días. También se ha comentado que fue un complot de Fidel para deshacerse del popular Camilo. En todo caso, es otro de los misterios que algún día la historia se encargará de revelar.

80   **Manuel Urrutia Lleó** (1908-1981). Magistrado y político cubano que se opuso a las dictaduras de Machado y de Batista. A principios de 1959, ejerció por unos meses como presidente provisional de la República de Cuba hasta que fue sustituido tras una gran protesta popular que se manifestó contra la dimisión de Fidel Castro como primer ministro. Convencido anticastrista, terminó asilado en las Embajadas de Venezuela primero y luego en la de México, hasta que le fue permitido emigrar a los Estados Unidos, donde falleció.

fijé en el nombre que llevaba en una credencial pegada a su uniforme. Lo repetí un par de veces en voz alta; ella me miró, intrigada. Lo recuerdo bien, pero no lo escribiré aquí; no hay que darle una fama inmerecida a quien no se la gana. Lo que tampoco escribo aquí fue lo que pensé en aquel momento para mis adentros, así que, en su lugar, le pregunté adónde tenía que ir a recuperar lo que me habían quitado, y me dijo que a las oficinas de la Aduana, en Cienfuegos, ciudad cabecera de la provincia del mismo nombre. Y como no se deben perder nunca las buenas formas, aunque deseos no me faltaron, le agradecí la información.

Pasadas las cuatro horas que duró aquella *tortura*, con el aeropuerto a oscuras, prácticamente cerrado, porque el único vuelo que saldría esa tarde era el mío y hacía rato que se había ido, agobiado por el cansancio, el hambre, la sed y, ante todo, la rabia, me devolvieron el pasaporte y, finalmente, me dejaron ir. Había perdido, mejor dicho, me habían hecho perder no solamente el vuelo, sino los recuerdos familiares, y, sobre todo, la última señal de bondad que me quedaba del régimen. Ya sé, suena exagerado, pero era sinceramente lo que sentía.

Antes de regresar a la casa, entramos a una pequeña oficina, en las afueras del aeropuerto, y compré un nuevo boleto de avión de regreso a los Estados Unidos para tres días más tarde. Optimista como siempre, le dije a mi mamá que todo tenía su lado positivo: de esa forma, pasaría el domingo, Día de la Madre, con ella. Una vez en casa, llamé inmediatamente a mi hermano a Canadá. Tal como imaginé, estaba preocupado; yo había quedado en avisarle una vez aterrizara en Miami. Primero, le pedí que llamara a mis hijos, a los que yo también llamaría una vez que llegara a los Estados Unidos, y quizá lo más urgente, que avisara inmediatamente a mi jefe en la universidad, quien lógicamente se preocuparía al ver que no iba al trabajo.

Mi hermano, obviamente, me preguntó un par de veces los motivos por los que no había viajado. Y también, obviamente, no le dije la verdad, porque no quería hablar del asunto por teléfono; además, las llamadas internacionales desde Cuba siguen siendo caras y contar en detalle lo ocurrido me hubiese arruinado, aunque lo principal fue porque no tenía ni tiempo, ni ánimos para hablar con nadie de lo sucedido. Me limité a decirle que había llegado tarde al aeropuerto y que había perdido el avión. Creo que no me creyó, pero, bueno, le repetí que una vez que llegara a los Estados Unidos le contaría los pormenores. Ciertamente, cuando uno pasa momentos de tensión como los vividos aquel día, se nos mete un miedo en el cuerpo que uno no quiere ni recordarlos. Así que, el domingo, invité a mi mamá a Los Caneyes, un motel en las afueras de la ciudad. Almorzamos muy bien, disfrutamos de un par de tragos junto a la piscina y, por la noche, del espectáculo en el cabaret. Ese día, estábamos en Cuba, pero nuestra mente —o al menos la mía— estaba bien lejos; apenas hablamos de la isla. Mi madre se merecía un día sin sobresaltos, y creo que lo conseguimos.

El día antes de la partida, fui a despedirme por segunda vez de la familia. Con mis tíos y primos alrededor, mi abuelo me pidió que me acercara, porque me iba a revelar un secreto de familia, y, como secreto al fin, me dijo que no podía decírselo a nadie. Acerqué el oído con curiosidad. Luego, los demás me preguntaron qué había dicho el abuelo. Tampoco fue nada del otro mundo, pero mi abuelito me dijo que era un secreto y yo le prometí que también me lo llevaría a la tumba. En ese momento, saqué un billete de un dólar y se lo dediqué al abuelo, pero no se lo di a él, sino que le pedí a mi tía Nilda que lo guardara para que, cuando el abuelo se despidiera de este mundo, se lo pusiera en el ataúd. Todos protestaron al oírme decir aquello, en primer lugar, mi madre. ¡Qué cosas se me ocurrían! Que no dijera esas cosas. Pero no fue una simple ocurrencia mía, fue un acuerdo con mi abuelito y nada del otro mundo, simplemente minucias que dejan pasar los abuelos para complacer las travesuras de sus nietos.

Mi abuelo falleció el 23 de enero de 2011; tenía 93 años. Ahora, cuando escribo esto, me pregunto si mi tía Nilda llegó a hacer lo que le pedí. Ya le preguntaré.

La noche anterior a la partida, con una extraña y paradójica mezcla de desgano e ilusión, comencé a hacer la maleta de nuevo. Y desde el mismo instante que mi madre oyó la palabra *maleta* se le pusieron los nervios de punta y me repitió una y otra vez que no echara nada que me trajera problemas. Y también una y otra vez la tranquilicé, diciéndole lo mismo: que ya me habían quitado todo lo que me podían quitar, que no quedaba nada de *importancia* que pudiera interesarles a los controladores del aeropuerto. Me sentí algo mal por la bienintencionada mentira, pero no soportaba la posibilidad de ver sufrir una vez más, por mi capricho, a mi madre.

Al día siguiente, antes de ir al aeropuerto, pasamos por la sede de la Aduana de Cienfuegos a ver qué podíamos resolver sobre lo incautado. Es cierto que la oficial que nos atendió fue correcta y amable con nosotros, mi madre y yo, pero el resultado fue igual de decepcionante, y más aún lo fue el resultado final: todo lo incautado sería enviado a no sé dónde, revisado y analizado por no sé quién, y una vez finalizada esa segunda inspección, nos comunicarían el resultado, o sea, lo que sería devuelto, que, en este caso, se encargaría mi madre de recoger, porque yo, por suerte, estaría bien lejos. Como pude comprobar más tarde, todo fue una gran mentira. Mentiras, siempre mentiras.

El 11 de mayo, llegamos con bastante tiempo al aeropuerto. Nos acompañaron mi tía Andrea y dos de mis primas. Esta vez, había decidido no llevarme la maleta conmigo; pensé que era mejor facturarla. Eso hice apenas llegamos al aeropuerto. Acto seguido, nos fuimos a tomar algo antes de la despedida. Apenas nos dio tiempo a terminar de beber el refresco cuando escuchamos por los altoparlantes que se solicitaba la presencia del pasajero Ruben Zamora. Lo primero que hice fue dirigir una mirada a mi madre. La pobre, al oír mi nombre se puso blanca como un papel. Nuevamente, le repetí que no se preocupara, que la primera vez ya me habían quitado todo lo que me podían quitar, que mi maleta no contenía nada relevante, que probablemente se tratase de un doble control debido a lo sucedido la primera vez, etcétera, etcétera. No creo que quedara muy tranquila, pero al menos me dio esa impresión. Lo mismo hice yo: le di la impresión de que estaba muy tranquilo, pero en mi interior se dispararon todas las alarmas, y admito que el asustado en ese momento era yo. Me despedí de todos. Luego de darle un beso y un abrazo a mi madre, le dije al oído que estuviese tranquila; todo saldría bien y yo quería montarme en aquel avión sabiendo que ella lo estaría. Di media vuelta y salí.

El control de pasaportes fue bien rápido y, al pasar junto al aparato de rayos X, de pronto comprendí por qué me habían llamado. Mi maleta, que yo ya hacía en la barriga del avión, la habían traído y estaba junto a la mesa, a la espera de una nueva revisión. Todo pasó muy rápido y mentiría si digo que mi reacción estaba planeada. Cuando el oficial me pidió el pasaporte y que abriera la maleta para revisarla de nuevo, no me sorprendí; iba preparado para ello. Lo que sí me sorprendió fue mi reacción, impulsiva y veloz, pues, sin detenerme a pensar ni abrir la boca, tomé la iniciativa que, aunque arriesgada, me *salvó* de otro posible mal momento. Abrí completamente el *zipper* exterior y, ante la sorpresa de los presentes, levanté la maleta y vacié todo el contenido encima de aquella fría mesa metálica que ya conocía bien.

Me cercioré de que el oficial y otro que luego se acercó comprobaran visualmente que la maleta quedaba, en efecto, vacía. Se repitió la inspección, aunque esta vez fue más rápida. Volvieron a mirar los mismos libros, las mismas fotos familiares, los mismos documentos que ya una vez habían dejado pasar. Y esta vez no apareció por ningún lado ni una medalla, ni una foto del Comandante, ni ninguna de mi padre con nadie conocido, ni siquiera vestido de militar. Estuve todo el tiempo sin decir ni una palabra.

Cuando terminaron de revisarlo todo y me dijeron que podía guardar las cosas, sin detenerme en organizar nada, lo metí todo de vuelta y cerré la maleta. Acto seguido, me devolvieron el pasaporte. Todo salió bien, pero yo estaba nervioso y enseguida sabrán por qué.

Una vez que anunciaron el momento de abordar el avión, hacía rato que me encontraba junto a la puerta de embarque. Fui el primero en salir, y ni por elemental cortesía dejé pasar a una señora, que también se encontraba junto a la puerta y que, notando mi clara impaciencia, dijo:

—Niño, tú sí que tienes ganas de irte.

Y sin pensarlo mucho, y haciendo un gesto de disculpas por haberme adelantado, le respondí:

—Usted no tiene la menor idea.

Al abrirse las puertas, fui el primero en salir y el primer pasajero en montarse en aquel avión de la compañía aérea TACA, que opera vuelos chárter a Cuba. Me mantuve en silencio, pero mi corazón gritaba a la par que latía, es decir, a millón. Sudaba, y no era por el calor. No sé exactamente cuánto transcurrió hasta que el avión sobrepasó la velocidad V1, que es la llamada velocidad de decisión por debajo de la cual todavía se permite abortar con seguridad un despegue. Y, como por encima de la V1 hay que continuar con la subida, porque es más seguro volar que quedarse en la pista, yo, silenciosamente, esperé la V1 para respirar con patente tranquilidad. Porque había engañado, con el dolor de mi alma, a mi madre, pero con plena satisfacción a los censuradores del aeropuerto. Comprendía perfectamente la preocupación de mi mamá, pero ella no merecía saber la verdad. Aún sin estar seguro de cómo me saldría esta vez la jugada, no quise arriesgarme a ponerla al tanto. Recuerden, niños, no se debe mentir, ni a los padres, ni a nadie. Yo me sentí un poco mal porque lo hice, pero, desgraciadamente, la injusticia vence demasiadas veces y, siempre que sea posible, tenemos que evitarlo. Por eso, yo mentí esa vez, y le dije a mi mami que ahora sí no llevaba nada *problemático* en mi maleta. La verdad era que, de todos los objetos *salvados* el día de mi frustrada primera partida, la medalla fue la única que esta vez no me arriesgué a meter en la maleta, nada de metal que se *viera* o *sonara* iba en la maleta; no podía intentarlo de nuevo; lo del *inocente* papel era otra cosa.

Fue muy sencillo, y he aquí como lo hice. Como el papel no *asusta* a los rayos X, dentro del forro de la maleta escondí todas las fotos y los documentos que no pudieron quitarme la primera vez, entre ellos, las *salvadas* y *salvados* que reproduzco aquí. Y por esa misma razón, actuó mi subconsciente y, sin darles tiempo a nada, delante de todos vacié la maleta y expresamente la mostré *vacía* a los oficiales del aeropuerto cubano.

La alegría que experimenté una vez que aterrizamos y divisé el *Welcome to America* del Aeropuerto Internacional de Miami solo fue comparable a aquella primera vez que aterricé en Düsseldorf en 1992, y, lo repito, solamente los que han tomado el vuelo de la libertad pueden entenderlo. Y benditos sean los forros de las maletas, así que siempre que compren una, cerciórense de que tenga uno bien seguro. Nunca se sabe, por si las moscas.

Normalmente, esta historia terminaría aquí, pero todavía me faltaba una sorpresa, y esta sí fue muy, pero muy agradable. Una vez en el Aeropuerto de Miami, noté la presencia de algo duro en uno de los bolsillos exteriores de mi maleta, uno que yo sabía que debía estar vacío, pues, a propósito, lo había dejado así. Cuál no fue mi sorpresa cuando lo abrí y encontré una botella plástica de agua; estaba vacía y estrujada. Primero, aquello me confundió, pero inmediatamente noté que dentro tenía algo: era una pequeña nota de papel para *Mr. Zamora*:

De tu tía Andrea
Esto es lindo, pero hay que entenderlo

Me reí solo. Parecía un bobo. Tal y como me enteré después, el ingenio de mi tía lo merecía. Durante mis días en Cuba, esa fue la frase que ella me repitió siempre que veía mi reacción de asombro e insatisfacción con las cosas de nuestra querida isla.

Una vez que pasé los controles de inmigración, y terminado el registro en Cienfuegos, como yo ya no podía salir, alguno de los empleados del aeropuerto sacó la maleta afuera para facturarla con las demás, como había sido mi intención inicial. Yo eso, obviamente, ya no pude verlo, pero, según me contó por teléfono mi tía, ella, al ver a la misma oficial que fue tan amable conmigo la primera vez, se le acercó y le pidió que me hiciera llegar la nota. No tengo idea de por qué la oficial no lo hizo en persona, aunque no es ilógico pensar que no quiso que la vieran acercarse a mí y, menos aún, dándome algo. Pero su solución fue muy original. Realmente, me hizo mucha gracia encontrar esa nota cuando llegué a Miami. Una vez en Pittsburgh, llamé por teléfono a mi mamá y le pedí hablar con tía Andrea, que todavía estaba en la casa. La felicité, agradecí su ingeniosa ocurrencia y le di la razón, con una salvedad:

—Sí, aquello es lindo, pero yo sigo sin entenderlo.

Sobre nuestra gestión para recuperar lo incautado el día de la primera partida, casi dos meses más tarde, mi mamá recibió la siguiente carta, que no reproduciré en su totalidad por ser aburrida y repetitiva; solamente lo más destacado:

ADUANA GENERAL DE LA REPUBLICA
ADUANA DE CIENFUEGOS

RESOLUCION APE N° 250/2010
POR CUANTO: […]

PRIMERO: Declarar CON LUGAR EN PARTE el Recurso de Apelación interpuesto por RUBEN ZAMORA PINO, cubano no residente, con domicilio en el N° 4628 Bayard St Apt 208, Pittsburgh Pennsylvania EUA, contra la Resolución N° 171 de fecha 8 de mayo de 2010, emitida por el Especialista Principal del Aeropuerto "Jaime González" de Cienfuegos.

SEGUNDO: Revocar en parte el Decomiso de 02 charreteras de color verde y rojo, 01 vaso de vidrio con alegoría al triunfo de la Revolución, 45 certificados, diplomas, reconocimientos, distinciones, etc. a nombre de Manuel Zamora, 25 certificados, diplomas, distinciones, reconocimientos, etc. a nombre de Eneida Pino, 01 credencial a nombre de Manuel Zamora, 01 certificación de tiempo de servicios y salarios devengados a nombre de Eneida Pino y otro gran número de documentos relativos a la vida política de Manuel Zamora y Eneida Pino, todo en regular estado de conservación y que se encuentra retenido en las Actas de Retención y Notificación (Modelos RAD-01) Nros. 052671, 052672, 052675, 052676, 052677, 052678, 052679, 052680, 052681, disponiéndose la devolución de 02 carné a nombre de Miguela Correa, 04 carné a nombre de Ernesto Zamora y 294 tarjetas de presentación en los 30 días siguientes a la notificación de la presente Resolución.

TERCERO: Contra la presente Resolución no cabe recurso alguno en la vía administrativa.

La resolución, con fecha 10 de junio, está firmada y acuñada por el jefe de la Aduana de Cienfuegos, y le fue enviada a mi mamá el 18 de junio. Todas las actas a las que hace mención fueron tomadas durante las cuatro interminables horas que duró mi retención aquel desastroso 8 de mayo. No me extrañó nada la respuesta de mi mami cuando le pregunté por el asunto. Sin disimular su decepción, me dijo que no gastaría ni tiempo, ni dinero en hacer un viaje a Cienfuegos, menos para recoger solamente un montón de tarjetas de presentación. Fue una mentira aquello de que me devolverían algunas cosas. En la lista, ni siquiera incluyeron la medalla de mi bisabuelo. Sin comentarios. Apenas un par de adjetivos: autoritarios y mentirosos. Ya saben a quiénes me refiero. No sé cómo todavía me sorprende.

Por lo antes descrito, y muy a mi pesar, ya no tengo en mi poder muchas de las fotos de mi padre que, naturalmente, le pertenecían. Inicialmente, tenía pensado reproducir algunas aquí, porque quería ilustrar su pasado revolucionario, pero ahora no, ahora lo hago con otro objetivo, al que no puedo dar otro nombre que una revancha personal contra el atropello de aquel desastroso día, una forma de decirles a los censuradores que me da igual cuáles fueron sus deberes o motivaciones, que, por mucho que lo intenten, nunca podrán reducir a la nada las libertades individuales a las que todo ciudadano, proceda de donde proceda, debe tener por natural derecho. Como dice el dicho: *al que no quiere caldo, se le dan dos tazas.*

Octavio Paz,[81] en una de sus obras, refiriéndose al advenimiento al poder de Porfirio Díaz, militar que ocupó la Presidencia de México en varias ocasiones, decía que Díaz "suprime la anarquía, pero sacrifica la libertad". Casi lo mismo podría decirse de los Castro, el viejo y el nuevo Comandante, que *suprimieron* una dictadura y sacrifica(ro)n no una, sino varias libertades. Sin negar algún que otro acierto, coincidan o no algunos de sus detractores, no hay justificación moral ni histórica para que los cubanos no hayan podido, al negárseles

---

81 **Octavio Paz Lozano** (México, 1914-1998). Poeta y ensayista mexicano, galardonado con el Premio Cervantes en 1981, y, más tarde, en 1990, con el Nobel de Literatura.

la vía pacífica para ello, decidir libremente en unas elecciones la permanencia en el poder de un mismo hombre por los siglos de los siglos; bueno, creo que exagero, por las décadas de las décadas. La historia tendrá la última palabra; yo también me acerco a la mía en esta empresa.

Le había dicho a Ylena que al llegar el ecuador de 2014 terminaría esta historia. Me he retrasado un poco, pero lo he conseguido. Ella logró ya un *Bachelor* en la prestigiosa Universidad de Columbia, un honor del que todos estamos muy orgullosos, aunque me gustaría mucho que continuase estudiando. Ruben Daniel disfruta ahora mismo de las armoniosas vistas del Sena, también luego de ganar una excelente beca para estudiar *Fashion Design* en la *Ville Lumière*. Y mi princesita, la deportista de la familia, dice que quiere estudiar Psicología. Ya veremos.

Creo que si tuviera que volver a vivir, lo haría todo igual, o, bueno, casi todo. Algunas cosas, seguramente las habría hecho de forma diferente, pero pienso que sin cambiar su esencia. Arrepentirse de lo recorrido y de lo hecho sirve de poco cuando no se puede ni volver atrás, ni cambiar el pasado. De un par de cosas, ya me arrepentí, y pienso que de lo único que me quedaría por arrepentirme no puedo ni debo contarlo aquí. Además, desde un inicio, mi intención era que, a pesar de haber colado pinceladas del presente, esta historia terminara en el año 2001. Si continuase, tendría que hacerlo con otros interminables *diez años* que también estremecieron mi mundo, aunque, sinceramente, ya no quiero más estremecimientos. Alguien que no recuerdo dijo una vez que *el tiempo lo cambia todo, excepto algo dentro de nosotros que siempre se sorprende por el cambio.* Así que, si me asaltase un cambio de parecer y decidiese comenzar a relatar los siguientes *diez años* de mi vida, y si mis facultades físicas y mentales siguiesen aptas, quizá yo también termine sorprendiéndome por el cambio. Tranquilidad, no hay que sorprenderse. Yo me entiendo.

Al final, esta historia ha tenido un desenlace feliz. Cuando pienso en una pieza clave de esta, me gustaría saber cuántos afortunados como yo han encontrado tan fácilmente un esposo —o esposa— para su ex. Cuando no es por amor, esto se puede solucionar únicamente con mucho, mucho dinero, o con muy, muy buenos amigos. Yo solamente tuve y tengo lo último, que es lo más preciado. Después de tanto papeleo y gestiones burocráticas, espero también que comprendan por qué decidí saltarme un par de veces los marcos legales; simplemente, de haber seguido a rajatabla las leyes vigentes y el *statu quo*, nunca hubiera llegado aquí. En mi defensa, puedo agregar que he intentado ser un buen ciudadano de este, mi nuevo país, y, a pesar de las adversidades, evitables o no, mis tres preciosuras ya han comenzado a construir su propio mundo.

A lo largo de la historia de la humanidad se han cometido innumerables y heterogéneas injusticias, muchas contra seres en su propia tierra, y pienso, por ejemplo, en el hitleriano y atroz genocidio contra los judíos y muchos otros, pero no se puede pretender monopolizar el dolor de la humanidad: cualquier acto injusto que se cometa contra un pueblo tiene que ser condenado, venga de donde venga. Punto. Por eso, he escogido para concluir unas hermosas palabras de Hemingway:

> La muerte de cualquier hombre me disminuye, porque estoy ligado a la humanidad; por consiguiente, nunca preguntes por quién doblan las campanas: doblan por ti.

Y esas campanas se mantendrán repicando por todos los inmigrantes, forzados o no, y por sus desgarradoras e increíbles vivencias, todas dignas de ser relatadas. Entre ellas, está la historia de cientos de miles de cubanos que han emigrado de la isla después de 1959, y frente a la que estos *diez años* de mi vida solo parecen, o son, un mero recuento de aventuras. Claro que yo únicamente puedo narrar la mía, con la esperanza, y para eso, de que ustedes, mis tesoros, **Evelyn**, **Ruben Daniel** e **Ylena**, lo hagan todo siempre mejor.

Papá

Pittsburgh, 29 de noviembre de 2014

Fotografías

1. Los Zamoras en la única foto que conservo donde aparecen todos. Tomada en La Habana, el 22 de noviembre de 1953. De izquierda a derecha (de pie): tía Mirtha, abuelo Zamora y tía Juana. Al frente: Zamorita, mi papá, el bisabuelo Zamora y abuela Miguela. El bisabuelo porta orgulloso la medalla que recibió como veterano del Ejército Libertador en la Guerra de Independencia contra España (1895-1898). La medalla me la incautaron en el Aeropuerto de Cienfuegos durante mi último viaje a Cuba, en 2010.

2. Foto inédita del comandante Ernesto Che Guevara, en un acto a principios de la Revolución. Desconozco la fecha y el lugar exactos.

3. En un acto presidido por Flavio Bravo Pardo (1921-1988), veterano dirigente revolucionario, capitán del Ejército Rebelde; desde 1965, miembro del Comité Central del PCC; desde 1976, diputado; y más tarde, de 1981 a 1988, presidente de la Asamblea Nacional del Poder Popular. Fue, además, jefe de la Dirección de Operaciones del Estado Mayor General de las FAR, miembro del Consejo de Estado y vicepresidente del Consejo de Ministros. Mi padre aparece sentado a su izquierda. Desconozco la fecha y el lugar exactos.

4. En un acto presidido por Sergio del Valle Jiménez (1927-2007), veterano dirigente revolucionario que ocupó diferentes cargos en las Fuerzas Armadas Revolucionarias, donde ascendió hasta general de División en 1976. Fue jefe del Estado Mayor General durante la Crisis de Octubre, en 1962, ministro del Interior (1968-1979), y, más tarde, ministro de Salud Pública (1979-1986). Fue también fundador del PCC, integrante del Comité Central y de su Buró Político, diputado a la Asamblea Nacional del Poder Popular y miembro del Consejo de Estado. Por su relevante hoja de servicios, le fue conferido el título honorífico de Héroe de la República de Cuba en abril de 2001. Mi padre aparece a su izquierda, de pie y fumando un habano. Desconozco la fecha y el lugar exactos.

Chocó Diplomático Cubano

Dos personas resultaron heridas de consideración al estrellarse anoche un pequeño auto con un vehículo de un funcionario de la Embajada cubana.

El vehículo Tránsito Libre N°82174 conducido por Manuel Zamora, funcionario administrativo de la Embajada de Cuba, se estrelló a las diez de la noche con el auto de placas LD 1358 conducido por Martha Gómez de Mercado y en el cual viajaba en compañía de su esposo Ángel Mercado Bonilla.

Los dos autos se encontraron en la carrera séptima con la calle 88 y chocaron de frente quedando parcialmente destruidos.

Como consecuencia del fuerte choque, los esposos Gómez resultaron seriamente lesionados; él con 30 días de incapacidad, y ella con una incapacidad indeterminada ya que esta mañana aún se encontraba en la sala de cirugía de la Clínica Marly a donde fueron trasladados los esposos después del accidente.

Al parecer un camión repartidor de gaseosa le cerró el paso al vehículo LD 1358 y la dama tuvo que abrirse encontrándose con el vehículo manejado por el diplomático quien salió ileso.

Es de anotar que el vehículo, una camioneta último modelo, no es propiedad de la Embajada de Cuba ya que Manuel Zamora lo había rentado a una agencia de la ciudad.

En este estado quedó el vehículo de placas LD-1358 donde viajaban los esposos Mercado. El vehículo se estrelló contra una camioneta manejada por un funcionario de la Embajada de Cuba en la calle 68 con carrera séptima. (Foto de Manuel Rodríguez).

5. Noticia aparecida en un diario colombiano sobre el accidente de tránsito que sufrió mi padre durante nuestra estancia en Bogotá, Colombia (1975-1978). No recuerdo la fecha exacta.

6. El Comandante en Jefe durante la lectura del informe central del Segundo Congreso del PCC, celebrado en La Habana en diciembre de 1980. Es la única foto en la que aparece Fidel y que no tengo idea de cómo pudo salvarse el día de mi salida de Cuba, en mayo de 2010.

7. Salvador Cayetano Carpio (el comandante Marcial), pronunciando un discurso en la ciudad de La Habana. La foto me la regaló mi padre cuando conocí personalmente al personaje, en diciembre de 1980.

8. Foto dedicada a la familia Zamora por los padres de Haydée Tamara Bunke Bider (Tania la Guerrillera). Nadia y Erik Bunke, huyendo del horror nazi en Alemania, emigraron a la Argentina, donde nació Tamara en noviembre de 1937. Afiliada primero al Partido Socialista Unificado de Alemania y, años más tarde, al Partido Comunista de Cuba, Tamara terminó incorporándose a la guerrilla del Che en Bolivia, donde perdió la vida el 31 de agosto de 1967. Sus restos fueron identificados y trasladados a Cuba en 1998.

9. En un acto en la sede del Comité Central del PCC en La Habana. De izquierda a derecha: el general de División José Abrantes Fernández (entonces ministro del Interior y miembro del Comité Central del PCC), Manuel Piñeiro Losada (jefe del Departamento América del CC-PCC) y el general de División Pascual Martínez Gil (viceministro primero del MININT y miembro del CC-PCC). Los dos generales cayeron en desgracia en la conocida Causa 2 de 1989. Mi padre aparece junto al general Martínez Gil. Desconozco la fecha exacta.

10. Mi padre (segundo a la derecha) conversa con un general de Brigada del MININT durante la recepción posterior a la entrega de la medalla Eliseo Reyes del MININT. Desconozco la fecha y el lugar exactos.

11. Mi madre conmigo y mi hermano en la sala del apartamento de Centro Habana, en el verano de 1989. Mi padre, antes de tomar la foto, insistió en que apareciera al fondo la imagen del Che.

12. Concentración frente a la escalinata de la Universidad de La Habana, en conmemoración de la Marcha de las Antorchas. De izquierda a derecha: Rosa Elena Simeón Negrín (1943-2004, doctora en Medicina Veterinaria, fue presidenta de la Academia de Ciencias de Cuba, miembro del Consejo de Estado y del CC-PCC, y, a partir de 1994, ministra de Ciencia, Tecnología y Medio Ambiente), nuestra vecina Yadira García Vera (en ese entonces, miembro del CC-PCC y del equipo de coordinación y apoyo del presidente Castro), mi padre y Lilian, una amiga paraguaya de mi papá, quien le regaló la foto en 1993.

13. Mi madre (primera a la izquierda) en la Embajada de Cuba en la ciudad de México, con motivo de la visita del presidente Castro (al centro), en julio de 1993.

14. Con el Comandante en Jefe y algunos compañeros de trabajo en La Habana. A la derecha de la foto, fumando, aparece Jesús Montané Oropesa (1923-1999), combatiente del Moncada y expedicionario del Granma; después de 1959, fue subjefe del Estado Mayor General del MINFAR; desde 1965, miembro del CC-PCC. Fue ministro de Comunicaciones hasta 1973; más tarde, miembro suplente del Buró Político del PCC; diputado a la Asamblea Nacional del Poder Popular; y, finalmente, fue nombrado ayudante de Fidel. Mi padre, al centro, puede ser fácilmente reconocido por su elevada estatura. Desconozco la fecha y el lugar exactos.

15. En un restaurante de Kioto, Japón, durante el meeting de Óxido Nítrico en septiembre de 1997. De izquierda a derecha: Annie Higgs, Arnold Herman (el profe), Martin Feelisch, RZ y Salvador Moncada.

ÍNDICE

Agradecimientos — 7

Pittsburgh, 30 de noviembre de 2007 — 9

Cuba (1966-1975).
El socialismo y mi inocencia — 11

Panamá-Colombia (1975-1978).
El capitalismo y su tercer mundo — 15

Cuba (1978-1984).
El socialismo y mi adoctrinamiento — 41

Hungría (1984-1990).
El gulyáskommunizmus
y mi despertar político — 97

Cuba (1990-1992).
De la inconformidad a la renuncia — 157

Alemania (1992-1994).
El capitalismo y su primer mundo — 203

Bélgica (1994-1998).
¡Al fin libre! — 275

**Estados Unidos (1998-2001).
El regreso a las Américas** 363

Fotografías 407

Editorial LibrosEnRed

LibrosEnRed es la Editorial Digital más completa en idioma español. Desde junio de 2000 trabajamos en la edición y venta de libros digitales e impresos bajo demanda.

Nuestra misión es facilitar a todos los autores la edición de sus obras y ofrecer a los lectores acceso rápido y económico a libros de todo tipo.

Editamos novelas, cuentos, poesías, tesis, investigaciones, manuales, monografías y toda variedad de contenidos. Brindamos la posibilidad de comercializar las obras desde Internet para millones de potenciales lectores. De este modo, intentamos fortalecer la difusión de los autores que escriben en español.

Ingrese a www.librosenred.com y conozca nuestro catálogo, compuesto por cientos de títulos clásicos y de autores contemporáneos.